区域多模式协同和创新工业软件平台(2023YFB3308800)

Artificial Intelligence in Manufacturing
Enabling Intelligent, Flexible and
Cost-Effective Production Through AI

[美] 约翰·索尔达托斯 主编
(John Soldatos)

李传江 于丽娅 译

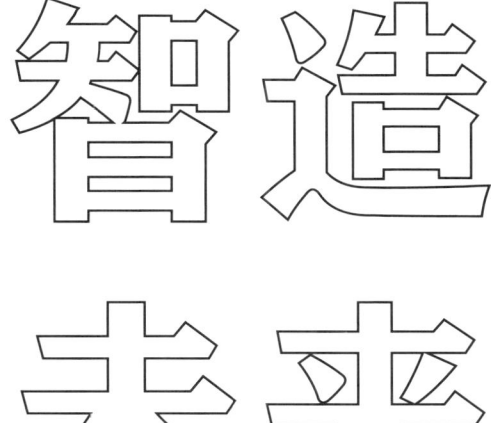

AI 引领高效、灵活、低成本
生产新纪元

上海科学技术出版社

内容提要

本书深入剖析了工业 5.0 浪潮下，人工智能在智能制造中的前沿进展与核心应用，其内容涵盖了数字孪生、多智能体、可解释人工智能等先进技术，以及生产优化、预测性维护、质量检测和供应链管理等关键领域。通过系统的技术解析与丰富的应用案例，本书展现了人工智能如何推动生产的智能化、柔性化发展，为降低成本、提升效率与质量提供创新方案，可助力传统制造企业的高质量数字化转型。

本书是人工智能与制造业等交叉领域的研究人员和高等院校师生的优质参考书，可以为制造业从业人员、企业管理者和技术研发人员提供技术参考和指导。

图书在版编目（CIP）数据

智造未来：AI 引领高效、灵活、低成本生产新纪元 /（美）约翰·索尔达托斯（John Soldatos）主编；李传江，于丽娅译. -- 上海：上海科学技术出版社，2025.4. -- ISBN 978-7-5478-7043-3
Ⅰ. F407.4
中国国家版本馆CIP数据核字第20256KC937号

智造未来：AI 引领高效、灵活、低成本生产新纪元
［美］约翰·索尔达托斯（John Soldatos） 主编
李传江 于丽娅 译

上海世纪出版（集团）有限公司
上海科学技术出版社　出版、发行
（上海市闵行区号景路 159 弄 A 座 9F - 10F）
邮政编码 201101　www.sstp.cn
徐州绪权印刷有限公司印刷
开本 720×1000　1/16　印张 27.5
字数：450 千字
2025 年 4 月第 1 版　2025 年 4 月第 1 次印刷
ISBN 978 - 7 - 5478 - 7043 - 3/TP • 98
定价：148.00 元

本书如有缺页、错装或坏损等严重质量问题，请向工厂联系调换

译者序

当前全球制造业正加速迈向智能化、柔性化与高效益的工业 5.0 新时代，人工智能（AI）技术在制造领域的应用尤为引人瞩目。然而，由于我国智能制造起步较晚，技术积累薄弱，与国际先进水平尚存在一定差距。这一差距不仅体现在技术创新上，更反映在理论和应用体系的构建上。因此，引进系统性的国际前沿研究成果，填补国内智能制造领域的知识空白，显得尤为紧迫。在此背景下，我们开展了 *Artificial Intelligence in Manufacturing：Enabling Intelligent, Flexible and Cost-Effective Production Through AI* 一书的翻译工作，期望借助此书，为我国智能制造领域的学术研究和实际应用提供有益的借鉴。

目前，国内关于智能制造与人工智能融合的系统化论著较为稀缺，尤其缺少兼顾理论框架和实践应用的经典之作。本书系统梳理了 AI 技术在制造业中的关键应用场景，涵盖预测性维护、质量控制、生产流程优化等核心领域，并对深度学习（DL）、机器学习（ML）和数据分析等关键技术展开深入探讨。本书不仅注重技术层面的突破，同时兼顾经济效益和柔性生产的价值评估，通过翔实的案例分析展现了 AI 赋能制造业的巨大潜力。与多数技术专著不同，本书理论结合实践，内容丰富且操作性强，适合科研人员、工程师和管理者参考借鉴，具备极高的出版价值。

在翻译过程中，为适应国内读者的需求和阅读习惯，译者进行了多方面的考量。首先，书中涉及的大量技术术语和概念在国内尚无统一译法。为准确传达原著的核心思想，在广泛查阅学术文献和术语辞典的基础上，谨慎推敲每个术语的译法，确保其符合专业表达习惯，必要时辅以注释说明，以便读者更好理解。其次，AI 技术日新月异，结合书中所涉前沿方法，特别关注这些技术在中国制造业的可行性，力求内容具备前瞻性与指导意义。最后，每章后的参考文献与正文相关，但有些无法核对更详细的信息，故按原书进行了保留。

综上所述，本书的引进不仅旨在缩小国内智能制造在理论和应用方面的差距，更期望为我国制造业的智能化转型升级提供启发。希望本书能为致力于推进中国智能制造发展的专业人士提供价值参考，并为我国智能制造水平的提升贡献一份绵薄之力。

译 者

2025 年 1 月

/ 前言 /

近年来,AI 技术和应用正在飞速发展。AI 的兴起受到多种因素的推动,包括硬件和软件前所未有的改进,以及生成数据量的激增。这些进步使得复杂的 AI 模型(如 DL 模型、DRL 模型、大语言模型)得以开发,并能在现实环境中部署和执行。这也是现代制造商在数字化转型过程中对人工智能解决方案进行大量投资的原因。因此,通过切实提高工业组织的效率、质量和生产力,AI 技术正在迅速改变制造业。

如今,工业 4.0 生产线中部署了许多基于 AI 技术的使用案例,在预测性维护、质量控制、供应链优化、生产规划、流程自动化和安全监控等领域,都可以找到一些最突出的案例。例如,如今各种机器学习(ML)模型已用于质量控制,实现产品质量检测的自动化,及时发现缺陷,并识别可能导致生产问题的生产配置。再比如,DL 算法通常用于在机器故障发生前,根据对机器剩余使用寿命(RUL)的预测和准确估算,预测和预知机器故障。同样,还有一些人工智能系统能够及时发现产品和生产流程中的异常情况。

这些案例是工业 4.0 时代最具颠覆性的解决方案,工业 4.0 正在通过网络物理生产系统(CPPS)改变制造企业。在这一方向上,工业 4.0 的大多数人工智能案例都强调准确有效的机器学习系统的培训、开发和部署,并与工业物联网(IIoT)系统集成在可扩展和安全的云/边缘环境中。为此,工业解决方案集成商会利用基于标准的工业 4.0 系统参考架构中指定的结构原则和蓝图。然而,AI 在制造业中的潜力很大程度上仍未得到充分利用。最先进的系统通常仅限于提取基于数据驱动的人工智能建议,以改进生产流程和相关决策。这些洞察力基于相当简单的生产流程模型,很难结合多种 AI 系统和算法的能力。为了减小这些局限性,有一些研究计划在生产流程范围内探索多个 AI 系统的集成与协作。在该方向上正在进行的研究包括:

(1) 基于不同自主人工智能代理间互动和协同发展，促进增强协作智能的多代理系统。

(2) 跨系统的人工智能互操作性解决方案。这些解决方案利用先进的知识模型，如语义知识图谱（SKG）和捕捉不同实体之间关系的嵌入，来开发复杂的 AI 系统，这些系统覆盖了整个生产流程，超越了简单的基于 ML 的状态机。

在过去几年中，工业 4.0 正在向人工智能服务于制造工人的方向发展，同时在各种人机协作场景中与制造行业的工人密切互动。与此同时，人工智能案例越来越多地以提高生产可持续性为目标，以确保制造业为欧盟（EU）的欧洲绿色交易（EGD）等战略目标做出贡献。可持续性和以人为本的目标正在推动工业 4.0 数字制造系统向工业 5.0 时代过渡，因为工业 5.0 更强调以人为本和环保。

工业 5.0 系统的出现提高了制造业 AI 系统的功能复杂性和集成复杂性。这也要求 AI 技术在以人为本的维度上不断发展，使 AI 系统以可信和可靠的方式运行。具体来说，AI 系统向工业 5.0 时代的演进需要：

(1) 工业 5.0 的新型人工智能架构：工业 5.0 系统由多个 AI 组件组成，如机器人、ML 模型、自然语言处理（NLP），这些组件必须在工业环境中安全有效地与人类互动。此类系统的开发和部署需要超越大数据、AI 和 IIoT 平台等经典架构的新型架构和结构原则。

(2) 知识建模与表示：人机协作的案例通常部署在高度动态的环境中，涉及相互影响的人类、机器人和 AI 系统。在这样的环境中实施先进的自动推理，需要采用新颖的方式来表示过程，从而捕捉到不同参与者之间复杂的相互关系。

(3) 人机协作的模型和学习范式：工业 5.0 需要开发新的学习范式，以促进人类与 AI 参与者之间的互动。这些范例包括主动学习和智能多代理系统（MAS）等。它们能够将 AI 系统的速度与人类判断的可信度结合起来。同样，数字孪生等工业 4.0 解决方案目前正在转型，考虑到人类工人的背景，正在朝着以人为本的数字孪生方向发展。

(4) 可解释性、透明度和合规性：工业 5.0 系统有其独特的透明度和安全性要求。它们涉及人类，而人类必须能够理解 AI 系统的决策和操作。因此，人工智能案例不能基于黑盒 AI 模型来开发。相反，AI 系统应该是透明的、可解释的、可信赖的，并且是人类可以理解的。制造商还必须确保 AI 系统符合欧洲人工智能法案等新兴人工智能法规的要求。

本书旨在阐明制造业人工智能现有解决方案的局限性，并介绍新颖的解决方案：

（1）在各种生产流程（如生产调度和质量控制）中，提高用于制造业的最先进 AI 系统的功能和技术性能。

（2）根据工业 5.0 时代的要求和理念，提高 AI 系统的以人为本性能、可信度和整体社会性能。

全书共 27 章，介绍了创新的 AI 系统和解决方案，其中既有最先进的工业 4.0 案例，也有新兴的、以人为本的工业 5.0 案例。这些章节由 Y 个欧盟资助项目撰写，这些项目在欧洲制造业人工智能集群（AI 4 Manufacturing Cluster）框架内及欧洲未来工厂研究协会（EFFRA）的相关活动范围内密切合作完成。这些项目的重点是生产线 AI 系统的开发、部署和运行。每个项目都要解决工业 4.0 和（或）工业 5.0 使用案例中 AI 所面临的一系列独特挑战，如开发和部署有效的 MAS 系统、开发可信和可解释的 AI 系统、规范和实施工业 5.0 应用的知识模型和语义，以及开发新形式的数字孪生系统和应用（如以人为本的数字孪生）。

具体来说，本书分为以下三个部分：

第一部分：人工智能的架构和知识建模

本部分介绍基于 AI 技术的工业 5.0 系统和解决方案的架构，包括从高级参考架构模型到特定 AI 平台和解决方案市场的架构。所介绍的架构说明了工业 4.0 和工业 5.0 案例的结构，重点是推动 AI 和 ML 模型与工业系统集成的结构原则。此外，本部分包括几个章节，介绍制造业中人工智能应用的语义建模技术，包括基于语义知识图谱和嵌入的技术。

第二部分：面向制造应用的多代理系统和基于人工智能的数字孪生

本部分介绍面向工业 5.0 的多代理系统和数字孪生解决方案。数字孪生解决方案可以识别用户的上下文，从而对基于 AI 的流程进行建模和模拟，并将人类纳入其中。在多代理系统方面，本部分介绍基于智能代理的人机交互方法，这些方法为制造业中的 AI 提供了分散式协作智能范例。

第三部分：可信、可解释和以人为本的人工智能系统

本部分介绍在数字制造应用中实施以人为本、可信和可解释的 AI 系统的新方法。所介绍的大多数解决方案都以人机交互等人在环境场景为目标，不仅强调AI系统的技术性能,还强调其社会性能。因此,它们适用于工业5.0时代的应用。

  总之,本书全面概述了制造业中的AI技术和应用,涵盖工业4.0和工业5.0环境。本书以开放获取的形式出版,确保研究人员和从业人员可以不受限制地获取。从本质上讲,本书是制造业AI项目集群和其他各种欧盟计划对工业4.0和工业5.0领域的贡献。我希望制造业工业自动化解决方案的研究人员、从业人员和供应商会对它感兴趣。

约翰·索尔达托斯(John Soldatos)

专业术语中英文对照

AI Cyber-Defence Strategies(ACDS) 人工智能网络防御策略
Agent Communication Language(ACL) 智能代理通信语言
Advanced Driver Assistance System(ADAS) 高级驾驶辅助系统
Analytic Hierarchy Process(AHP) 分析层次过程
Artificial Intelligence(AI) 人工智能
AI as a Service(AIaaS) 人工智能即服务
Active Learning(AL) 主动学习
Accumulated Local Efforts(ALE) 累积的局部努力
AI Model Generation(AMG) 人工智能模型生成
Automatic Mobile Robots(AMR) 自动移动机器人
Analysis of Variance(ANOVA) 方差分析
Application Platform as a Service(APaaS) 应用平台即服务
Application Programming Interface(API) 应用程序编程接口
Augmented Reality(AR) 增强现实
Automated Machine Learning(AutoML) 自动化机器学习
Business Model(BM) 商业模式
Bill Of Materials(BOM) 物料清单
Computer-Aided Design(CAD) 计算机辅助设计
Continuous Delivery(CD) 持续交付
Circular Economy Action Plan(CEAP) 循环经济行动计划
Continuous Integration(CI) 持续集成
Community Management(CM) 社区管理
Complementary Metal Oxide Semiconductor(CMOS) 互补金属氧化物

半导体

  Computer Numerical Control(CNC)　计算机数控
  Convolutional Neural Network(CNN)　卷积神经网络
  Constrained Application Protocol(CoAP)　受限应用协议
  Cyber-Physical Production Modules(CPPM)　网络物理生产模块
  Cyber-Physical Production Systems(CPPS)　网络物理生产系统
  Cyber-Physical Systems(CPS)　网络物理系统
  Capabilities Periodic Table(CPT)　能力周期表
  Central Processing Unit(CPU)　中央处理单元
  Create，Update，Delete(CRUD)　创建、更新、删除
  Comma Separated Values(CSV)　逗号分隔值
  Computer Vision(CV)　计算机视觉
  Data，AI，and Robotics(DAIR)　数据、人工智能和机器人
  Distributed Blocking Flowshop Scheduling Problem(DBFSP)　分布式阻塞车间调度问题
  Data Collection Platform(DCP)　数据收集平台
  Discrete Event Simulation(DES)　离散事件模拟
  Deep Learning(DL)　深度学习
  Distributed Ledger Technologies(DLT)　分布式账本技术
  Non-discrimination，and Fairness(DnDF)　非歧视和公平
  Deep Neural Network(DNN)　深度神经网络
  Denial of Service(DoS)　拒绝服务攻击
  Data Type Probing(DP)　数据类型探测
  Data Protection Officer(DPO)　数据保护官
  Deep Reinforcement Learning(DRL)　深度强化学习
  Digital System(DS)　数字系统
  Data Scientist(DS)　数据科学家
  Decision Support System(DSS)　决策支持系统
  Digital Twin(DT)　数字孪生
  Digital Twin Framework(DTF)　数字孪生框架
  Decentralised Technical Intelligence(DTI)　分布式技术智能

Direct sales to final Customers(D2C) 直接销售给最终客户

European Commission(EC) 欧洲委员会

European Green Deal(EGD) 欧洲绿色协议

Enterprise Resource Planning(ERP) 企业资源计划

European Skills, Competences, and Occupations(ESCO) 欧洲技能、能力和职业

European Union(EU) 欧洲联盟

European Factories of the Future Research Association(EFFRA) 欧洲未来工厂研究协会

Failure Mode and Effects Analysis(FMEA) 故障模式与影响分析

Flexible Manufacturing System(FMS) 柔性制造系统

Fast Gradient Sign Method(FGSM) 快速梯度符号方法

Fungible Token(FT) 可互换的代币

Graph Attention(GAT) 图注意力机制

Graph Convolutional Network(GCN) 图卷积网络

General Data Protection Regulation(GDPR) 通用数据保护条例

Generic Enabler(GE) 通用使能技术

Graph Neural Network(GNN) 图神经网络

Gaussian Process Regression(GPR) 高斯过程回归

Graph Machine Learning(GML) 图机器学习

Global Risk Priority Number(GRPN) 全球风险优先级编号

Graphical User Interface(GUI) 图形用户界面

Griding Wheel(GW) 格栅化轮

Human Activity Recognition(HAR) 人类活动识别

Human-Centered Artificial Intelligence(HCAI) 以人为本的人工智能

Human Digital Twin(HDT) 人类数字孪生

Human In the Loop(HITL) 人在循环中

Hyperledger Fabric(HLF) 超级账本结构

Human-Machine Interface(HMI) 人机界面

Harmonic Manufacturing System(HMS) 协调制造系统

Human On the Loop(HOTL) 人在循环上

Human Resources(HR)　人力资源

Human-Robot Collaboration(HRC)　人机协作

Human-Robot Interaction(HRI)　人机交互

HyperText Transfer Protocol(HTTP)　超文本传输协议

Secure HyperText Transfer Protocol(HTTPS)　安全超文本传输协议

Information and Communications Technology(ICT)　信息和通信技术

Industrial Digital Twin Association(IDTA)　工业数字孪生协会

Institute of Electrical and Electronics Engineers(IEEE)　电气和电子工程师协会

IEEE Standards Association(IEEE-SA)　IEEE标准协会

IDentity Management and Access Control(IDM)　身份管理和访问控制

Innovative Factory Systems(IFS)　创新工厂系统

Industrial Internet Architecture Framework(IIAF)　工业互联网架构框架

Industrial Internet Consortium(IIC)　工业互联网联盟

Industrial Internet of Things(IIoT)　工业物联网

Industrial Internet Reference Architecture(IIRA)　工业互联网参考架构

Industrial Internet Security Framework(IISF)　工业互联网安全框架

International Labour Organization(ILO)　国际劳工组织

Inertial Measurement Unit(IMU)　惯性测量单元

Internet of Things(IoT)　物联网

Intersection over Union(IoU)　交并比

International Standard Classification of Occupations(ISCO)　国际职业标准分类

International Organization for Standardization(ISO)　国际标准化组织

Information Technology(IT)　信息技术

Industry 4.0 Language(I4.0L)　工业4.0语言

JavaScript Object Notation(JSON)　JavaScript对象表示法

Job Shop Scheduling Problem(JSSP)　作业车间调度问题

Knowledge Graph(KG)　知识图谱

Key Performance Indicator(KPI)　关键绩效指标

Knowledge Query and Manipulation Language(KQML)　知识查询和操作语言

Labeled Property Graph(LPG)　标记属性图

Long Short-Term Memory(LSTM)　长短期记忆网络

Mean Average Precision(MAP)　平均准确率均值

Mean Absolute Percentage Error(MAPE)　平均绝对百分比误差

Multi-Agent System(MAS)　多智能体系统

Malicious Control(MC)　恶意控制

Markov Decision Process(MDP)　马尔可夫决策过程

Mixed Integer Programming(MIP)　混合整数规划

Machine Learning(ML)　机器学习

Multilayer Perceptron(MLP)　多层感知机

Maximum Mean Discrepancy(MMD)　最大均值差异

Malicious Operation(MO)　恶意操作

/ 目录 /

第1部分　制造业人工智能的架构和知识建模

第1章　基于AI的工业5.0应用参考架构

1.1　引言 3
1.2　相关研究 5
1.3　AI驱动的工业5.0系统架构(STAR-RA) 8
1.4　工业5.0应用的解决方案蓝图 17
1.5　本章结论 21
参考文献 21

第2章　设计用于工业5.0的AI模型交易市场

2.1　引言 24
2.2　Knowledge市场的功能和提出的系统架构 25
2.3　实现用于工业5.0交换AI模型的Knowledge市场 26
2.4　本章结论 34
参考文献 34

第3章　人-AI交互：AI模型输出的语义知识增强

3.1　引言 36
3.2　相关研究 37

3.3　人类反馈进入 AI 模型 ———————————— 38
　　3.4　模型选择和参数优化的交互 ———————— 41
　　3.5　本章结论 ————————————————— 44
　　参考文献 ——————————————————— 44

第 4 章　知识图谱在制造业中的应用：全面回顾

　　4.1　引言 ——————————————————— 46
　　4.2　原因与动机 ———————————————— 47
　　4.3　研究问题和搜索策略 ———————————— 47
　　4.4　见解 ——————————————————— 52
　　4.5　本章结论 ————————————————— 54
　　参考文献 ——————————————————— 54

第 5 章　通过知识图谱嵌入利用语义表示

　　5.1　引言 ——————————————————— 58
　　5.2　知识图谱嵌入 ——————————————— 59
　　5.3　表示学习 ————————————————— 59
　　5.4　知识图谱嵌入在工业应用中的使用 —————— 65
　　5.5　Navi 方法：通过局部嵌入重构动态知识图谱嵌入 — 66
　　5.6　本章结论 ————————————————— 68
　　参考文献 ——————————————————— 68

第 6 章　面向制造业的可负担 AI 软件平台架构

　　6.1　引言 ——————————————————— 72
　　6.2　AI 生态系统中的平台 ———————————— 73
　　6.3　KITT4SME：向中小企业提供 AI 的平台 ———— 75
　　6.4　KITT4SME 将 AI 应用于注塑的案例 —————— 83
　　6.5　本章结论 ————————————————— 85
　　参考文献 ——————————————————— 85

第 7 章　面向提供人工智能服务平台的多边商业模式

7.1　引言 ·· 87
7.2　MSPs 商业建模方法 ··· 87
7.3　应用 PDT 设计 AI PaaS 业务模型——KITT4SME
　　 案例 ··· 89
7.4　本章结论 ·· 98
参考文献 ·· 98

第 8 章　基于 AI 的智能制造自重构：综述及案例研究

8.1　引言 ·· 100
8.2　制造业中的重构 ·· 101
8.3　当前方法 ·· 103
8.4　灯塔演示：GAMHE 5.0 试点生产线 ·································· 104
8.5　本章结论 ·· 116
参考文献 ·· 117

第 2 部分　多智能体系统和基于 AI 的数字孪生在制造业中的应用

第 9 章　数字孪生赋能的 AI 生产调度智能代理训练与部署框架

9.1　引言 ·· 123
9.2　相关研究 ·· 124
9.3　多智能体系统框架 ··· 128
9.4　案例 ·· 143
9.5　本章结论 ·· 147
参考文献 ·· 148

第 10 章　制造数字孪生框架

10.1　引言 ··· 152

10.2　Knowledge 数字孪生框架⋯⋯⋯⋯⋯⋯⋯⋯⋯⋯⋯⋯⋯⋯⋯⋯⋯154

　　10.3　Knowledge 数字孪生用于流程改进⋯⋯⋯⋯⋯⋯⋯⋯⋯⋯⋯⋯⋯159

　　10.4　本章结论⋯⋯⋯⋯⋯⋯⋯⋯⋯⋯⋯⋯⋯⋯⋯⋯⋯⋯⋯⋯⋯⋯⋯⋯161

　　参考文献⋯⋯⋯⋯⋯⋯⋯⋯⋯⋯⋯⋯⋯⋯⋯⋯⋯⋯⋯⋯⋯⋯⋯⋯⋯⋯⋯161

第 11 章　制造环境中基于强化学习的方法

　　11.1　引言⋯⋯⋯⋯⋯⋯⋯⋯⋯⋯⋯⋯⋯⋯⋯⋯⋯⋯⋯⋯⋯⋯⋯⋯⋯⋯163

　　11.2　强化学习⋯⋯⋯⋯⋯⋯⋯⋯⋯⋯⋯⋯⋯⋯⋯⋯⋯⋯⋯⋯⋯⋯⋯⋯164

　　11.3　虚拟制造环境中的深度强化学习⋯⋯⋯⋯⋯⋯⋯⋯⋯⋯⋯⋯⋯⋯169

　　11.4　本章结论⋯⋯⋯⋯⋯⋯⋯⋯⋯⋯⋯⋯⋯⋯⋯⋯⋯⋯⋯⋯⋯⋯⋯⋯178

　　参考文献⋯⋯⋯⋯⋯⋯⋯⋯⋯⋯⋯⋯⋯⋯⋯⋯⋯⋯⋯⋯⋯⋯⋯⋯⋯⋯⋯179

第 12 章　使用 AAS 的工业代理参与式建模方法

　　12.1　引言⋯⋯⋯⋯⋯⋯⋯⋯⋯⋯⋯⋯⋯⋯⋯⋯⋯⋯⋯⋯⋯⋯⋯⋯⋯⋯182

　　12.2　背景⋯⋯⋯⋯⋯⋯⋯⋯⋯⋯⋯⋯⋯⋯⋯⋯⋯⋯⋯⋯⋯⋯⋯⋯⋯⋯183

　　12.3　代理的 AAS 模型⋯⋯⋯⋯⋯⋯⋯⋯⋯⋯⋯⋯⋯⋯⋯⋯⋯⋯⋯⋯⋯184

　　12.4　开发 AAS 的方法论⋯⋯⋯⋯⋯⋯⋯⋯⋯⋯⋯⋯⋯⋯⋯⋯⋯⋯⋯⋯186

　　12.5　AAS 模型库⋯⋯⋯⋯⋯⋯⋯⋯⋯⋯⋯⋯⋯⋯⋯⋯⋯⋯⋯⋯⋯⋯⋯188

　　12.6　讨论⋯⋯⋯⋯⋯⋯⋯⋯⋯⋯⋯⋯⋯⋯⋯⋯⋯⋯⋯⋯⋯⋯⋯⋯⋯⋯190

　　12.7　本章结论⋯⋯⋯⋯⋯⋯⋯⋯⋯⋯⋯⋯⋯⋯⋯⋯⋯⋯⋯⋯⋯⋯⋯⋯191

　　参考文献⋯⋯⋯⋯⋯⋯⋯⋯⋯⋯⋯⋯⋯⋯⋯⋯⋯⋯⋯⋯⋯⋯⋯⋯⋯⋯⋯192

第 13 章　I4.0 支持共享生产的整体多代理试验平台

　　13.1　引言⋯⋯⋯⋯⋯⋯⋯⋯⋯⋯⋯⋯⋯⋯⋯⋯⋯⋯⋯⋯⋯⋯⋯⋯⋯⋯193

　　13.2　技术现状⋯⋯⋯⋯⋯⋯⋯⋯⋯⋯⋯⋯⋯⋯⋯⋯⋯⋯⋯⋯⋯⋯⋯⋯194

　　13.3　现代工业制造系统的架构⋯⋯⋯⋯⋯⋯⋯⋯⋯⋯⋯⋯⋯⋯⋯⋯⋯198

　　13.4　执行系统：资源 Holon⋯⋯⋯⋯⋯⋯⋯⋯⋯⋯⋯⋯⋯⋯⋯⋯⋯⋯202

　　13.5　本章结论⋯⋯⋯⋯⋯⋯⋯⋯⋯⋯⋯⋯⋯⋯⋯⋯⋯⋯⋯⋯⋯⋯⋯⋯206

　　参考文献⋯⋯⋯⋯⋯⋯⋯⋯⋯⋯⋯⋯⋯⋯⋯⋯⋯⋯⋯⋯⋯⋯⋯⋯⋯⋯⋯208

第 14 章 汽车零部件制造业的多智能体解决方案

  14.1 引言 ·················· 210
  14.2 实验开发 ·············· 212
  14.3 本章结论 ·············· 218
  参考文献 ···················· 218

第 15 章 将知识融入对话智能体以提升员工技能

  15.1 引言 ·················· 219
  15.2 相关研究 ·············· 221
  15.3 现有的会话代理 ········ 222
  15.4 技能、能力和职业 ······ 225
  15.5 解决方案 ·············· 226
  15.6 预期的挑战、优势和影响 · 228
  15.7 本章结论 ·············· 229
  参考文献 ···················· 230

第 16 章 通过分散技术智能推进网络化生产

  16.1 引言 ·················· 232
  16.2 分散技术智能 ·········· 234
  16.3 网络化生产管理的影响 ·· 235
  16.4 构建块和实施路线图 ···· 238
  16.5 DTI 部署的业务和组织视角 · 240
  16.6 技术讨论 ·············· 242
  16.7 本章结论 ·············· 244
  参考文献 ···················· 244

第 3 部分　值得信赖、可解释和以人为本的人工智能系统

第 17 章　基于可穿戴传感器的 HAR 在制造工人安全中的应用

17.1　引言 251
17.2　研究背景 253
17.3　制造线中的可穿戴传感器基础的 HAR 254
17.4　用于改进 HAR 的 DL 技术 258
17.5　本章结论 262
参考文献 263

第 18 章　人机交互和工人辅助系统的目标检测

18.1　引言 265
18.2　研究背景 267
18.3　场景 269
18.4　进行的研究 273
18.5　本章结论 274
参考文献 275

第 19 章　增强制造业中的 AutoML 和 XAI：AI 模型生成框架

19.1　引言 277
19.2　AI 模型生成框架 279
19.3　系统架构 281
19.4　案例 283
19.5　核心组件 284
19.6　本章结论 290
参考文献 290

第 20 章　制造业中的异常检测

20.1　引言 ····· 292
20.2　工业中的异常检测 ····· 292
20.3　特征选择和工程 ····· 294
20.4　自编码器案例研究 ····· 295
20.5　本章结论 ····· 298
参考文献 ····· 298

第 21 章　融入可信和以人为本的方法迈向工业 5.0

21.1　引言 ····· 300
21.2　故障模式和影响分析 ····· 304
21.3　TAI-PRM 协议 ····· 306
21.4　风险分析和评估活动 ····· 309
21.5　风险处理、转移、终止或容忍活动 ····· 313
21.6　验证和实际案例场景 ····· 314
21.7　TAI-PRM 工具 ····· 314
21.8　本章结论 ····· 315
参考文献 ····· 315

第 22 章　通过 XAI 和主动学习实现人在循环中的视觉检测

22.1　引言 ····· 318
22.2　研究背景 ····· 319
22.3　工业应用 ····· 329
22.4　本章结论 ····· 333
参考文献 ····· 334

第 23 章　工业 5.0 中人机协作的多方利益相关视角

23.1　引言 ····· 341
23.2　相关研究 ····· 342

23.3	制造背景	343
23.4	利益相关者角色	345
23.5	识别痛点	346
23.6	对技术实现的期望	349
23.7	团队效能	350
23.8	本章结论	350
参考文献		351

第 24 章 整体生产概览：使用 XAI 优化生产

24.1	案例背景	354
24.2	XAI 方法	356
24.3	XMANAI 平台使用	363
24.4	本章结论	363
参考文献		365

第 25 章 产品需求规划中的 XAI：模型、经验与教训

25.1	引言	366
25.2	惠而浦公司 XMANAI 项目案例	367
25.3	白色家电案例	368
25.4	可解释 AI 方法	370
25.5	XAI 的影响和附加值	372
25.6	应用 XMANAI 平台和制造应用	376
25.7	XMANAI 解决方案评估	379
25.8	本章结论	380
参考文献		381

第 26 章 过程和产品质量优化与 XAI

26.1	引言	382
26.2	CNH Industrial XMANAI 演示器	383
26.3	本章结论	394

参考文献 395

第 27 章　面向可解释的计量 4.0：利用 XAI 预测工业制造中激光扫描设备的逐点精度

27.1　引言 396
27.2　背景和相关研究 397
27.3　方法论 400
27.4　结果 406
27.5　讨论 411
27.6　本章结论 413
参考文献 413

第 1 部分

制造业人工智能的架构和知识建模

第 1 章 • 基于 AI 的工业 5.0 应用参考架构

John Soldatos，Babis Ipektsidis，Nikos Kefalakis，Angela-Maria Despotopoulou

1.1 引言

在过去的十年中，制造企业大量投资基于信息物理生产系统（CPPS）的数字化转型，旨在实现生产调度、产品组装、物理资产维护和质量控制等生产流程的数字化。在制造车间部署和运营 CPPS 是第四次工业革命（工业 4.0）的主要推动力[1]，通过提高生产速度和质量，降低生产成本，实现如单件批量生产和大规模定制等新型生产模式，提高了自动化和效率[2]。

工业 4.0 的应用通常基于大数据、物联网（IoT）和 AI 等先进数字技术进行开发，这些技术与制造车间及整个制造价值链中的 CPPS 系统集成。在特殊的工业 4.0 系统中，因为涉及复杂系统和技术，这种集成可能具有挑战性。例如，复杂的工业 4.0 应用可能包括多个传感器和自动化设备及各种数据分析和 AI 模块，这些模块集成在数字孪生（DTs）系统和应用中。为了利于集成，工业自动化解决方案提供商提供访问各种参考架构模型用于工业 4.0 应用，展示了工业 4.0 应用的功能和构建技术模块，同时记录了促进它们在完整系统和应用中集成和部署的结构化原则。其中一些参考架构模型侧重于工业 4.0 的特定方面，如数据收集、数据处理和分析，而其他模型则采取更全面的视角，涉及多个工业功能。此外，一些架构模型还涉及非功能性需求，如网络安全和工业系统安全。

在过去的几年中，强调以人为本的工业流程的工业 4.0 应用获得广泛关注，即人在循环的过程及实现可持续性和弹性目标。后者位于欧盟政策议程的最顶端，正如欧洲绿色协议（EGD）和欧洲循环经济行动计划（CEAP）所反映的，进而产生了工业 5.0，将工业 4.0 发展到一个方向，将效率和生产力目标与社会目标相结合,特别是对可持续性和工人福祉的贡献[3]。因此,工业 5.0 旨在实现可持续、以人为本和弹性的工业[4]。在这个方向上,工业 4.0 系统必须通过将工人置于生产过程中心,对以人为本的技术进行增强,同时促进安全性、安全性、透明度和可信度。例如,从工业 4.0 向工业 5.0 的转变要求部署和使用透明、可互操作和可解释的 AI 系统[5],而不仅仅是通常用于工业 4.0 部署的黑盒系统(如深度神经网络,即 DNN)。另一个案例是,工业 5.0 应用包括促进人与工业系统之间的协作(如协作机器人)的技术范式,而不是旨在取代人以实现超自动化的系统(如完全自动化的工业机器人)。同样,因为模拟和假设分析也考虑了人的因素(如身体特征、情感状态、技能),工业 5.0 中数字孪生的范围也与工业 4.0 不同。此外,与优先考虑工业性能和准确性的工业 4.0 相比,工业 5.0 更加强调非功能性需求,如数据保护、隐私性和安全性。

由于工业 5.0 和工业 4.0 系统之间存在的技术差异,缺乏用于开发、部署和运营工业 5.0 系统的标准化、正式指导方针和蓝图。在大多数情况下,制造商和工业自动化解决方案提供商使用传统的工业 4.0 和蓝图,根据手头的工业 5.0 案例增强所需的特点和功能。这是设计和实施工业 5.0 解决方案过程中的一个相当大的失误,因为它剥夺了架构师和工业系统开发人员从工业系统开发的早期阶段就考虑工业 5.0 功能和特性的机会。开发工业 5.0 系统的最先进方法应该从工业 4.0 参考架构开始,并将以人为本、可持续性和弹性作为次要的、补充性的关注点,而不是作为必须优先考虑的不可或缺的需求。

考虑到工业 5.0 系统参考架构模型的普遍缺乏,本章介绍以人为本、弹性和可持续的工业系统参考架构,特别是基于 AI 等尖端技术开发的数字制造系统。参考架构强调了工业 5.0 系统的主要功能和非功能性方面,并介绍可以支持其实施的技术构建模块。在该方向上,当前模型指定了促进人本性和人与工业系统之间可信交互的技术,如以人为本的数字孪生、可信和可解释的 AI、主动学习、神经符号学习等。同样,还强调了增强网络安全和安全的技术构建模块,如确保数据和机器学习算法可信度的技术。除了为端到端工业 5.0 解决方案的集成指定构建模块和结构化原则外,本章还概述可以促进工业 5.0 案例开发的各种蓝图,包括遵守欧洲联盟(EU)法规的指南,特别是遵守欧洲 AI 法规提案(即"AI 法案")[6]的合规性。

本章的其余部分内容如下:

1.2 节介绍工业 4.0 参考架构(RA)的相关研究,简要回顾各种 RA,并强调与工业 5.0 解决方案相关的概念。

1.3 节介绍工业 5.0 系统的参考架构:首先介绍用于以人为本和弹性制造功能的高层次模型和详细的逻辑架构。此外,本节还介绍一组可以支持基于所提架构开发现实系统技术构建模块。

1.4 节基于所提出的架构,提出一套开发工业 5.0 解决方案的蓝图,包括构建符合欧洲 AI 系统法规的解决方案的指南和最佳实践。

1.5 节为本章的结论。

1.2 相关研究

最近大量的参考架构模型被提出,以促进工业 4.0 应用的开发、集成和部署,包括由标准开发组织和研究计划指定的架构模型。作为一个突出的案例,工业互联网参考架构(IIRA)规定了一个基于标准的架构,用于开发、部署和操作工业互联网(IIoT)系统[7],旨在促进不同 IoT 系统之间的互操作性,并提供如何利用不同技术开发 IIoT 系统的映射。IIRA 在高层次上描述,力图具有广泛的适用性,其规范是由工业互联网联盟(IIC)活动范围内规定的工业案例的分析推动的。IIRA 基于 ISO/IEC/IEEE 42010:2011[8]标准描述,该标准已被 IIC 采纳以定义其工业互联网架构框架(IIAF)。

IIRA 根据四个互补的观点来定义:①"业务观点"介绍旨在支持不同利益相关者业务目标的功能模块;②"使用观点"介绍符合 IIRA 的系统的使用方式,包括涉及人类或逻辑参与者的各种活动序列,提供了架构规定的功能;③"功能观点"介绍 IIoT 系统的功能组件,包括结构和相互关系,以及接口和交互;④"实现观点"致力于实现各种功能组件及其交互的技术。在 IIRA 的范围内,还有跨领域元素,即适用于所有观点的元素和功能,包括连接性、工业分析、分布式数据管理及智能和弹性控制。

IIRA 的功能观点指定五组功能,涵盖:①"控制领域",包括由工业控制和自动化进行的功能;②"运营领域",涉及控制领域的管理和运营,包括为控制领域系统和功能提供、管理、监控和优化的功能;③"信息领域",专注于管理和处理来自其他领域的数据,特别是来自控制领域的数据;④"应用领域",提供实施各种业务功能所需的应用逻辑;⑤"业务领域",实施支持 IIoT 系统范围内的业务流程和程序活动的业务逻辑。

总体而言,IIRA 为工业系统的主要功能领域提供了一个分类,这些领域与工业 5.0 系统和应用相关。IIRA 引入将功能集群划分为不同领域的方法,1.3 节将利用这一点来介绍工业 5.0 架构。此外,IIRA 还说明了如何将资产管理和网络安全功能等特定功能与 IIoT 系统集成,并提供如何最好地构建工业架构的逻辑和实现视图的建议。IIRA 的实现视图基于云/边缘计算方法,这也是建议用于工业 5.0 系统的实现方法。然而,IIRA 并未包括针对以人为本的工业系统(如收集和分析有关用户上下文的信息以相应定制工业功能)的具体规定。

工业互联网安全框架(IISF)为 IIRA 提供了针对工业系统的安全观点[9]。IISF 的主要目标之一是规定开发、部署和运营可信 IIoT 所需的功能,这些功能对于确保工业 5.0 系统及其 AI 组件的可信度至关重要。因此,IISF 的结构和功能提供了关于如何支持工业案例中 AI 可信度的建议,指定了保护工业系统各种元素(如系统的各个通信端点)的功能。大多数功能保护了工业 5.0 系统的网络、数据和数据处理功能的运行,可以用来增强工业 5.0 系统的安全性和可信度。具体来说,IISF 关注影响 IIoT 部署可信度的五个主要特征,即保密性、安全性、可靠性、弹性和隐私。该框架制定了一个旨在保护符合 IIRA 的 IIoT 系统的功能视图,包括六个交互和互补的构建模块,以分层的方式组织。顶层包括四个安全功能,即端点保护、通信和连接保护、安全监控和分析及安全配置管理。同样,还制定了数据保护层和系统范围的安全模型和策略层。IISF 的每个功能构建模块可以进一步细分为更细粒度的功能,如监控功能、数据分析功能和执行功能。

OpenFog 联盟在其 2019 年并入工业互联网联盟之前,为工业系统(特别是雾计算系统)引入另一个参考架构[10]。OpenFog RA 指定大规模雾计算系统的结构,重点是如何连接雾节点以增强智能并提高 IIoT 系统的效率。OpenFog RA 指定一些跨领域功能,这些功能被描述为"视角",其中之一涉及安全功能,这意味着安全适用于从硬件设备到架构的更高软件层的所有层和使用场景,这些安全功能对于开发和部署工业 5.0 时代的可信工业系统至关重要。

大数据价值协会(BDVA)基于引入大数据系统的参考模型,指定大数据系统的结构[11]。该模型展示了大数据系统中常用的一组模块及推动它们集成的结构化原则。BDVA 参考模型包括以下层次：

（1）水平层，说明数据处理链的模块和结构。数据处理链的模块支持数据收集、数据获取、数据分析和数据可视化等功能。水平层次不映射到分层架构，其中所有层次必须在系统范围内共存。例如，数据处理链可以利用数据收集和可视化收集功能，而不一定使用数据获取和数据分析功能。因此，BDVA 水平层次可以用作构建 AI 系统数据流程的构建模块。

（2）垂直层，涉及跨领域问题，如网络安全和信任。后者适用于水平层次的所有功能，垂直层次可以用来指定和解决非技术方面，如 AI 系统的法律和监管方面。

参考模型的水平和垂直层为大数据系统生成具体架构，大数据和 AI 系统之间显然有许多共同点，因为许多 AI 系统（如 DL 系统）是数据密集型的，并且处理大量数据。然而，BDVA RA 并未解决促进工业 5.0 系统开发的功能性问题，如数据质量和 AI 模型可解释性功能。因此，它主要适用于架构化 AI 系统，而不特别规定其可信度和以人为本的特殊规定。AI 系统的标准功能也由 ISO/IEC JTC 1/SC 42 技术委员会指定，该委员会负责人工智能[12]，且已经制定了许多标准，涵盖 AI 系统的不同方面，如分析和机器学习（ML）的数据质量（即 ISO/IEC DIS 52591）、AI 系统的透明度分类（即 ISO/IEC AWI 12792）、知识工程的参考架构（即 ISO/IEC DIS 5392）、AI 系统的功能安全（即 ISO/IEC CD TR 5469），以及 ML 模型和 AI 系统的可解释性目标和方法（即 ISO/IEC AWI TS 6254）。从上述描述性的标题中可以看出，ISO/IEC JTC 1/SC 42 技术委员会解决了以人为本（如安全性、可解释性）和可信度（如数据质量、可解释性）问题，这些问题是工业 5.0 系统所面临的。然而，大多数相关标准仍在开发中，尚未用于实际应用和使用。近年来，IEEE（电气和电子工程师协会）SA（标准协会）正在开发一系列标准（即 IEEE 7000 系列标准），这些标准涉及 AI 系统的伦理方面。例如，IEEE 7000-2021 标准标题为"IEEE 标准模型处理系统设计过程中的伦理问题"[13]，规定了组织可以遵循的过程，以确保其 AI 系统遵守道德价值观并将道德 AI 概念整合到其系统开发生命周期中。这些标准有助于促进工业 5.0 的发展，然而它们主要侧重于开发、部署和运营流程，而不是如何构建工业 5.0 系统。总体而言，仍然缺乏用于开发工业 5.0 系统的标准架构和蓝图。因此，AI 开发人员、部署人员和工程师尚无有效方法来组织、设计和构建复杂可信、以人为本的 AI 系统[14]。

1.3　AI 驱动的工业 5.0 系统架构(STAR‐RA)

1.3.1　AI 驱动的工业 5.0 系统的高层次参考模型

1.3.1.1　概述

图 1.1 所示为 AI 驱动的工业 5.0 系统的高层次参考模型,该模型确定了一组功能,以满足工业 5.0 所要求的 AI 系统的可信度和安全性。根据工业互联网参考架构(IIRA)的术语,将工业 5.0 功能聚集在三个主要类别或功能领域中。这三个领域如下:

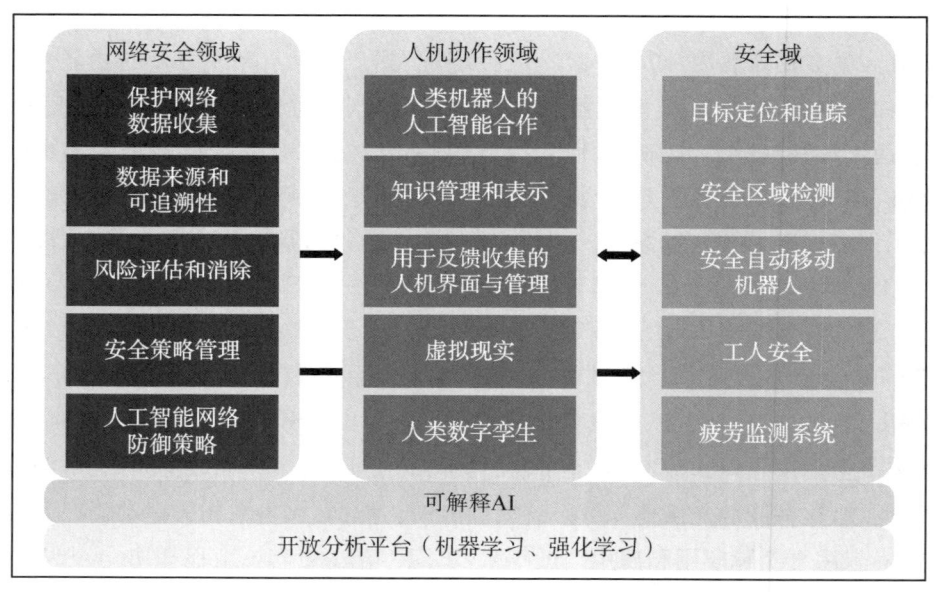

图 1.1　STAR 工业 5.0 系统的高层次参考模型

(1) 网络安全领域:此领域包括增强工业环境中 AI 系统的网络安全和网络弹性的功能,确保工业数据及基于这些数据训练和执行的 AI 算法的可靠性和安全性。此领域的功能支持并加强了其他两个领域中项目功能的可信度。

(2) 人机协作领域:此领域提供了人与机器人之间可信协作的功能。指定的功能旨在促进人与 AI 系统之间的可信交互,以实现比人类或 AI 系统单独操作更好的性能。在该方向上,此领域利用了促进人与 AI 系统协作的 AI 模型,如主动学习[15]和神经符号学习[16,17]。

(3) 安全领域:此领域包括确保工业操作安全的功能,包括涉及工人和(或)自动化系统的操作。例如,此领域中的功能加强了工人的安全,同时增强了自动移动机器人(AMR)的安全运行。

图1.1展示了每个功能,特别是在H2020 STAR项目[25]背景下的实际实施和验证的功能,将在后续内容中将依次进行说明。但是,请注意这里并非全部功能,另有额外的功能来增强AI系统在AI功能中的网络安全、人机协作和安全性。

可解释AI(XAI)在图1.1的高层次参考模型中扮演着突出的角色,这是因为XAI功能为不同领域的各种功能提供支持。例如,XAI是促进人机协作的AI模型的一个组成部分,如神经符号学习。同样,XAI可以用来识别可能试图通过改变操作来篡改AI系统的潜在尝试。因此,XAI被定位为XAI系统的交叉功能。如图中所示,机器学习平台是AI驱动的工业5.0系统的主要支柱,因为大多数功能都是在这些平台上部署和执行的。例如,在网络安全领域,AI系统可以实施网络防御策略;在安全领域,强化学习(RL)系统可以检测安全区域。

1.3.1.2 网络安全领域功能

网络安全功能是确保AI系统可信度的关键,因为它们确保了工业数据和基于这些数据训练和开发的AI模型的可信度和可靠性,同时保护这些系统免受可能危及其运行并破坏对其运行信任的网络安全攻击。STAR项目中实施的指示性功能包括:

(1) 安全的网络数据收集:实施安全的网络协议可以访问来自网络物理系统(CPS)和企业应用程序[如工业场所的企业资源规划(ERP)]的工业数据。例如,基于安全网络协议[如TLS(传输层安全)和HTTS(安全超文本传输协议)]的数据收集探针的实施。

(2) 数据来源和可追溯性:工业数据的数据来源和可追溯性对于确保工业数据的可靠性至关重要。来源和可追溯性功能使AI系统开发人员能够持续访问源工业数据的属性和特征(如哈希码、统计属性),以实现防篡改功能[18]。这些功能可以为源数据和构建的AI模型实施,以帮助防止恶意行为者篡改。

(3) 风险评估和缓解:风险评估和缓解功能是大多数网络安全系统不可或缺的一部分。在基于AI的工业系统情况下,它们提供了识别、评估和安装针对潜在网络安全风险的缓解措施的手段,其中一些风险(如数据伪造)可以根据网络安全领域(如来源和可追溯性)的其他功能来缓解。

(4)安全策略管理器:此功能为 AI 系统提供规范和实施安全策略的手段,是各种策略的占位符,如对工业数据和 AI 功能的经过身份验证和授权的访问。

(5)AI 网络防御策略(ACDS):AI 系统容易受到额外的漏洞和网络弹性风险的影响。例如,黑客可以发起数据投毒攻击,通过篡改用于训练机器学习系统的数据来破坏其运行[19]。同样,AI 系统必须能够抵御通过操纵输入数据以产生机器学习系统运行错误的规避攻击[20]。AI 网络防御功能旨在通过诸如审计训练数据和形式验证输入数据等技术来减轻和对抗此类攻击。

1.3.1.3　人机协作功能

高层次参考模型的人机协作功能列表包括:

(1)AI 用于人机协作:除了传统的 ML 模型和范式之外,还有一些机器学习方法促进人与 AI 系统之间的互动,以实现有效的人机协作。例如,在主动学习系统中,机器人和 ML 系统可以在数据标记过程中咨询人类专家以处理不确定性;主动学习方法通过 AI 系统加速知识获取,促进人机协作,并提高 AI 部署的整体性能和信任度。

(2)知识管理和表示:正确表示和管理人机协作过程的知识是实现有效的人-AI 交互的关键。通常采用语义建模技术(如语义知识图)以便于 AI 系统理解和推理人机协作过程的上下文[21]。

(3)HMI 用于反馈收集和管理:人机协作系统涉及人与 AI 系统之间的交互,包括从人类向 AI 系统提供反馈。例如,在上述主动学习系统中,人类为 AI 系统提供数据标记反馈。为了实现这种反馈收集和管理功能,人机协作领域包括适当的人机界面(HMI)占位符,如 NLP 界面。

(4)模拟现实:模拟现实系统在虚拟模拟环境中训练人机协作系统,通常与在虚拟而非真实环境中训练的 RL 系统相关联。因此,它们是 AI 驱动的工业 5.0 参考模型安全领域功能重要组成部分,如用于安全区域检测的功能,将它们纳入参考模型表明了在安全环境中培训人类人机协作功能的重要性。

(5)人类数字孪生(HDT):这是以人为本的数字孪生系统,包含有关人类工作者的特征和上下文的信息[22]。HDT 系统非常适合建模、开发和实施将 AI 系统与人类参与者结合在一起的人机协作系统,同时对它们的交互进行建模和模拟。

1.3.1.4 安全领域功能

参考模型的安全领域概述了确保 AI 系统(如机器人)在工业 5.0 场景中安全操作的关键功能,涵盖以下指示性但重要的功能:

(1) 对象定位和跟踪:此功能旨在识别工业环境中对象的位置,特别是移动对象,如移动机器人。这些功能的定位和跟踪是保障机器人和 AI 系统在工业环境中安全运行的应用程序的组成部分。

(2) 安全区域检测:在工业环境中移动的自动化系统(如车间、厂房地板)必须遵循最小化自动化系统、人类和其他工作场所固定元素之间碰撞风险的安全轨迹,基于 AI 技术(如强化学习[23])检测安全区域可以增加 AI 系统的安全性并最小化相关风险。

(3) 安全自动移动机器人:此功能是确保自动移动机器人安全移动的系统的关键,实施此功能可以从安全领域的其他功能中受益,如安全区域检测。

(4) 工人安全:除了确保机器人系统的安全操作和移动外,确保工人的安全也很重要,工人的安全是强调以人为本的工业 5.0 系统的核心。相应的功能确保工人在安全环境中行动,并且在设计、开发、部署和运营 AI 系统时适当考虑了人类的情感和身体环境。

(5) 疲劳监测系统:疲劳监测是提高工业系统性能和安全性且以人为本功能的一个非常有代表性的例子,通过收集和分析有关工人疲劳的信息来推动 AI 和工业 5.0 系统向以人为本的方向发展。

1.3.2 AI 驱动的工业 5.0 系统的逻辑架构

1.3.2.1 驱动原则

图 1.2 所示为在 STAR 项目[25]范围内实现的参考架构模型的一个具体实例,该模型在本章中统一称为 STAR‐RA。该架构以逻辑视图的形式呈现,包括功能模块及其结构,以及它们与其他系统的交互,可以作为实现、部署和操作基于 AI 的工业 5.0 系统的基础。符合 STAR‐RA 的系统旨在通过追求以下原则来保护制造生产线中现有的基于 AI 的 CPPS 系统,这些原则完全符合前面介绍的高层次架构:

(1) 安全和可靠的数据:STAR AI 系统必须基于可靠的工业数据运行,即架构为减轻工业数据的固有不可靠性提供了保证。

(2) 安全和可信的 AI 算法:符合 STAR‐RA 的系统增强了它们包含的

AI 系统的安全运行,为实施保护 AI 系统免受恶意安全攻击的网络防御策略提供了规定。STAR-RA 兼容的系统专注于防御网络安全攻击,物理安全攻击可能适用于某些工业系统(如机器人系统),但 STAR-RA 并未涉及。

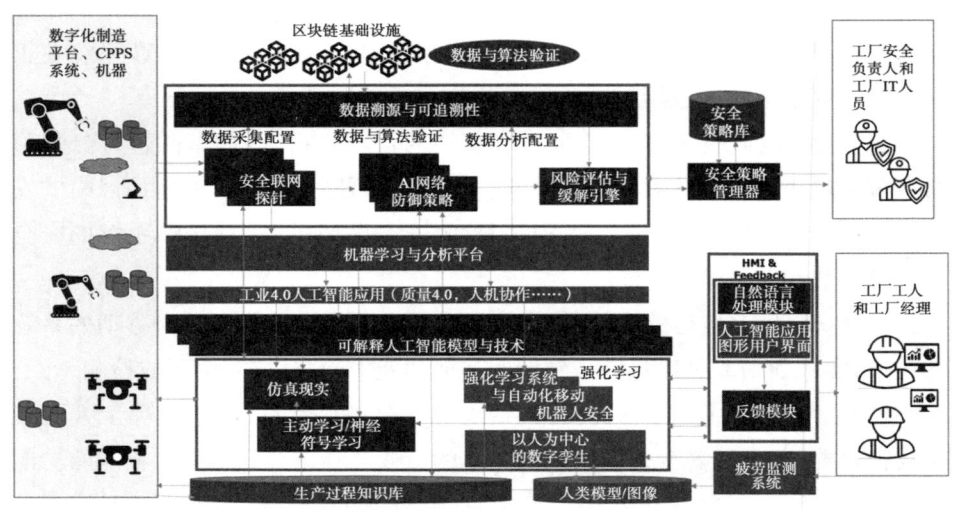

图 1.2　基于人工智能的工业 5.0 系统的 STAR 参考架构*

(3) 可信的人 AI 交互:所提出的架构侧重于实现人与 AI 系统之间的可信交互。一方面,它确保 AI 系统对人类透明和可解释,以提高它们的接受度和采用率;另一方面,专注于人与 AI 系统在人机协作场景中的安全和可信交互。

(4) 安全的 AI 系统:该架构增强了自动 AI 系统的安全性,如移动机器人,在工业厂房内安全地放置和移动自动移动机器人(AMR)。

上面列出的功能和实现它们的逻辑模块不仅可以独立工作,还可以相互协同。例如,RL 算法可以用来确保 AMR 的安全操作,有助于 AI 系统的可信操作,这种 RL 算法可以独立于其他模块运行。然而,也可以与网络安全领域的工业数据可靠性系统集成,以确保它们在可信和可靠的工业数据上运行,增强了可信度。此外,这些功能还可以与基于 AI 的网络防御策略集成,以确保不会被恶意篡改或破坏,这是加强 AI 系统在安全 AMR 操作方面的可信度的另一项措施。总体而言,当集成和组合架构的多个模块时,制造商和系统集成商可以获得乘法的可信度优势,因为一个系统可以加强另一个系统,这种架构提

---

* 本书中加 * 的图可扫描封底二维码查看彩图。

议为集成工业 5.0 时代的 AI 驱动工业系统提供了结构化原则。然而,所呈现的功能模块并不构成"全有或全无"的价值主张。制造商和 AI 系统集成商可以采用和实施 STAR-RA 的部分,即逻辑架构的特定模块。如图 1.2 所示,该架构支持开发从车间(即数字制造平台和其他基于 AI 的 CPPS 系统)接收数据并为工厂(网络)安全团队和其他工厂利益相关者(如工程师、工厂经理、工人)提供不同类型服务的 AI 系统,表示的颜色说明不同模块与前一子节的高层次架构的一致性,即蓝色模块属于网络安全领域,红色模块属于安全领域,绿色模块属于人机协作领域。

1.3.2.2 逻辑模块

架构的主要模块和构建模块在以下内容中说明。

1) 数字制造平台和 CPPS 系统

该架构支持在生产线中开发安全、可靠和可信的 AI 系统。为此,符合 STAR-RA 的系统收集和处理来自车间的基于 AI 的系统的数据,包括机器、机器人单元、AMR 和其他数字制造平台。工业 5.0 系统包括各种 CPPS 系统和数字制造平台,为其他逻辑模块提供数据源;后者也可能从车间的其他数据源,如业务信息系统中的 ERP 和制造数据库中的历史记录系统获取数据。

2) 工业 5.0 应用

此构建块代表不同类型的基于 AI 的工业应用,如 ML 和机器人应用,利用车间的信息和数据源。在某些情况下,它们也与数字制造平台集成,架构的其他模块从收集数据中分析行为,以增强其操作的安全性和可信度。基于 AI 的工业 5.0 应用程序也可以作为数据源,为架构的其他逻辑模块和数据驱动系统提供数据。

3) 安全网络探针(SNP)

此构建块提供了一个安全的数据处理解决方案,提供实时数据收集、转换、过滤和管理服务,以便于数据消费者(如 AI 网络防御模块和安全策略管理器)访问所需数据。例如,它可以用于从监控的 IoT 系统和存储中收集与安全相关的数据(如网络、系统和解决方案专有),并通过应用简单(如过滤)或更复杂的(深度学习)数据处理机制来检测异常行为模式。该解决方案具有可能部署在监控的 IoT/CPPS 系统内的专用探针或轮询服务,用于从车间源(如 CPPS 系统和数字制造平台)获取数据,该模块属于高层次参考架构的网络安全领域。

4）数据来源和可追溯性（DPT）

DPT 模块属于网络安全领域，提供跟踪和追溯工业数据的手段，与数据探针接口以获取有关车间工业数据的信息，如数据类型、体积和时间戳的信息。相应地，记录了有关获取的数据的信息（即元数据），以便于检测数据滥用和数据篡改尝试。具体来说，DPT 中获取的数据可以通过其他模块查询，以便于验证数据集并确保它们消费的数据没有被伪造。通过这种方式，DPT 模块加强了系统中流动的工业数据的可靠性和安全性。

5）区块链-分布式账本基础设施

实现工业数据来源基础设施的不同方法。STAR-RA 提倡一种去中心化的方法，利用分布式账本技术（DLT）的优势，即区块链协议。分布式账本基础设施为工业数据来源提供了一些优势，如不可变和防篡改的记录，还提供了全面和可审计的轨迹，记录了数据交易的历史，包括创建、修改和传输事件。此外，区块链支持在分布式账本基础设施上实现智能合约（SC），特别是用于验证记录在区块链中的工业数据集的元数据的 SC，支持提供信息的去中心化应用程序，这些信息与元数据相关，提供给感兴趣的模块，如网络防御策略模块。

6）AI 网络防御策略（ACDS）

该模块为 AI 系统实施网络防御策略，即保护 AI 系统免受敌对攻击的策略。这些策略基于访问来自：

（1）必须受到网络安全攻击保护的 AI 系统（包括 ML 系统）。

（2）充当数据源的 CPPS 和数字制造平台。

（3）由 DPT 模块及其区块链实现管理的工业数据的元数据。

（4）实现解释各种 AI 系统和算法操作的可 XAI 模块。

该模块针对 AI 系统的攻击实施不同的策略。例如，实现了针对数据投毒和规避攻击的网络防御策略。然而，也可以实施和集成其他网络防御策略（即安全网络数据探针、DPT）。数据集成基础设施（如基于数据总线模式）可以用作数据交换中间件基础设施，以便于参与检测网络安全攻击的不同模块（即 DPT、ACDS、SNP）之间的数据传输和数据共享。

7）风险评估和缓解引擎（RAME）

该模块根据高层次架构的网络安全领域实施 STAR-RA 的安全风险评估和缓解服务，评估与制造生产线中基于 AI 的系统相关的资产的风险。它与 ACDS 模块交互如下：防御策略向 RAME 传达有关 AI 资产识别风险的信息；

RAME 从 DPT 获取信息以评估风险。它还为已识别的风险提供缓解措施,如通过 SNP 模块更改探针的配置。

8)安全策略管理器(SPM)-安全策略存储库(SPR)

该模块定义和配置管理 DPT、AI 网络防御和 RAME 模块操作的安全策略。具体来说,该模块指定有关要集成的探针和数据源、探针的配置及要部署的网络防御策略的安全策略。通过更改适用的策略,SPM 更改网络安全领域(如 DPT、RAME、ACDS)的其他模块的配置和操作。SPM 的操作由安全策略存储库(SPR)支持,其中持久保存策略文件。此外,SPM 还为工厂的安全人员,如 CERT(计算机紧急响应团队)的成员,提供了图形用户界面(GUI)。

9)机器学习和分析平台

架构的几个模块基于 ML 算法,包括深度学习和强化学习,如 ACDS 模块实现了 AI 基础防御策略等。另一个代表案例是 XAI 模块,可提供可解释的 ML 模型,机器学习和分析平台支持这些 AI 系统的运行,不仅使 STAR-RA 模块的开发者和用户(即数据科学家、领域专家、ML 工程师)能够指定和执行 ML 模型,还能够访问它们的元数据和结果,该平台与提供训练和执行 AI 算法的数据集的模块(如 SDP 模块)进行交互。

10)可解释人工智能(XAI)

该模块提供和执行 XAI 模型和算法。它提供了执行不同类型 XAI 算法的手段,如解释 DNN 的算法和通用算法(如 LIME-本地可解释模型无关解释)[24],解释 AI 分类器的结果。因此,该模块是 XAI 技术的核心,XAI 模块为利用可解释算法的其他几个模块提供服务,如 ACDS 模块和模拟现实(SR)模块。

11)模拟现实(SR)

该模块在虚拟世界中模拟生产环境,其有两个目标:产生供 AI 算法使用的数据,特别是在真实世界数据没有足够数量的情况下;利用 RL 技术在人工设置(即模拟环境)中加速它们的收敛。SR 模块利用 XAI 模块的服务,有助于人类评估由 SR 生成的模拟数据的适当性和正确性。

12)主动学习(AL)和神经符号学习

该模块为人机协作领域提供了机器学习范式,有助于机器人和 AI 系统在人参与的工业过程中受益于人类专家的知识,用于人机协作的 ML 技术属于高层次架构的人机协作领域。

13）生产过程知识库（PPKB）

该模块整合了制造环境生产过程中的知识。它用于其他模块（如 AL 和神经符号学习模块）的推理，这些模块可以与人类在人参与的过程中获取的知识交互并更新该模块，因此属于高层次架构的人机协作领域。

14）AMR 安全

该模块包括 RL 技术，以增强 AMR 在工业环境（如制造车间）中的安全性，为机器人在制造环境中的安全放置提供建议，并结合了高层次架构安全领域的功能，如目标定位和安全区域检测。

15）以人为本的数字孪生

该模块实现数字孪生功能，考虑了人因参数（如工人的疲劳、情感状态等），是以人为本的数字孪生系统的关键，包括在循环中的基于 AI 的过程。同时，与分析平台、工人和人类数字模型进行交互。

其中，HDT 系统提供了集中的访问点，以利用广泛的工人相关数据，通过工人的数字表示，与生产系统数字孪生无缝集成。后者可以被基于 AI 的模块利用，计算复杂特征，丰富 HDT 系统，使其更好地决策，并动态调整自动化系统的行为，以提高生产性能和工人安全。

16）人类模型-人类数字图像

该模块可以持久保存和管理有关人类工人的数据，以支持 HDT 系统的构建、部署和操作，提供创建和使用工人数字表示的手段。

17）图形用户界面（GUI）-人机界面（HMI）

该模块提供工人与 AI 系统之间的 GUI 交互功能，包括可视化元素（如仪表板），同时使用户能够与基于 AI 的模块（如提供基于表单的输入）进行交互。

18）自然语言处理（NLP）

该模块可以使工厂用户与相关 AI 模块（如 AL 模块）进行 NLP 交互，是不同 NLP 实现和接口的关键。

19）反馈模块

该模块可以协调从人类工人到 AI 系统的反馈，对于实现人-AI 系统交互（如人机协作场景）特别重要。反馈模块与一些交互模块（如 GUI 或 NLP）连接，可以使用户数据能够传输到反馈模块，反之亦然。

20）疲劳监测系统

该模块利用传感器和 IoT 设备，如脑电图（EEG）传感器，收集有关工人疲劳的信息,并将收集到的信息传输到其他模块,如人类模型和HDT系统。

1.4 工业5.0应用的解决方案蓝图

1.4.1 工业5.0蓝图概念

面向工业5.0应用的STAR-RA框架,可支持在工业环境中实施广受欢迎的安全可信和数据驱动用例,部署和运行选定的STAR-RA功能模块,这些模块支持特定的人机协作、网络安全和安全解决方案的信息流,这些解决方案可以在工业5.0环境中实现,可以定义为基于引入架构的蓝图。每份蓝图都提供了一种经过验证的方法,用于为工业应用实现可信数据处理和AI功能。感兴趣的各方(如解决方案集成商、制造商、工业自动化和数字制造的研究人员)不需要通读、浏览和理解整个STAR-RA框架及其底层技术细节,而是通过查询蓝图来增强其工作的可信度和法规遵从性。以下内容展示流行技术解决方案的蓝图,以及遵守欧洲议会和欧洲委员会AI法规提案的工业5.0。

1.4.2 技术解决方案蓝图

根据ACDS定义蓝图,以支持防御针对AI系统的网络安全攻击的案例。表1.1展示了针对AI/ML系统的投毒攻击防御蓝图,即攻击者通过对抗性示例破坏学习过程,从而破坏AI系统产生正确/可信结果能力的情况。图1.3展示了STAR项目中实施此蓝图的各种组件之间的信息流。表1.2提出一种解决方案蓝图,用于验证工业数据的完整性,这在工业5.0应用的范围内至关重要,这是确保工业数据可靠性的基础,根据此蓝图保护不同类型的工业数据,如CPPS数据和分析结果(包括AI结果)。图1.4展示了实现数据完整性验证蓝图的不同区块链组件之间的信息流。

表1.1 投毒攻击防御

设计蓝图标题	投毒攻击防御
范围和目的	检测对AI/ML系统的毒化攻击,具有高准确性,即攻击者基于对抗性示例破坏学习过程,从而破坏AI系统产生正确/可信结果的能力
涉及的STAR-RA组件	分析平台、STAR区块链(分布式账本基础设施)、DPT(数据来源和可追溯性)、风险评估和缓解引擎、XAI模块

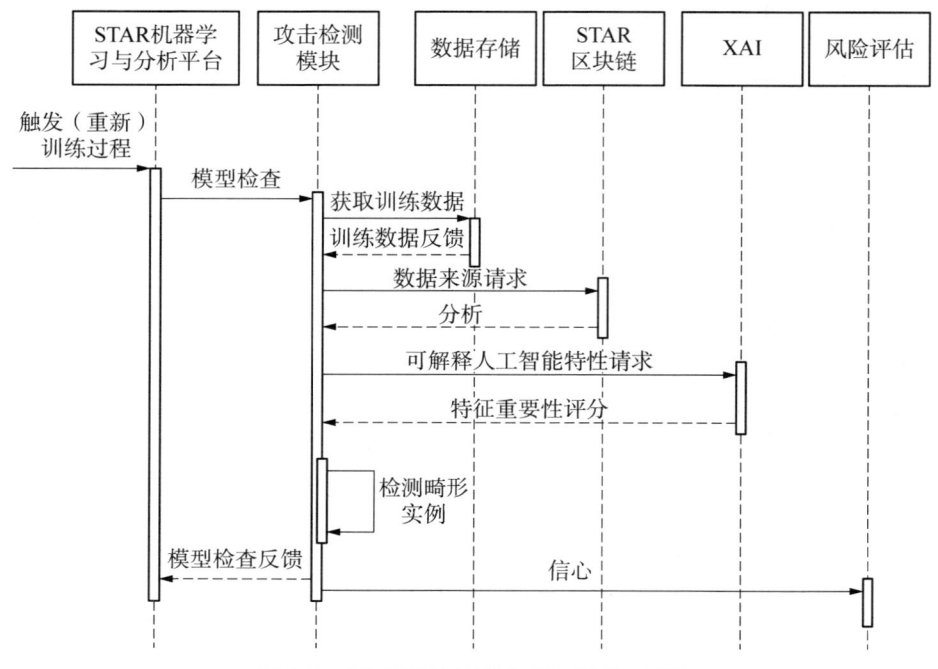

图 1.3　AI 网络防御信息流的 STAR 实现

1.4.3　法规遵从性蓝图

法规遵从性蓝图说明如何利用 STAR-RA 及其组件来增强 AI 解决方案遵守欧洲委员会 AI 法规提案的遵从性。2021 年 4 月，欧洲议会和欧洲委员会提出了 AI 系统法规的初步提案[6]，这是全球范围内首次有组织和结构化的努力来规范 AI 系统，为各欧盟成员国未来的法律奠定了基础，因此它在欧洲部署的系统的重要性尤其高。该提案在欧盟法律中为 AI 系统建立了技术中性定义，同时提出了基于风险的 AI 系统分类。分类提议将 AI 系统分为四个一般类别，从不可接受的风险到无风险（即无风险）系统，概述了与部署每个设想风险水平的系统相关的要求和义务。例如，"高风险"AI 系统只有在满足涵盖透明度、可解释性、数据质量等领域的要求时才能获得授权等，这些义务对于中低风险系统来说明显较低。

表 1.2 验证工业数据的完整性

设计蓝图标题	验证工业数据的完整性
范围和目的	从区块链中检索持久化的关键测量数据（如分析结果），基于元数据属性，将其与现有数据进行验证/比较，以验证真实性
涉及的 STAR-RA 组件	数据模型、区块链（分布式账本基础设施）、DPT（数据来源和可追溯性）

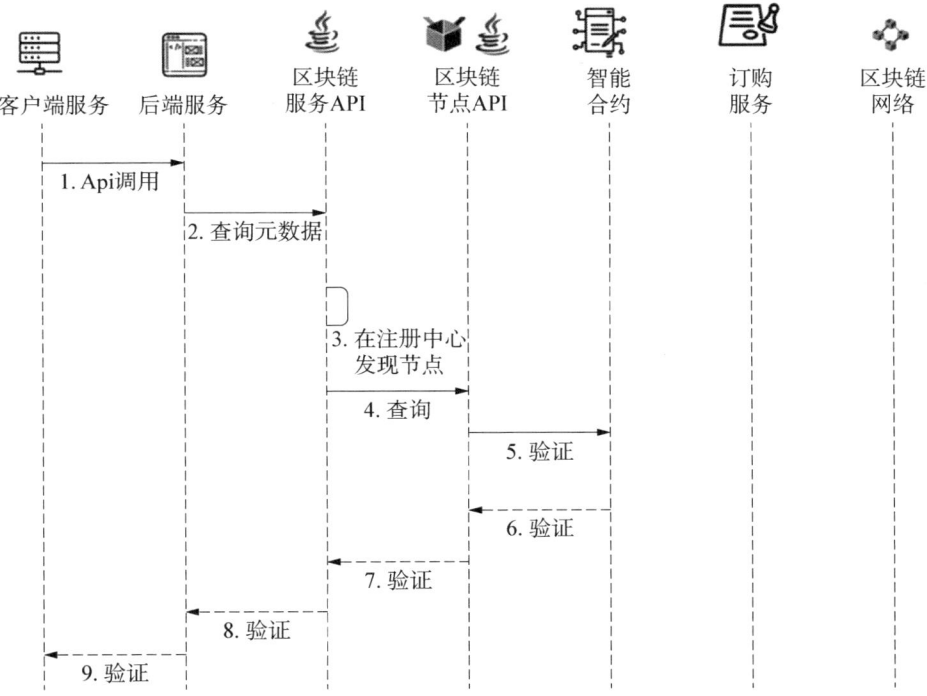

图 1.4 数据完整性验证信息流的 STAR 实现

STAR-RA 包括可以帮助 AI 部署人员和运营商满足法规要求和义务的技术组件，不同组件可用于支持属于 AI 法案不同风险类别的系统。例如，AI 法案规定，最小风险系统（如基于 ML 的物理资产信息的计算和可视化）可以在没有基本限制的情况下部署，对于最小风险系统没有强制性义务。遵守 AI 行为守则是推荐性的，但也是可选的。因此，部署人员可以选择部署一个或多个 STAR 组件，这些组件来自平台（网络安全、人机协作、安全）的不同领域，以及表 1.3 中的相关法规蓝图中的 XAI 组件。

表 1.3 最小风险 AI 系统的支持部署

设计蓝图标题	最小风险 AI 系统的支持部署
范围和目的	支持遵守要求 AI 系统透明度的行为准则
涉及的 STAR‑RA 组件	(可选)XAI(用于透明度);(可选)安全策略管理器(用于增强网络安全);(可选)ACDS(用于 AI 网络安全)

另一方面,在部署有限风险系统时,AI 部署人员必须确保他们满足透明度义务。对此,人类必须被告知工业过程中存在 AI 系统组件,涉及人参与的工业过程,其中 AI 系统和人类进行交互。例如,这是一些 HDT 应用的情况,其中工业系统收集有关工人状态的信息并相应调整其操作。STAR‑RA 包括可以帮助部署人员满足有限风险部署要求的 XAI 组件。部署人员可以选择使用其他 STAR 组件来增加 AI 系统的安全性、安全性和整体可信度(表 1.4)。

表 1.4 最小风险 AI 系统的支持部署

设计蓝图标题	最小风险 AI 系统的支持部署
范围和目的	支持 AI 系统的强制性透明度;为提高有限风险 AI 系统的保密性和安全性提供可选支持
涉及的 STAR‑RA 组件	(强制)XAI(用于透明度);(可选)区块链(分布式账本基础设施)和 DPT(数据来源和可追溯性)用于数据质量;(可选)安全策略管理器(用于增强网络安全);(可选)ACDS(用于 AI 网络安全)

许多制造和其他工业领域中的 AI 系统可以被归类为高风险。例如,涉及 AMR 和其他类型的工业机器人的系统。在高风险系统的情况下,部署人员和运营商必须遵守一系列要求,包括对可解释性、透明度、数据质量等方面的更严格的具体规定。为了支持这类高风险系统的资格认证、部署和使用,STAR‑RA 提供了许多相关组件,支持数据可靠性、AI 算法的可靠性、增强的网络安全、安全的人机协作等。在高风险 AI 环境中使用这些系统变得是强制性的,而不是可选的,这在表 1.5 中进行说明。

表 1.5 最小风险 AI 系统的支持部署

设计蓝图标题	最小风险 AI 系统的支持部署
范围和目的	支持高风险 AI 系统的强制性透明度、保密性、数据质量和安全性
涉及的 STAR－RA 组件	(强制)XAI(用于透明度);区块链(分布式账本基础设施)和 DPT(数据来源可追溯性)用于数据质量;安全策略管理器(用于增强网络安全);(可选)ACDS(用于 AI 网络安全)

1.5 本章结论

尽管人们对工业 5.0 部署中可信和以人为本的 AI 系统的关注日益增加,但现有的 AI 应用参考架构和蓝图并未充分解决可信 AI 解决方案的开发和部署问题。本章介绍了可以促进可信和以人为本 AI 应用设计和开发的架构模型,描述了一些指示性蓝图,用于开发符合架构的技术解决方案和符合欧洲议会和欧洲委员会 AI 法规提案的系统。

在高层次上所提出的架构将功能聚集在三个互补的领域,包括网络安全、人机协作和安全。每个领域中的功能都加强其他领域中的功能。此外,项目的 XAI 组件用于支持所有三个领域中的功能,所呈现的架构及其功能模块并不构成一个"全有或全无"的价值主张。相反,工业环境中的 AI 解决方案制造商和集成商可以选择参考架构的组件子集,以满足不同的工业要求。然而,所呈现的架构视图并没有深入实现细节,而是提供了更高级别的结构化原则和蓝图,用于支持可信 AI 系统。一些蓝图提供了如何使用 STAR－RA 组件来实现符合欧洲议会和欧洲委员会 AI 法规提案要求的系统的指导。对于那些寻求遵守 AI 法案并展示法规准备情况的公司来说,这种指导很重要。

参考文献

[1] Soldatos J, Lazaro O, Cavadini F. The digital shopfloor: industrial automation in the industry 4.0 era river publishers series in automation, control and robotics [J]. 2019.

[2] Christou I T, Kefalakis N, Soldatos J K, et al. End-to-end industrial IoT platform for quality 4.0 applications [J]. Computers in Industry, 2022,137:103591.

[3] European Commission: industry 5.0 — what this approach is focused on, how it will be achieved and how it is already being implemented [J]. European Commission. (2023). Last accessed 26 June 2023.

[4] Nahavandi S. Industry 5.0 — A human-centric solution [J]. Sustainability, 2019,11(16):4371.

[5] Dwivedi R, Dave D, Naik H, et al. Explainable AI (XAI): core ideas, techniques, and solutions [J]. ACM Computing Surveys, 2023, 55(9): 1 – 33.

[6] Down L, ACT I. Proposal for a regulation of the European Parliament and of the Council laying down harmonised rules on artificial intelligence (artificial intelligence act) and amending certain Union legislative acts [J]. 2021.

[7] Industrial Internet Consortium. The industrial internet reference architecture v 1.9 [EB/OL]. 2023.

[8] ISO/IEC/IEEE.: ISO/IEC/IEEE 42010:2011 Systems and software engineering — Architecture description [s]. Last accessed 26 June 2023.

[9] Industrial internet consortium: the industrial internet security framework [J]. Available at: Last accessed 26 June 2023.

[10] OpenFog Consortium. IEEE standard for adoption of OpenFog reference architecture for fog computing [J]. IEEE Std, 1934, 2018: 1 – 176.

[11] Big Data Value Association. European big data value strategic research and innovation agenda [J]. Big Data Value Europe, Brussels, Belgium: Available at http://www.bdva.eu/sites/default/files/europeanbigdatavaluepartnership_sria_v1_0_final.pdf [Last accessed 17 May 2017], 2015.3

[12] ISO/IEC JTC 1/SC 42 Artificial intelligence. https://www.iso.org/committee/6794475.html. Last accessed 26 June 2023.

[13] IEEE standard model process for addressing ethical concerns during system design. IEEE Std 7000 – 2021, 1 – 82, 15 Sept 2021.

[14] Rožanec J M, Novalija I, Zajec P, et al. Human-centric artificial intelligence architecture for industry 5.0 applications [J]. International journal of production research, 2023, 61(20): 6847 – 6872.

[15] Liu Z, Wang J, Gong S, et al. Deep reinforcement active learning for human-in-the-loop person re-identification [C]//Proceedings of the IEEE/CVF international conference on computer vision. 2019: 6122 – 6131.

[16] Siyaev A, Valiev D, Jo G S. Interaction with industrial digital twin using neuro-symbolic reasoning [J]. Sensors, 2023, 23(3): 1729.

[17] Díaz-Rodríguez N, Lamas A, Sanchez J, et al. EXplainable Neural-Symbolic Learning (X-NeSyL) methodology to fuse deep learning representations with expert knowledge graphs: the MonuMAI cultural heritage use case [J]. Information Fusion, 2022, 79: 58 – 83.

[18] Soldatos J, Despotopoulou A, Kefalakis N, et al. Blockchain based data provenance for trusted artificial intelligence [J]. Trusted Artificial Intelligence in Manufacturing: A Review of the Emerging Wave of Ethical and Human Centric AI Technologies for Smart Production, 2021: 1 – 29.

[19] Khurana N, Mittal S, Piplai A, et al. Preventing poisoning attacks on AI based threat intelligence systems [C]//2019 IEEE 29th International Workshop on Machine Learning for Signal Processing (MLSP). IEEE, 2019: 1 – 6.

[20] Khorshidpour Z, Hashemi S, Hamzeh A. Learning a secure classifier against evasion attack [C]//2016 IEEE 16th International Conference on Data Mining Workshops (ICDMW). IEEE, 2016: 295 – 302.

[21] Umbrico A, Orlandini A, Cesta A. An ontology for human-robot collaboration [J]. Procedia CIRP, 2020, 93: 1097 – 1102.

[22] Montini E, Cutrona V, Bonomi N, et al. An IIoT platform for human-aware factory digital twins [J]. Procedia CIRP, 2022, 107: 661 – 667.

[23] Andersen P A, Goodwin M, Granmo O C. Towards safe reinforcement-learning in industrial grid-warehousing [J]. Information Sciences, 2020, 537: 467 – 484.

[24] Ribeiro M T, Singh S, Guestrin C. "Why should i trust you?" Explaining the predictions of any

classifier [C]//Proceedings of the 22nd ACM SIGKDD international conference on knowledge discovery and data mining. 2016:1135-1144.

[25] Trusted artificial intelligence in manufacturing: a review of the emerging wave of ethical and human centric AI technologies for smart production [M]. Now Publishers, 2021.

第 2 章 · 设计用于工业 5.0 的 AI 模型交易市场

Alexandros Nizamis, Georg Schlake, Georgios Siachamis, Vasileios Dimitriadis, Christos Patsonakis, Christian Beecks, Dimosthenis Ioannidis, Konstantinos Votis, Dimitrios Tzovaras

2.1 引言

在线市场是互联网上的地点,人们可以在这里购买和销售服务和商品,在过去几十年中数量急剧增加。最近,各种用于交换 AI 模型的市场逐渐出现[1]。在这些市场中,AI 模型和 ML 算法被货币化并作为产品提供。

亚马逊的 AWS Marketplace[1]使其客户能够找到涵盖商业分析、计算机视觉、医疗保健及文本和语言处理等各种案例和领域的大量预建模型和算法,主要采用按小时、天等计费的订阅模式;Akira. AI[2]也提供了基于月度的订阅模式。这个市场特别提供与文本分析和计算机视觉相关的 AI 模型,以及启用 AI 模型执行的处理、存储和网络资源。Gravity AI[3]和 Modelplace AI[4](专门从事计算机视觉)市场也提供了各种领域的预训练模型,后者通过 Web 浏览器界面实现了模型的实时执行。其他市场[5]则从实时执行更进一步,通过提供软件开发工具包(SDKs)使开发者能够共同构建模型。

还有一些特定于医疗保健领域的 AI 市场,如 IBM 的 Imaging AI Marketplace[6],这是一个集中的市场,使医疗保健提供者能够发现、购买和管理提供最新 AI 工具的应用程序。在这个市场中,研究人员和开发者可以接触到特定的电子健康领域 AI 应用程序的大型客户社区,并利用所提供的基础设施和部署流程。同样,Nuance Communications[7]也推出了医疗保健 AI 解决方案市场,提供与 IBM 类似的功能。

除了世界领先者的方法和市场现成的解决方案,欧盟资助的研究项目也展示了各种市场,用于列出甚至交易包括 AI/ML 算法在内的解决方案。

AI4EUROPE 或 AI on Demand[2]提供了一个值得信赖的开源平台,用于开发、培训和共享 AI/ML 模型。然而,与商业市场相比,由于缺乏商业逻辑,它更多地被视为一个开源代码库。MARKET4.0 项目[3]开发了一个多边商业平台,用于即插即用的工业产品服务系统。欧洲工厂基金会和 EFPF 项目[4]提供了一个门户/市场,作为其互操作数据的一部分,包括来自先前欧盟项目和第三方倡议的解决方案。然而,这些解决方案是软件解决方案、产品和服务的混合体。其他与制造业领域和工业 4.0 相关的市场由 v-fos[5](提供带有嵌入式 SDK 的应用市场)和 NIMBLE[6]项目提供,后者引入了一个用于 B2B 连接的联合互操作系统。其他研究方法[7]通过结合虚拟代理和语义[8,9]为制造市场[10]中的自动谈判引入了 AI 作为市场推动者。在 Boost 4.0 项目中,引入了一个共同的欧洲制造数据空间而不是市场。然而,它包含基于 IDSA[8]架构的与可用数据源连接的 AI 服务。后者还支持建立 AI 市场[9],这是 AI 提供商和消费者会面的地方。最近,PoP-Machina 项目[10]提出了一个基于区块链网络基础设施的制造者的协作平台。然而,它更侧重于协作设计而不是 AI 模型交换,IBM[11]也引入了一种用于构建 AI 市场的方法,这是一个关于可信交易的后端实现,而不是一个完全运营的市场。

众所周知的,AI 市场领域有现成的市场解决方案,但侧重于健康、文本识别、计算机视觉等案例,而不是制造业和工业 4.0/5.0 领域。相反,来自研究领域的市场与工业 4.0/5.0 领域相关,要么缺乏一些商业逻辑,要么收集了异构解决方案甚至实物产品,因此不能被视为交换 AI/ML 模型的市场。在当前研究中,Knowledge 项目[12,13]的市场旨在提供一个用于智能制造业交换 AI 模型的市场,使用区块链服务和智能合约作为其商业逻辑的核心。引入的市场可以作为智能生产的推动者,通过收集并提供与制造领域相关的 AI 解决方案,能够解决工厂中的各种问题。

2.2 节将介绍 Knowledge AI 市场的主要功能和其高层架构,2.3 节将介绍 Knowledge 市场的核心技术部分和接口,2.4 节为本章结论。

2.2　Knowledge 市场的功能和提出的系统架构

针对智能制造的 AI 模型市场提供一系列普通市场和服务商店常见的功能,具体如下:

(1) 用户友好的基于 Web 的界面,以促进 AI 算法和模型的交易。
(2) 利益相关者之间的可信交易,保护知识产权(IPR)和安全。
(3) 配置文件和角色管理功能。
(4) 基于各种特征的搜索功能。
(5) 关于用户和 AI 模型的评论和评级。

为了支持上述功能,Knowledge 市场在其架构中结合了一系列技术和组件,如图 2.1 所示,分为三个主要类别:与 AI 模型描述和管理相关的后端部分,与商业逻辑和交易相关的后端部分,以及与用户为中心的服务相关的前端部分。特别是,用户中心服务模块提供了与用户体验相关的一系列功能,如 UI、搜索功能、用户配置文件管理等。基于智能合约的 NFT(非同质化代币)AI 模型货币化框架提供了所有与基于区块链的商业逻辑相关的功能。此外,安全访问服务也是该模块的一部分。AI 模型存储库负责建模 AI/ML 算法、存储和管理服务,如 CRUD(创建、读取、更新和删除)操作,进一步开发了各种 API 以支持基于 HTTP 协议的不同模块通信,在下一部分中将介绍引入的市场的所有核心模块。

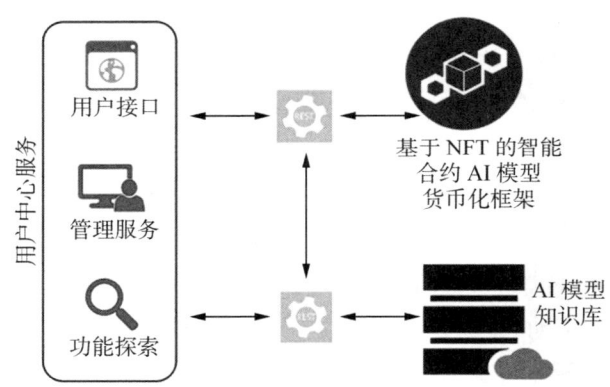

图 2.1　Knowledge AI 模型市场的高层架构

2.3　实现用于工业 5.0 交换 AI 模型的 Knowledge 市场

本节描述 Knowledge 市场的核心技术模块,从 Knowledge AI 模型存储库中数据的存储方式(2.3.1 节)开始,讨论货币化框架(2.3.2 节),再以用户界面

(2.3.3 节)结束。

2.3.1 Knowledge AI 模型存储库

Knowledge AI 模型存储库是一个中心化的云托管组件,管理 AI 模型及其相应元信息的数据库。其由四个主要组件组成:Knowledge 存储库管理、模型数据库、元数据库和历史数据存储(图 2.2)。AI 模型存储库为市场提供了所有必要的功能,以便于 AI 建模和管理与 AI 模型相关的数据和元数据。因此,除了前述的四个组件外,本体论也是存储库的核心部分,能够对市场元数据进行建模。

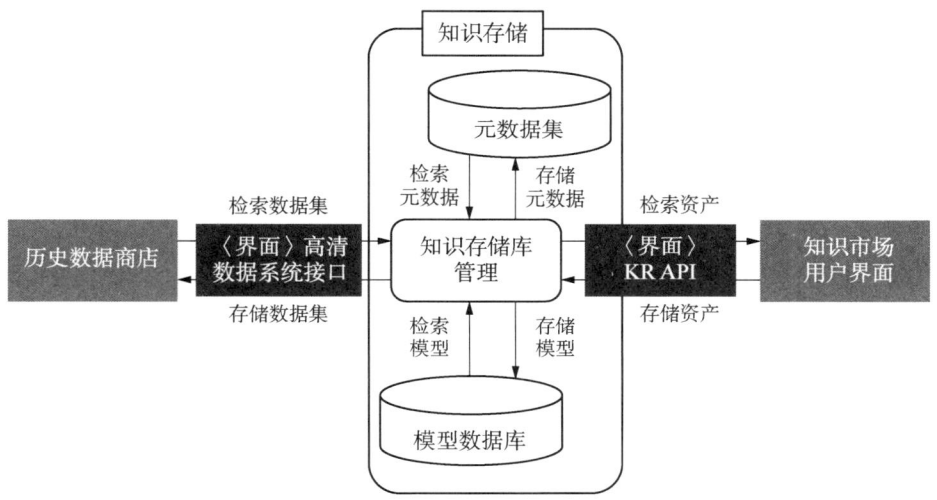

图 2.2 Knowledge AI 模型库内部架构

2.3.1.1 关键组件概述

Knowledge 存储库管理是连接其他组件的中心组件,通过遵循 OpenAPI[14] 规范的 REST API 提供服务,是 Knowledge 存储库的单一接口。其提供了丰富的功能,用于查询 AI 模型和数据集,以识别不同问题和解决方案之间的相似性。

元数据库是一个 MongoDB[15],存储 Knowledge 存储库的元数据,它们遵循 Knowledge 本体论(见 2.3.1.2 节),以确保存储库中所有数据集和模型的可用信息水平较高。

模型数据库用于在 Hadoop[16] 分布式文件系统中存储实际的模型规范文件。模型文件可以以 ONNX[11] 或 PMML[17] 格式呈现,以确保尽可能多的不同模型可以被描述给 Knowledge 存储库。

历史数据存储用于存储模型训练所使用的数据集。有了这些数据集，就可以在相同的数据集上对新模型进行基准测试，并直接比较模型的性能。

2.3.1.2 本体论

为了确保 Knowledge 存储库有广泛的元数据可用，开发了 Knowledge 本体论。本体论由 12 种不同类型的实体组成。这个实体-关系图给出了 Knowledge 本体论最重要实体和关系，并展示了这个本体论的层次结构的可能性，以及 Knowledge 存储库如何根据它存储数据的技术方式。这些实体可以分为与用户相关的（用户）、与模型相关的（模型、输入输出向量、模型规范和模型类型）、与数据相关的（任务、分析类型、应用、数据、属性和属性类型）及与性能相关的（性能评估）实体。主要实体分类如下：

（1）用户：用户由其唯一名称和电子邮件地址标识，此外，存储创建的时间戳，一个用户可以拥有多个模型，并创建多个应用、数据和属性类型实体。

（2）模型：模型包含其名称、描述和创建时间戳，以及指向模型规范和实例化的模型类型的链接；具有层次化的子级和父级，以及多个输入和输出的输入输出向量。

（3）输入输出向量：输入输出向量包含其名称、维度和数据类型，可以是整数、浮点、布尔或分类类型，可以作为多个模型的输入和输出。

（4）模型规范：模型规范包含实际的模型文件，描述模型的 ONNX 或 PMML 文件。

（5）模型类型：模型类型有其名称，可以是另一个模型类型的子级，并可以是多个模型类型的父级，被多个模型实例化。

（6）任务：任务由其名称、创建时间戳、分析类型、应用和数据组成。由单个用户创建，可以有多个任务作为子级，并可以有多个模型针对它进行训练，可以是另一个任务的子级。

（7）分析类型：分析类型有一个名称和创建时间戳。它是任务的一部分，可以是一个分析类型的子级，并可以是多个分析类型的父级。

（8）应用：应用有一个名称、描述和创建时间戳，是任务的一部分，由用户创建，可以是一个应用的子级，并可以是多个应用的父级。

（9）数据：数据实体由其名称和描述、它所属的任务和它被收集的时间跨度组成。它由用户创建，由多个属性组成，并可能继承自一个并成为多个数据实体的父级。

（10）属性：属性由其名称、它实例化的属性类型和它所属的数据实体组成。

（11）属性类型：属性类型由其名称、创建时间和类型组成，可能是布尔、整数、浮点或分类。它由用户创建，并可能被多个属性实例化。一个属性类型可以基于一个属性类型，也可以多个属性类型基于一个属性类型。

（12）性能评估：性能评估代表 AI 模型在任务上的实际性能，与这两个实体相关联，并包含性能测量及表示这种测量的信息。

模型数据库中的模型规格将以 ONNX 或 PMML 格式中储存，具有与各种不同的机器学习技术和框架的兼容性，以促进所提出的市场中 AI 模型的互操作性。虽然 PMML 专注于传统的机器学习方法，但 ONNX 专门用于交换 DNN。结合这两种格式，可以以易于使用和部署的方式存储广泛的 ML 模型。

2.3.2 基于 NFT 的 AI 模型货币化框架

除了用于描述市场元数据的本体论和用于管理 AI 模型的存储库服务外，还需要一套服务来实现货币化、安全和商业相关概念，以交付所提出的 AI 模型市场。因此，在 Knowledge 市场的背景下，我们开发并部署了一些基于区块链的服务，实现一个端到端的去中心化 AI 模型市场，在确保安全性、可审计性和可验证性的同时，能够实现 AI 模型的货币化。为了保证 AI 模型的所有权，每个模型都被视为分布式账本上的独特资产，表示为非同质化代币（NFT）。使用 NFT 提供了额外的功能，包括所有权转移。市场基于参与者共享共同价值体系的前提，使用可替代代币作为现实世界法定货币的等价物。

表 2.1 展示了各种参与者角色及他们与市场平台互动的手段，即能力。

请注意，"AI 模型生产者""AI 模型研究员"和"AI 模型开发者"这些术语可以互换使用，指的是同一参与者。同样，"AI 模型消费者"和"市场客户"这些术语也指的是同一参与者。最后，请注意，同一个现实世界实体可能潜在地扮演上述所有角色，如 AI 模型生产者也可以作为消费者或市场客户，购买其他人生产的 AI 模型。

在 DLT 基础的 AI 模型市场中，除了之前概述的核心功能集外，还提供以下功能：

（1）AI 模型生产者，作为 NFT 所有者，可以宣传选择的价格出售对单个

AI 模型二进制文件的访问权。

（2）每个 AI 模型生产者都可以查询在市场广告上的 AI 模型。

（3）每个 AI 模型生产者可以随时撤回广告的 AI 模型。

（4）任何实体都可以查询所有在市场广告上的 AI 模型。

（5）感兴趣的 AI 模型消费者可以购买对任何广告 AI 模型的访问权，前提是具有足够的硬币余额。

（6）AI 模型消费者保留对已购买的 AI 模型二进制文件的访问权限，即使模型后来从市场上撤回。

（7）每个消费者都可以在市场上查询所有成功购买的列表。

（8）外部实体（如 AI 模型存储库）可以安全地验证请求访问 AI 模型二进制文件的行为者是否是之前已成功购买的合法消费者。

表 2.1 系统中的用户角色和能力

角色	能　　力
管理员（Admin）	拥有访问特权功能的实体： ● 与身份和访问管理（IAM）相关的任何事件 ● 在需要时，作为公证功能的主体，如批准同质化代币（硬币）的创建
AI 模型生产者（AI Model Producer）	生产或开发新 AI 模型的实体，与平台的互动如下： ● 在平台上查询所有他们所拥有的 AI 模型完整列表 ● 将 AI 模型上传到仓库 ● 在 DLT 上创建 AI 模型（NFT），并将相应的元数据文件存储在链下元数据存储中 ● 发布在市场销售他们拥有的 AI 模型（NFT）的意愿 ● 从市场撤回销售他们拥有的 AI 模型（NFT）的访问权限 ● 创建（银行）账户，将币转移到其他用户的账户等
AI 模型消费者（AI Model Consumer）	市场的主要客户，即购买 AI 模型访问权限的实体，与平台的互动如下： ● 检索可以购买访问权限的所有（或单个）AI 模型列表 ● 查询 NFT 元数据存储以获取 AI 模型的额外信息，如相应存储库的 URL ● 创建（银行）账户，将币转移到其他用户的账户等 ● 通过指定将用于支付的同质化代币账户，购买 AI 模型的访问权限。显然，指定的账户必须有足够的币余额 ● 一旦购买完成，这些实体将无限期保留他们访问 AI 模型的权利，无论相应的生产者是否已撤回 ● 查询平台，获取他们在市场执行的所有购买的完整列表

图 2.3 所示为 AI 模型货币化框架架构的详细图,描述涉及的用户、区块链基础设施的组件及互动的直观描述。

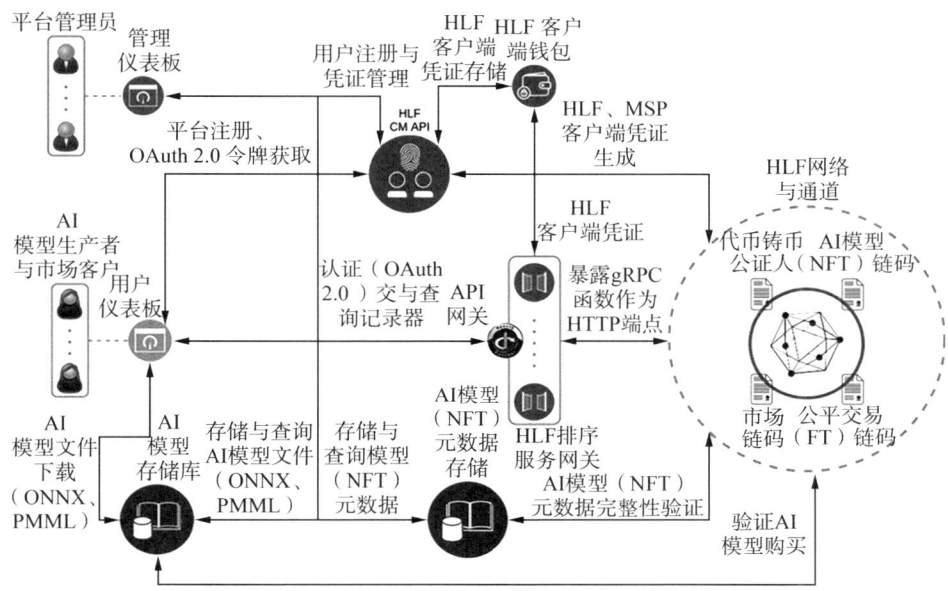

图 2.3　AI 模型货币化框架架构的高级概述

另外,一些链下组件扮演着不同的角色。例如,需要考虑 AI 模型文件的物理存储,并为参与者和服务提供身份和访问管理基础设施。此外,还需要包括各种集成和部署相关的组件,如 API 网关和仪表板(用户界面)供参与者使用。以下是组件列表及其功能简洁描述:

(1) 超级账本结构(Hyperledger Fabric,HLF)社区管理(CM)API:一个联合身份授权服务,除了支持所有标准的 OAuth 2.0 和 OpenID Connect 流程外,还包括用户注册(入职)过程中的私钥和 X.509 数字证书生成,随后存储在符合 HLF 的钱包存储中。

(2) HLF 钱包:实现 HLF 的钱包接口,使用 MongoDB 作为 Hyperledger Fabric 的 Go SDK 的存储介质。这在内部由 HLF SC 网关组件(见下文)使用。

(3) HLF 智能合约(SC)网关:一个可配置的微服务,将任何部署在任何任意 Hyperledger Fabric 通道上的智能合约的功能暴露为 HTTP 端点。

(4) NFT 元数据存储:REST API,暴露用于存储和检索与 NFT 相关的元数据文件的端点。

（5）NFT链码：实现整个非同质化代币相关功能的智能合约。

（6）FT链码：实现整个可替代代币相关功能的智能合约。

2.3.3 用户界面和功能

除了前一节介绍的核心后端服务和相应模块外，还有一个专注于提供前端相关服务的模块，其不仅包括界面，还支持一些与用户相关的功能，如搜索能力和用户配置文件管理。因为它们严格与所使用的前端主题相关，被认为在同一个构建块中。

在界面设计方面，遵循了最佳实践，设计的核心原则包括美观且简约、使用通用且一致的用户界面（UI）元素、采用广泛使用的输入控制和导航元素、防止错误和提供良好的错误提示等。这些 UI 界面通过基于网络的技术，如 Angular、Bootstrap 和 Nebulart 等实现。为了加快实现过程，使用 ngx-admin 模板，这是一个基于 Angular 的流行管理仪表板，免费且开源，包含大量的 UI 组件，具有高度的可定制性。

UI 允许用户基于用户偏好（网格视图和列表视图）以不同的视图探索各种可用的 AI 模型（图 2.4）。搜索功能提供各种过滤器，如 AI 模型所有者、算法类别、价格范围、评级等，还支持基于文本的搜索，用户可以输入与模型名称、关键字和其他元数据相关的文本。

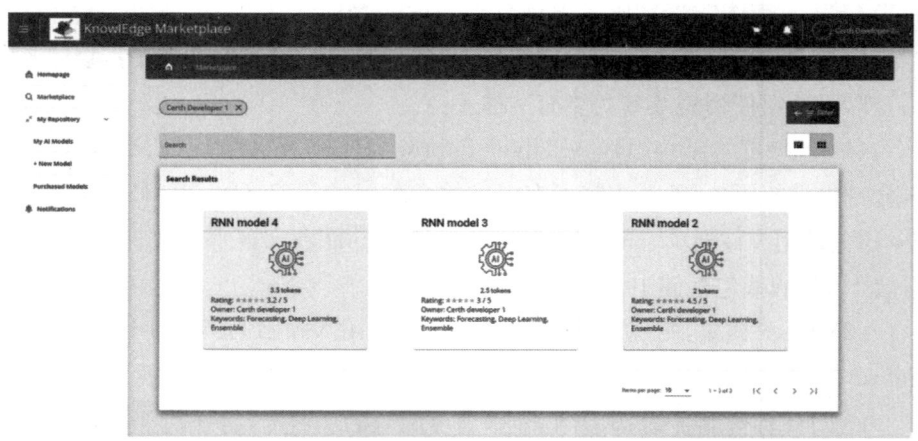

图 2.4　AI 模型列表

通过选择一个模型，用户可以阅读详细信息（图 2.5），如描述、模型规格和元数据，如评级、价格和所有者。此外，任何与模型相关的数据集也是可见的，所有 UI 可用的数据都是从存储库和货币化模块动态检索的。用户还可以选择将模型添加到购物车以便购买，基于 NFT 货币化模块。

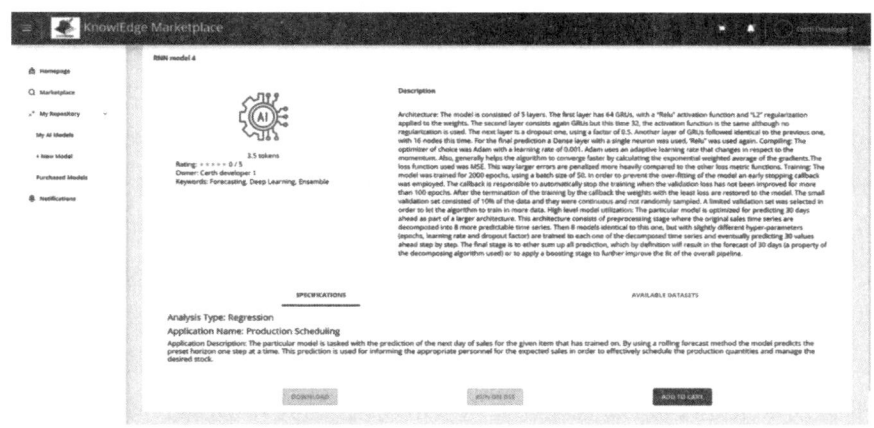

图 2.5　AI 模型细节

除了探索和购买 AI 模型外，用户还可以作为提供者部署自己的 AI 模型，使用相应的界面(图 2.6)，以向导表单的形式提供。首先，用户添加用于训练模型的数据集的详细信息。然后，添加有关模型相关的任务/应用的一般详细信息(如预测性维护)。之后，用户添加 AI 模型的详细信息，如类型、输入和输出、模型格式以及与其他模型的连接，并部署模型本身(如 ONNX 文件等)。

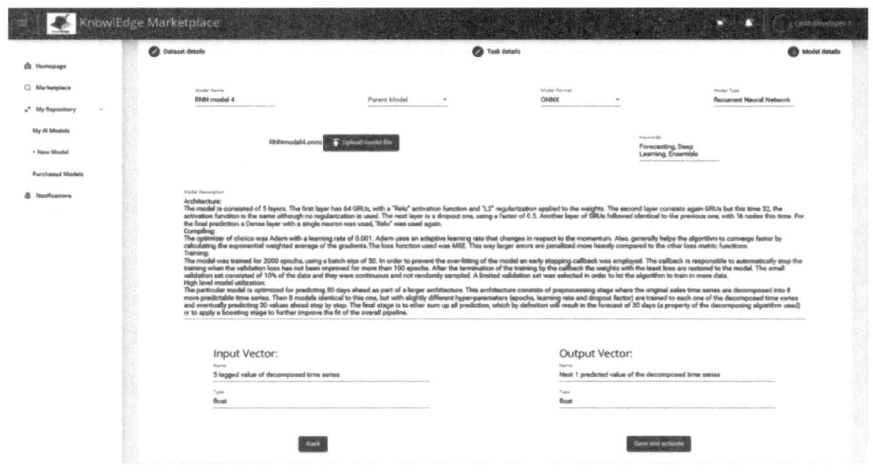

图 2.6　上传 AI 模型

2.4 本章结论

本章介绍了一个用于交换工业5.0和智能制造相关AI模型市场的设计和实现。Knowledge市场突出了AI模型市场应包括的主要组件,定义了一个组件,以使AI模型/算法及其元数据基于标准进行建模是必要的。此外,AI开发人员应能够在此类市场中基于广泛使用的格式和标准提供他们的模型。此外,服务以实现可信交易和共享,以及在AI市场中保护所有权和安全性,被证明是应该覆盖的核心概念。使用区块链技术为这类服务提供了理想的选择,提供了关于货币化和安全、可信交易的所有必要概念。此外,用户友好且易于使用的界面是另一个重要因素。

关于后续计划,Knowledge市场将专注于由领域专家进行进一步的测试和评估,以实现最终改进,以便被视为完全市场现成的解决方案。该平台计划成为欧洲核心人工智能市场之一,专注于工业5.0时代交换AI模型。

参考文献

[1] Kumar A, Finley B, Braud T, et al. Sketching an ai marketplace: Tech, economic, and regulatory aspects [J]. IEEE Access, 2021, 9:13761-13774.

[2] Cortés U, Cortés A, Barrué C. Trustworthy ai. the ai4eu approach [J]. Proceedings of Science, 2019, 40.

[3] Mourtzis D, Angelopoulos J, Panopoulos N. A survey of digital B2B platforms and marketplaces for purchasing industrial product service systems: a conceptual framework [J]. Procedia CIRP, 2021, 97:331-336.

[4] Deshmukh R A, Jayakody D, Schneider A, et al. Data spine: a federated interoperability enabler for heterogeneous IoT platform ecosystems [J]. Sensors, 2021, 21(12):4010.

[5] Fernández-Izquierdo A, Cimmino A, Patsonakis C, et al. OpenADR ontology: semantic enrichment of demand response strategies in smart grids [C]//International Conference on Smart Energy Systems and Technologies (SEST), pp. 1-6. IEEE, New York (2020).

[6] Gönül S, Çavdaroglu D, Kabak Y, et al. A B2B marketplace e-Commerce platform approach integrating purchasing and transport processes [C]//International Conference on Interoperability for Enterprise Systems and Applications. Cham: Springer International Publishing, 2020:105-121.

[7] Bonino D, Vergori P. Agent marketplaces and deep learning in enterprises: the composition project [C]//2017 IEEE 41st Annual Computer Software and Applications Conference (COMPSAC). IEEE, 2017, 1:749-754.

[8] Nizamis A G, Ioannidis D K, Kaklanis N T, et al. A semantic framework for agent-based collaborative manufacturing eco-systems [J]. IFAC-PapersOnLine, 2018, 51(11):382-387.

[9] Nizamis A, Vergori P, Ioannidis D, et al. Semantic framework and deep learning toolkit collaboration for the enhancement of the decision making in agent-based marketplaces [C]//2018

5th International Conference on Mathematics and Computers in Sciences and Industry (MCSI). IEEE, 2018:135-140.

[10] Mertens C, Alonso J, Lázaro O, et al. A framework for big data sovereignty: the European industrial data space (EIDS) [M]//Data Spaces: Design, Deployment and Future Directions. Cham: Springer International Publishing, 2022:201-226.

[11] Sarpatwar K, Sitaramagiridharganesh Ganapavarapu V, Shanmugam K, et al. Blockchain enabled AI marketplace: the price you pay for trust [C]//Proceedings of the IEEE/CVF conference on computer vision and pattern recognition workshops. 2019:0-0.

[12] Alvarez-Napagao S, Ashmore B, Barroso M, et al. knowledge project-concept, methodology and innovations for artificial intelligence in industry 4.0 [C]//2021 IEEE 19th International Conference on Industrial Informatics (INDIN). IEEE, 2021:1-7.

[13] Wajid U, Nizamis A, Anaya V. Towards Industry 5.0 — A trustworthy AI framework for digital manufacturing with Humans in control [J]. Proceedings http://ceur-ws.org. ISSN, 2022, 1613:0073.

[14] Tzavaras A, Mainas N, Petrakis E G. OpenAPI framework for the web of things. Internet Things 21, 100675 (2023) [EB/OL]. (2022)

[15] Banker K, Garrett D, Bakkum P, et al. MongoDB in action: covers MongoDB version 3.0 [M]. Simon and Schuster, 2016.

[16] Guazzelli A, Zeller M, Lin W C, et al. PMML: An open standard for sharing models [J]. R J., 2009,1(1):60.

stat
第 3 章 人-AI 交互：AI 模型输出的语义知识增强

Sisay Adugna Chala，Alexander Graß

3.1 引言

现代敏捷制造[6]要求开发 AI 解决方案框架，以能够捕获和处理来自各种来源的数据，包括来自人-AI 协作的数据[1]。通过（半）自动化的 AI 解决方案增强制造过程，以支持涉及公司间数据基础设施的生产过程的不同阶段，是数据密集型制造 AI 面临的挑战之一。由于缺乏上下文信息和 AI 模型的不透明性，这一挑战会更加复杂。本章描述了在人-AI 协作中用于制造领域的领域知识融合概念，以一种使领域专家不仅可以检查 AI 模型的输出，还可以注入工程知识以重新训练 AI 模型以进行迭代改进的方式，实现人与 AI 的交互；讨论了领域知识融合，即将来自多个领域或来源的知识与 AI 模型学到的知识相结合，以产生更完整的解决方案的过程。更具体地说，领域专家可以与 AI 系统交互，观察并决定学到的知识的准确性，并在需要时进行纠正。

领域本体目的是作为领域特定知识的存储库，作为人-AI 协作的一部分，本体丰富系统使领域专家能够贡献专业知识，通过模式中的数据增强 AI 模型学到的知识，整合领域特定知识，通过重新训练进一步改进模型。

领域知识融合涉及将来自多个领域或来源的知识结合起来，通过增强 AI 模型学习到的知识来产生更完整的解决方案。通常用于提高预测模型的准确性，如指导 ML 模型中的特征选择，从而实现更好的预测性能[16]。领域知识融合还通过支持能够有效捕捉概念之间语义关系的高效降维技术，帮助提高预测模型的有效性。

在回顾先前的研究之后，本节介绍敏捷制造场景中人机交互领域知识融合的概念，总结两方面知识：①学习到的知识，即由 AI 模型生成的知识；②工程化知识，即由领域专家提供的知识。概括了领域专家与 AI 系统的三种互动方式,以便观察:①如果学习到的知识不正确,则拒绝;②如果学习到的知识正确,则接受;③如果学习到的知识正确但需要修改,则适应。

本章其余内容安排如下:3.2 节总结现有研究,以识别敏捷制造中人机交互的研究空白;3.3 节讨论为增强敏捷制造而开发的人- AI 协作方法论(子组件和接口);3.4 节涵盖所提出系统的实施,并展示初步结果;3.5 节总结结果,概述未来研究方向。

3.2 相关研究

事实证明,评估 AI 模型准确性是至关重要且困难的,尽管出现了许多自动化的解决方案,但人在这个协作中的作用却鲜有关注[13],尽管在会话 AI[8]中观察到了一些进步。具体来说,目前尚不清楚最终用户如何理解、参与并建立对 AI 驱动的敏捷制造系统的信心。换句话说,使领域专家能够与 AI 模型输出进行交互,以便检查输出并提供反馈,有助于修正可能导致生产过程中不良结果的错误。

现有的关于人- AI 协作的研究主要集中在用户界面(UI)和用户体验(UX)方面,即 AI 系统是否(及如何)提供直观的 UI。一些人根据人- AI 交互指南而不是使人类参与者能够向 AI 模型提供反馈的功能来评估人- AI 协作[4,9]。使用不同的 XAI 界面设计研究了其对用户决策的影响[12]。

除了数据事实核查和 UI/UX 外,人- AI 交互还可以用于数据标注。例如,时间序列测量等数据对用户来说并不直观,AI 用于为给定数据生成描述性标签[10]。专家知识可以通过检查输出并通过补充来增强 AI 模型的结果。本体丰富正在知识管理[7]、NLP[14]、医疗[3]和能源[5]等领域进行研究。尽管最近制造领域内的人参与得到了关注,但关于制造的本体丰富研究却鲜有关注。

已有的人- AI 协作解决方案旨在通过人- AI 协作来发挥人和 AI 系统的优势。像谷歌助手[11]和苹果 Siri[2]这样的虚拟助手是人- AI 协作系统的典型代表。这些由 AI 驱动的语音激活助手与人交互,执行任务、回答问题和控制连接的设备。然而,AI 在制造中的角色主要集中在自动化和控制上。

本章专注于通过 AI 模型进行数据分析和洞察力生成,尽管制造领域产生了大量传感器数据,但这一点却鲜有关注。处理和分析大量数据可以帮助识别模式、趋势和异常,为支持决策提供宝贵洞察。本章开发了一个工具,使人能够通过直观的界面与 AI 系统协作,帮助领域专家解释洞察力,验证发现,并将领域知识应用于更深入地理解数据。

3.3 人类反馈进入 AI 模型

人类反馈进入 AI 模型的目的是使领域专家能够通过预定义的界面注入他们的知识,允许与系统协作,以便用语义标注先前的知识,如用特定过程或数据的描述,有助于更好地理解数据和评估整个 AI 流程。换言之,人- AI 协作是一个提供领域专家和 AI 系统之间界面的组件,功能是使领域专家能够提供人类反馈,即机器操作人员和管理人无需理解 AI 模型的复杂性。

如图 3.1 所示,人- AI 协作由多个子组件和界面组成,这些子组件和界面能够与外部系统(如数据源、模型存储库、机器配置和决策支持系统)进行通信。下面描述的主要子组件包括接口抽象性、模型和数据选择、参数优化、配置适应、领域知识丰富和领域知识库。

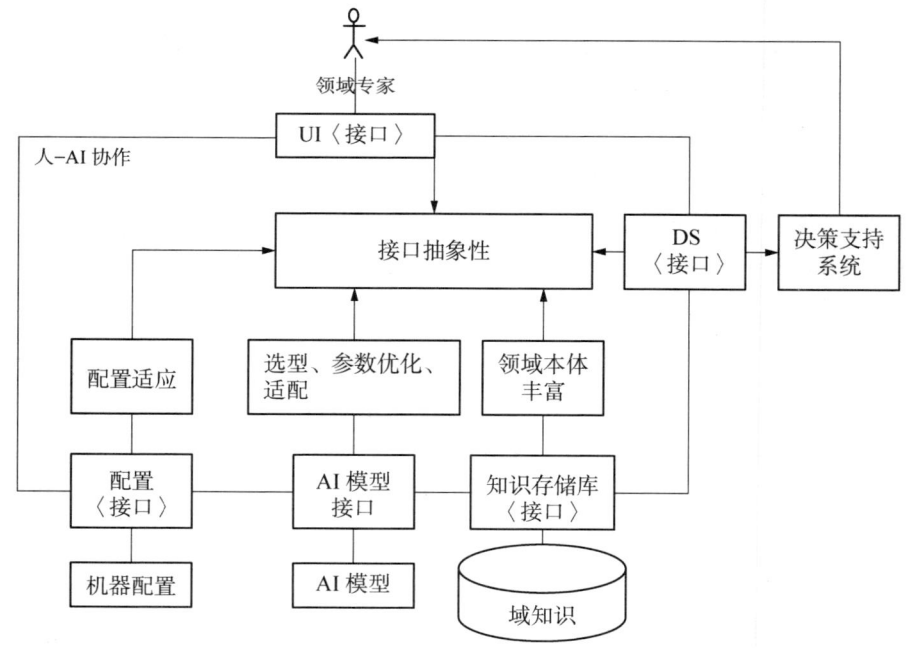

图 3.1　人- AI 协作组件和接口

3.3.1 接口抽象性

接口抽象性组件是配置适应、模型/数据选择、参数优化和适应及领域本体丰富组件的容器，利用直观且用户友好的界面，通过决策支持系统为领域专家提供接口，使人和 AI 之间的有效沟通和协作成为可能。接口抽象对人-AI 协作非常有益，使人和 AI 高度协作成为可能，并在提高 AI 技术的生产力和可用性方面发挥着关键作用。接口抽象的目标是弥合 AI 系统的能力和人类用户的理解和专业知识之间的差距，允许用户在不需要深入了解 AI 模型底层算法的情况下与复杂的 AI 技术进行交互。实际上，它使用户能够利用 AI 系统的能力，同时专注于自己的专长领域，通过抽象 AI 算法和技术的复杂性，接口抽象促进了人和 AI 之间的有效沟通和协作。

3.3.2 模型和数据选择

人-AI 协作系统提供了数据和模型选择的功能，操作人员从可用选项列表中选择模型和数据，以便在特定场景中进行执行。模型和数据选择是人-AI 协作中的关键因素，显著影响 AI 系统的性能、准确性和整体有效性。在考虑人-AI 协作时，一是需要确定手头任务的具体要求，了解问题领域、输入数据类型和期望的输出，有助于指导为数据集选择合适的模型；另一个方面是需要了解 AI 模型的能力，不同的 AI 模型和算法适合不同的任务，考虑模型的架构、复杂性、可解释性和可扩展性等因素会影响模型选择，以满足任务要求。

3.3.3 参数优化

参数优化是人-AI 协作中的一个重要步骤，以确保最佳性能和人与 AI 系统之间的有效交互。操作人员和管理人员对参数进行优化，以提供给定场景的最佳结果，系统提供了一个界面，操作人员可以在这里选择参数，尝试不同的值，并观察结果。

这涉及系统性能的持续评估和从人类协作者那里收集反馈，可以用来识别改进领域，并指导参数优化过程，以便根据评估结果和反馈迭代地细化和微调参数。参数优化对于领域专家处理不同性能指标或需要满足的约束之间的权衡是必要的。例如，优化准确性可能会导致响应时间变长，这可能会影响用户体验。

参数优化的第一步是确定将用于衡量成功的指标或标准，有助于指导参数优化过程。一旦确定了参数,下一步是确定评估 AI 模型性能的指标,如效率和准确性。

3.3.4 配置适应

配置适应是调整或微调 AI 系统的配置设置以更好地符合人类用户的需求、偏好和上下文的过程,涉及定制 AI 模型的设备、参数或策略以优化其性能。领域专家的反馈在配置适应中起着至关重要的作用,他们可以提供 AI 模型行为有效性和适用性的宝贵意见,AI 系统可以学习并调整其配置设置以改善其性能,并根据纳入领域专家反馈更密切地符合用户的要求。此外,当模型需要特定配置的机器需要修改时,操作人员/管理人员可以调整机器的配置,使其适合正在考虑的模型。例如,如果需要将新机器添加到人-AI 协作系统中,则应提取并存储其配置,使其对模块可访问和可用。

3.3.5 领域知识增强

用工程化知识增强学到的知识,是对 AI 模型分析给定数据的任务(如异常检测)并产生其结果(如给定数据点是异常值)的描述,领域专家一旦意识到模型输出不正确(如数据点不是异常值),领域专家提供的信息(即数据点不是异常值)存储在真实库中,将返回 AI 模型进行重新训练,通常操作人员和管理人员用来通过使用不同设置的模型、参数和配置从系统执行中获得的新条目来增强知识库。

这种方法的主要挑战在于对领域专家可用性的依赖,而领域专家的稀缺性(他们中的大多数人将时间花在机器监控、操作和管理上)、领域专业知识的有限可用性、迅速发展的 AI 格局及对跨学科技能的需求使得这一挑战难以处理。开发 AI 模型通常需要特定领域(如本例中的制造)的深厚领域专业知识,同时拥有领域专业知识和对 AI 技术有扎实理解的专家很难找到。此外,领域专家和 AI 从业者之间的有效协作通常需要跨学科技能,领域专家需要了解 AI 概念和方法论,而 AI 从业者需要理解特定领域的细微差别和复杂性。在这两个领域都具有专业知识的个体的稀缺性使得领域知识增强任务具有挑战性。

本章内容考虑了领域专家在 AI 模型开发知识方面的局限性,列出这些挑战之后,本研究假设随着时间的推移,人在增强知识方面的参与可能会减少。因此,一组初始的 AI 模型被训练并提供给领域专家,在尝试执行参数优化和反馈提供之前先进行实验。在人与 AI 之间的协作开始时,将付出巨大努力来优化参数,并通过提供更多数据、定义规则和设置初始知识库,将人类知识和专业知识转移到 AI 模型中。然而,通过重新训练,AI 模型学习并积累了更多数据,逐渐需要较少的领域专家反馈。

尽管存在这些挑战,组织仍可以通过定义制造环境中人-AI 协作的可行目标来从该系统中受益,确定 AI 可以增强制造过程的特定领域,如质量控制、预测性维护或供应链优化,并建立关键绩效指标(KPIs)来衡量成功。例如,公司可以利用这种方法进行"如果"分析,以探索不同情景的潜在影响,并结合 AI 模型的分析能力、人类判断、专业知识和上下文理解做出更明智的决策。领域专家可以修改输入参数、调整变量或引入新约束,以观察结果的潜在变化。然后,AI 系统执行模拟并将结果呈现给人类协作者。

3.3.6 领域知识库

领域知识是知识(由 AI 模型生成的学到的知识及由领域专家策划的工程化知识)的存储库,机器和生产过程正在经历快速的数字化转型,开辟了广泛的可能性。这种数字化使各种机会成为可能,包括早期故障检测和基于实际使用情况的定价模型。通过利用传感器数据分析,可以实时监控机器操作,提供宝贵的洞察力和应用。如果领域专家协助通过提供领域知识来提高 AI 模型输出的质量,这将更好地实现,该组件负责存储这些知识。

3.4 模型选择和参数优化的交互

提高 AI 模型的有效性需要全面了解模型的设计和实施,并且可以通过多种方式实现:①审查输入数据,包括质量、完整性和相关性,以确定是否可以修改以改善输出;②分析交互模型的输出数据可以帮助识别可用于修改模型输出的模式和趋势,并确定改进或优化的领域;③修改交互模型中使用的算法可以帮助改善输出。在本章中,使用了第二种方法,即领域专家对 AI 模型的输出提供反馈。

下面展示一个人-AI 交互的示例场景:

(1) 从模型的自动标签检测输出中获取预测标签。

(2) 将带有预测标签的数据呈现给领域专家。

（3）向领域专家提供选择：

① 接受预测标签并确认预测标签或提供替代标签。

② 拒绝预测标签并提供正确标签。

——如果领域专家接受并确认标签，则过程结束；

——如果领域专家接受预测标签并提供替代标签或细化标签，或者完全拒绝预测标签并提供正确标签，则领域专家的输入将作为输入发送回模型进行重新训练。

（4）将显示模型带/不带领域专家输入的行为可视化，以便比较领域融合的效果。

（5）人-AI协作系统将通过 DSS 组件公开可视化的 API，用户将通过该 API 检查模型的输出。

图 3.3 所示为数据/模型选择和参数优化的过程，包括数据流、模型选择和参数优化用户界面的 UI 原型，领域专家通过该界面选择模型和参数并优化参数值。UI 呈现所选模型、参数和值的处理结果的可视化。一旦领域专家确定了模型、参数和值，UI 然后使领域专家能够导出结果，然后将结果由决策支持系统（DSS）使用。领域专家选择可视化的部分并提供工程化知识，即手动标注数据点，这有助于用户直观地检查数据集，并用领域知识增强，以提高用作 ML 模型训练数据集的数据质量，从而提高性能。例如，对于构建用于异常检测的 AI 模型，通过使用户能够在可视化图表上选择数据点来实现这一点，以便显示

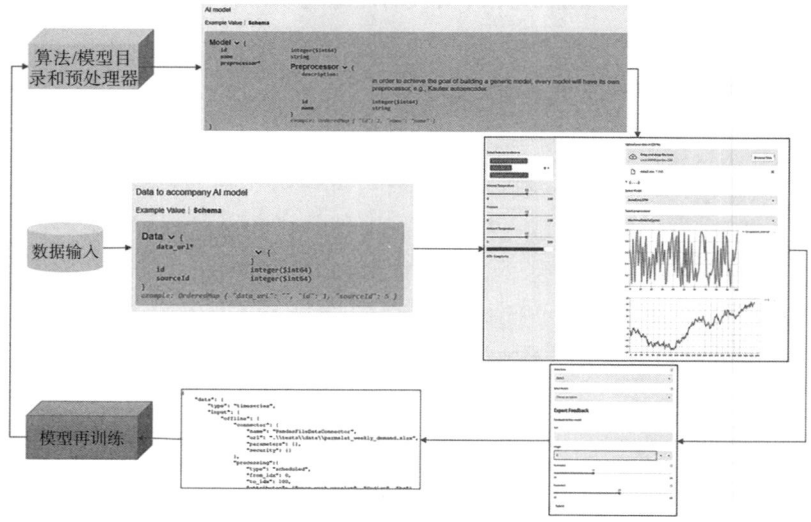

图 3.2　人-AI 协作流程图

和审查(并在适用时修改)系统标记为异常的数据。这是通过提供点、框或套索[15]选择实现的,用户可以选择一个(或多个数据点)并在图表上获取相应的数据点,以提供领域知识。如图3.2和图3.3所示,领域专家将从模型存储库加载数据和模型,在数据上运行模型,观察可视化,并调整参数以实现AI模型的期望行为。一旦领域专家从模型中获得满意的输出,随后提供反馈。图3.4所示为领域知识增强的详细操作。

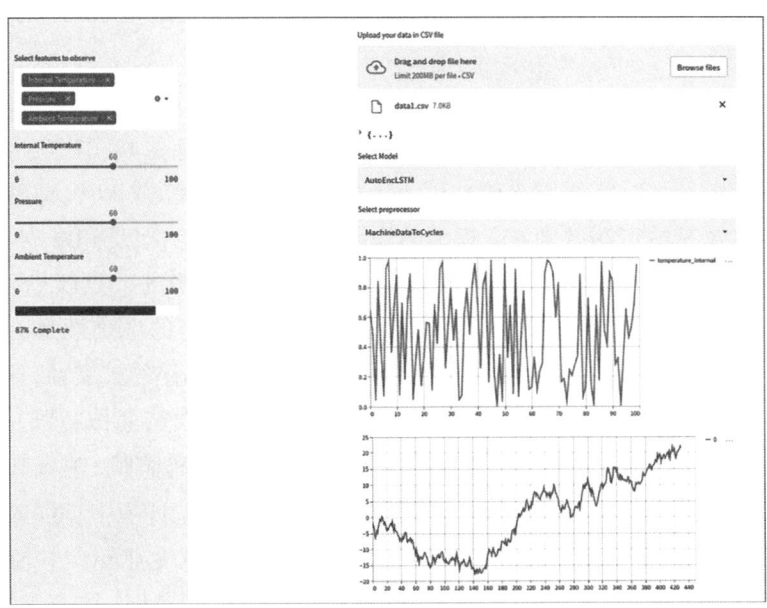

图 3.3 人-AI协作主界面

算法1:领域知识丰富的伪代码

输入:数据,模型库的URL
输出:通过领域专家反馈丰富的数据

1　data←load_data() // 获得数据
2　model_url ←url_of_model_repository // 获得模型库的URL
3　models ← load_models(model_url) // 从模型库加载模型
4　parameters←selected_parameters // 用户调整模型的参数
5　While(model in models)do
6　　Accuracy[i] ←run_models(model, data, parameters) // 获得模型的准确性
7　　best_model = argmax{accuracy_list[i]}
8　　visualize output of the best model
9　　item_selected←index(user_selection)// 从可视化中获得选定项目的索引
10　　item_class_update←index(user input)// 根据专家输入更新项目的类别或标签
11　End

图 3.4 伪代码显示了人机协作的高级流程

3.5 本章结论

本章讨论了在制造领域中人-AI协作框架的概念,该框架将人类专家提供的领域知识注入 AI 模型,如机器学习过程所提供的,以便迭代改进 AI 模型;探讨了人类反馈在提高 AI 模型有效性和通过纳入人类反馈来改善其输出的有用性方面的重要性,描述了应用案例,展示了利用人类反馈来增强学到的知识实现的人-AI交互。

本章有几个未来的工作,首先应该实施并部署一个完整的人-AI软件原型,以便衡量其有效性,并在不同的案例上进行实验,以衡量其在现实世界中的实际可用性。为此,需要回答诸如引入人-AI交互如何影响AI模型的性能和有效性,以及在给定测试中,AI模型的输出有多少被拒绝、接受和修改等问题。

未来研究的另一个方面是分析即使在使用专家反馈进行重新训练后,AI模型是否仍会产生错误的结果,即重新训练后的AI模型的准确性是否有所提高。另一个方面是研究考虑领域专家稀缺性的人-AI协作的扩展性,这些专家了解AI建模的复杂性或拥有足够领域知识的AI开发人员。长期研究如何在大规模制造环境中扩展人-AI协作至关重要,因为在各种案例、领域和数据量中保持一致的协作并有效地纳入人类反馈,在大规模制造环境中扩展人-AI协作方法面临挑战。因此,通过协调技术、数据、技术/领域专业知识和流程的精心规划的方法,进一步研究在大规模制造环境中扩展人-AI协作非常重要,最终增强制造操作的生产力、质量和效率。

参考文献

[1] Arinez J F, Chang Q, Gao R X, et al. Artificial intelligence in advanced manufacturing: current status and future outlook [J]. Journal of Manufacturing Science and Engineering, 2020, 142 (11):110804.

[2] Aron J: How Innovative is Apple's New Voice Assistant, Siri? [J]. 2011.

[3] Baghernezhad-Tabasi S, Druette L, Jouanot F, et al. IOPE: interactive ontology population and enrichment [C]//Poster & Demo track and Workshop on Ontology-Driven Conceptual Modelling of Digital Twins co-located with Semantics, 2021.

[4] Fan M, Yang X, Yu T T, et al. Human-ai collaboration for UX evaluation: effects of explanation and synchronization [J]. Proceedings of the ACM on Human-Computer Interaction, 2022, 6 (CSCW1):1-32.

[5] Fernández-IzQuierdo A, Cimmino A, Patsonakis C, et al. OpenADR ontology: semantic

enrichment of demand response strategies in smart grids [C]//2020 International Conference on Smart Energy Systems and Technologies (SEST). IEEE, 2020:1-6.

[6] Gunasekaran A, Yusuf Y Y, Adeleye E O, et al. Agile manufacturing: an evolutionary review of practices [J]. International Journal of Production Research, 2019,57(15-16):5154-5174.

[7] Idoudi R, Saheb Ettabaa K, Solaiman B, et al. Ontology knowledge mining for ontology conceptual enrichment [J]. Knowledge Management Research & Practice, 2019,17(2):151-160.

[8] Khadpe P, Krishna R, Fei-Fei L, et al. Conceptual metaphors impact perceptions of human-ai collaboration [J]. Proceedings of the ACM on Human-Computer Interaction, 2020, 4(CSCW2): 1-26.

[9] Li T, Vorvoreanu M, DeBellis D, et al. Assessing human-AI interaction early through factorial surveys: a study on the guidelines for human-AI interaction [J]. ACM Transactions on Computer-Human Interaction, 2023,30(5):1-45.

[10] LLC, C. T.: time series data labeling: a complete know-how for efficient AI Implementation (2022). https://www.cogitotech.com/blog/time-series-data-labeling-a-complete-knowhow-for-efficient-ai-implementation/. Last accessed: November 16,2023.

[11] López G, Quesada L, Guerrero L A. Alexa vs. Siri vs. Cortana vs. Google assistant: a comparison of speech-based natural user interfaces [C]//Advances in Human Factors and Systems Interaction: Proceedings of the AHFE 2017 International Conference on Human Factors and Systems Interaction, July 17-21,2017, The Westin Bonaventure Hotel, Los Angeles, California, USA 8. Springer International Publishing, 2018:241-250.

[12] Mucha H, Robert S, Breitschwerdt R, et al. Interfaces for explanations in human-AI interaction: proposing a design evaluation approach [C]//Extended Abstracts of the 2021 CHI Conference on Human Factors in Computing Systems. 2021:1-6.

[13] Nguyen A T, Kharosekar A, Krishnan S, et al. Believe it or not: designing a human-ai partnership for mixed-initiative fact-checking [C]//Proceedings of the 31st annual ACM symposium on user interface software and technology. 2018:189-199.

[14] Stratogiannis G, Kouris P, Alexandridis G, et al. Semantic enrichment of documents: a classification perspective for ontology-based imbalanced semantic descriptions [J]. Knowledge and Information Systems, 2021,63(11):3001-3039.

[15] Tsang M, Enouen J, Liu Y. Interpretable artificial intelligence through the lens of feature interaction [J]. arXiv preprint arXiv:2103.03103,2021.

[16] Urbanowicz R J, Moore J H. Exstracs 2.0: description and evaluation of a scalable learning classifier system [J]. Evolutionary intelligence, 2015,8:89-116.

[17] Wang W, Barnaghi P M, Bargiela A. Probabilistic topic models for learning terminological ontologies [J]. IEEE Transactions on knowledge and Data engineering, 2009,22(7):1028-1040.

第 4 章 知识图谱在制造业中的应用：全面回顾

Jorge Martinez-Gil，Thomas Hoch，Mario Pichler，Bernhard Heinzl，Bernhard Moser，Kabul Kurniawan，Elmar Kiesling，Franz Krause

4.1 引言

AI 技术的进步使得自动化、预测和问题解决成为可能，显著提升了服务业和工业的生产力、适应性和效率。第四次工业革命通常被称为工业 4.0[19]，代表工业生产的重大转变。数字技术的整合推动了这一进步，工业发展越来越依赖于数据，开辟了传统应用之外的新应用。

迈向工业 5.0 的一个关键目标是结合人的适应性与机器的可扩展性。知识图谱（KGs）为开发能够实现这种整合的框架提供了基础，便于将人的决策与 AI 生成的建议和决策动态整合[34]。KGs 以基于图的结构表示知识，连接实体及其关系，在混合型人-AI 智能的背景下，KGs 可以代表人与 AI 组件之间的共享概念化，为促进它们在动态整合人类决策中的协作提供基础。

此外，KGs 为组织半结构化领域信息提供了关键的抽象，通过利用 KGs，可以改进决策制定，提升知识管理，实现个性化交互，支持预测性维护，并优化供应链运营。因此，KGs 为创建 AI 组件和人类共享的知识空间、代表管理代理之间交互的策略的环境，通过提取和整合相关事件为监测车间实际物理过程提供了基础。

因此，KGs 在促进这一领域协作方面具有巨大潜力，使生产线更高效、灵活，同时生产更高质量的产品。因此，寻求实现工业 5.0 目标的公司发现 KGs 可以实现愿景[20]。然而，这方面的研究仍处于早期阶段，需要进一步的研究来分析如何实施 KGs。本节旨在提供该领域当前研究状态的回顾以及仍然存在的挑战。

本章内容如下：4.2 节回顾 KGs 当前在工业领域的应用现状，4.3 节概述研究问题和搜索策略，4.4 节展示在分析前述研究问题时的主要发现，4.5 节讨论从中学到的经验和未来的研究方向。

4.2 原因与动机

人-机器系统之间的协作范式，如 IoT、服务互联网（IoS）和网络物理系统（CPS），引领了所谓的工业 5.0，彻底改变了工业格局，导致对增强人与机器之间协作的关注转移[13]。新可用设备的创建和连接产生了巨大的数据，具有显著的潜在价值，这些数据可以用来扩展产品的生命周期、按需制造、资源优化、机器维护和其他安排[8]。

近年来，KGs 因其在提高各行业生产力方面的潜力而受到极大关注。KGs 主要可以在两个领域增强工业产品和服务及其开发过程。首先，在需求收集、设计和实施以及服务和维护管理方面节省时间和劳动力成本，同时提高领域信息检索的准确性和效率，提供基于语义的深入知识管理方法；其次，KG 的发展使得通过结合智能发现和知识存储，构建适合企业使用的数据架构成为可能，利用 KG 嵌入技术从 KGs 中收集更多信息。KGs 最常用于以语义方式对特定且通常复杂的领域进行建模，用于支持和提高下游流程执行任务的准确性的领域知识。此外，基于 KGs 的先进方法已成为知识表示和业务流程建模的必备工具。

近年来，使用 ML 技术分析 KGs 的兴趣日益增加，如预测缺失的边缘或对节点进行分类。为了将特征向量输入大多数 ML 模型中，大量研究致力于开发从 KGs 构建嵌入的方法。通过 KGs 嵌入将节点（以及根据技术，边缘）转换为数值表示，使得可以直接输入 ML 模型中[2]。

此外，KGs 被广泛认为是优化供应链运营、降低成本和提高整体效率的工具。制造商可以使用 KGs 对供应链进行建模，以充分理解供应商、客户和运营如何相互依赖，使他们能够做出基于实时数据的决策。

总之，许多 KGs 已经建立，既有公开的，也有仅限公司内部使用的。企业 KGs 是仅限授权人员使用的封闭应用程序，而开放 KGs 通常是学术或开源项目，可供任何人在 Web 上使用。通过使用建模和 ML，组织可以利用这些 KGs 的创建获得洞察力并做出基于数据的决策，本章描述了当前开放 KGs 的状态。

4.3 研究问题和搜索策略

KGs 作为制造过程中涉及的各个方面的语义表示，包括系统工程的所有阶段，如开发阶段（如布局）、组织发展（如协作和工人角色）和运营发展（如用户故事）。这些 KGs 可以通过考虑来自工业监控和人类工作本身的数据及额外的上下文数据和知识源来改进流程。一些示例包括有关流程的技术文档、有关维护案例的问卷、约束和规则，用于表示安全或道德问题的标准和政策、团队工作流程的协议、有关流程状态的日志及用户反馈。本章研究 KGs 在制造业当前的状态，并指出其潜在领域，总结未来研究方向。

4.3.1 研究问题

本小节将总结一些研究问题，以提供有关 KGs 在制造业中如何使用的具体看法。这些研究问题（RQs）考虑了两种最受欢迎的 KGs 类型：资源描述框架（RDFs）和标记属性图（LPG）。RQs 涵盖文献计量事实和应用场景的基本方面。

RQ1：制造业内哪些领域对 KGs 最感兴趣？

RQ1 的目的是定量分析先前发布的关于 KGs 在制造业应用的研究文献，展示该主题的重要性和相关性。

RQ2：哪些制造领域通常使用 KGs？

RQ2 调查制造业内 KGs 应用场景，总结已经使用 KGs 的制造领域、特定的案例及开发的系统类型。

RQ3：RDF 和 LPG 作为 KGs 类型有多受欢迎？

RQ3 旨在通过研究使用格式和标准等研究方面，评估 KGs 应用的成熟度。

RQ4：工业 KGs 目前如何使用？

RQ4 讨论在与制造业相关的 KGs 中通常遵循哪些构建、利用和维护程序，对于研究人员和实践者来说，KGs 的结构至关重要。

4.3.2 数据集

为了解决这些 RQs，本小节分析近年来发表的重要文献样本，搜索范围考虑了灰色文献，如专业论坛和出版物，以及在期刊或学术会议上发表的学术出版物，或者在经过同行评审的图书中。总共，使用 KGs 在 2016—2022 年间发表了 40 项出版物，这些项目的作者来自不同的学术学科，并代表来自世界各地的不同机构。总体而言，出版物的样本提供了对当前研究问题的全面和多样化的观点,以下是对这些来源的主要特征的分析。

4.3.3 学科领域

KGs 在制造业是一个新兴领域,引起了工业界和学术界的极大关注。当前的研究主体主要来自计算机科学。相反,工程和商业领域的研究产出存在显著差距,这两个领域是知识表示的其他两个最具代表性的领域。在化学、物理学、天文学和材料科学等其他领域的研究范围仍然有限,应用案例数量很少。图 4.1 所示为本章考虑的应用场景的全面分类。

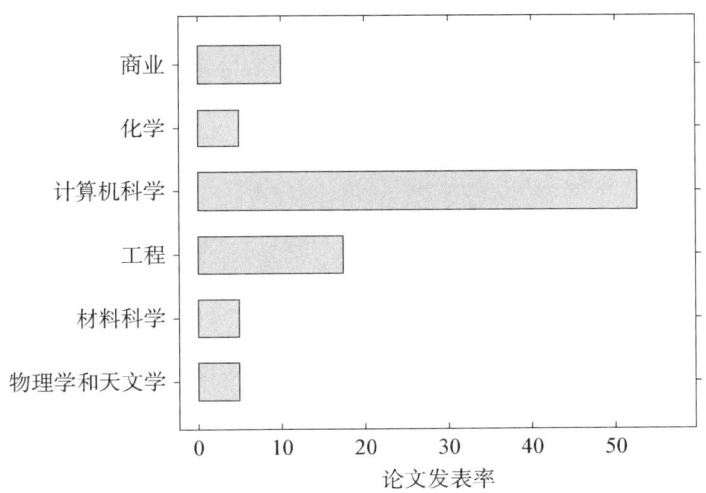

图 4.1 发表制造业 KGs 研究最多的领域

4.3.4 制造领域

图 4.2 所示为文献中应用 KGs 在制造业的普遍领域。为了确定给定论文是否属于制造领域,我们采用北美行业分类系统(NAICS1)来分析。然而,大多数调研的文献没有指定任何特定的应用领域。

机械领域被认为是第二大常见的领域,其次是材料、化学和汽车。此外,在航空航天、增材制造、采矿、运营和纺织等领域的研究较少。这些领域突显了 KGs 研究和应用的广泛性,大多数研究是在通用场景中采用知识融合技术,通过 KGs 整合多个来源的数据。此外,KGs 还被应用于自动化来合并孤立的生产流程、基于 KGs 生成数字孪生体,以及用于自动化源代码开发。这些发现展

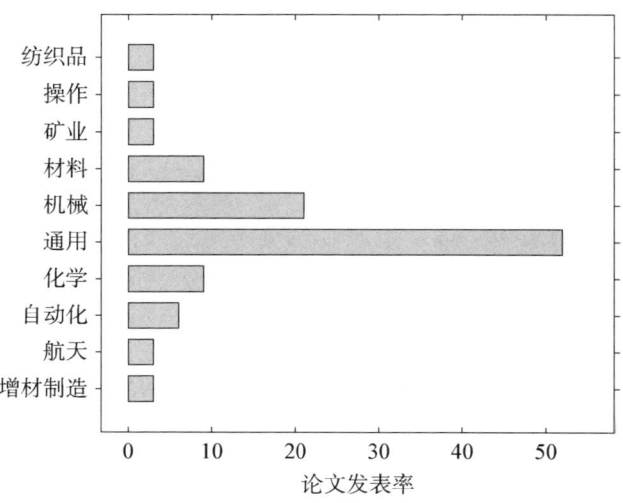

图 4.2　围绕 KG 开展最多研究工作的制造领域

示了 KGs 在制造领域的多功能性及其在工业生产各个方面引发变革的潜力。

4.3.5　知识图谱的种类

KGs 可以被建模为 RDF 图或 LPG 图,这具体取决于数据需求。如图 4.3 所示,基于 RDF 的解决方案目前在该领域占主导地位。然而,基于 LPG 的解决方案也在逐渐增长。RDF 是万维网联盟推荐的标准,提供了一种定义 Web 资源的语言,其使用由主题、谓词和宾语组成的三元组来表示资源。RDF 模式,通常称为 RDFS,定义了 RDF 描述中使用的词汇。RDF 数据模型专门设计用于知识表示,并用于将图编码为一组语句。通过标准化 Web 上的数据发布和共享,RDF 旨在确保语义互操作性。可用语句的语义层及应用于它的推理构成了 RDF 领域中智能系统的基础。

另一方面,LPG 表示主要强调图的结构、属性和关系,突显了图数据的独特特征,为数据分析和可视化开辟了新的机会,也为开发使用图推断额外信息的 ML 系统提供了机会。

不同的 KGs 方法对用户体验有重大影响。当开发人员和分析师使用 RDF 数据时,使用语句和 SPARQL 查询语言进行更改。另一方面,LPG 使用 Cypher 查询语言,提供了一种更直观的方式来与图中的节点、边缘和相关属性进行交互。

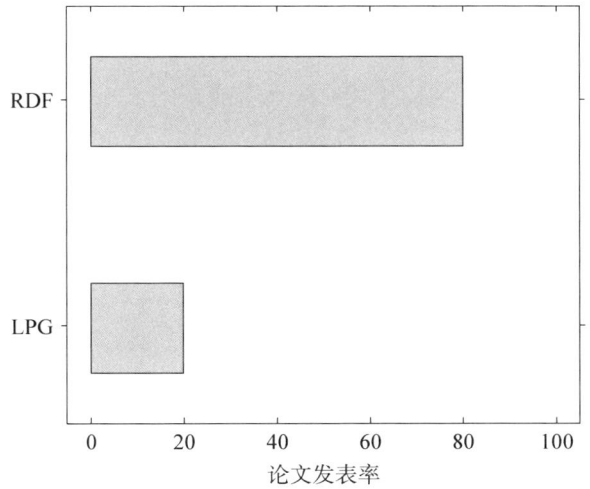

图 4.3 制造业中 KGs 的采用情况(按表示范式分类)

4.3.6 创建知识图谱的不同方法

与更广泛的 KGs 研究相比,工业背景下 KGs 的发展往往采用知识驱动的方法。因此,知识驱动的 KGs 在工业中得到了更多的应用,这种趋势可能源于更封闭方法的实际优势,因为这种方法更适合生产环境中固有的限制和突发事件。这也表明,制造业在采用知识嵌入的最新进展来增强分析能力方面仍持谨慎态度。图 4.4 所示为构建 KGs 的两种不同方法的受欢迎程度。目前,知识

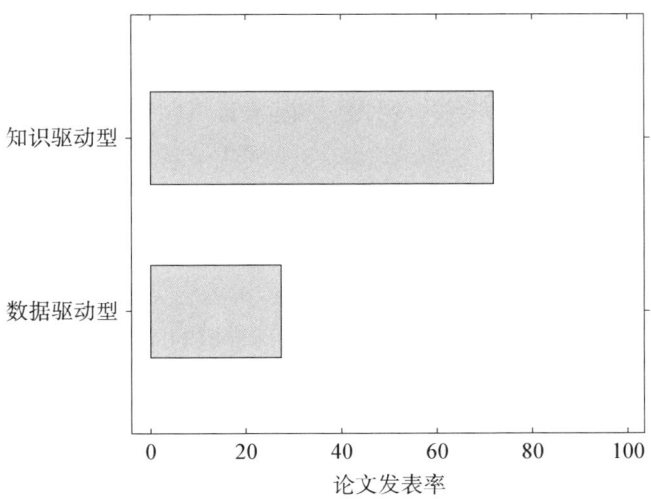

图 4.4 制造业 KGs 的创建形式

驱动型方法占主导地位,但近年来数据驱动型解决方案的数量显著激增。这些解决方案能够更好地应对 ML 和其他计算智能技术。

4.4 见解

本节总结了分析结果,指出了未来在制造业领域使用 KGs 的潜在研究领域,并根据研究中前面提到的问题进行结构化。

4.4.1 对研究问题的回答

根据研究可以得出 KGs 领域最活跃的研究领域。对 RQ1(AQ1)的回答如下:

AQ1:在 KGs 领域,大多数研究主要在计算机科学学科中进行。在其他知识领域中,KGs 的研究较少见。这可能是因为计算机科学家从一开始就在开发新的表示模型。如今,KGs 被认为是使这些模型更适应新平台和大量数据管理的新兴方法的自然发展。

对 RQ2(AQ2)的回答,最常见的情况是偏好提出可以轻松适应各个领域的通用模型,这并不令人惊讶。

AQ2:调研文献主要面向制造业,在回顾的大多数研究工作中,没有提供特定的应用领域。机械和材料相关领域是最具代表性的,其次是化学和材料领域。最后,在航空航天、增材制造、采矿、运营和纺织等领域也开发了一些 KGs。

关于 KGs 的表示最常用的两种数据模型是 RDF 和 LPG。然而,在回答 RQ3(AQ3)时,我们旨在确定当前表示 KGs 的主流选择。

AQ3:在工业领域,RDF 是构建 KGs 的首选格式。这是因为 RDF 能够以结构化和可互操作的方式表示复杂的数据和关系,允许构建集成的知识空间,供人和 AI 组件使用。RDF 对工业应用有益,因为它促进了不同来源的整合和对数据的更全面理解。此外,跨多个来源进行查询的能力使人们更容易分析满足特定需求的相关信息。

关于构建工业 KGs 主要方法的问题,已经观察到知识驱动方法最常用,如对 RQ4(AQ4)的回答所述:

AQ4:知识驱动方法占主导地位。然而,随着新解决方案与更成熟的技术相结合被提出,数据驱动方法的新发展将越来越多地纳入现有文献体系中。值得注意的是,现有的知识驱动方法仍然面临几个普遍挑战,如数据的互操作性和异构性、不完整性,以及其他特定挑战,这些挑战源于将它们作为活动组件而不是被动工件或仅仅是数据存储库的目标。

4.4.2 其他经验教训

根据研究,KGs 近年来在制造业得到了广泛应用,因为制造商寻求提高其运营效率和决策能力。KGs 的结构设计比传统数据库模型能够更直观、全面地表示数据,非常适合处理制造业问题。

其他经验教训 1:KGs 尽管处于起步阶段,但在制造业的应用已经引起了学术界和工业界的极大关注。其主要原因之一是,通过建立供应商、制造商和客户之间的关系,可以更好地了解货物、服务和信息在供应链中的流动,这有助于识别瓶颈、优化生产流程,并确保将产品交付给客户。

其他经验教训 2:调研的大多数研究在会议论文集中发表,这表明研究主题仍处于发展阶段,几乎每个研究领域的技术正在逐渐成熟,导致更多的期刊出版物具有档案意义。KGs 可以帮助制造商提高预测和应对需求变化的能力,以减少浪费、优化生产流程并提高效率。然而,大多数研究正在进行,进一步丰富价值成果还有很长的路要走。

4.4.3 未解决的问题

根据研究总结限制 KGs 在制造和生产环境中广泛应用的几大问题。第一个问题涉及表格数据,这种类型的数据通常以逗号分隔的值表示,是工业环境中最常见的输入方法之一,能够对与时间方面(时间戳)和空间方面(坐标)相关的各种数据进行建模。然而,仍需要提出更优的解决方案。

问题 1:处理表格数据。目前的大多数解决方案都是为了处理主要以文本形式呈现的信息而创建的。尽管这一信息类别在该领域至关重要,但在涉及使用机械和设备的制造环境中,并不占主导地位,这些机械和设备以表格形式生成数值数据。

另外,KGs 可以有效处理可能通过各种渠道和来源到达的不同类型信息。然而,当前研究没有发现大量关注处理 KGs 的时间组成部分的论文。

问题 2:实时和同步。由于制造过程中涉及的许多流程都是自动化的,并且必须具有高度的同步性，制造业需要能够在具有大量时间限制和同步需求的环境中充分执行的解决方案。

根据调研结果，汇编制造业 KGs 的最佳实践的工作仍有待完成。在这种情况下，缺少为该领域设计和提出最佳实践的工作。

问题 3：缺乏标准化程序。 在识别用于在工业和生产环境中构建、实施和使用 KGs 的参考架构方面仍存在巨大障碍。最佳实践的汇编可以在多种方式中真正有益，包括高质量的结果标准和在开发新系统或更改现有系统时节省资源。

KGs 适用于制造业，因为可以为系统提供上下文数据，以实现高效和有效的解决方案，上下文数据包括人类经验、环境知识、技术规范等。当对人类生活的影响至关重要时，创建此类解决方案变得至关重要，如在雇佣工人的工厂中。

4.5 本章结论

通过本章研究可以看出，工业部门以高速生成的数据量带来了新的挑战。例如，这些数据来自多个源，每个源使用不同的格式和标准。因此，整合这些不同的信息片段至关重要，使用相关关系为数据元素提供上下文是确保一致性和高质量数据的关键。

本章还研究了 KGs 作为捕捉实体相互关联描述的多面知识库，KGs 有助于顺利整合和构建大规模信息，即使来自异构源的信息。与其他知识库不同，KGs 不是同质的，也不需要严格的模式，使得 KGs 具有很高的可扩展性，适合整合和连接不同的数据表示。

半自动方法，利用现有数据源和手工操作，用于构建制造 KGs。然而，手动构建 KGs 只适用于小规模 KGs，对于大规模 KGs，需要自动化方法。因此，自动化 KGs 的构建和维护对于成功实施十分重要。

总之，利用制造业中的 KGs 可以提供几个优势，包括更好的决策过程和预测及应对需求变化的能力。随着制造业以前所未有的速度发展，KGs 可能会在推动运营效率和竞争力方面发挥越来越关键的作用。

参考文献

[1] Aggour K S, Kumar V S, Cuddihy P, et al. Federated multimodal big data storage & analytics

platform for additive manufacturing [C]//2019 IEEE international conference on big data (big data). IEEE, 2019:1729-1738.
[2] Alam M, Fensel A, Martinez-Gil J, et al. Special issue on machine learning and knowledge graphs [J]. 2022.
[3] Bachhofner S, Kiesling E, Kurniawan K, et al. Knowledge Graph Modularization for Cyber-Physical Production Systems [C]//ISWC (Posters/Demos/Industry). 2021.
[4] Bachhofner S, Kiesling E, Revoredo K, et al. Automated process knowledge graph construction from BPMN models [C]//International Conference on Database and Expert Systems Applications. Cham: Springer International Publishing, 2022:32-47.
[5] Bachhofner S, Kurniawan K, Kiesling E, et al. Knowledge graph supported machine parameterization for the injection moulding industry [C]//Iberoamerican Knowledge Graphs and Semantic Web Conference. Cham: Springer International Publishing, 2022:106-120.
[6] Bader S R, Grangel-Gonzalez I, Nanjappa P, et al. A knowledge graph for industry 4.0 [C]//The Semantic Web: 17th International Conference, ESWC 2020, Heraklion, Crete, Greece, May 31-June 4, 2020, Proceedings 17. Springer International Publishing, 2020:465-480.
[7] Banerjee A, Dalal R, Mittal S, et al. Generating digital twin models using knowledge graphs for industrial production lines [C]//Workshop on Industrial Knowledge Graphs, co-located with the 9th International ACM Web Science Conference 2017. 2017.
[8] Buchgeher G, Gabauer D, Martinez-Gil J, et al. Knowledge graphs in manufacturing and production: a systematic literature review [J]. IEEE Access, 2021, 9:55537-55554.
[9] Chhetri T R, Aghaei S, Fensel A, et al. Optimising manufacturing process with Bayesian structure learning and knowledge graphs [C]//International Conference on Computer Aided Systems Theory. Cham: Springer Nature Switzerland, 2022:594-602.
[10] Dombrowski U, Reiswich A, Imdahl C. Knowledge graphs for an automated information provision in the factory planning [C]//2019 IEEE International Conference on Industrial Engineering and Engineering Management (IEEM). IEEE, 2019:1074-1078.
[11] Duan W, Chiang Y Y. Building knowledge graph from public data for predictive analysis: a case study on predicting technology future in space and time [C]//Proceedings of the 5th ACM SIGSPATIAL International Workshop on Analytics for Big Geospatial Data. 2016:7-13.
[12] Eibeck A, Lim M Q, Kraft M. J-Park Simulator: An ontology-based platform for cross-domain scenarios in process industry [J]. Computers & Chemical Engineering, 2019, 131:106586.
[13] Freudenthaler B, Martinez-Gil J, Fensel A, et al. Ki-net: Ai-based optimization in industrial manufacturing — A project overview [C]//International Conference on Computer Aided Systems Theory. Cham: Springer Nature Switzerland, 2022:554-561.
[14] Garofalo M, Pellegrino M A, Altabba A, et al. Leveraging knowledge graph embedding techniques for industry 4.0 use cases [M]//Cyber Defence in Industry 4.0 Systems and Related Logistics and IT Infrastructures. IOS Press, 2018:10-26.
[15] Grangel-González I, Halilaj L, Vidal M E, et al. Seamless integration of cyber-physical systems in knowledge graphs [C]//Proceedings of the 33rd Annual ACM Symposium on Applied Computing. 2018:2000-2003.
[16] Grangel-González I, Halilaj L, Vidal M E, et al. Knowledge graphs for semantically integrating cyber-physical systems [C]//Database and Expert Systems Applications: 29th International Conference, DEXA 2018, Regensburg, Germany, September 3-6, 2018, Proceedings, Part I 29. Springer International Publishing, 2018:184-199.
[17] Haase P, Herzig D M, Kozlov A, et al. metaphactory: A platform for knowledge graph

management [J]. Semantic Web, 2019, 10(6):1109 – 1125.

[18] He L, Jiang P. Manufacturing knowledge graph: a connectivism to answer production problems Query with knowledge reuse [J]. IEEE Access, 2019, 7:101231 – 101244.

[19] Hermann M, Pentek T, Otto B. Design principles for industrie 4.0 scenarios [C]//2016 49th Hawaii international conference on system sciences (HICSS). IEEE, 2016:3928 – 3937.

[20] Hoch T, Heinzl B, Czech G, et al. Teaming. AI: enabling human-AI teaming intelligence in manufacturing [J]. Proceedings http://ceur-ws.org ISSN, 2022, 1613:0073.

[21] Kalaycı E G, Grangel González I, Lösch F, et al. Semantic integration of Bosch manufacturing data using virtual knowledge graphs [C]//The Semantic Web-ISWC 2020:19th International Semantic Web Conference, Athens, Greece, November 2 – 6, 2020, Proceedings, Part II 19. Springer International Publishing, 2020:464 – 481.

[22] Kattepur A, P B. Roboplanner: autonomous robotic action planning via knowledge graph Queries [C]//Proceedings of the 34th ACM/SIGAPP Symposium on Applied Computing. 2019:953 – 956.

[23] Ko H, Witherell P, Lu Y, et al. Machine learning and knowledge graph based design rule construction for additive manufacturing [J]. Additive Manufacturing, 2021, 37:101620.

[24] Kumar A, Bharadwaj A G, Starly B, et al. FabKG: a knowledge graph of manufacturing science domain utilizing structured and unconventional unstructured knowledge source [J]. arXiv preprint arXiv:2206.10318, 2022.

[25] Leijie F, Yv B, Zhenyuan Z. Constructing a vertical knowledge graph for non-traditional machining industry [C]//2018 IEEE 15th International Conference on Networking, Sensing and Control (ICNSC). IEEE, 2018:1 – 5.

[26] Li R, Dai W, He S, et al. A knowledge graph framework for software-defined industrial cyber-physical systems [C]//IECON 2019 – 45th Annual Conference of the IEEE Industrial Electronics Society. IEEE, 2019, 1:2877 – 2882.

[27] Li X, Chen C H, Zheng P, et al. A knowledge graph-aided concept-knowledge approach for evolutionary smart product-service system development [J]. Journal of Mechanical design, 2020, 142(10):101403.

[28] Li X, Zhang S, Huang R, et al. Structured modeling of heterogeneous cam model based on process knowledge graph [J]. The International Journal of Advanced Manufacturing Technology, 2018, 96:4173 – 4193.

[29] Liebig T, Maisenbacher A, Opitz M, et al. Building a Knowledge Graph for Products and Solutions in the Automation Industry [C]//KGB@ ESWC. 2019:13 – 23.

[30] Liu M, Li X, Li J, et al. A knowledge graph-based data representation approach for IIoT-enabled cognitive manufacturing [J]. Advanced Engineering Informatics, 2022, 51:101515.

[31] Martinez-Gil J, Buchgeher G, Gabauer D, et al. Root cause analysis in the industrial domain using knowledge graphs: a case study on power transformers [J]. Procedia Computer Science, 2022, 200:944 – 953.

[32] Meckler S, Steinmüller H, Harth A. Building a knowledge graph with inference for a production machine using the web of things standard [C]//Advances and Trends in Artificial Intelligence. From Theory to Practice: 34th International Conference on Industrial, Engineering and Other Applications of Applied Intelligent Systems, IEA/AIE 2021, Kuala Lumpur, Malaysia, July 26 – 29, 2021, Proceedings, Part II 34. Springer International Publishing, 2021:240 – 251.

[33] Nayak A, Kesri V, Dubey R K. Knowledge graph based automated generation of test cases in software engineering [M]//Proceedings of the 7th ACM IKDD CoDS and 25th COMAD. 2020: 289 – 295.

[34] Noy N, Gao Y, Jain A, et al. Industry-scale Knowledge Graphs: Lessons and Challenges: Five diverse technology companies show how it's done [J]. Queue, 2019, 17(2): 48-75.

[35] Peroni S, Vitali F. Interfacing fast-fashion design industries with Semantic Web technologies: The case of Imperial Fashion [J]. Journal of web semantics, 2017, 44: 37-53.

[36] RingsQuandl M, Kharlamov E, Stepanova D, et al. On event-driven knowledge graph completion in digital factories [C]//2017 IEEE International Conference on Big Data (Big Data). IEEE, 2017: 1676-1681.

[37] RingsQuandl M, Lamparter S, Lepratti R, et al. Knowledge fusion of manufacturing operations data using representation learning [C]//Advances in Production Management Systems. The Path to Intelligent, Collaborative and Sustainable Manufacturing: IFIP WG 5.7 International Conference, APMS 2017, Hamburg, Germany, September 3-7, 2017, Proceedings, Part II. Springer International Publishing, 2017: 302-310.

[38] Rožanec J M, Zajec P, Kenda K, et al. XAI-KG: knowledge graph to support XAI and decision-making in manufacturing [C]//International Conference on Advanced Information Systems Engineering. Cham: Springer International Publishing, 2021: 167-172.

[39] Tushkanova O, Samoylov V. Knowledge net: model and system for accumulation, representation, and use of knowledge [J]. IFAC-PapersOnLine, 2019, 52(13): 1150-1155.

[40] Wang Z, Zhang B, Gao D. A novel knowledge graph development for industry design: a case study on indirect coal liquefaction process [J]. Computers in Industry, 2022, 139: 103647.

[41] Yan H, Yang J, Wan J. KnowIME: a system to construct a knowledge graph for intelligent manufacturing equipment [J]. Ieee Access, 2020, 8: 41805-41813.

[42] Zhang X, Liu X, Li X, et al. MMKG: an approach to generate metallic materials knowledge graph based on DBpedia and Wikipedia [J]. Computer Physics Communications, 2017, 211: 98-112.

[43] Zhao M, Wang H, Guo J, et al. Construction of an industrial knowledge graph for unstructured Chinese text learning [J]. Applied Sciences, 2019, 9(13): 2720.

[44] Zhao Y, Liu Q, Xu W. Open industrial knowledge graph development for intelligent manufacturing service matchmaking [C]//2017 International Conference on Industrial Informatics-Computing Technology, Intelligent Technology, Industrial Information Integration (ICIICII). IEEE, 2017: 194-198.

[45] Zhou B, Bao J, Li J, et al. A novel knowledge graph-based optimization approach for resource allocation in discrete manufacturing workshops [J]. Robotics and Computer-Integrated Manufacturing, 2021, 71: 102160.

[46] Zhou X, Lim M Q, Kraft M. A Smart Contract-based agent marketplace for the J-Park Simulator-a knowledge graph for the process industry [J]. Computers & Chemical Engineering, 2020, 139: 106896.

第 5 章 通过知识图谱嵌入利用语义表示

Franz Krause, Kabul Kurniawan, Elmar Kiesling, Jorge Martinez-Gil,
Thomas Hoch, Mario Pichler, Bernhard Heinzl, Bernhard Moser

5.1 引言

KGs 在数据驱动领域,如医疗保健[1]、金融[2]和制造业[3],越来越被认为是有价值的工具,在最近研究中获得愈加广泛的关注,通常用来表示和整合结构化和非结构化数据,提供了一种编码领域知识的标准化方法[4]。KGs 建立在概念化领域类别、关系和逻辑推理规则的本体论基础上,具有本体论模型的具体实例及其固有的语义特征。通常,KGs 分为两个模块:一个包含概念(如制造过程的类别)的术语 TBox,一个包含现实世界实例(如制造过程的独特执行)的断言 ABox。

采用标准 KGs $G=(V,E)$ 的概念,如文献[5]中所述,由一组节点 V(也称为顶点)和一组三元组 $E \subseteq V \times R \times V$ 组成,包括有向和标记的边。这里,R 表示在底层本体论中定义的有效关系类型集合。因此,以三元组形式的边 $(s, p, o) \in E$ 意味着从主体 $p \in R$ 通过谓词到对象 $o \in V$ 的外向关系。给定这样一个 KGs,嵌入技术旨在利用图的拓扑结构来生成潜在特征表示:

$$\gamma : V \to \Gamma \tag{1}$$

在其潜在表示空间 Γ 中,例如,$\Gamma = \mathbb{R}^d, d \in \mathbb{N}$,从而使得它们可以用于下游应用,如基于图的机器学习。然而,这项工作的发现几乎可以类比地应用于最著名的 KGs 扩展,如标记属性图如 Neo4j[6]。

除了提高基于图的数据在推荐系统[7]或问答[8]等任务中的适用性外,由于嵌入形式能够通过下游任务如实体链接[9]和链接预测[10]来增强图拓扑的表达性,已被证明是图结构数据的内在补充。因此,关系机器学习等相关领域在文献和应用中受到了显著关注[11]。

本章首先简要概述表示学习作为知识图谱嵌入的推动者，介绍生成精简特征表示的最新嵌入形式，并描述它们的功能；提供使用知识图谱嵌入的优势和劣势分析，并讨论相关的开放研究问题，并特别关注可能阻碍知识图谱嵌入在高度动态的制造领域使用的具体挑战。因此，本节介绍在 Teaming.AI 项目中开发的解决这些问题的方法论，并在此背景下，介绍知识图谱嵌入在项目基于人-AI 的制造案例中的适用性和潜在优势；此外，还展示 Navi 方法作为动态知识图谱嵌入的推动者，允许实时和结构保持计算新或更新节点表示。

5.2 知识图谱嵌入

根据等式(1)生成知识图谱嵌入(KG embeddings)属于表示学习的一个分支。在 KGs 的背景下，表示学习被用于确定精简的特征表示，从而捕捉 KGs 元素之间固有的语义关系。因此，我们首先对表示学习进行整体概述，然后描述其在知识图谱嵌入中的应用。

5.3 表示学习

表示学习包括自动检测适当特征表示的技术，这些特征表示可以由下游模型或任务使用，如 ML 模型[12]。因此，表示学习的主要目标是消除预处理原始输入数据的需求。给定一组可观察变量 V 与固有表示空间 Π 内的语义表示 π：$V \rightarrow \Pi$（这不一定与下游模型兼容），这些技术旨在生成一个替代特征映射：γ：$V \rightarrow \Gamma$ 到一个满足所需任务要求的表示空间 Γ。

表示学习可以以监督、无监督或自监督的方式执行，其中，学习潜在特征表示监督方法的一个示例是在标记输入数据上训练 DNN。也就是说，给定一些 $v \in V$ 的输入特征 $\pi(v)$，从网络的前向传递中获得的隐藏层输出（及输出层）可以被视为替代表示 $\gamma(v)$，如图 5.1 所示。

相反，无监督表示学习技术可以用于未标记表示 $\pi(v)$，像主成分分析或自编码器这样的方法旨在降低高维输入特征的维度，这些算法的目标是确定替代的低维表示，而不考虑任何目标特征，除了输入特征 $\pi(v)$ 本身。例如，自编码器将表示 $\pi(v) \in \mathbb{R}^{d'}$ 输入 DNN，并尝试重建它，即 $\pi(v)$ 也作为输出特征。然而，假设隐藏层是低维的，以作为 $\gamma(v) \in \mathbb{R}^d$，$d \ll d'$ 的替代表示，如图 5.2

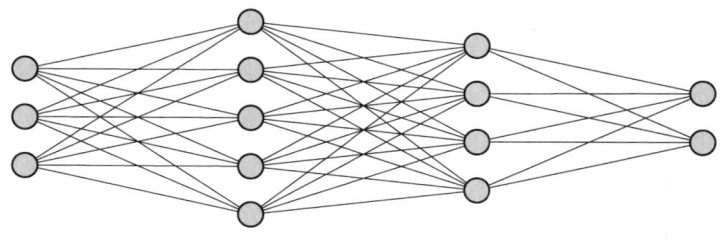

输入层 $\pi(v)\in\mathbb{R}^3$　　隐藏层 $\gamma^I(v)\in\mathbb{R}^5$　　隐藏层 $\gamma^{II}(v)\in\mathbb{R}^4$　　输出层 $\gamma^{III}(v)\in\mathbb{R}^2$

图 5.1　DNN 监督表示学习形式

所示。

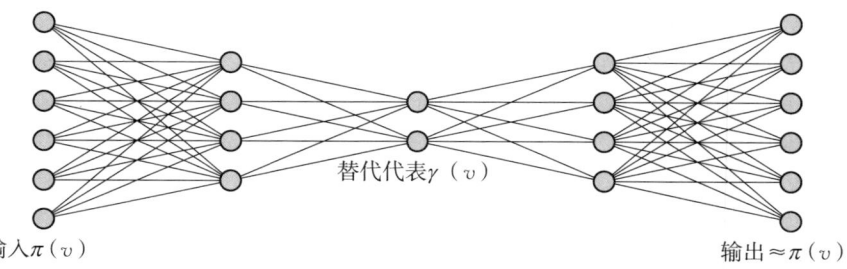

替代代表 $\gamma(v)$

输入 $\pi(v)$　　　　　　　　　　　　　　　　　　　　　输出 $\approx\pi(v)$

图 5.2　自编码器无监督表示学习形式

Smart manufacturing is arriving. It promises a future of mass-producing highly personalized *PRODUCTS* via responsive autonomous manufacturing operations at a competitive cost. Of utmost importance, smart manufacturing requires end-to-end integration of intra-business and inter-business manufacturing processes and systems. ...

... Subsequently, focusing on meeting changing demands of efficient production of highly personalized *PRODUCTS*, we detail several future-proofing manufacturing automation scenarios via integrating various existing standards. We believe that existing automation standards have provided a solid foundation for developing smart manufacturing solutions.

图 5.3　来自文献[15]的摘要摘录,单词 products 的语义包含在包含它的句中

最后,自监督表示学习旨在利用 $v\in V$ 包含变量的未标记数据的基本结构 SV,这允许派生有意义的初始表示 $\pi(v)$。例如,一个单词 $v\in V$ 可能出现在共享文本语料库 SV 中的一组句子 $\pi(v)$,如图 5.3 所示。虽然像 BERT[13] 这样的最新 NLP 模型通常通过子词分割算法(如 Wordpiece[14])将单词分割成频繁出现的子词标记,但固有方法可以类比地应用于完整的单词集。在训练这样的 NLP 模型的过程中,数值嵌入 $\gamma(v)\in\mathbb{R}^d$,$d\ll d'$ 被分配给域变量 $v\in V$,关于它们最初的表示 $\pi(v)$,这些替代表示通过反向传播 LLM 的输出至少一个元

素的初始表示来优化。

同样地,大多数 NLP 技术可以应用于 KGs 结构 $G=(V,E)$,通过将深度为 $l-1$ 的有向图遍历 $(v_1, p_1, v_2, p_2, v_3, \cdots, v_{l-1}, p_{l-1}, v_l)$ 表征为由边 (v_i, p_i, v_{i+1}) 组成的语句。例如,图 5.4 示例制造业 KGs 包含 4 跳遍历:

(John,执行,任务 1,输出,产品 1,输入,任务 2,输出,产品 2)

这些转换方法之一是 RDF2Vec[16],使用随机图遍历来为基于 NLP 的 Word2Vec 算法[17]生成输入数据。通过这样做,训练了一个映射 $\bar{\gamma}:V\cup R\to\mathbb{R}^d$,图节点在 V 中的替代表示,以及关系类型在 R 中的表示。因此,可以通过 $\gamma(v):=\bar{\gamma}(v)$ 得到节点嵌入。除了像 RDF2Vec 这样的转换方法,还有各种特定于 KGs 结构的嵌入算法,下面进一步讨论。

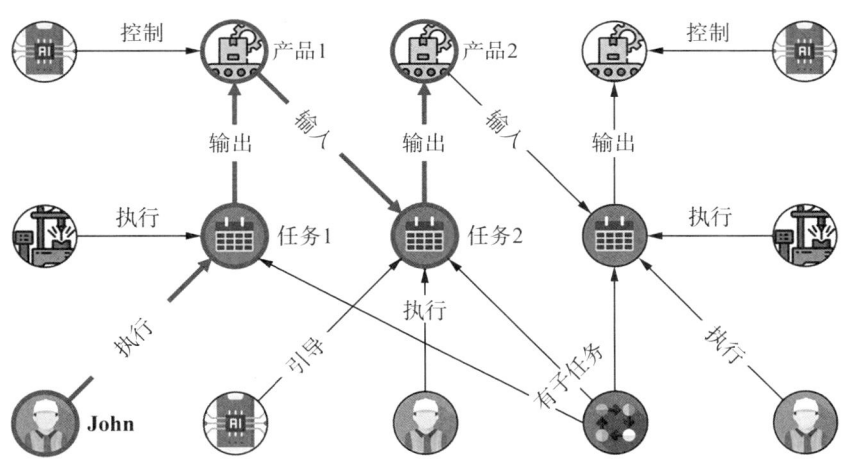

图 5.4　包含生产过程中的工艺流程的样本 KG

5.3.1　知识图谱的表示学习

知识图谱嵌入技术是表示学习的一个子学科,考虑知识图谱结构作为初始输入数据。给定一个 KGs $G=(V,E)$,这些方法旨在提供数值表示 $\gamma:V\to\Gamma$,如等式(1)所示。然而,正如 RDF2Vec 所示,知识图谱嵌入可能还包含图元素 $y\neq V$ 的替代表示,如关系的嵌入及边缘或子图。因此,一般来说,知识图谱嵌入是一个映射:$\bar{\gamma}:\Omega\to\Gamma$,其中 Ω 代表与 G 相关的知识图谱元素的集合,一些 $v\in V$ 的节点嵌入相应地通过限制 γ 到 V 获得,即:$\gamma(v)=\bar{\gamma}(v)$。

根据文献[10]中进行的研究,知识图谱嵌入方法可以分为三类模型,即张量分解模型、几何模型和 DL 模型,后文将采用这种细分。

5.3.1.1 张量分解模型

知识图谱嵌入的张量分解模型基于多线性代数领域中张量分解的概念[18],尝试通过一系列简化的张量操作序列来表征张量。对于 KGs,这种方法应用于其独特的邻接张量 $\mathcal{A} \in \{0,1\}^{k \times n \times n}$,定义为:

$$\mathcal{A}_{h,i,j} = 1 \Leftrightarrow (v_i, r_h, v_j) \in E$$

式中,$k \in \mathbb{N}$ 为底层关系集 R 的基数;$n \in \mathbb{N}$ 为 V 中节点的数量。相应地,不失一般性,可以假设标记集 $R = \{r_1, \cdots, r_k\}$ 和 $V = \{v_1, \cdots, v_n\}$,如图 5.5 所示。

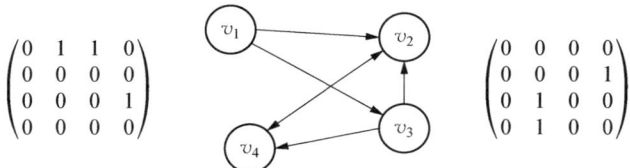

图 5.5 具有 $n=4$ 个节点和 $k=2$ 关系 r_1(蓝色)和 r_2(红色)的样本 **KGs**﹡

因此,基于张量的知识图谱嵌入方法旨在通过一系列较低维度的张量操作来近似 $\mathcal{A}$。在这些方法中,RESCAL[19] 被认为是第一个应用这种方法来确定知识图谱嵌入的工作。关于 $\mathcal{A}$,提出一个秩 d 因子分解:

$$\mathcal{A}_h \approx \mathcal{X} \cdot \mathcal{R}_h \cdot \mathcal{X}^T$$

其第 h 个切片 $\mathcal{A}_h \in \{0,1\}^{n \times n}$ 通过矩阵 $\mathcal{X} \in \mathbb{R}^{n \times d}$ 和 $R_h \in \mathbb{R}^{d \times d}$,$d \ll n$。因此,矩阵 $\mathcal{X}$ 的第 i 行包含 $v_i \in V$ 的替代表示 $\gamma(v_i) := (\mathcal{X}_{i,1}, \cdots, \mathcal{X}_{i,d}) \in \mathbb{R}^d$。优化矩阵 $\mathcal{X}$ 和 $(\mathcal{R}_h)_{1 \leq h \leq k}$ 的过程相应地通过解决最小化问题实现:

$$\min_{\mathcal{X}, \mathcal{R}_h} f(\mathcal{X}, \mathcal{R}_h) \text{ for } f(\mathcal{X}, \mathcal{R}_h) = \frac{1}{2} \Big(\sum_{k}^{h=1} \mathcal{A}_h - \mathcal{X} \cdot \mathcal{R}_h \cdot \mathcal{X}_F^{T2} \Big),$$

利用 Frobenius 范数和相应的逐元素操作:

$$f(h,i,j) = \frac{1}{2} [\mathcal{A}_{h,i,j} - \gamma(v_i)^T \cdot \mathcal{R}_h \cdot \gamma(v_j)]^2。$$

为了降低这些优化的复杂性,DistMult 提出使用对角矩阵 $(\mathcal{R}_h)_{1 \leq h \leq k}$[20]。然而,DistMult 仅限于对称关系。ComplEx 通过使用 $\mathbb{C}$ 值嵌入空间[21]来解决这个问题。除了提到的模型,还有许多其他张量分解模型用于知识图谱嵌入,包括 ANALOGY[22]、SimplE[23] 和 HolE[24]。

5.3.1.2 几何模型

几何知识图谱嵌入模型在相应的嵌入空间内表示语义关系为几何变换,与张量分解模型不同,嵌入不是基于唯一邻接张量 $\mathcal{A}$ 的特征确定的,而是关于个别事实 $(s, p, o) \in E$。

如文献[10]所述,变换 $\tau_p(s) := \tau(\gamma(s), \bar{\gamma}(p)) \in \Gamma$ 适用于主体节点 $s \in V$ 关于谓词 $p \in R$。相应地,基于距离度量 $\delta : \Gamma \times \Gamma \rightarrow \mathbb{R}_{\geq 0}$,知识图谱嵌入通过得分函数计算:

$$f(s, p, o) := \delta(\tau_p(s), \gamma(o))$$

在几何知识图谱嵌入方法家族中,TransE[25] 构成了最著名的方法。作为一个平移模型,通过 $\gamma(o) \approx \tau_p(s) = \gamma(s) + \gamma(p)$ 近似对象表示 $\gamma(o)$。各种几何知识图谱嵌入模型在 TransE 的基础上构建,通过引入额外的组件或变换来改进节点和关系的表示,例如:

(1) 关系特定的超平面,以更有效地捕获节点和关系之间的复杂交互 (TransH)[26]。

(2) 关系特定的节点投影矩阵,以更灵活处理具有不同特征的实体和关系 (TransR)[27]。

(3) 适应性投影矩阵,针对不同的节点-关系对-关系(TransD)[28] 聚类,对类似关系进行分组(TransG)[29]。

有关这些方法的全面概述,可阅读文献[10],其介绍了负采样作为知识图谱嵌入形式的常见障碍。由于 KGs 的开放世界假设,$(s, p, o) \in E$ 并不一定意味着该事实是假的;相反,这意味着 KGs 不包含有关其有效性的信息。因此,负采样被应用于创建一组假事实。$E_{neg} \subseteq V \times R \times V$, $E \cap E_{neg} = \emptyset$ 以监督方式训练嵌入。

5.3.1.3 DL 模型

基于图的深度学习(DL)方法,也称为图神经网络(GNNs),已经存在一段时间了,特别是在复杂网络系统及其底层无向图结构的背景下[30]。然而,将这些算法应用于有向和标记的 KGs 可能会导致相关信息的丢失。为了解决这个问题,图卷积网络(GCNs)被首次引入以考虑有向边[31]。此外,为了适应不同类型的关系,关系图卷积网络(RGCNs)被详细阐述为 GCNs 的扩展[32],通过注意力机制[33]在关系图注意力网络(RGATs)[34]中进一步扩展。

与应用于个别三元组的几何知识图谱嵌入模型不同,张量分解模型旨在降低邻接张量 $\mathcal{A}$ 的维度,基于 DL 的模型对标记节点 $v \in \overline{V}$ 进行预测,同时考虑其自身和其外部邻居:

$$N(v) := \{y \in V \mid \exists (s, p, o) \in E : (s=y \land o=v) \lor (s=v \land o=y)\}$$

这些标签可以从 KGs 本身通过节点断言或链接分配获得,也可以是外部的,如数值或名义节点属性。相邻节点表示旨在被聚合以接收 v 的复合节点表示。通过反向传播合适的损失,优化 v 及其邻居的初始嵌入。这个过程对于每个标记的训练节点重复进行,为所有 $v \in \overline{V} \cup \{N(v) : v \in \overline{V}\}$ 生成潜在特征表示,文献[32]中提出的正式主义将 $N(v)$ 细分为关系特定的邻域:

$$N_r(v) := \{y \in V \mid \exists (s, p, o) \in E : (s=y \land o=v) \\ \lor (s=v \land o=y) \land p=r\}$$

关于关系类型 $r \in R$,给定一个(初始)特征表示矩阵 $\mathcal{X} \in \mathbb{R}^{n \times d}$,可以通过 $\mathcal{A}_h \cdot \mathcal{X} \in \mathbb{R}^{n \times d}$ 在 GNN 的前向传递中合并传出邻居的嵌入。这里,$\mathcal{A}_h$ 表示 $\mathcal{A}$ 的第 h 个切片。例如,在图 5.5 中,v_1 关于关系 r_1 的复合表示等于初始嵌入的 v_2 和 v_3 的总和。为了考虑传入和传出边的不同影响,R 通常通过 $r \in R$ 每个的逆关系 r' 扩展。有些研究还考虑了自关系 r_0。相应地,对于 $1 \leq h \leq k$,通过考虑邻接矩阵 $\mathcal{A}_0 = Id$ 和 $\mathcal{A}_{2h} = \mathcal{A}_h^t$,扩展 R 集:

$$\hat{R} := R \cup \{r' \mid r \in R\} \cup \{r_0\}, \, r'_h = r_{2h}$$

通过这样做,GNN 模型通过汇总加权复合表示来捕获有向和标记图的语义,以获得一个卷积矩阵:

$$\sum_{h=0}^{2k} \mathcal{A}_h \cdot \mathcal{X} \cdot W_h \in \mathbb{R}^{n \times d'}$$

包括关系特定的权重矩阵 $W_h \in \mathbb{R}^{d \times d'}$。此外,扩展的邻接张量 $\hat{\mathcal{A}} \in \mathbb{R}^{(2k+1) \times n \times n}$ 的值不一定是 $\{0, 1\}$。相反,它旨在包含归一化常数或注意力分数,以编码单个节点和关系对 GNN 前向传递的重要性。然而,$(v_i, r_h, v_j) \notin E \Rightarrow \mathcal{A}_{h,i,j} = 0$ 仍然成立。如果没有归一化常数或注意力机制要实现,这个张量可以直接从 $\mathcal{A} \in \{0, 1\}^{k \times n \times n}$ 通过矩阵转置和插入一个额外的恒等矩阵来派生。最后,通过引入一个激活函数 $\sigma : \mathbb{R} \to \mathbb{R}$,如 ReLu, GNN 层(包括 RGCNs 和 RGATs)的

广义前向传递可以定义为：

$$\sigma\left(\sum_{h=0}^{2k} \hat{\mathcal{A}}_h \cdot \mathcal{X} \cdot W_h\right) =: \mathcal{X}' \in \mathbb{R}^{n \times d'} \tag{2}$$

5.4 知识图谱嵌入在工业应用中的使用

缺乏案例场景对 KGs 及其相应嵌入在制造领域的应用构成了重大挑战，没有特定应用，就很难确定相关数据源、设计适当的知识图谱结构并创建有意义的嵌入，以捕获制造过程中复杂的关系。因此，缺乏具体案例阻碍了探索 KGs 和知识图谱嵌入在提高该领域效率、决策和知识共享方面的全部潜力。

通过 Teaming.AI 项目中开展的研究，该项目旨在增强工业 4.0 的灵活性，同时优先考虑人在维护和推进 AI 系统中的参与和协作，确定制造领域内的几个应用场景，通过引入工业 KGs 和知识图谱嵌入可以利用这些场景，这将在以下内容中介绍。

1）数据集成和融合

制造涉及来自各种来源的多样化和复杂数据，如传感器、过程日志或维护记录。虽然 KGs 可以整合这些异构数据源，但知识图谱嵌入将它们映射到共享的表示空间，通过在这个共享嵌入空间中表示 KGs 节点及其关系，更容易结合和分析不同来源的数据，从而增强数据融合能力。

2）语义相似性和推荐

知识图谱嵌入允许量化节点之间的语义相似性。在制造领域，这可以用于根据它们的嵌入推荐类似的产品、材料或过程。例如，嵌入可以帮助识别具有所需属性或特征的替代材料，从而帮助材料选择。

3）供应链管理

有效的供应链管理对制造至关重要，KGs 和相应的知识图谱嵌入可以帮助通过将供应商、产品、运输路线和库存水平表示为图实体来建模和分析复杂的供应链网络。通过考虑它们的语义关系，嵌入可以促进供应链优化、需求预测和识别供应链中的潜在风险。

4）决策支持系统

知识图谱嵌入和关系机器学习技术可以作为开发制造决策支持系统的基础，通过从经验语义观察中学习，这些系统可以为操作人员、工程师和管理人员提供建议、意见和决策支持。例如，根据当前制造环境的状态，系统可以建议最佳操作条件或维护操作。此外，这些系统可以学习模型来推荐适用于 AI 活动的 ML 模型，前提是考虑当前的制造环境。

5）故障检测和诊断

知识图谱嵌入结合关系机器学习技术可以用于制造系统中的故障检测和诊断。通过分析历史数据并捕捉机器、过程变量和故障事件之间的关系，嵌入可以用来构建提前识别故障或故障的系统，这有助于主动维护，减少停机时间，并提高整体效率。

总之，KGs 允许表示制造概念和实体（如过程、机器和人类工作者）及其语义关系。另一方面，知识图谱嵌入在精简的数值表示中捕获固有的语义，便于分析现有的制造知识和根据经验观察提取新的制造知识。作为以人和机器可解释的方式表示领域知识的有力工具，KGs 实现了人可理解性与机器的计算能力的结合。这种人与机器智能的协同作用使有效的协作、决策和高效的问题解决在制造领域成为可能，代表了向优化的人类参与场景[35]和以人为本的工业 5.0[36]迈出的一步。

然而，制造领域本质上是动态的，其过程、设备、材料和市场需求不断变化，因此将这些动态纳入知识图谱嵌入至关重要，这些嵌入通常是为领域的静态快照设计的（参见 3.1 节）。最终，知识图谱嵌入应该能够捕获不断发展的关系、依赖性和上下文信息，最好是实时的。通过纳入动态性，嵌入可以适应制造操作的变化，如过程修改、设备升级或产品需求的变化，这使得表示能够准确反映制造系统当前状态，并捕获运行时不断变化的数据。

5.5 Navi 方法：通过局部嵌入重构动态知识图谱嵌入

大多数关于动态图嵌入的现有工作没有考虑有向和标记的图，而旨在适用于无向和未标记的图[37,38]，或者旨在嵌入非动态图的时间增强快照[39,40]。此外，像文献[41]中提出的方法，旨在通过关注实际受 KGs 更新影响的图区域来执行知识图谱嵌入的在线训练。然而，整体嵌入结构仍然受到影响，导致需要不断调整基于嵌入的下游任务，如基于图的 ML 模型。因此，需要一种动态知识图谱嵌入形式，可以为动态 KGs 实时生成嵌入，并且能够保持知识图谱嵌入的原始结构，以允许一致的下游应用。

提出使用基于 GNNs 核心思想的动态 Navi 方法[42]，如等式（2）所示。给定在时间戳 t_0 的初始 KGs $G_{t_0}=(V_{t_0}, E_{t_0})$，假设基于 3.1 节中的一些最新知识图谱嵌入方法的初始嵌入 $\tilde{\gamma}_{t_0}: V_{t_0} \to \mathbb{R}^d$。相应地，动态 KGs 被定义为一系列关于某个时间集 τ 静态快照 $(G_t)_{t\in\tau}$ 的家族。给定未来的时间戳 $t > t_0$，Navi 方法提供了一个一致的嵌入，以便先前训练的下游模型仍然可以使用。

由于利用 GNNs 的思想通过局部邻域重构 $\tilde{\gamma}_{t_0}(v)$，这些重构基于独特的邻接张量 $[\mathcal{A}(t)]_{t\in\tau}$。这里，$|n_t = |\bigcup_{\tau \leq t} V_\tau|$ 表示自图初始化以来已知存在的节点数量，因此 $n_t \geq n_{t_0}$ 成立。假设一个包含初始嵌入 $\tilde{\gamma}_{t_0}$ 的初始嵌入矩阵 $\widetilde{X}_{t_0} \in \mathbb{R}^{n_{t_0} \times d}$，基于自身通过单层 GNN 重构这个矩阵。

$$\sigma[\hat{\mathcal{A}}(t_0)_0 \cdot \Theta_{t_0} \cdot \mathcal{W}_0 + \sum_{2k}^{h=1} \hat{\mathcal{A}}(t_0)_h \cdot \widetilde{X}_{t_0} \cdot \mathcal{W}_h] =: \mathcal{X}_{t_0} \approx \widetilde{\mathcal{X}}_{t_0}$$

通过考虑扩展的邻接张量 $\hat{\mathcal{A}}(t_0)$（参见 3.1.3 节）。在训练过程中，实现关于自关系 r_0 的全局嵌入 $\gamma_{r_0} \in \mathbb{R}^d$，以便 $\Theta_{t_0} \in \mathbb{R}^{n_{t_0} \times d}$ 包含 γ_{r_0} 的 n_{t_0} 副本。此外，为了防止过拟合，而不是零值 dropouts，在输入层中通过随机替换节点嵌入与 γ_{r_0} 来模拟在时间 t_0 未知的节点语义影响。也可用于表示自环，使重构独立于（可能未知的）初始表示。详细的概述包括训练设置和基准评估结果可以在文献[42]中找到。评估表明，给定时间戳 $t > t_0$，这种方法允许通过以下计算来获得高质量和一致的嵌入 $\gamma_t: V_t \to \mathbb{R}^d$：

$$\sigma[\hat{\mathcal{H}}(t)_0 \cdot \Theta_t \cdot \mathcal{W}_0 + \sum_{2k}^{h=1} \hat{\mathcal{H}}(t)_h \cdot \widetilde{X}_t \cdot \mathcal{W}_h] =: X_t$$

即 X_t 的第 i 行表示节点 $v_i \in V_t$ 的嵌入 $\gamma_t(v_i)$。在新节点的情况下，$\widetilde{X}_t$ 和 Θ_t 是通过插入 γ_{r_0} 的副本来扩展 $\widetilde{X}_{t_0}$ 和 Θ_{t_0} 的。此外，邻接张量的更新可以通过

$$\mathcal{A}(t)_h = I(t_0, t)^T \cdot \mathcal{A}(t_0)_h \cdot I(t_0, t) + \mathcal{B}(t_0, t)_h。$$

首先，矩阵 $I(t_0, t) \in \{0, 1\}^{n_{t_0} \times n_t}$ 考虑新插入的节点，即

$$I(t_0, t)_{i,j} = 1 \Leftrightarrow i = j$$

其次，更新矩阵 $\mathcal{B}(t_0, t)_h \in \{-1, 0, 1\}^{n_t \times n_t}$ 实现知识图谱更新：

$$\mathcal{B}(t_0, t)_{i,j} = \begin{cases} 1 \Leftrightarrow 边(v_i, r_h, v_j) \text{ 插入 } t_0 \text{ 和 } t \\ -1 \Leftrightarrow 边(v_i, r_h, v_j) \text{ 删除 } t_0 \text{ 和 } t \end{cases}$$

在知识图谱更新后，同步助手需要提供节点数 n_t 和更新张量 $\mathcal{B}(t_0, t) \in \{-1, 0, 1\}^{k \times n_t \times n_t}$。例如，给定一个 Apache Jena Fuseki 知识图谱，现有的日志工具如 rdf-delta 可以扩展为用作同步助手。此外，虽然专注于时间 $t \in \mathcal{T}$ 的单个更新，也可以处理任意时间戳之间的过渡，即

$$\mathcal{A}(t')_h = I(t, t')^T \cdot \mathcal{A}(t)_h \cdot I(t, t') + \mathcal{B}(t, t')_h \text{ for } t_0 < t < t'.$$

总之，通过 Navi 重构塑造知识图谱嵌入代表了一种将动态知识图谱更新和语义演变纳入知识图谱嵌入的有前途的方法，作为领域概念和实例的精简特征表示。除了能够允许一致的嵌入外，文献[42]中的结果甚至表明，现有嵌入的重构通常会导致下游任务的性能改进，如链接预测和实体分类，作为 5.4 节中概述的工业案例应用的关键推动因素。

5.6 本章结论

本章内容强调了表示和利用语义的重要性，特别强调了在制造领域的应用。虽然工业知识图谱已经被采用并用于整合和标准化领域知识，但忽视了生成和应用知识图谱嵌入作为图元素的精简特征表示，现有的知识图谱缺乏领域动态性或上下文性，限制了上下文依赖嵌入算法的适用性。因此，本章提供了最新知识图谱嵌入技术的概述，包括特征和先决条件，强调了动态嵌入方法的需要及它们在具体制造场景中的实现，描述了在工业领域识别的潜在知识图谱嵌入应用，这是 Teaming.AI 项目的结果；此外，介绍了 Navi 重构的概念，作为生成动态知识图谱嵌入的实时和结构保持方法。

总之，知识图谱和知识图谱嵌入为制造领域提供了显著优势，知识图谱中复杂关系的结构化表示使上下文感知、动态分析和有效信息检索成为可能。此外，利用知识图谱嵌入促进了流程优化，从而提高产品质量，减少错误，并增加整体生产力。

参考文献

[1] Mohamed S K, Nováček V, Nounu A. Discovering protein drug targets using knowledge graph

embeddings [J]. Bioinformatics, 2020, 36(2):603-610.

[2] Fu X, Ren X, Mengshoel O J, et al. Stochastic optimization for market return prediction using financial knowledge graph [C]//2018 IEEE International Conference on Big Knowledge (ICBK). IEEE, 2018:25-32.

[3] Buchgeher G, Gabauer D, Martinez-Gil J, et al. Knowledge graphs in manufacturing and production: a systematic literature review [J]. IEEE Access, 2021, 9:55537-55554.

[4] Hogan A, BlomQvist E, Cochez M, et al. Knowledge graphs [J]. ACM Computing Surveys (Csur), 2021, 54(4):1-37.

[5] Krause F, Weller T, Paulheim H. On a generalized framework for time-aware knowledge graphs [M]//Towards a Knowledge-Aware AI. IOS Press, 2022:69-74.

[6] Guia J, Soares V G, Bernardino J. Graph Databases: Neo4j Analysis [C]//ICEIS (1). 2017:351-356.

[7] Palumbo E, Rizzo G, Troncy R, et al. Knowledge graph embeddings with node2vec for item recommendation [C]//The Semantic Web: ESWC 2018 Satellite Events: ESWC 2018 Satellite Events, Heraklion, Crete, Greece, June 3-7, 2018, Revised Selected Papers 15. Springer International Publishing, 2018:117-120.

[8] Diefenbach D, Giménez-García J, Both A, et al. Qanswer KG: designing a portable Question answering system over RDF data [C]//The Semantic Web: 17th International Conference, ESWC 2020, Heraklion, Crete, Greece, May 31-June 4, 2020, Proceedings 17. Springer International Publishing, 2020:429-445.

[9] Sun Z, Hu W, Zhang Q, et al. Bootstrapping entity alignment with knowledge graph embedding [C]//IJCAI. 2018, 18(2018).

[10] Rossi A, Barbosa D, Firmani D, et al. Knowledge graph embedding for link prediction: A comparative analysis [J]. ACM Transactions on Knowledge Discovery from Data (TKDD), 2021, 15(2):1-49.

[11] Nickel M, Murphy K, Tresp V, et al. A review of relational machine learning for knowledge graphs [J]. Proceedings of the IEEE, 2015, 104(1):11-33.

[12] Bengio Y, Courville A, Vincent P. Representation learning: A review and new perspectives [J]. IEEE transactions on pattern analysis and machine intelligence, 2013, 35(8):1798-1828.

[13] Devlin J. Bert: Pre-training of deep bidirectional transformers for language understanding [J]. arXiv preprint arXiv:1810.04805, 2018.

[14] Schuster M, Nakajima K. Japanese and korean voice search [C]//2012 IEEE international conference on acoustics, speech and signal processing (ICASSP). IEEE, 2012:5149-5152.

[15] Lu Y, Xu X, Wang L. Smart manufacturing process and system automation — a critical review of the standards and envisioned scenarios [J]. Journal of Manufacturing Systems, 2020, 56:312-325.

[16] Ristoski P, Rosati J, Di Noia T, et al. RDF2Vec: RDF graph embeddings and their applications [J]. Semantic Web, 2019, 10(4):721-752.

[17] Mikolov T, Sutskever I, Chen K, et al. Distributed representations of words and phrases and their compositionality [J]. Advances in neural information processing systems, 2013, 26.

[18] Kolda T G, Bader B W. Tensor decompositions and applications [J]. SIAM review, 2009, 51(3):455-500.

[19] Nickel M, Tresp V, Kriegel H P. A three-way model for collective learning on multi-relational data [C]//Icml. 2011, 11(10.5555):3104482-3104584.

[20] Yang B, Yih W, He X, et al. Embedding entities and relations for learning and inference in knowledge bases [J]. arXiv preprint arXiv:1412.6575, 2014.

[21] Trouillon T, Welbl J, Riedel S, et al. Complex embeddings for simple link prediction [C]//International conference on machine learning. PMLR, 2016:2071-2080.

[22] Liu H, Wu Y, Yang Y. Analogical inference for multi-relational embeddings [C]//International conference on machine learning. PMLR, 2017:2168-2178.

[23] Kazemi S M, Poole D. Simple embedding for link prediction in knowledge graphs [J]. Advances in neural information processing systems, 2018,31.

[24] Nickel M, Rosasco L, Poggio T. Holographic embeddings of knowledge graphs [C]//Proceedings of the AAAI conference on artificial intelligence. 2016,30(1).

[25] Bordes A, Usunier N, Garcia-Duran A, et al. Translating embeddings for modeling multi-relational data [J]. Advances in neural information processing systems, 2013,26.

[26] Wang Z, Zhang J, Feng J, et al. Knowledge graph embedding by translating on hyperplanes [C]//Proceedings of the AAAI conference on artificial intelligence. 2014,28(1).

[27] Lin Y, Liu Z, Sun M, et al. Learning entity and relation embeddings for knowledge graph completion [C]//Proceedings of the AAAI conference on artificial intelligence. 2015,29(1).

[28] Ji G, He S, Xu L, et al. Knowledge graph embedding via dynamic mapping matrix [C]//Proceedings of the 53rd annual meeting of the association for computational linguistics and the 7th international joint conference on natural language processing (volume 1: Long papers). 2015:687-696.

[29] Xiao H, Huang M, Hao Y, et al. Transg: A generative mixture model for knowledge graph embedding [J]. arXiv preprint arXiv:1509.05488, 2015.

[30] Wu Z, Pan S, Chen F, et al. A comprehensive survey on graph neural networks [J]. IEEE transactions on neural networks and learning systems, 2020,32(1):4-24.

[31] Kipf T N, Welling M. Semi-supervised classification with graph convolutional networks [J]. arXiv preprint arXiv:1609.02907, 2016.

[32] Schlichtkrull M, Kipf T N, Bloem P, et al. Modeling relational data with graph convolutional networks [C]//The semantic web: 15th international conference, ESWC 2018, Heraklion, Crete, Greece, June 3-7, 2018, proceedings 15. Springer International Publishing, 2018:593-607.

[33] Vaswani A. Attention is all you need [J]. Advances in Neural Information Processing Systems, 2017.

[34] Busbridge D, Sherburn D, Cavallo P, et al. Relational graph attention networks [J]. arXiv preprint arXiv:1904.05811, 2019.

[35] Schirner G, Erdogmus D, Chowdhury K, et al. The future of human-in-the-loop cyber-physical systems [J]. Computer, 2013,46(1):36-45.

[36] Leng J, Sha W, Wang B, et al. Industry 5.0: Prospect and retrospect [J]. Journal of Manufacturing Systems, 2022,65:279-295.

[37] Pareja A, Domeniconi G, Chen J, et al. Evolvegcn: Evolving graph convolutional networks for dynamic graphs [C]//Proceedings of the AAAI conference on artificial intelligence. 2020,34(04):5363-5370.

[38] Trivedi R, Farajtabar M, Biswal P, et al. Dyrep: Learning representations over dynamic graphs [C]//International conference on learning representations. 2019.

[39] Dasgupta S S, Ray S N, Talukdar P. Hyte: Hyperplane-based temporally aware knowledge graph embedding [C]//Proceedings of the 2018 conference on empirical methods in natural language processing. 2018:2001-2011.

[40] Liao S, Liang S, Meng Z, et al. Learning dynamic embeddings for temporal knowledge graphs [C]//Proceedings of the 14th ACM International Conference on Web Search and Data Mining. 2021:535-543.

[41] Wewer C, Lemmerich F, Cochez M. Updating embeddings for dynamic knowledge graphs [J]. arXiv preprint arXiv:2109.10896, 2021.

[42] Krause F. Dynamic knowledge graph embeddings via local embedding reconstructions [C]// European Semantic Web Conference. Cham: Springer International Publishing, 2022: 215-223.

第 6 章 · 面向制造业的可负担 AI 软件平台架构

Vincenzo Cutrona，Giuseppe Landolfi，Rubén Alonso，Elias Montini，Andrea Falconi，Andrea Bettoni

6.1 引言

第四次工业革命给制造业带来了巨大的变革，导致任何规模、行业或位置的公司都开始了数字化之旅。在这种情况下，AI 技术作为一种解决商业问题的新方法，并且最近 AI 工具不断激增，获得了广泛关注[1]。通过分析生产系统中各种来源的大量数据，并实时识别偏差和趋势以做出决策，获得前瞻性的结果[2]。嵌入生产系统的 AI 带来的更多智能不仅可以为大公司带来优势，还可以支持中小企业（SME）和中型企业实现更好的运营性能。然而，仍有一些挑战阻碍着 AI 的大规模应用。为了降低这些障碍，必须满足两个条件：技术必须足够经济实惠且易于大众使用，个人和公司的认知水平应该足够高，以了解如何及在何处使用。

第一个条件可以通过民主化 AI 工具来解决，通过利用"即服务模型"，将技术以可以负担得起的价格和按需提供给中小企业，减少与大公司的财务差距，并避免中小企业在围绕 AI 的炒作中迷失方向[3]。这是最佳解决方案，一方面，采用针对特定公司需求的定制解决方案会导致集成问题、长时间的实施和灵活性限制；另一方面，采用一体化解决方案需要对复杂系统进行大量投资，这超出了实际需求，并且严格依赖于传统供应商。

第二个条件在单个公司层面上更难满足，因为通常中小企业缺乏将 AI 转化为业务主要推动力所需的技能和知识，因此在采用水平上落后于较大的组织[4]。成功实施 AI 需要在众多解决方案中识别出正确的工具，并从技术和战略角度与现有的 IT 系统和流程协调一致，使它们能够真正成为提高性能的推动者。提高工人技能对于增强人机互动和降低采用障碍至关重要，但建立内部能力需要时间。现在需要支持来促进欧洲中小企业的数字化转型,使它们能够跟上规模较大的同行并成为其价值链中的关键参与者。应该围绕中小企业创建一个创新生态系统,使它们能够轻松地在当地找到所需的支持,制定定制的 AI 采用计划,并沉浸在一个充满活力和刺激的环境中,以在数字创新流程中取得进步。

在欧洲层面,已经启动了旨在促进支持中小企业数字化采用平台发展的举措,并推广创建本地数字创新中心(DIH),以创建一个提供服务以降低中小企业进入门槛的创新生态系统。AI 采用必须以数字平台为中心,这些平台充当一站式商店,展示 DIH、研究中心和技术提供商协同努力带来的进步,并提供服务以方便使用。为中小企业提供针对其特定需求量身定制的解决方案,构建模块化工具包、价格合理、易于快速实施,是加强欧洲经济竞争力的必要条件。

KITT4SME 认识到中小企业是最能从 AI 解决方案带来的机会中受益的公司之一,同时,也是最缺乏能力和资源来采用它们的公司。KITT4SME 特别针对欧洲的中小企业和中型企业,提供量身定制和行业就绪的硬件、软件和组织工具包,作为模块化可定制的数字平台交付,无缝地将 AI 引入生产系统。通过明确定义和市场准备的各个组件及基于已经建立的 RAMP 市场平台,强烈支持采用这些结果包和提供的服务。通过由 FIWARE 基础设施提供支持,可以无缝地将定制工具包的采用变为可能,该基础设施无缝地结合了工厂系统[如制造执行系统(MES)和 ERP]、IoT 传感器和可穿戴设备、机器人、协作机器人和其他工厂数据源,以及能够触发数据驱动的价值创造的功能模块。

本章内容安排如下:6.2 节回顾现有平台和为制造业中小企业提供 AI 服务的替代方法;6.3 节介绍所提出平台的概念、架构和为支持 AI 开发人员提供的功能性;6.4 节采用真实案例说明所提出平台为中小企业带来的优势;6.5 节讨论平台的局限性和相关未来工作。

6.2 AI 生态系统中的平台

KITT4SME 平台旨在通过提供各种服务来帮助中小企业采用基于 AI 的解决方案,从分析客户要求和实施技术解决方案到开发 AI 应用程序和培训 AI 算法共存于一个环境中。该环境包括提供 AI 解决方案的平台、技术提供商、

AI咨询公司和数字创新中心。

基于平台的服务和aPaaS是云计算服务,允许客户提供、实例化、运行和管理模块化软件解决方案,包括核心基础设施和一种或多种应用程序,而无需构建和维护整个复杂的系统,通常与开发和推出应用程序相关[5]。这些解决方案允许开发人员创建、开发和打包软件包,Gartner将AI平台视为一组独立的AI服务。然而,可以从经典的平台即服务(PaaS)模型的角度来考虑AI PaaS的概念,这样的环境通常包括应用开发所需的两个主要组件:硬件基础设施(计算能力、数据存储、网络基础设施和虚拟机)和软件解决方案(工具和服务)。

推广类似的AI PaaS架构的关键是,目前还没有AI PaaS的通用模型,市场仍在形成中,不同的供应商在相同的总称下提供完全不同的服务。然而,今天的大多数AI PaaS和AI服务平台都有一些共同的元素:基础设施、数据存储、预训练的AI模型和应用程序编程接口(API)。

AI即服务(AIaaS)允许个人和公司在没有大量初始投资和较低风险的情况下进行AI实验,可用于各种任务[6]。在这个市场中,不同的AI提供商提供多种类型的ML和AI算法。这些差异可能更适合组织的AI需求,因为组织必须评估功能和定价,看看什么适合它们。到目前为止,根据提供服务的方式有两种类型的平台:

(1)开发构建AI程序的代码平台:类似于开源解决方案,允许用户通过GUI而不是传统的手工编码计算机程序来创建和配置应用程序。

(2)提供已经开发好的应用程序的平台:类似于KITT4SME,允许用户部署和实施不需要用户具备高级技术和IT技能的现成解决方案。

由于KITT4SME面向中小企业,其中很少拥有内部能力(数据科学家、分析师和开发人员)或能够开发AI模型和应用程序的专业团队[4],以下内容聚焦于提供已经开发好的应用程序的平台。

Acumos AI是一个开源平台,能够训练、集成和部署AI模型,由支持AI、ML和DL的开源创新的LF AI基金会于2018年推出,可供开发人员和数据科学家使用。该平台为AI解决方案提供了一个市场,这些解决方案不依赖于任何特定的基础设施或云服务,旨在创建一个灵活的机制,通过分布式目录在对等系统中安全地打包、共享、许可和部署AI模型。Acumos AI旨在通过创建来自各种AI工具包和语言的可重用解决方案的市场,使AI和机器学习对广泛的受众可访问。这样,不是机器学习专家或数据科学家的普通开发人员也可以轻松地创建应用程序[7]。

Bonseyes 是一个在 2020 年完成的 H2020 项目,由位于洛桑的 NVISO SA5 领导,旨在创建一个具有数据市场、DL 工具箱和开发者参考的平台,希望实现在低功耗 IoT 设备、嵌入式计算系统或数据中心服务器中实施 AI 的组织设计。该平台有一个参与策略,平台专家发布挑战和请求,以满足公司面临的实际工业问题的特定技术要求的 AI 解决方案,数据科学家提出他们自己的 AI 应用程序部署在平台上,公司在召集结束后评估并支付获胜者。Bonseyes 使用协作 AI 市场为工业提供现实世界的解决方案,支持数据必须保留在数据提供商的场所和在线学习与分布式网络物理系统(CPS)的场景。允许来自人类行动者的持续反馈,以评估模型性能并获得有关上下文和用户视角的元数据[8,9]。

GRACE AI 是由 2021. AI 在 2018 年推出的 AI 平台,使命是帮助客户实现他们的 AI 愿景,通过识别关键流程和功能中的创新商业机会。Grace AI 平台和 AIaaS 产品组合是公司的主要资产。Grace 平台是为那些刚开始 AI 和 ML 转型的组织及那些已经建立了数据科学团队但正在寻找将持续智能注入业务的方法的组织构建的。Grace AI 旨在为任何组织提供 AI 实施的访问权限,包括通过数据探索、AI 开发、部署和运营实现自动化文档编制、验证和认证。

PTC Inc. 是一家成立于 1985 年的软件和服务公司,总部位于波士顿,可以提供一系列支持创新和工业 4.0 的产品和服务,同时也是一个用于开发 IoT 和增强现实(AR)解决方案的平台。PTC 市场是一个客户和合作伙伴可以访问 IoT 应用程序、市场就绪解决方案和创新技术的数字空间,最近对其市场进行了增强,使解决方案构建者更容易找到市场就绪的解决方案和定制加速器。其还为 PTC 合作伙伴提供了一个平台,向客户和潜在客户展示他们的技术、解决方案、服务和行业专业知识。该平台提供了一套丰富的功能,涵盖设计、制造、服务和工业运营的解决方案,并结合了简化开发的模块化功能,包括为各种行业常见案例快速、便捷实施 IIoT 解决方案的预构建应用程序。

6.3 KITT4SME:向中小企业提供 AI 的平台

KITT4SME 项目旨在通过五步工作流程为制造领域的中小企业提供 AI 解决方案。工作流程由相互连接的活动组成,以促进车间采用 AI 技术,具体如下：

（1）诊断：在这一步中，KITT4SME 平台使用一个智能问卷来确定 AI 在车间转型中的作用，问卷有助于评估中小企业的具体需求和挑战，从而更好地了解 AI 技术可以有效地应用在哪里。

（2）组合：平台根据上一步获得的诊断，从市场目录中选择并推荐一组最小的 AI 工具，考虑每个中小企业的独特需求和限制，旨在最大化从 AI 技术中获得的好处。平台提供有关这些 AI 工具的接线和配置的指导，确保它们无缝集成到现有工作流程中。

（3）感知：侧重于建立车间与云平台之间的连接，通过启用此连接，新的数据可以对 AI 服务变得可用。KITT4SME 平台提供一个量身定制的工具包，可以输出有关车间状态的结果（如检测和解释异常）。此外，该平台还提供关键绩效指标（KPI）的可视化，使中小企业能够获得有关其运营的建议。

（4）干预：在这一步中，平台建议采取纠正措施来解决车间识别的正在发生的问题和异常。利用 AI 技术，平台提供解决问题和改善制造过程整体性能的建议。

（5）演变：最后一步涉及分析前几步产生的结果和反馈。平台使用这些信息不断改进诊断和组合步骤，还提供个性化的员工培训建议，以进一步增强中小企业内部使用 AI 技术。

KITT4SME 平台的基本概念围绕了解中小企业的特定需求，推荐量身定制的 AI 解决方案，建立车间与云平台之间的无缝连接，提供实时分析和 KPI 可视化，提供干预建议，并根据反馈和结果不断改进整体工作流程。通过遵循这个五步工作流程，KITT4SME 平台旨在赋予制造领域的中小企业利用 AI 技术的潜力，提高运营效率，并推动业务增长和创新。本节阐述了平台背后的基本概念，并解释了其主要功能。

6.3.1　高层概念和架构

KITT4SME 架构旨在解决在中小企业中部署和利用数据科学家或 AI 开发人员开发的 AI 模型所面临的挑战。一个关键挑战是 AI 模型开发速度与中小企业 IT 系统能力之间的差距，这通常导致模型未被部署或者部署和更新过程耗时。

为了应对这些挑战，KITT4SME 提出了一个概念性架构，涵盖从数据准备到模型实际使用的整个过程的六个步骤,如图 6.1 所示。

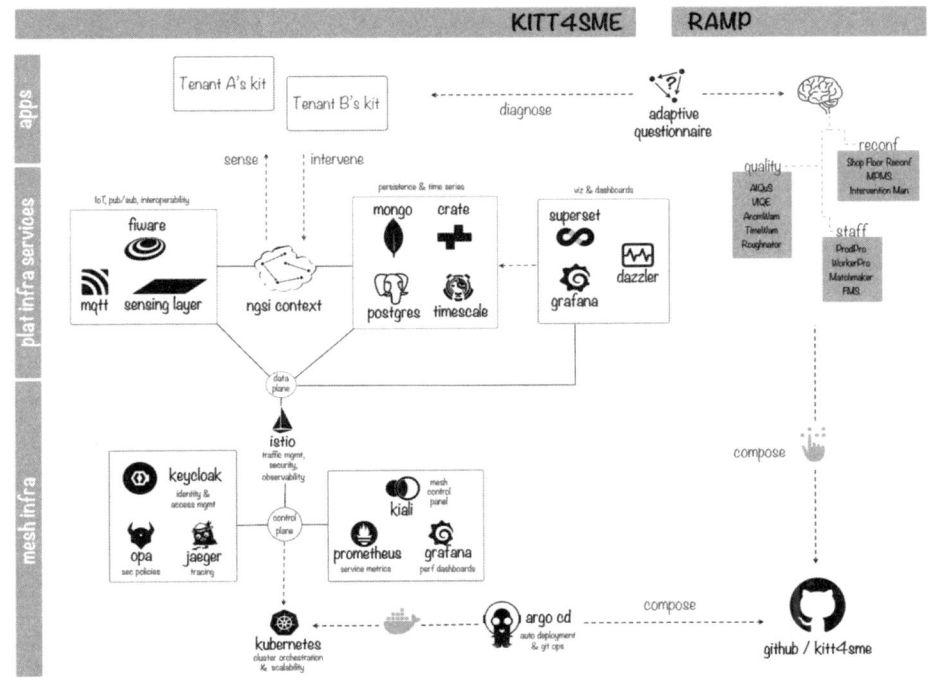

图 6.1　KITT4SME 平台三层架构

（1）准备数据:涉及收集和准备训练 AI 模型所需的数据,包括数据清洗、转换和特征工程等任务,以确保数据适合模型开发。

（2）开发模型:在这一步中,AI 研究人员和开发人员专注于使用准备好的数据构建和训练 AI 模型,这是产生 AI 解决方案的核心价值所在。

（3）打包模型:一旦模型开发完成,就需要将其打包成可以轻松部署并集成到中小企业现有系统中的形式,打包涉及将模型及其相关依赖项封装成可部署的形式。

（4）验证模型:在部署之前,验证模型至关重要,以确保其准确性、可靠性和适用性,验证可能涉及在单独的数据集上测试模型的性能或使用交叉验证等技术。

（5）部署模型:这一步侧重于将验证过的模型部署到中小企业的 IT 基础设施中,涉及将模型与现有系统集成,确保兼容性,并解决任何技术要求或约束。

(6) 使用模型：最后一步是中小企业可以积极利用部署的模型进行操作，包括进行预测、生成意见或建议，并将模型的输出纳入决策过程。

三个中间步骤，即打包、验证和部署模型，通常复杂且耗时，而 KITT4SME 旨在简化和自动化这些步骤，减少部署和更新 AI 模型所需的总体时间和努力。通过简化这些流程，平台增强了整个流程的可重复性和效率，使中小企业更容易有效利用 AI 技术。实现 KITT4SME 工作流程的软件平台基于服务网格和多租户云架构，提供了一种从市场组装各种 AI 组件的手段，并促进与车间的连接，同时确保互操作性、安全性和保护隐私的数据交换。该平台由在集群环境中运行的松散耦合的 Web 服务组成，并依赖于专用的集群软件基础设施。其中，几个关键概念和指导原则支撑着 KITT4SME 平台的架构：

(1) 利用最新技术和标准：该平台利用专用集群软件基础设施，称为网格基础设施，这是建立在 Kubernetes8 和 Istio9 等工业标准技术之上。平台尽可能多地重用开放通信和数据标准，以促进服务互操作性（如服务交互的 REST 原则和数据交换的 NGSI 标准）。

(2) 平台服务：平台包括两种类型的服务，一是应用程序服务，这些服务是 KITT4SME 工作流程的核心，提供平台核心活动所需的功能；二是基础设施服务，由网格基础设施内的中介网络组成，这些中介处理路由、安全性和监控等基本操作方面。通过将这些问题分开，AI 开发人员可以专注于实现服务特定的功能，同时依靠平台提供操作支持。

(3) 多租户：平台旨在支持多个中小企业共享相同实例。每个公司都与一个安全保护域相关联，称为租户，它将数据和用户与其他租户隔离。该平台还允许明确的共享策略，使公司能够在需要时选择性地共享数据和资源。

(4) 容器化部署和编排：平台采用基于容器的虚拟化方法进行服务部署和编排，服务被打包并在容器中执行，允许使用适当的技术栈独立开发。这种容器化允许服务解耦，并促进独立部署，可通过自动化发布过程，如持续集成（CI）和持续交付（CD）。

通过遵循这些原则并利用现代技术，KITT4SME 平台确保了 AI 工作流程的高效和可扩展执行。它促进了服务互操作性，简化了部署和管理，并为中小企业提供了一个安全和隔离的环境，以便在其制造过程中利用 AI 功能。KITT4SME 高层架构提供了一个生态系统，使 AI 打包、验证和部署流程化，同时也促进 AI 解决方案的可组合性和集成。如图 6.1 所示，该架构在硬件层之上组织为三层结构,每层都有一组处理特定操作功能的组件。

(1) 网络基础设施层:这一层在图 6.1 中表示为"网络基础设施",负责管理计算资源、网络代理和网络互联。利用 Kubernetes 进行容器化工作负载和服务,而 Istio 充当流量管理、可观察性和安全性的服务网格。网格基础设施层执行的任务包括:

① 管理计算资源(如 CPU、内存、存储)并将其分配给上层的进程,充当集群编排平面。

② 代理网络,进行透明路由、负载均衡和安全通信,代表控制平面。

③ 管理代理和网络互联,用于捕获和处理应用程序流量,作为网络基础设施的数据平面。

(2) 平台服务基础设施层:这一层在图 6.1 中标记为"平台基础设施服务",包括支持上层应用程序服务操作的进程。包括 IoT 传感器连接器、上下文代理、数据库和用于创建仪表板和可视化的软件,这些组件依赖于 FIWARE 等知名软件和 IoT 中间件。每个组件都暴露了供上层使用的接口,同时利用下层进行互联。

(3) 应用层:这一层在图 6.1 中表示为"应用程序",托管为制造中小企业提供功能的服务和组件。示例包括异常检测、数据增强组件和仪表板,应用层专注于特定于应用程序的问题,同时利用下层提供的安全性、可追溯性、可扩展性、集成和通信机制。

此外,KITT4SME 平台得益于其与应用程序市场的关系。这个市场由发现解决方案(如自适应问卷)促进,使识别新应用程序和组件成为可能,支持 KITT4SME 工作流程中的组合活动。6.3.2 节将对每个层中组件及其功能进行详细描述。

6.3.2 功能和组件描述

制造领域中小企业追求采用 AI 解决方案的开源平台理念,KITT4SME 选择了 FIWARE 作为其 AI 解决方案的底层开源平台。追求在制造业中小企业中推广人工智能解决方案的开源平台理念,KITT4SME 选择 FIWARE 作为其人工智能解决方案的基础开源平台,这是 IoT 的顶级开源平台[10]。通过利用 FIWARE,KITT4SME 平台继承了一系列对管理制造业领域中的上下文信息和数据有益的能力。这些能力包括:

(1) 处理和管理上下文信息:KITT4SME 平台可以高效地处理和管理来

自不同数据源的上下文信息,允许从制造环境中的各种传感器、机器和其他来源收集和聚合数据。

(2)分发和流式传输数据:平台配备了将数据分发和流式传输到外部组件的机制,使得数据可以无缝传输到外部系统,用于各种目的,如持久性或基于 AI 的处理。

(3)与基于 AI 的处理集成:KITT4SME 平台可以与基于 AI 的处理组件集成,利用 FIWARE 的能力。这种集成便于应用 AI 算法和技术来分析和从制造数据中获取建议。从 AI 处理获得的结果可以无缝集成回平台,丰富当前上下文并实现数据驱动的决策。

总体而言,通过将 FIWARE 作为基础,KITT4SME 平台获得了在管理 IoT 数据和无缝集成基于 AI 的处理能力方面非常有用的工具和功能。图 6.2 所示为平台的逻辑架构,展示了智能服务和 AI 应用程序位于 FIWARE 生态系统之上的层次布局。接下来讨论中将全面概述该平台的功能,强调利用 FIWARE 作为其技术基础设施基石所获得的优势。

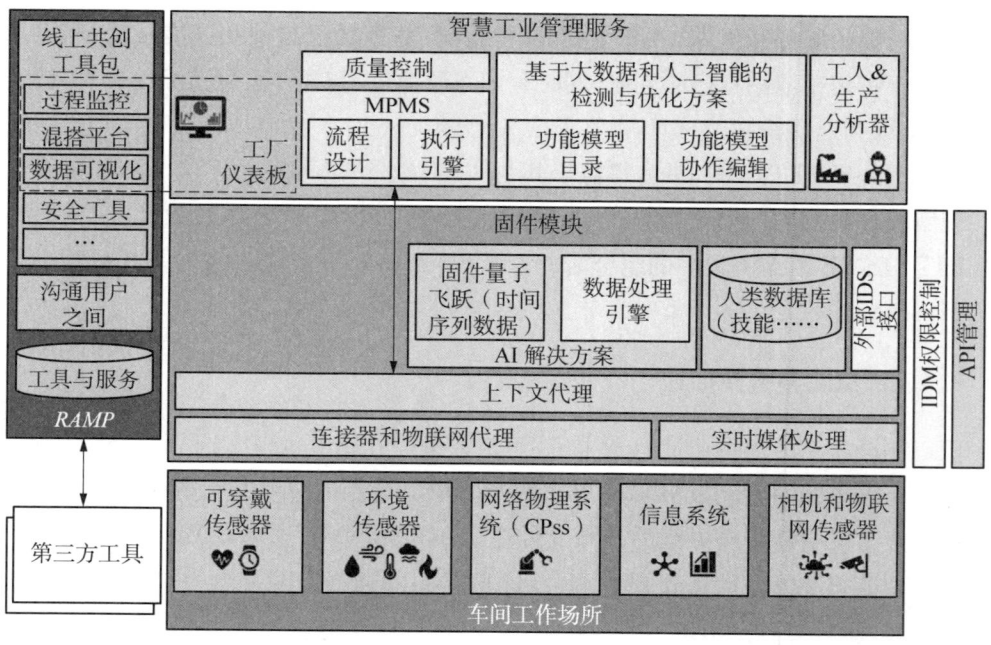

图 6.2 由 FIWARE KITT4SME 架构提供支持,蓝色框表示的组件是来自 FIWARE 参考架构*[10,11]

1）数据收集

KITT4SME 架构的数据收集方面包括从各种设备收集数据，这些设备位于架构的最底层。这些在工厂内部署的设备有助于用原始数据和预处理数据丰富系统的知识库。以下类别的设备有助于数据收集：

（1）可穿戴传感器：这些传感器专门设计用于监控工厂环境中工人的健康状态，能够提供有关各种生理参数和指标的信息。

（2）环境传感器：遍布工厂的环境传感器在监控和捕获与当前环境条件相关的数据方面发挥着重要作用，包括空气污染水平、温度和湿度等参数。

（3）CPS：架构还包括 CPS，强调那些通常涉及制造过程的 CPS，如机械加工设备和协作机器人，有助于捕获与生产线操作方面相关的数据。

（4）信息系统：信息系统是原始和增值数据的宝贵来源，有助于更新平台的上下文信息，也包括聚合数据。

（5）摄像头和 IoT 传感器：与环境传感器一起，摄像头和 IoT 传感器主要监控生产，通常需要实时处理以从数据流中提取有价值的知识。

2）通信接口

在接下来的层次中，FIWARE 框架包括一系列通用使能器（GE），这些使能器作为设备之间的接口，使检索上下文信息并响应上下文更新进行操作成为可能。可用的 FIWARE GE 示例包括：

（1）连接器和 IoT 代理：这些模块利用广泛采用的 IoT 协议与设备进行交互，包括 LWM2M over CoAP、OneM2M 和 OPC-UA。它提供了一种标准化的方法来与多样化的 IoT 设备进行接口和通信。此外，还提供了支持基于 FAST 实时发布-订阅（RTPS）的连接器，基于 ROS2[12]框架的高效和实时处理数据流。

（2）实时媒体处理：这些 GE 旨在支持实时处理和操作媒体流（如将视频摄像头转换为类似传感器的设备），以从视觉数据流中提取有价值的信息。

3）数据代理

在上面的层次中，FIWARE Orion 上下文代理是任何由 FIWARE 提供支持的解决方案的基本组件。上下文代理促进了上下文信息的分散和可扩展管理，允许通过 RESTful API 访问数据。作为信息的权威来源，上下文代理存储了所有为平台贡献数据的设备、组件和过程的最新更新状态。然而，为了训练和微调 AI 工具，通常需要访问历史数据。为了满足这一要求，FIWARE 提供了称为 QuantumLeap 的专用 GE，自动从不断演变的上下文信息中生成时间序列数据，使 AI 工具能够利用历史数据分析获得的宝贵建议。

4）智能工业管理服务

架构的最顶层包括利用系统内知识库的分析服务和分析器，这些服务包括使用 AI 检测和优化工具的大数据分析应用程序和组件。在这一层中，AI 开发人员和研究人员可以受益于由"FIWARE 提供支持"平台提供的数据和最新的上下文信息。此外，KITT4SME 架构在这一层中结合了实用组件，以从持久信息中提取额外的知识，并向人类行动者提供有关工厂状态的建议。这些组件包括：

（1）人类描述数据库，存储来自生理参数、工人信息、机器参数和环境数据的工厂工人的综合表示。

（2）外部 IDS 连接器，IDSA 参考架构 12 的一个组件，确保内部数据源与外部数据消费者之间的可信接口。这个连接器在启用外部增值服务的集成中起着关键作用，其中数据交换由 IDS 政策管理。

分析模型的输出，如异常检测，可以反馈到 FIWARE 上下文代理，触发决策机制，其逻辑可以在执行期间由决策支持系统，如制造过程管理系统（MPMS），建模和管理。平台的激活过程可以涉及人类参与的互动，如集体智能，或者依赖于涉及的 CPS 组的行为更新。因此，触发的决策必须通过 FIWARE 上下文代理被 IDAS IoT 代理识别，有效地反馈到 CPS。

5）市场和身份管理及访问控制

为了促进 AI 应用程序的广泛采用并提高其可发现性，KITT4SME 平台利用一个名为机器人和自动化市场（RAMP）的现有市场。RAMP 使这些应用程序作为软件即服务（SaaS）提供，使它们对用户易于访问。通过在生产车间整合与 FIWARE 兼容的设备（如机器人、机器、传感器），企业可以直接利用 KITT4SME 提供的各种工具，无需复杂的软件部署和广泛的 IT 专业知识，使得制造中小企业能够专注于其核心业务活动，并为其运营增加价值。此外，架构的分布式特性促进了制造中小企业和技术提供商之间的工具和生产数据的协作使用。为便于在线共创，并最大限度地减少了持续的现场检查和系统安装的必要性，平台资源的访问由 ID 身份管理和访问控制（IDM）GE 提供支持。这个 IDM GE 为用户提供了强大而安全的基于 OAuth2 的认证支持，并提供了用户配置文件管理、保护隐私的个人数据处理、单点登录（SSO）和跨多个管理域的身份联合等功能。这些能力确保了对平台资源的安全访问,同时维护了用户隐私和数据保护。

6.4 KITT4SME 将 AI 应用于注塑的案例

KITT4SME 平台已在 KITT4SME 项目中的 4 个案例和通过公开调用制作的 18 个外部演示中得到应用。

本节讨论如何利用 KITT4SME 平台创建支持内部案例之一的 AI 工具包。本案例来自注塑行业,旨在促进主要由拧紧操作组成的装配任务。装配任务从每 90 秒生产一个模塑件的注塑机开始。然后,任务预计一个龙门机器人会自动从注塑机中提取模塑件并将其放置在传送带上。随后,操作人员在指定的工作站进行装配操作,同时负责对模塑件进行定期质量检查或对注塑机进行快速维护操作。

KITT4SME 平台引入了一种 AI 解决方案,以减轻工人因繁重工作量和注塑机在操作期间的苛刻节奏而产生的身体压力。特别是,该案例依赖于人类数字孪生的概念[13],通过创建操作人员和生产系统的数字表示,执行操作人员和协作机器人之间的动态任务分配。

用于此案例的工具包,其整体架构如图 6.3 所示。

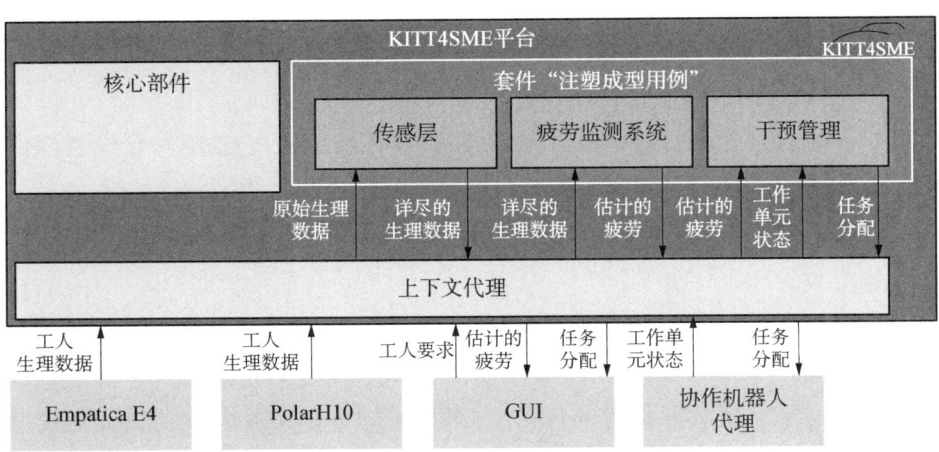

图 6.3 适用于注塑领域用例的 KITT4SME 解决方案

(1)感知层:该模块支持收集和使用 IoT 传感器数据,供数据分析和决策制定模块使用，以便在仪表板上进行可视化或做出决策；提供互操作性元素（API 和代理客户端），用于传感器和 KITT4SME 的 Orion 上下文代理之间的双向数据交换。如果需要，数据也会进行预处理。

（2）疲劳监测系统：这是一个 AI 模型，根据可穿戴设备上的生理数据（如心率）和准静态特征（如年龄）来估计工人的感知疲劳。估计是基于从可穿戴设备收集的生理数据进行的，通过应用基于层次分析过程（AHP）的方法[14]选择的，以及通过访谈收集的操作人员特征，包括年龄、性别、惯用手、运动/健康习惯和例程。

（3）干预管理器：监控工人-工厂生态系统的实时状态，从传感器、机器、工人监控系统和 ERP 中综合数据，并且知道可以应用哪些干预措施，以及在特定情况下决定最好的规则，应用了专门开发的 AI 模型以支持决策制定。

该工具包已部署到平台上，以支持拧紧过程中的任务分配，具体过程如下：

① 操作人员从传送带上取下两个模塑件，并将它们放置在工作台上。

② 操作人员在每个部件中插入 6 个螺母，翻转一个部件，并将其放在另一个上面。

③ 操作人员在组装部件的一侧放置 9 颗螺丝。

④ 干预管理器将每个螺丝分配给操作人员或协作机器人，操作人员和协作机器人同时执行拧紧过程。根据分配给操作人员的螺丝数量，也可能参与其他支持活动，如监控其他机器、进行简单维护操作或移除托盘。

⑤ 操作人员翻转组装部件，并重复步骤③和步骤④。

⑥ 组装好的部件堆放在托盘上。

由干预管理器执行的任务分配，并由操作人员确认，包括对每个组装部件拧紧操作的分配（每个部件 9×2 次），并考虑以下参数：

a. 由疲劳监测系统估计的操作人员当前感知疲劳。

b. 进行中的工作水平。

c. 协作机器人状态（空闲、当前操作、错误）。

上述案例示例说明了 KITT4SME 平台如何简化中小企业的 AI 应用，实际上，与开发 AI 解决方案的平台相比，案例中的中小企业因为利用了平台上现有的应用程序，没有花费时间精力开发 AI。此外，平台帮助公司组合最佳工具包来解决实际需求，即促进主要由拧紧操作组成的装配任务。提出的工具包已经包括在工厂中实施所需的所有组件，即数据采集（感知层）、派生数据驱动知识的 AI 解决方案（疲劳监测系统）和推理引擎（干预管理器），将车间连接到平台，而免于额外的开发活动。相反，通过考虑提供已经开发好的应用程序的平台，已经在实验室环境中成功测试了类似的案例[15]，利用了不同的 IoT 平台[16]。这种类型的平台能够处理第三方应用程序，但没有关于组件在应用程序接口和数据模型方面的互操作性的保证，这些在 KITT4SME 平台内由 FIWARE 组件覆盖。此外，虽然这种类型的平台附带了现成的解决方案，但集成和部署这些解决方案通常完全是开发者的负担。同样，KITT4SME 平台提供了一个明显的优势，能够促进三个不同模块的集成和部署，其中两个利用了 AI，从而实现了平稳可靠的运营。

6.5 本章结论

本章讨论了 AI 解决方案在提高中小企业（如通过提高产品质量或优化生产线配置）盈利能力方面的潜力，并提出了一个名为 KITT4SME 的新平台，旨在为制造业提供经济实惠、量身定制的 AI 工具包。本章介绍的云平台支持 KITT4SME 工作流程，依赖于广泛采用的平台，如 FIWARE，以便于新 AI 服务的开发，以及在真实工业环境中的部署。

具体而言，该平台能够从市场（即 RAMP 市场）组合 AI 组件到为工厂量身定制的服务提供中，这是任何现有 AI 平台都无法提供的功能。一旦工厂车间连接到 AI 服务，平台就以可互操作、安全、保护隐私和可扩展的方式启用数据存储和交换。该架构利用最新技术和标准设计，尽可能重用开源软件和技术，从而促进预算有限的小型制造公司的采用，以及其他研究人员和从业者在参考领域的进一步扩展。利用平台已经在 KITT4SME 项目中进行了真实世界的案例演示，得益于公开可用的 KITT4SME 在线存储库中的平台原型。

未来的工作将专注于进一步提高平台服务的互操作性，也依赖于语义数据互操作性，以更好地定义不同 AI 组件的可组合性，可能在不同的市场中可用，实现跨平台服务组合。

参考文献

［1］Wu S Y. Key technology enablers of innovations in the ai and 5g era ［C］//2019 IEEE International Electron Devices Meeting (IEDM). IEEE, 2019:36.3.1－36.3.4.
［2］Alexopoulos K, Nikolakis N, Chryssolouris G. Digital twin-driven supervised machine learning for

the development of artificial intelligence applications in manufacturing [J]. International Journal of Computer Integrated Manufacturing, 2020, 33(5):429 – 439.

[3] Elger P, Shanaghy E. AI as a Service: serverless machine learning with AWS [M]. Manning Publications, 2020.

[4] Bettoni A, Matteri D, Montini E, et al. An AI adoption model for SMEs: a conceptual framework [J]. IFAC-PapersOnLine, 2021, 54(1):702 – 708.

[5] IBM: What is platform-as-a-service (PaaS)? https://www.ibm.com/topics/paas (2021). Accessed 08 Aug 2023.

[6] Lins S, Pandl K D, Teigeler H, et al. Artificial intelligence as a service: classification and research directions [J]. Business & Information Systems Engineering, 2021, 63:441 – 456.

[7] Zhao S, Talasila M, Jacobson G, et al. Packaging and sharing machine learning models via the Acumos AI open platform [C]//2018 17th IEEE International Conference on Machine Learning and Applications (ICMLA). IEEE, 2018:841 – 846.

[8] Llewellynn T, Fernández-Carrobles M M, Deniz O, et al. Bonseyes: platform for open development of systems of artificial intelligence [C]//Proceedings of the computing frontiers conference. 2017:299 – 304.

[9] Prado M D, Su J, Saeed R, et al. Bonseyes ai pipeline — bringing ai to you: End-to-end integration of data, algorithms, and deployment tools [J]. ACM Transactions on Internet of Things, 2020, 1 (4):1 – 25.

[10] Ahle U, Hierro J J. FIWARE for Data Spaces [J]. 2022.

[11] Fiware Smart Industry Reference Architecture: https://www.fiware.org/about-us/smartindustry/ (2022). Access 08 Aug 2023.

[12] Macenski S, Foote T, Gerkey B, et al. Robot operating system 2: Design, architecture, and uses in the wild [J]. Science robotics, 2022, 7(66):eabm6074.

[13] Montini E, Bettoni A, Ciavotta M, et al. A meta-model for modular composition of tailored human digital twins in production [J]. Procedia CIRP, 2021, 104:689 – 695.

[14] Montini E, Cutrona V, Gladysz B, et al. A methodology to select wearable devices for industry 5.0 applications [C]//2022 IEEE 27th International Conference on Emerging Technologies and Factory Automation (ETFA). IEEE, 2022:1 – 4.

[15] Montini E, Cutrona V, Dell'Oca S, et al. A framework for human-aware collaborative robotics systems development [J]. Procedia CIRP, 2023, 120:1083 – 1088.

[16] Montini E, Cutrona V, Bonomi N, et al. An IIoT platform for human-aware factory digital twins [J]. Procedia CIRP, 2022, 107:661 – 667.

第 7 章 面向提供人工智能服务平台的多边商业模式

Krzysztof Ejsmont、Bartlomiej Gladysz、Natalia Roczon、Andrea Bettoni、Zeki Mert Barut、Rodolfo Haber、Elena Minisci

7.1 引言

平台业务已成为各种管理学科中的最新研究课题之一[10]。平台是一个促进不同参与方之间互动的界面，通常是补充方和客户[9]。在平台业务中，平台及其补充方具有强烈的单向补充性，平台及其补充方的总价值大于两者之和[18]，要求在生态系统层面管理平台与补充性之间的相互依赖性。

平台有两种基本类型：创新平台（作为直接交换或交易的中介）和交易平台（作为其他公司开发补充创新的技术基础）。一些公司结合了这两种特点，创建了"混合平台"[13]。多边平台（MSPs）允许两个或更多不同实体之间直接进行互动，每个实体都与平台相关联[17]，知名的 MSPs 案例包括 Facebook、Uber、PayPal、Airbnb、Alibaba、eBay。企业对 MSPs 的兴趣日益增长，这归因于两个关键因素：它们在最小化双方之间的交易成本方面的关键作用[15]，以及由于其适应和应对复杂性、快速扩展和价值捕获的能力，在数字经济中的商业模式（BM）的力量[1]。尽管许多公司选择 MSPs BMs，但只有少数成功。MSPs 努力吸引用户，并且必须实现直接和间接的网络效应才能成功。更重要的是，需要解决"先有鸡还是先有蛋"的问题，这指的是一种网络效应，意味着"市场的一方只有在另一方充分参与的情况下才能实现价值"[13]。

7.2 MSPs 商业建模方法

MSPs 的早期模型由 Armstrong、Valillaud、Jullien、Parker、Van Alstyne、Rochet 和 Tirol 提出，Hagiu 和 Wright[17] 对其进行了更详细的描述。

Allweins 等[2]提出了一种商业模式画布[21]来说明 MSP 业务。这项研究的重点不是定义个别实体(具有不同的价值主张),而是对 MSPs 的商业交易进行建模,为此,只考虑了专门针对 MSPs 商业模型的方法论。

创新委员会提出的商业模式工具包由 16 个模块组成,详细说明了各种利益相关者和价值主张,最终成为一个用于向不同实体传达商业模式的营销工具。Leanstack 提供了一个从商业模式画布调整的精益画布,从问题定义开始,建模客户细分,最后得出独特的价值主张。精益画布引入寻找解决方案的阶段,识别到达客户细分的渠道,估计收入和成本结构,并定义关键指标和不公平优势。

大多数论文提出了专注于 MSPs 商业模型的特定特征的分析模型,如定价结构、网络外部性或竞争[3,6,14,16],而缺少构建 MSPs 商业模型的整体方法。因此,一种似乎满足 MSPs 在商业模型开发方面的期望的方法是平台设计工具包(PDT),这是于 2013 年发布的第一个编码化的平台设计方法,由 S. Cicero 领导的团队开发,以支持公司描述平台的愿景、核心和辅助价值主张、平台的基础设施和核心组件,并通过交易动态表达平台生态系统的特征[5,11]。被优化以支持多边、变革性平台战略的发展,以赋予生态系统创造共享价值的能力,这是一个由全球财富 500 强领导者、领先机构、初创企业和成长型企业采用的开源方法。PDT 涵盖了从探索到设计、验证和增长的所有阶段,在开发商业模型的核心是设计阶段:一个广泛且经过验证的逐步过程,有助于从在生态系统中上下文化实体、它们的角色和关系,详细说明实体之间可能的交易,到设计平台体验。

PDT 在设计阶段包含八个模板需要完成,以考虑尽可能多的商业方面,步骤如下:

(1)映射生态系统:将生态系统中存在的实体映射到画布上,以了解它们可能扮演的角色,并识别可能的集群。

(2)描述生态系统实体的角色:通过定义所处的环境、想要实现的目标、想要与谁及如何整合、代表的潜力、寻求的体验收益,以及平台塑造者可以为它们提供的东西,创建了一个连贯且深入的每个在步骤 1 中识别的实体角色的图像。

(3)分析交换价值的潜力:使用所谓的"生态系统动机矩阵",分析实体交换价值流的潜力,这是实体已经执行(或尝试执行)的价值交换类型的映射,以及如果得到适当支持,它们可以交换的额外价值。

(4) 选择希望关注的核心关系：平台塑造者需要确定希望关注生态系统中的哪些实体，以及哪些关系将构成平台设计的核心。

(5) 识别基本交易：使用"交易板"工具映射生态系统当前如何交换价值（专注于步骤 4 中优先考虑的实体和关系），以及平台战略如何帮助它们，使价值交易更易于管理、更快、更便宜，通过提供和策划增加互动和交易可能性的渠道和上下文。

(6) 设计学习引擎：通过"学习引擎画布"，设计一个逐步过程，以支持/启用将支持实体采用平台战略的服务，不仅帮助它们发展成为生产者和消费者，而且将根本性地发展和发现最初未打算的新机会和行为。

(7) 组装平台体验：使用"平台体验画布"，将交易板（步骤 5）中出现的元素和学习引擎画布（步骤 6）中的元素结合起来，创建一个体验持久性模型，概括正在开发的战略所产生的关键价值主张，允许考虑需要实施和管理哪些资源和组件以提供这些体验并从中获取价值。

(8) 设置最小可行平台（MVP）：允许在自然环境（市场）中测试设计假设是否适合未来。通过分析设计产品，特别是编制的"平台体验画布"（步骤 7），隔离战略风险最高的假设，以及用于验证它们的实验和指标。

随后，业务模型在平台设计画布中总结，这是此参考方法的最终输出。根据作者的知识和经验，迄今为止，MSPs 业务模型的最重要元素是通过平台向不同实体转移的价值，考虑到这一点，决定聚焦于 PDT 方法的前五个步骤。

7.3 应用 PDT 设计 AI PaaS 业务模型——KITT4SME 案例

7.3.1 KITT4SME 项目介绍

KITT4SME（平台启用的人工智能 KITs，以便中小企业轻松采用）是一个 Horizon 2020 项目（GA 952119），旨在为欧洲的中小企业和中型企业服务，以提供量身定制和行业就绪的硬件、软件和组织捆绑包，作为模块化可定制的数字平台交付，无缝地将 AI 引入生产系统。

在 KITT4SME 项目的主要目标中，需要包含在业务模型中的是[20]：

(1) 为中小企业提供现成的、可定制的数字包，以负担得起的价格和适当的规模利用 AI 的能力。

(2) 将 AI 和人类问题解决专长（知识）无缝结合到一个单一的数字平台

中,具有无与伦比的车间协调能力。

(3) 扩大本地生态系统产品,以便具有不同能力的实体通过协作定制 AI 工具包增长。

7.3.2 需求征集

创建 AI PaaS 业务模型的过程始于识别主要利益相关者(制造中小企业、AI 开发人员、数字创新中心)及其需求,需求征集过程遵循 Azadegan 等[4]提出的迭代利益相关者参与,并通过研讨会进行,这由 Bettoni 等[8]验证。为了识别需求和期望,与不同类型的利益相关者样本进行了 29 次访谈。AI 开发人员(13 名受访者)和中小企业(10 名受访者)是最有代表性的实体[7],因为他们将是 KITT4SME 平台的主要和直接用户(供应和需求方),涉及不同规模、来自不同欧盟国家、活动范围不同的实体(从国家到全球)。

识别的需求有以下几方面:

(1) 解决方案的模块化。

(2) 将实施的 AI 解决方案与已有解决方案集成的可能性。

(3) 增加数据透明度和可追溯性。

(4) 识别隐藏问题以改进流程。

(5) 为识别的问题定义解决方案。

(6) 个性化平台,允许根据个人需求定制解决方案。

(7) 匹配潜在合作伙伴。

(8) 获得多级知识转移。

(9) 简化 AI 实施算法。

(10) 推广实施中间件。

(11) 集成模块以便于部署。

(12) 能够与低数字化基础设施集成。

(13) 引入预防性维护。

(14) 改进分析并更好地理解客户行为和购买决策。

(15) 实时个性化行动。

7.3.3 KITT4SME 业务模型

开发 KITT4SME 平台业务模型的第一步是识别将形成平台生态系统并

对平台运作产生重大影响(直接或间接)的关键实体,以映射到独特的画布中,如图 7.1 所示。

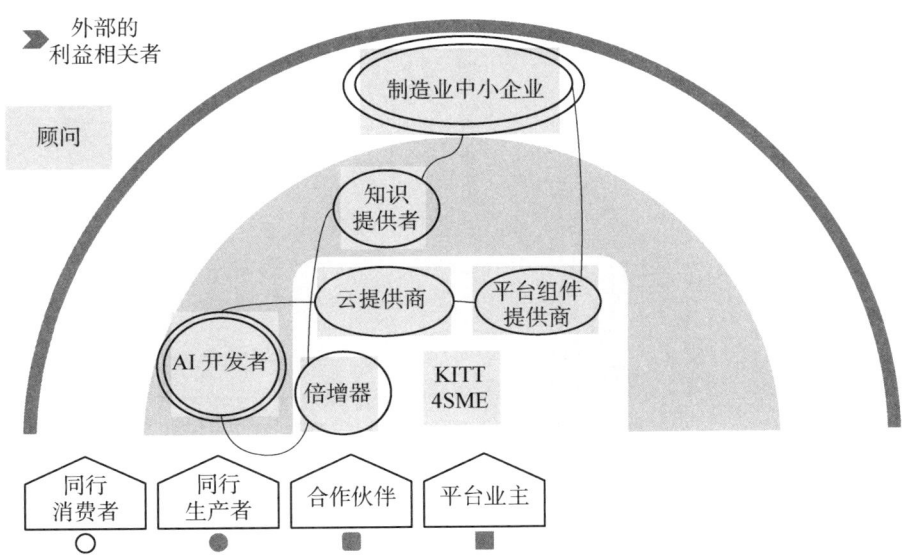

图 7.1　KITT4SME 生态系统画布(步骤 1)+核心关系(步骤 4)

画布背后的理念是将生态系统中的实体分为三个主要群体:影响实体(平台所有者、外部利益相关者)——不参与生态系统中持续进行的互动;需求实体(同行消费者)——对"消费"生态系统中产生的价值感兴趣;供应实体(合作伙伴、同行生产者)——对"生产"生态系统中消费的价值感兴趣。

考虑到单一实体在这个框架中的位置可能会变化,如 AI 开发人员(同行生产者)如果在提供许多 AI 解决方案并积极参与平台发展后,可能在一段时间后成为合作伙伴。实体也可能具有双重角色,因为访问平台可能会创造新的机会:最初对提供其产品感兴趣的公司(同行生产者)可能后来对利用其属于生态系统的地位来寻求改进中小企业制造流程的想法感兴趣(同行消费者)。

第二步的目标是开发从需求和供应两侧访问平台的主要实体的画像。值得注意的是,第二步的目标是映射实体当前正在寻找的内容,而不是平台服务背后的想法。在 KITT4SME 生态系统中,识别了六种不同的实体(图 7.1)。图 7.2 所示为 AI 开发人员的画像,负责提供可以交易的 AI 解决方案/服务,是平台初始生命周期中最重要的。类似地,应该为所有其他识别的实体采取画像。

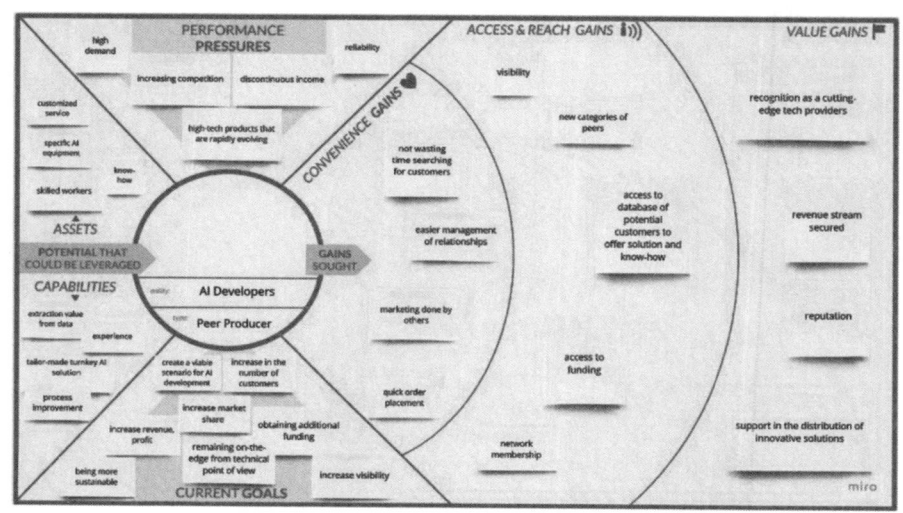

图 7.2 "AI 开发者"实体画像(步骤 2)

生态系统动机矩阵(步骤 3)映射了通过 KITT4SME 平台在实体对之间交换的价值。毫无疑问,金钱作为通过平台互动的结果而交换,但对塑造 KITT4SME 商业模式来说更重要的是,识别平台带来的机遇所产生的无形价值。矩阵详细说明了同行消费者(PC)、同行生产者(PP)和合作伙伴(Pa)之间中心价值的交换——先前在生态系统画布(图 7.1)中映射,单元格报告了左侧第一列中的实体可以"给予"上方轴线上的实体的内容。

第四步的目标是决定关注哪组关系,以确保对定义和实施核心体验给予足够的关注。在生态系统动机矩阵中识别的价值流被转移到生态系统图(图 7.1)中。图 7.1 所示为将关系划分为与资源共享相关的关系(棕色线)和支持 AI 解决方案实施的关系(蓝色线)。在第一种情况下,实体相互联系以共享资源,制造中小企业寻求专门的 AI 解决方案来发展和改进它们的生产能力。其余实体,即 AI 开发人员、云提供商和平台组件提供商,被识别为供应商和合作伙伴,通过平台提供它们的知识、专长和 AI 解决方案。支持 AI 解决方案实施是一种涉及寻求合作创建和改进 AI 解决方案的实体的关系。

识别基本交易和渠道有助于说明生态系统如何交换价值(步骤 5),并突出 KITT4SME 平台作为这一过程中的中介的角色。大多数互动通过平台本身进行,通过提供通常用于此类平台的系统来创造价值,具体交换软件(AI 解决方案/模块)、AI 服务(如使用 AI 解决问题的支持、实施 AI 解决方案、咨询)和支付的三种互动在平台外实现。

交易矩阵有助于分析需求方(实体 1)和供应方(实体 2)之间的关系,有助于识别已经发生或可能发生的所有交易/互动及其渠道。此外,为每个交易/互动分配了价值单位。平台(所有者)的一个关键角色是创建可以降低协调/交易成本的渠道。

交易矩阵(表 7.1)确认 KITT4SME 平台是主要的互动渠道,并且为了在每次互动中成功,信息交换必须为利益相关者增加价值。平台的一个关键角色是积极参与促进沟通过程和利益相关者之间的互动,从而降低交易成本并促进交易。

表 7.1 KITT4SME 交易板块核心关系

实体 1	交易/互动	实体 2	货币/价值单位	渠道或上下文
制造业中小型企业	请求支持解决问题/实施解决方案 高级别的请求 请求或完成 NDA 发送询问 交流/互动 发送报价 回复报价	AI 开发人员 云服务提供商 平台组件提供者 推广者 知识提供者	信息	KITT4SME 平台
制造业中小型企业	开发/定制 AI 解决方案 问题解决/AI 解决方案实施	AI 开发人员 云服务提供商 平台组件提供者 知识提供者	AI 方案 AI 模组 AI 服务	开发 AI 解决方案的公司 软件公司 实施 AI 解决方案的公司 AI 咨询公司
制造业中小型企业	测试/验证 AI 解决方案	AI 开发人员 云服务提供商 平台组件提供者	信息	KITT4SME 平台
制造业中小型企业	纠正/消除错误	AI 开发人员 云服务提供商 平台组件提供者	AI 解决方案 AI 模组	开发 AI 解决方案的公司 软件公司
制造业中小型企业	回复 AI 解决方案 回复问题解决/AI 解决方案实施	AI 开发人员 云服务提供商 平台组件提供者 知识提供者	信息	KITT4SME 平台

续 表

实体1	交易/互动	实体2	货币/价值单位	渠道或上下文
制造业中小型企业	支付	AI开发人员 云服务提供商 平台组件提供者 知识提供者	信息 金钱	独立渠道
制造业中小型企业	反馈/信誉	AI开发人员 云服务提供商 平台组件提供者 推广者 知识提供者	信息	KITT4SME平台

7.3.4 KITT4SME平台的商业模式设计画布

前几章进行的分析最终被汇总到平台设计画布中,并按如下结构组织:

（1）使能服务（平台对合作伙伴）:专注于帮助合作伙伴从其资产和能力中产生/创造价值,获得潜在消费者,提高竞争力和知名度,并作为专业实体(声誉)显著改善。对于KITT4SME,这些是旨在促进AI开发人员为KITT4SME提供解决方案的技术规范和核心服务标准的设计服务,并在AI领域传播KITT4SME。

（2）增强服务（平台对同行生产者）:旨在帮助同行生产者开始执行交易,提高其能力,在平台上改进,并进入发展阶段(增长阶段)。KITT4SME平台旨在通过专门的咨询、培训、成功案例和最佳实践,支持开发符合欧盟标准的AI解决方案的应用程序、模块和服务。

（3）其他服务（平台对同行消费者）:在许多情况下,平台为用户提供更多传统的工业化服务。它们与生态系统提供的价值交换、体验相辅相成,为个人用户提供强大、健壮的可用性。像增强服务一样,也将为那些打算使用其他AI平台或转向其他AI供应商提供的解决方案的消费者提供支持和培训。

（4）核心价值主张:代表平台为其运营主要目的尝试创造的核心价值。通常针对消费者,代表同行中最广泛的市场细分,并且是购买产品或服务的客户。特别是在动态市场网络和更小众的背景下,交易价值更高,交易量更低,合作伙伴或同行生产者可能是核心价值主张的基本接受者。

（5）辅助价值主张:这些是平台提供的辅助价值。辅助价值主张可能针对与核心价值主张相同的市场细分,也可能针对其他市场细分。对于 MSPs 来说,通常为平台需求方(制造中小企业)提供的核心价值主张补充一个针对供应方(AI 开发人员、知识提供者)的主张是很常见的。KITT4SME 提供了一个完整的环境(基础设施),不仅使多边生态系统中的实体能够真正互动,还提供了提高它们在 AI 领域知名度所需的资源。KITT4SME 平台的辅助价值主张可能是对中小企业问题的评估、模块组合和工具包组合、工具包部署和维护、车间数据获取、提取、综合和报告数据、生成实时干预、劳动力评估和技能提升、最佳实践和知识创造。大多数可以分配专门的协助,这些服务可以成为会员费的基础,也可以将广告服务视为辅助价值。随着平台的发展、用户数量的增长和平台覆盖范围的扩大——将有可能向感兴趣的实体提供广告服务(如广告 AI 服务),这可能是广告费的基础。在平台生命周期的初期,平台将主要收取 AI 解决方案转让的交易费用,并只对某些服务收取会员费,而其余服务将免费提供。将来,当达到临界数量的消费者时,平台将主要收取会员费。

(6)基础设施和核心组件:这些是由平台所有者拥有和控制的资产,根据平台的治理规则进行管理。资产可以是实体的(如服务器或场所)或无形的(如共同标准——FIWARE),保证平台的运作和生态系统的使用。KITT4SME 将平台 IT 环境的关键元素识别为平台业务模型的核心组件,即 AI 模块标准、协议、标准使能器(CPS-izers、运行时)、代码,以及促进其传播的功能和渠道(如 RAMP)。

(7)交易:是更复杂的"体验"的一部分,应该被理解为在通常两个(或更多)平台用户之间创造价值、交付、交换或转移价值的子活动。KITT4SME 假设两种主要类型的交易:第一种是无形的(信息),平台通过提供通常用于这类平台的系统来完成;第二种是货币性的,涉及通过平台交换的 AI 服务(AI 解决方案、应用程序、模块、服务、运行时)。

(8)渠道和上下文:使平台内的交换成为可能,是平台与用户的接口。渠道是用户接触点,在用户体验中起着重要作用。在创造附加值方面至关重要,应由平台所有者积极创造并持续改进。市场应该被视为 KITT4SME 生态系统提供的主要渠道,AI 解决方案、应用程序、模块和服务分别在其中购买、交换、转让和下载,交换/获取信息和处理支付的渠道也很重要。

7.3.5 KITT4SME 平台的收入模型

在对 MSPs 定价策略的文献分析、审查其他提供 AI 服务的平台的货币化策略，以及参与开发 KITT4SME 收入模型的合作伙伴的内部研讨会之后，平台通过所有三个主要渠道[22]产生收入：订阅（会员费）、广告（广告商费）和交易（交易费）。

对于 KITT4SME 平台，可以结合多个收入流，并在平台生命周期的不同阶段采用不同的模式。在设计一个假设从所有三个主要渠道获得收入的业务模型时，一个基本问题是网络效应的不断发展，这些是由用户互动产生的，并强烈影响对平台的兴趣程度。鉴于平台的资源共享场景，当更多的资源提供者（AI 开发人员、知识提供者）吸引更多的寻求资源的实体（制造中小企业）时，就会产生网络效应，反过来又导致更多的提供者（同行生产者）加入平台。起初找到最优平衡是有问题的，因为如果没有那么多的提供者，同行消费者可能找不到他们正在寻找的东西，并可能使用竞争对手的平台。当平台升级为服务的更新版本时，同一个消费者可能会放弃 KITT4SME 平台，并且不会回来，如具有先进的匹配机制或新的 AI 解决方案/模块。另一方面，如果留在平台的成本是可承受的，那么没有收到联系的提供者可能会选择在多个地方（如 AI 平台）发布其报价。首要任务是建立一个良好的同行生产者基础，同时需要向潜在的同行消费者传达正确的信息。为了在为平台创造这种动态的同时为平台创造收入，特别是在平台生命周期的初始阶段，可以使用以下方法：

（1）为每种类型的实体提供免费试用期，允许访问初级或所有服务集，KITT4SME 平台所有者需要决定是否永久保持免费访问，而没有时间限制。

（2）试用期结束后，需要向同行生产者（AI 开发人员、知识提供者）和同行消费者（制造类中小企业）收取访问费。

（3）收取交易费，并由同行生产者支付，向同行消费者设定最终价格。

对于解决方案实施场景，应该使用不同的收入模式。在这种情况下，很可能最初的访问对每种类型的实体也是免费的。然后，考虑采用引导费模型比基于佣金的模型更合适，因为最终交换价值可能与创建和改进定制 AI 解决方案/模块有不同的关系。对于这两种情况，可以向 KITT4SME 平台生态系统的活跃实体提供一些激励措施。例如，可以为平台成员创造机会，邀请一些联系人（如供应商或客户）加入 KITT4SME 平台；如果实现了上线，平台成员可能会获得一些好处（如交易费折扣、试用期延长、特别费率），与被邀请新成员的实际活动相关联。例如，当他们的联系人上线并且他们的联系人开始在平台上交易时，平台成员可能会收到第一笔收益，也可以为合作伙伴提供价值，通过将他们的网络纳入 KITT4SME 生态系统来获得收益。到目前为止的所有考虑使构建一个初始的收入流模型成为可能,以确定 KITT4SME 平台的定价策略,并评估 KITT4SME 平台的财务可持续性(图 7.3)。图 7.3 所示为 KITT4SME 平台的不同收入流,其中包括几个相互依赖的实体组(制造中小企业、AI 开发人员、知识提供者、云提供商、平台组件提供商、顾问、倍增器)、KITT4SME 平台所有者及它们的互动。例如,当同行生产者和同行消费者需要合作使用 KITT4SME 平台(提高匹配质量)创造价值时,就存在使用外部性。同行消费者和广告商之间也可以发生互动(广告商很可能是同行生产者),在这种情况下不会发生交易。此外,KITT4SME 平台可以启用广告服务或匹配优惠,并为此收取广告费,并收取高级费以继续访问所有 KITT4SME 服务(即会员费)。

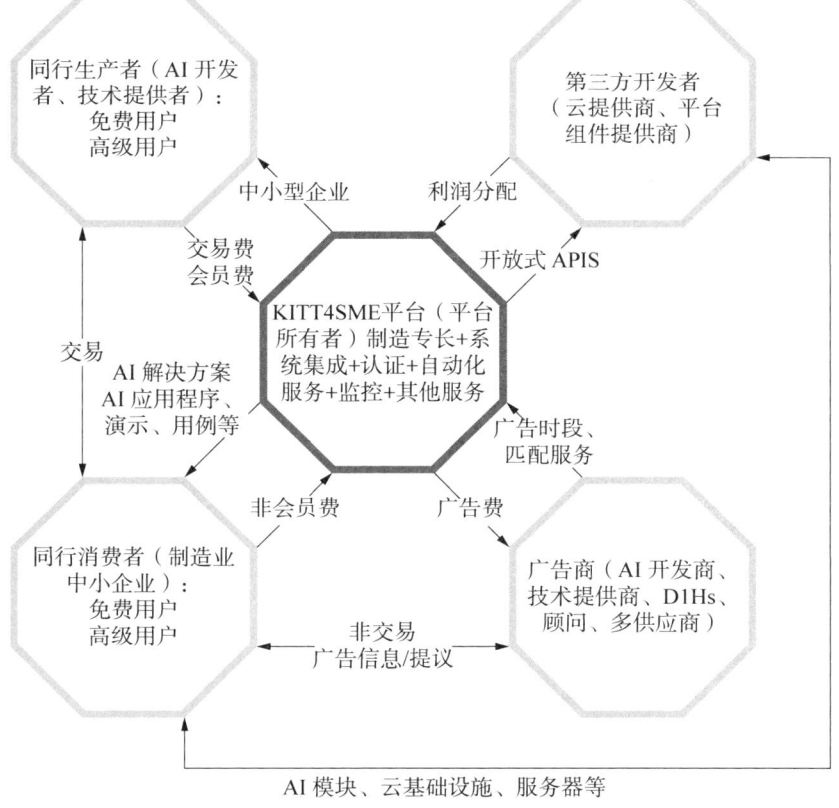

图 7.3 PDT 中定义的 KITT4SME 生态系统实体内平台的收入流

7.4 本章结论

除了大多数传统的业务模型定义策略外,本研究使我们能够更好地理解提供 AI 服务的平台的用户需求,识别可以通过平台交换的价值,并正式化访问 MSP 的实体之间的关系和伙伴关系机制,将为 KITT4SME 生态系统开发的平台商业模式作为案例研究来实现。

采用 PDT 方法表明,这个工具提供了一个相关的方法论方法,以定性地定义专门用于 MSPs 的业务模型场景。将业务模型的开发划分为几个画布,以让人们专注于不同的步骤,并深入了解设计细节。PDT 的前五个阶段使得定义哪些实体可以通过哪些交易渠道交换价值成为可能,尽管完成画布仍然不允许定量方法评估边界条件的动态演变下,精心设计的业务模型在多大程度上可以保持可持续。

接下来的步骤应该是设置 MVP 并确定使用平台的不同费用的价值,KITT4SME 项目将用作这些步骤的案例研究。通过这种方式,Cicero[11] 提出的画布将通过开发一种指导用户量化业务模型元素的方法来扩展,这些元素是经济可行性所需的。

参考文献

[1] Abdelkafi N, Raasch C, Roth A, et al. Multi-sided platforms [J]. Electronic Markets, 2019, 29: 553-559.

[2] Allweins M M, Proesch M, Ladd T. The platform canvas — conceptualization of a design framework for multi-sided platform businesses [J]. Entrepreneurship Education and Pedagogy, 2021, 4(3): 455-477.

[3] Armstrong M. Competition in two-sided markets [J]. The RAND journal of economics, 2006, 37(3): 668-691.

[4] Azadegan A, Papamichail K N, Sampaio P. Applying collaborative process design to user reQuirements elicitation: a case study [J]. Computers in Industry, 2013, 64(7): 798-812.

[5] Barni A, Montini E, Menato S, et al. Integrating agent based simulation in the design of multi-sided platform business model: a methodological approach [C]//2018 IEEE International Conference on Engineering, Technology and Innovation (ICE/ITMC). IEEE, 2018: 1-9.

[6] Belleflamme P, Peitz M. Platform competition and seller investment incentives [J]. European Economic Review, 2010, 54(8): 1059-1076.

[7] Bettoni A, Corti D, Matteri D, et al. KITT4SME report 2021: Artificial Intelligence adoption in European Small Medium Enterprises [J]. https://www.researchgate.net/publication/352568163_KITT4SME_report_2021_Artificial_Intelligence_adoption_in_European_Small_Medium_

Enterprises, 2021.
[8] Bettoni A, Matteri D, Montini E, et al. An AI adoption model for SMEs: a conceptual framework [J]. IFAC-PapersOnLine, 2021, 54(1):702-708.
[9] Boudreau K J, Hagiu A. Platform rules: Multi-sided platforms as regulators [J]. Platforms, markets and innovation, 2009, 1:163-191.
[10] Chen L, Tong T W, Tang S, et al. Governance and design of digital platforms: a review and future research directions on a meta-organization [J]. Journal of management, 2022, 48(1):147-184.
[11] Cusumano M A, Gawer A, Yoffie D B. The business of platforms: Strategy in the age of digital competition, innovation, and power [M]. New York: Harper Business, 2019.
[12] Cicero, S.: That's cognitive capitalism, 2015.
[13] Corti D, Bettoni A, Montini E, et al. Empirical evidence from the design of a MaaS platform [J]. IFAC-PapersOnLine, 2021, 54(1):73-79.
[14] De Matta R, Lowe T J, Zhang D: Competition in the multi-sided platform market channel [J]. Int. J. Prod. Econ., 2007, 189, 40-51.
[15] Hagiu A. Pricing and commitment by two-sided platforms [J]. The RAND Journal of Economics, 2006, 37(3):720-737.
[16] Hagiu A, Wright J. Marketplace or reseller? [J]. Management Science, 2015, 61(1):184-203.
[17] Hagiu A, Wright J. Multi-sided platforms [J]. International journal of industrial organization, 2015, 43:162-174.
[18] Holgersson M, Baldwin C Y, Chesbrough H, et al. The forces of ecosystem evolution [J]. California Management Review, 2022, 64(3):5-23.
[19] KITT4SME D1.1 Stakeholder analysis: (2021) https://kitt4sme.eu/wp-content/uploads/2021/09/kitt4sme-d1.1-stakeholder-analysis.pdf. Accessed 12 July 2023.
[20] KITT4SME Trifold-brochure, 2021.
[21] Osterwalder A. Business model generation: a handbook for visionaries, game changers, and challengers [J]. 2010.
[22] Wang Y, Tang J, Jin Q, et al. On studying business models in mobile social networks based on two-sided market (TSM) [J]. The Journal of Supercomputing, 2014, 70:1297-1317.
[23] Zhao Y, Von Delft S, Morgan-Thomas A, et al. The evolution of platform business models: Exploring competitive battles in the world of platforms [J]. Long Range Planning, 2020, 53(4):101892.

第 8 章 基于 AI 的智能制造自重构：综述及案例研究

Yarens J. Cruz, Fernando Castaño, Rodolfo E. Haber, Alberto Villalonga, Krzysztof Ejsmont, Bartlomiej Gladysz, Álvaro Flores, Patricio Alemany

8.1 引言

在制造系统的背景下，重构指的是改变生产系统或流程以满足新需求或改善其性能的操作，可能涉及改变生产流程的结构、操作执行步骤的顺序，或者制造流程本身以生产不同的产品。

重构可能因多种原因而变得十分必要，包括原材料可用性或价格的变化、对产品需求的变化、提高生产效率、节省成本或提高产品质量等。这是一个复杂的过程，需要仔细规划和协调以确保生产不受影响，并且变化能够达到预期的结果。作为回报，可提供显著的优势，包括提高产品质量、减少浪费和提高生产效率，使其成为企业试图在快速变化的市场中保持竞争力的关键策略。

自我重构是制造系统自动修改其配置或结构以响应动态需求的能力，这个概念经常与模块化和自适应制造系统的发展联系在一起。这些系统通过允许其资产的自我重构，展现出高度的灵活性、效率和适应性。然而，自我重构并不直接适用于所有制造系统，要实现自我重构，需要一定水平的技术成熟度，包括以下要求：

（1）模块化：系统由一系列独立的组件组成。
（2）集成性：组件具有标准接口，便于集成到系统中。
（3）可转换性：可以通过添加、删除或替换单个组件来修改系统的结构。
（4）可诊断性：系统具有识别组件状态的机制。
（5）可定制性：可以根据特定要求更改系统结构。

(6) 自动化：系统操作和修改可以在没有人工干预的情况下执行。

此外，自我重构可能涉及多种技术和技术，包括 IT 基础设施、机器人系统、智能传感器和先进的控制算法，这些技术使机器能够自动识别和选择完成任务所需的适当组件或配置，而无须手动干预或重新编程。然而，在某些实际情况下，在执行重构前仍然需要人工验证。制造业中的自我重构通常侧重于流程重构和能力重构，在汽车工业中取得了成功案例。流程重构涉及制造流程本身的变更，如更改操作顺序或生产线布局及设备的修改。另一方面，能力重构涉及调整制造系统的能力以满足需求变化，可能涉及增加或删除生产线，或修改机器的参数。值得注意的是，修改现有设备的参数可以在不需要大量资本投资的情况下增加生产吞吐量；然而，也可能需要更改生产流程，如修改物料流动或引入新的质量控制措施。

8.2 制造业中的重构

8.2.1 可重构系统的先驱：柔性制造系统

当前的自重构制造系统是 50 多年前出现的想法演变的结果，在 20 世纪 60 年代和 70 年代，生产方法主要针对有限范围产品的大规模生产[2]，由于它们的刚性，这些系统需要大量的时间和资源来为不同产品重新配置。当时，得益于计算机技术的快速发展和可负担性，柔性制造系统（FMS）的概念应运而生，作为解决这一场景的解决方案[3]。FMS 是多功能制造系统，能够利用共享生产设备生产多样化的产品，以高度自动化和计算机控制为特点，能够无缝适应生产不同的产品。

FMS 通常由一系列集成的工作站组成，每个工作站包含一系列资产的组合，这些工作站通过计算机控制的传输系统相互连接，可以在工作站之间移动原材料、工件和成品。当 FMS 被引入时，主要侧重于通过使用可编程控制器和可互换工具来实现可重构性，这些系统可以配置以执行各种制造操作，如铣削、钻孔、车削和焊接。FMS 还可以整合计算机辅助设计/制造（CAD/CAM）和计算机数控（CNC）等技术，以提高效率和质量，该范式已在汽车[4]、航空航天[5]和电子[6]等行业广泛采用，并随着技术的进步而不断发展。

然而，尽管能够适应生产不同产品，FMS 的实施也遇到了某些挑战，如吞吐量较低、冗余灵活性导致的设备成本高及复杂的设计[7]。此外，它们具有固定硬件和固定(尽管可编程)软件,导致更新、添加、定制和生产能力变化的能力有限[3]。

8.2.2 可重构制造系统

尽管 FMS 能够应对市场对新产品或现有产品修改的需求,但无法有效调整生产能力。这意味着,如果一个制造系统设计为每年生产最大数量的产品,两年后产品市场需求减少到一半,工厂将有 50% 的时间处于闲置状态,造成巨大的财务损失。另一方面,如果产品市场需求超出设计能力,系统无法处理,财务损失可能更大[8]。为了应对这种情况,在 20 世纪 90 年代,引入了一种新型制造系统,称为可重构制造系统(RMS)。RMS 遵循生产系统的典型目标:以高质量和低成本生产,旨在快速响应市场需求,允许生产能力的变更。换句话说,努力在正确的时间提供所需的能力和功能[3],通过根据需求在生产线上添加或移除组件来实现这一目标。

随着 RMS 的出现,模块化、集成性和开放式架构控制系统等设计原则开始变得更加重要,因为这些系统在动态设备互联方面具有相关性[9]。考虑到它们的优势,RMS 已应用于医疗设备[10]、汽车[11]、食品和饮料[12]等的制造。由于需要较少的设备和基础设施投资,这些系统通常为 FMS 提供了更具成本效益的替代方案。

尽管这些系统可以适应不断变化的生产需求,但重构决策通常由人做出或监督,这意味着系统无法自行重构,为工厂主管或操作员提供了更多控制权,但缺点是限制了响应速度。

8.2.3 向自重构的演变

随着技术的进步和制造业需求的增加,生产系统开始整合更复杂的传感、控制和机器人能力,这使它们能够实时监控和调整生产流程,适应制造环境的变化,甚至在没有人类干预的情况下自行重构。从可重构到自重构系统的转变是由几项技术进步推动的:

(1) 智能传感器:不仅能够检测特定物理量或现象,还能够处理和分析收集到的数据,以提供有关被监控系统的额外信息[13]。

(2) 自适应控制:控制系统能够自动调整生产过程,以应对生产环境的变化,同时保持最佳性能[14]。

(3) 自主机器人:能够移动和操纵物体、协同工作和自行重构的机器人,可用于组装组件、执行质量控制检查,并为重构生产线生成有用的数据[15]。

(4)增材制造:3D打印和增材制造技术允许按需创建复杂和定制的零件和结构,无需对生产系统进行大量更改,对于快速原型制作非常有用[16]。

与传统的 RMS 相比,自重构制造系统能够以更快、更自主的方式对生产过程进行修改[17]。如今,这些系统处于先进制造业的最前沿,允许开发极其复杂、专业化和高效的生产系统,几乎不需要人参与。自重构在工业 4.0 的背景下受到显著关注,其目标是创建能够通信、分析数据并实时优化生产流程的智能工厂[18]。

8.3 当前方法

目前,有几种设计自重构解决方案的方法,包括计算机仿真,这是文献中报告最多的一种基于仿真结果的概念验证。其他替代技术包括基于 AI 技术的方法,提供了强大的方法和工具来处理不确定性,如模糊和神经模糊方法、ML 和 RL 策略。这些方法并非互斥的,在许多情况下以互补的方式使用。

8.3.1 计算机仿真

计算机仿真是设计和优化自重构制造系统特别有价值的工具,旨在增强系统对生产需求变化的响应能力。计算能力的近期增加使得在实际实施之前测试各种配置和场景成为可能[19],目前,如 AutoMod、FlexSim、Arena、Simio 和 AnyLogic 等商业应用允许创建工业过程的高保真度仿真[20],甚至包括用于 AR/VR 应用的工厂三维重建。当计算机仿真与其代表的生产过程集成时,将成为一个强大的工具。基于这个想法,数字孪生在工业和学术界都获得了显著关注[21]。数字孪生使实时数据集成从生产过程到仿真成为可能,复制实际生产环境,通过评估不同选项并识别新场景的最佳配置,为生产过程提供反馈,以促进实时修改。

8.3.2 模糊系统

模糊逻辑是一个数学框架,用来对不精确或不确定数据进行建模和推理,这种能力使模糊逻辑在系统可能无法访问精确数据或数据可能受到噪声或其他不确定性来源影响的情况下特别有用。在自重构的背景下,模糊系统可以用来模拟物理过程的行为,并根据不精确的数据做出如何重构它们的决策。例如,通常很难为预期市场需求、产品质量或能源消耗等指标分配一个精确值[22]。这些变量可以被分配给模糊隶属函数,然后,遵循预定义的规则,使用模糊运算符组合,以确定生产系统应如何根据可用数据最佳重构。

8.3.3 数据驱动方法

数据驱动方法涉及收集和分析数据、创建模型及其用于决策制定。当生产过程的历史数据可用时,这种方法得到广泛应用。通过使用数据分析,识别生产过程中的瓶颈或资产使用效率低下的原因。数据驱动方法广泛使用 ML 算法对生产过程行为进行建模[23]。机器学习方法使用包含大量特征和样本的数据集进行训练,学习识别超出人类感知的相关性、模式和异常[24]。此外,通过收集生产过程的新数据,ML 模型重新训练或微调,以不断提高它们的性能。一旦 ML 模型用生产数据训练完成,就可以用作优化算法的目标函数,以决定如何重构制造过程并优化期望指标。

8.3.4 强化学习

强化学习是机器学习的一个子领域,在动态和复杂环境中自主决策制定算法的开发中显示出巨大的能力,代理根据环境的反馈学习做出决策,代理在环境中执行动作,并以奖励或惩罚的形式接收反馈,其目标是通过学习哪些动作最有可能带来积极结果,以最大化随时间累积的奖励。因为环境在不断变化[25],自重构制造系统为 RL 算法提供了一个独特的挑战,代理应该能够适应生产环境的变化,如需求变化或资源可用性变化。代理可以学习哪些模块对特定任务更有效,并相应地重构自己[18]。使用强化学习的重要好处是能够从经验中学习,并尝试避免重复错误。

8.4　灯塔演示:GAMHE 5.0 试点生产线

为了评估人工智能工具如何应用于制造过程的自我重构及它们如何相互集成,选择了工业 4.0 试点生产线进行说明。选定的试点生产线是 GAMHE 5.0 实验室,模拟了热绝缘板生产过程中的开槽和雕刻阶段。最初,机器人拾起一个面板并将其定位在一个加工中心,以在四面创建槽。随后,同一个机器人将面板转移到一个传送带系统,将其运送到一个指定位置,第二个机器人接管面板的处理。接下来,面板由机器人定位在视觉检查区域,如果开槽被认为是正确的,面板随后被移动到第二个加工中心进行雕刻过程。最后,机器人将面板转移到一堆已处理的面板上。

由于开槽过程中的定位不良,面板的一些侧面没有开槽或槽的深度小于要求。在这些情况下,视觉检查系统检测到不规则性,过程的工作流程应该被修改以重复开槽过程。一旦开槽不规则性得到纠正,系统就会继续正常的工作流程。

在某些情况下,开槽过程可能会损坏面板,可能发生在使用新材料或未经验证的加工配置时。在这些情况下,视觉检查系统应该检测到面板已损坏,并且应该直接被送到损坏部件的堆叠中。

根据产品质量,特别是开槽结果,对过程工作流程做出准确决策,直接影响试点生产线的生产力。例如,在面板在开槽过程中损坏的情况下,关键是将其从生产线中移除,以防止在雕刻阶段花费不必要的时间和资源对其进行加工。为了实现这一点,可靠的视觉检查系统变得至关重要。虽然可以使用 DL 分类器来完成这项任务,但一个缺点是很难理解决策是如何做出的。因此,提出了一个 DL 分割模型,其功能是将图像中期望的区域与不需要的区域分开。

DL 模型的输出提供了对图像中对象及其边界的像素级理解,使得模型预测的详细视觉解释成为可能。然后,使用分割结果做出合理的决策,使系统的输出更具可解释性。8.4.1 节讨论这种情况。

另一种常见情况是,试点生产线应该处理由不同材料制成且尺寸不同的小批量面板。因此,为达到最佳性能而调整资产配置的频率变化很大。为应对这种情况,提出了一种基于自动化机器学习(AutoML)和模糊逻辑的自我重构方法。尽管这种方法可以推广到多个目标,但为了简单起见,只考虑改善一个关键性能指标(KPI)。8.4.2 节和 8.4.3 节将探讨这个话题。

8.4.1 基于 DL 的视觉检查

为试点生产线开发的分割模型旨在将面板的侧面从图像中的其他元素中分离出来,允许随后对面板质量和过程工作流程的修改做出决策。这个模型基于 U-net 架构,包括一个逐渐降低输入图像分辨率的编码器路径,以及一个将特征图上采样以产生与输入图像大小相同的分割图的相应解码器路径。该网络包括编码器和解码器路径之间的跳跃连接,允许保留和融合高级和低级特征,便于准确分割和目标定位。

为了训练和评估模型,准备了包含490张图像及其相应掩码的数据集,划分成三个子集:训练集(70%的数据)、验证集(15%的数据)和测试集(15%的数据)。在这种情况下,验证子集用于在训练期间促进早停,如果模型在验证子集上的性能在预定数量的时期后没有改善,训练过程将被停止。通过使用这种技术,可以有效地减轻过拟合并显著减少训练时间。

通过应用数据增强训练集,准备了数据集的第二个版本,同时保持验证和测试集不变。使用四种转换对数据集进行增强:水平翻转、粗糙丢弃、随机亮度和随机对比度,以增加训练样本的数量,提高模型的预测能力,并使其对噪声更加鲁棒。使用这两个版本的数据集,训练了两个具有相同架构的模型,表8.1为两个模型对测试集中三个示例的输出。可以观察到,使用增强数据集训练的模型获得的预测明显优于使用原始数据集训练的模型。这一点也通过几个指标获得的值得到证实,见表8.2。

表8.1 样本图像的分割结果

样本	原始图像	真实值	在原始数据集上训练模型的预测	在增强数据集上训练模型的预测
1				
2				
3				

表8.2 测试集上分割模型的性能指标

模型	准确率	F1分数	杰卡德指数	精确度	召回率
在原始数据集上训练	0.892	0.639	0.563	0.997	0.564
在增强数据集上训练	0.995	0.992	0.984	0.990	0.993

在DL模型对图像进行分割后,使用第二个算法,对分割图像中的每个单独轮廓调整凸包,为每个凸包生成一个多边形曲线,其精度小于分割轮廓周长

的 1.5%。最后,如果多边形曲线有四个边,则将其绘制在原始图像上。在执行此过程后,如果在图像上绘制了两个矩形,则假定开槽正确,面板没有遭受任何重大损坏,可以将其发送到生产线的下一个阶段。如果只绘制了一个矩形,则假定开槽没有进行或面板在此过程中损坏。图 8.1 所示为合格面板、缺少槽的面板和损坏面板的说明性案例的结果。如果只绘制了一个矩形,根据其大小和位置,面板将被再次发送到开槽阶段或从生产线中移除。这种方法已应用于测试集图像,并且所有情况下的输出都与预期输出匹配。

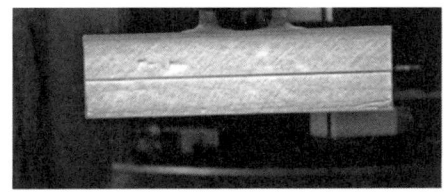

合格面板

无槽面板

破损面板

图 8.1 方形轮廓检测

8.4.2 自动化机器学习工作流程

如前几节所述,试点生产线的工作条件受到快速变化的影响。为了有效应对这些变化并为资产生成最佳参数,机器学习成为一个有希望的工具。

通常的机器学习工作流程由一系列步骤组成,这些步骤由一组专家逐一执行。然而,这个工作流程可以自动化,这个研究领域被称为 AutoML,最近受到了较大关注。AutoML 在简化工作流程、节省时间和减少重复任务所需的努力方面发挥着关键作用,使得即使是非领域专家也能创建解决方案,工具包括 Google Cloud AutoML、auto-sklearn、Auto-Keras 和 Azure AutoML 等。通常,这些工具包含从数据预处理到模型选择的各个阶段。此外,为了符合这些系统的自动化理念,过程优化步骤也可以集成,这样系统将接收一个数据集并返回使过程以期望的模式工作的参数值。考虑到这个想法,开发一个端到端的 AutoML 解决方案,应用于 GAMHE 5.0 试点生产线。下面将介绍典型的机器学习工作流程,以及其不同步骤的特定性和如何使用 AutoML 优化生产过程。

8.4.2.1 典型的机器学习工作流程

机器学习旨在创建准确可靠的模型,能够识别数据中的复杂模式。通过一系列步骤创建和利用这些模型,涉及准备数据集、转换数据以提高其质量和相关性、选择和训练适当的 ML 模型、评估模型性能及在现实世界环境中部署模型。图 8.2 所示为一般机器学习步骤。通过遵循这个工作流程,机器学习从业者可以构建能够利用数据驱动学习能力的模型,使他们能够在实际应用中有效地获得有意义的建议并做出准确的预测。

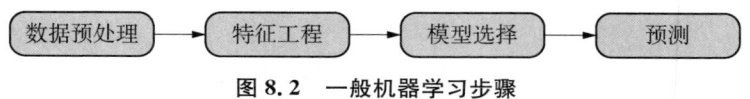

图 8.2　一般机器学习步骤

1)数据预处理

数据预处理是创建机器学习系统的第一个步骤。要使用的数据可能来自不同的来源和格式,因此在任何算法使用之前应该准备数据。如果数据有不同的来源,则必须将其合并到一个数据集中。此外,大多数方法不适合处理缺失数据,通常需要删除带有缺失信息的样本。预处理还可能包括过滤数据以去除噪声,以产生更鲁棒的模型。在该阶段,数据可能被转换为适合分析的格式,包括归一化、分桶和编码等操作。最后进行分割,将数据集划分为两个子集,一个用于训练,一个用于评估。此外,如果计划进行超参数优化或神经架构搜索,则可以创建第三个子集。

2)特征工程

特征工程阶段的目标是将原始数据转换为包含创建高质量模型所需信息的相关特征,可以使用的技术是特征选择,旨在确定哪些特征是某个输出变量的最佳预测因子。然后,当这些特征被选择时,可以从原始数据集中提取出来,构建一个更低维度的数据集,允许构建更紧凑的模型,具有更好的泛化能力和减少的计算时间。通常,对于具有数值输入和输出变量的问题,使用皮尔逊[29]或斯皮尔曼[30]相关系数。如果输入是数值的但输出是分类的,则使用方差分析(ANOVA)[31]或肯德尔等级系数[32],其他情况可能需要使用卡方检验或互信息度量[33]。

特征工程阶段可以应用的其他技术包括特征创建和降维。特征创建意味着通过组合现有特征或使用领域知识来创建新特征[34]。降维技术如主成份分析(PCA)或 t 分布随机邻域嵌入(t-SNE)算法用于将当前数据映射到低维空间,同时保留尽可能多的信息[35]。

3)模型选择

模型选择步骤意味着创建、训练和评估不同类型的模型,最终选择最适合当前情况的模型。执行该操作是因为不存在一种方法可以事先确定哪种算法更适合解决问题[36]。因此,最合适的模型可能会因具体应用而异,如下例所示:长短期记忆网络(LSTM)[37]、多层感知器(MLP)[38]、支持向量回归(SVR)[39]、高斯过程回归(GPR)[40]、CNN[41]、梯度提升树(GBT)[42]。在该阶段探索的模型数量和类型将取决于问题的特征和可用的计算资源。模型的选择是根据一个或多个指标进行的,对于回归问题,通常依赖于决定系数(R2)、均方误差(MSE)和平均绝对百分比误差(MAPE)等指标[43];对于分类问题,典型的指标是准确性、召回率、精确度、F1分数等。

可选地,这个阶段也可以包括超参数优化。超参数决定了模型在训练期间的行为,在某些情况下,还决定了其内部结构的构建。通常在模型训练之前设置,并且在训练期间不能修改,选择这些值极大地影响模型的性能。然而,找到最优或接近最优的超参数组合并不是一个简单的任务,属于计算密集型,最常用的技术包括网格搜索、随机搜索、贝叶斯优化等。

8.4.2.2 过程优化

一旦为表示过程创建了模型,就可以使用它来优化过程。假设模型显示出强大的预测能力,并且约束被准确定义,可以在模型中评估各种输入值以确定系统的反应,从而无需在实际系统上进行详尽的测试。换句话说,创建的模型可以嵌入为优化算法的目标函数,以找到使生产过程以期望的模式工作的输入值。在这种情况下,常用的策略如粒子群优化[44]、模拟退火[45]、进化计算[46]和Nelder-Mead[47]等。

8.4.2.3 将 AutoML 应用于试点生产线

要将 AutoML 方法应用于选定的试点生产线,必须从运行系统收集不同资产参数化下的操作数据,应包括变量和 KPI 的记录测量。由于并非所有收集的数据都必须使用相同的速率记录,因此需要将数据转换到相同的时间基础上,通常通过向下采样或平均记录较高速率的数据以匹配较低速率记录的数据的时间基础来完成。在这种情况下,使用平均值。一旦准备好历史数据集,就可以应用 AutoML 方法。虽然典型的 AutoML 方法自动化了图 8.3 中显示的步骤,但提出的方法还包括通过将选定的模型嵌入为优化算法的目标函数来自动找到资产配置的过程优化步骤,如图 8.3 所示。

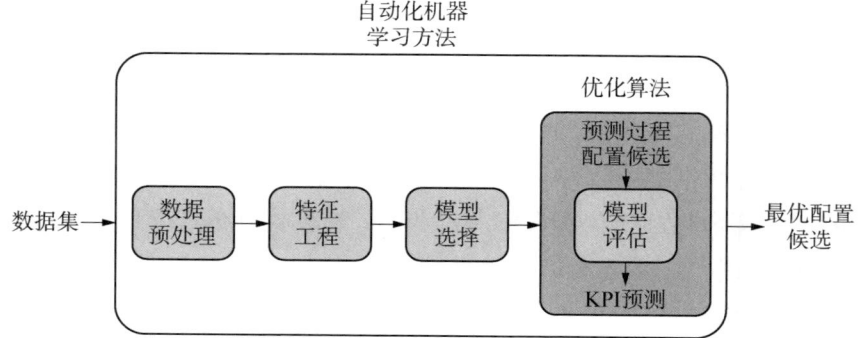

图 8.3 所提出的 AutoML 方法的总体描述

首先,在数据预处理步骤中,检查数据集以寻找缺失值,如果发现任何缺失值,则删除相应的样本。接下来,对特征值进行标准化,并将数据集划分为训练和验证集。为了使方法适用于计算资源较低的场景,没有实施超参数优化,因此不需要测试集。随后,通过在训练集上单独计算每个特征与输出变量之间的皮尔逊相关系数进行特征选择,使用以下公式:

$$r = \frac{\sum_{i=1}^{n}(x_i - \overline{x})(y_i - \overline{y})}{\sqrt{\sum_{i=1}^{n}(x_i - \overline{x})^2} \sqrt{\sum_{i=1}^{n}(y_i - \overline{y})^2}}$$

其中,n 为样本数量,x_i 为第 i 个样本的特征的值 x,y_i 为第 i 个样本的输出变量的值,$\overline{x}$ 和 $\overline{y}$ 分别为相应变量的平均值。

皮尔逊相关系数是一种单变量特征选择方法,通常用于处理输入和输出数据均为数值的情况[48]。通过使用这种方法,不仅可以减少数据的维度,而且还能获得更紧凑的模型,具有更好的泛化能力和减少的计算时间[27,28]。在提出的方法应用于提高吞吐量的试点生产线数据时,特征数量从 12 个减少到 7 个。

这个中间结果对于指导技术人员在寻找特定结果时应关注哪些参数很重要。

下一步涉及模型选择。在提出的方法中评估的不同模型包括 MLP、SVR、GPR 和 CNN，这些模型先前已用于建模工业 KPI[40,50-52]，表 8.3 为这些模型的详细信息。在训练集上训练每个模型，然后在验证集上评估它们，用于比较的指标是决定系数(R_2)。该过程完成后，选择产生最佳结果的模型。将方法应用于试点生产线时选择的模型是 MLP，验证期间 R_2=0.963，其余候选模型的 R_2 值分别为 GPR 0.958、CNN 0.955 和 SVR 0.947。这些结果的一个产生因素是特征选择过程，允许保留相关预测因子。

表 8.3 评估模型的详细信息

模型	详细信息
MLP(多层感知机)	架构:全连接层(128 个神经元,ReLU 激活函数)+全连接层(64 个神经元,ReLU 激活函数)+全连接层(1 个神经元,线性激活函数),优化器:RMSprop,学习率:0.001,迭代次数:5 000
SVR(支持向量回归)	核函数:径向基函数,C:1.0,Epsilon:0.2,容差:0.001
GPR(高斯过程回归)	核函数:点积+白噪声核,Alpha:1e-10
CNN	架构:1-D 卷积层(64 个卷积核,卷积核尺寸:3,步长:1,填充:相同填充)+1-D 最大池化层(池大小:2,步长:1,填充:有效填充)+展平层+全连接层(64 个神经元,ReLU 激活函数)+Dropout 层(丢弃率:0.1)+全连接层(32 个神经元,ReLU 激活函数)+全连接层(1 个神经元,线性激活函数),优化器:RMSprop,学习率:0.001,迭代次数:5 000

最后，应用优化方法以使用选定的模型作为目标函数来确定生产过程的资产参数化，以最小化或最大化期望的 KPI。此时的目标是最大化吞吐量。优化使用随机搜索进行，这是一种简单、低复杂度且直接的优化方法[53]，可以应用于优化各种类型的函数，即使是不连续或不可微的函数。已经证明，随机搜索是渐近完整的，意味着在无限运行时间的计算后，以概率 1 收敛到全局最小/最大值，因此已被应用于解决许多复杂问题[54]。在执行优化之前，必须仔细决定参数的可行范围，以防止优化结果无效。在分析的情况下，目标是最大化试点生产线的吞吐量，显然的选择是使资产在推荐范围内以最大速度工作。为了评估提出的方法是否能够推断出这种参数化，在准备数据集期间，所有资产都以最大速度参数化的样本被故意排除。正如预期的那样，方法的结果是所有资产都设置为最大速度的参数化，预期的吞吐量值为每小时 163.37 个面板，与训练

期间看到的数据相比,预期提高了 55.1%,这与实际生产中达到的最大容量值相匹配。值得注意的是,故意从数据集中排除的样本的最高吞吐量值为 158.52,提出的方法略微高估了这个值的原因是模型不是完全准确的。

8.4.3 基于模糊逻辑的重构器

一旦通过 AutoML 方法确定了资产的参数化以满足期望的 KPI 性能,重要的是要确保系统将继续按预期工作。然而,某些情况可能会阻碍系统按预期运行。例如,某个资产的退化可能导致操作变慢,降低整个生产线的生产力。在这种情况下,需要开发基于模糊逻辑的重构器,背后的原因是,如果某些资产的行为与预期性能不同,重构器可以修改资产的参数,使它们再次按预期工作,只要参数的修改在预定义的安全范围内。此外,如果预期性能的偏差很大,组件应该能够检测到它并通知专家需要解决的问题。

提出的重构器有两个输入并生成三个输出,使用 Mamdani 推理方法[55]。这些变量是通用的,因此重构器可以在没有任何修改的情况下使用它们,试图保持每个资产的吞吐量水平恒定。第一个输入是与名义生产时间的偏差(ΔT),其安全范围被定义为名义生产时间的±50%;第二个输入是与名义生产时间偏差的趋势变化(ΔT_2),其安全范围被定义为名义生产时间的±20%。对于生产线中的每个资产,都有这两种变量的一个实例,在处理每个面板时更新,这些值在被重构器使用之前在区间[−1,1]内归一化。图 8.4 所示为两个输入定义的隶属函数。

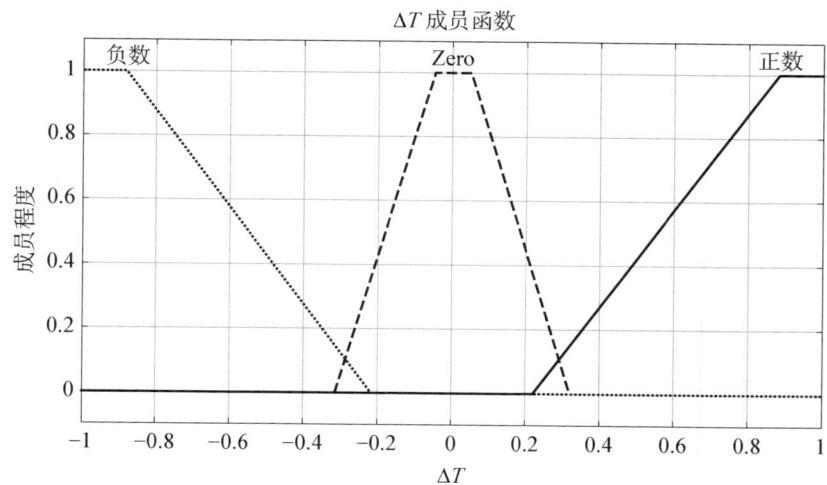

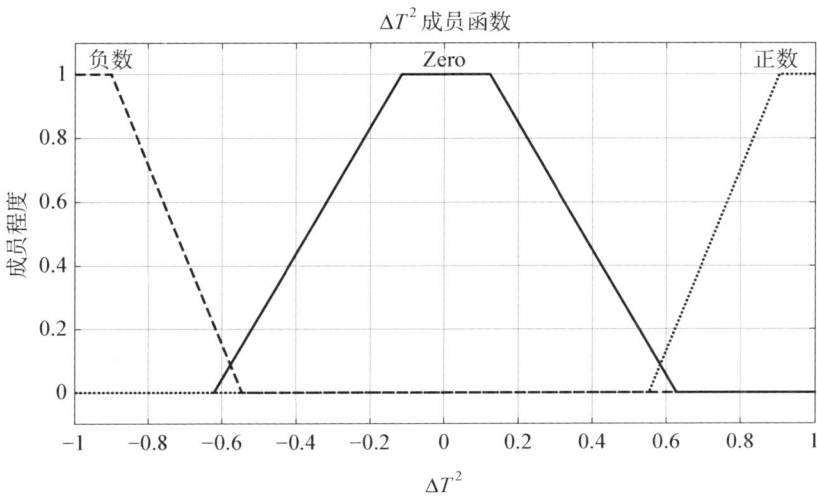

图 8.4 输入 ΔT 和 ΔT_2 的隶属函数

另一方面,第一个输出是重构器对当前资产的工作速度应用的操作(Reco1)。如果操作是增加或减少,区间[-1,1]中的值被反归一化到名义资产速度的±50%范围内。第二个输出代表应用修改的时机(Reco2),第三个输出代表操作模式(Reco3),指定是否应该自动应用先前重构器输出,将其作为操作人员的建议,或者忽略,图 8.5 所示为三个输出的隶属函数。

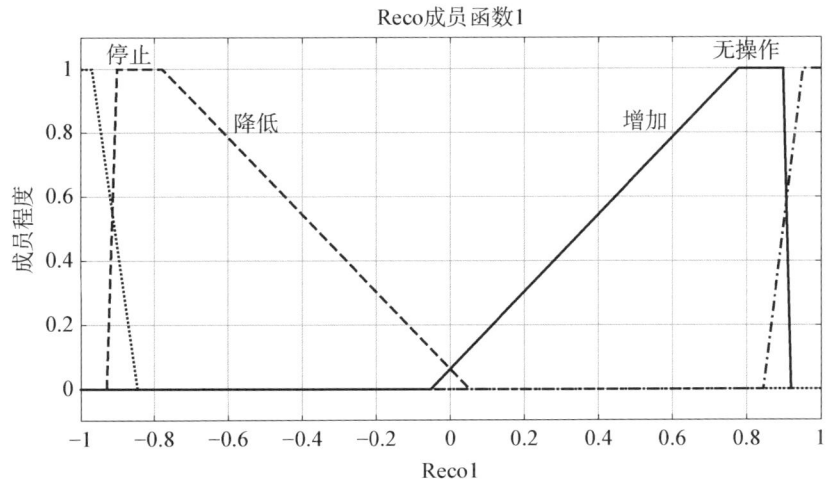

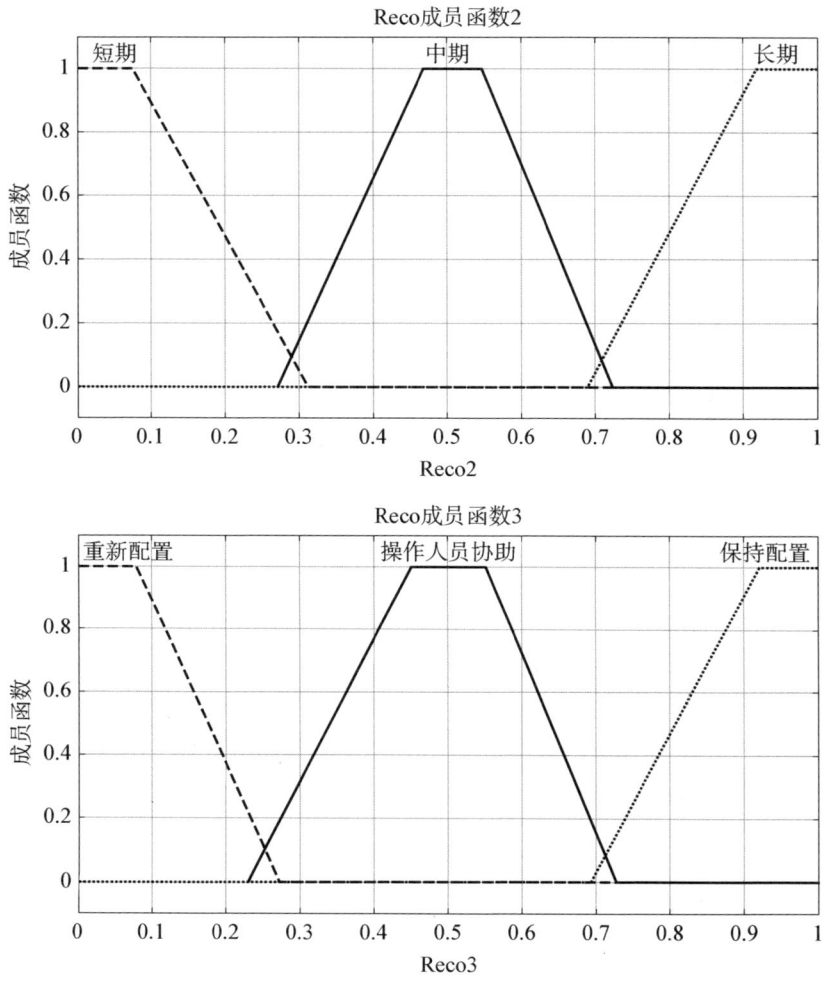

图 8.5　输出 Reco1、Reco2 和 Reco3 的隶属函数

一旦定义了输入和输出变量的隶属函数，就为每个输出变量创建了一个规则库。每个规则库由 9 个 If-Then 规则组成，这些规则将输入隶属函数的组合与输出隶属函数相关联，如下例所示：

如果 ΔT 是负值且 ΔT_2 是负值，则 Reco1 增加

定义的规则库允许获得图 8.6 中对应于每个输出变量的模糊推理系统的输出。为了评估重构器，将每个资产的名义速度设置为最大速度的 70%，并且模拟几个干扰。第一个是将所有资产的速度降低到最大速度的 50%，第二个是将所有资产的速度提高到最大速度,最后将所有资产的速度设置为最大速度的 30%。如预期那样,在第一次干扰后,系统建议增加速度,在第二次干扰后建议降低速度,在第三次干扰后建议停止生产。结果见表 8.4。

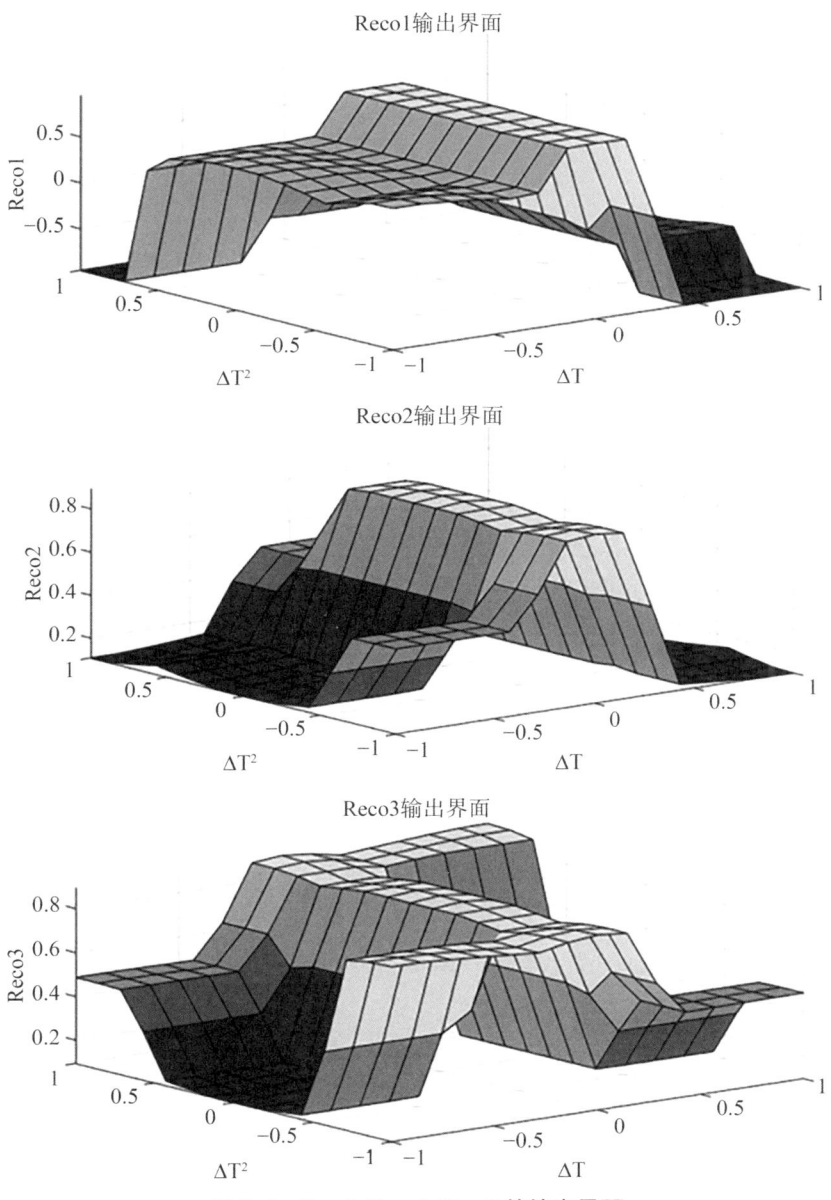

图 8.6　Reco1、Reco2、Reco3 的输出界面

表 8.4 针对干扰的模糊逻辑重配置结果

设备	额定速率	干扰	Reco1（重配置策略 1）	Reco2（重配置策略 2）	Reco3（重配置策略 3）
Staubli RX90（史陶比尔 RX90 机器人）	7.7 m/s	1	提高到 7.05 m/s	中期	保持配置
		2	降低到 8.94 m/s	中期	保持配置
		3	停止	短期	操作人员协助
Deckel Maho（德克尔马荷五轴加工中心）	7 200 mm/min	1	提高到 7 027.8 mm/min	中期	保持配置
		2	降低到 8 132.68 mm/min	中期	保持配置
		3	停止	短期	操作人员协助
输送带	5 400 r/min	1	提高到 4 013.6 r/min	中期	保持配置
		2	降低到 5 904 r/min	中期	保持配置
		3	停止	短期	操作人员协助
UR5e（优傲机器人第五代）	126°/s	1	提高到 115.28°/s	中期	保持配置
		2	降低到 146.1°/s	中期	保持配置
		3	停止	短期	操作人员协助
Kern EVO（科恩 EVO 精密 CNC 加工中心）	11 200 mm/min	1	提高到 10 250.2 mm/min	中期	保持配置
		2	降低到 12 992 mm/min	中期	保持配置
		3	停止	短期	操作人员协助

8.5 本章结论

本章从理论和实践的角度探讨了自重构制造系统，强调了 AI 在这些系统中的应用，介绍了这些系统的出现和演变，分析了它们的潜在好处，如提高响应性、灵活性和适应性；进一步讨论了在制造业中实施自我重构的当前方法，列举了自我重构和人工智能技术在试点生产线视觉检查集成中的应用。针对视觉检查任务,训练了两个分割模型,最好的准确度为 0.995,F1 分数为 0.992,已部署在试点生产线中使产品正确处理。此外,使用了包括生成模型和优化生产过程的 AutoML 方法,以确定生产线的最佳参数。通过这种方式,获得了 $R_2=0.963$ 的模型,与训练期间看到的数据相比,预期吞吐量提高了 55.1%,这与实际生产中达到的最大容量值相匹配。然后,使用基于模糊逻辑的重构器处理性能退化。这个组件在测试三种不同的干扰时表现出正确的行为,并显示出鲁棒性。本研究的发现表明,自我重构是先进制造领域研究和发展的关键领域,未来的研究将探索自重构在不同制造环境中的应用。

参考文献

[1] Hees A, Reinhart G. Approach for production planning in reconfigurable manufacturing systems [J]. Procedia Cirp, 2015, 33:70-75.
[2] Yin Y, Stecke K E, Li D. The evolution of production systems from Industry 2.0 through Industry 4.0 [J]. International Journal of Production Research, 2018, 56(1-2):848-861.
[3] Mehrabi M G, Ulsoy A G, Koren Y, et al. Trends and perspectives in flexible and reconfigurable manufacturing systems [J]. Journal of Intelligent manufacturing, 2002, 13:135-146.
[4] Cronin C, Conway A, Walsh J. Flexible manufacturing systems using IoT in the automotive sector [J]. Procedia Manufacturing, 2019, 38:1652-1659.
[5] Parhi S, Srivastava S C. Responsiveness of decision-making approaches towards the performance of FMS [C]//2017 International Conference of Electronics, Communication and Aerospace Technology (ICECA). IEEE, 2017, 1:276-281.
[6] Bennett D, Forrester P, Hassard J. Market-driven strategies and the design of flexible production systems: evidence from the electronics industry [J]. International Journal of Operations & Production Management, 1992, 12(2):25-37.
[7] Singh R K, Khilwani N, Tiwari M K. Justification for the selection of a reconfigurable manufacturing system: a fuzzy analytical hierarchy based approach [J]. International Journal of Production Research, 2007, 45(14):3165-3190.
[8] Koren Y. The emergence of reconfigurable manufacturing systems (RMSs) [J]. Reconfigurable Manufacturing Systems: From Design to Implementation, 2020:1-9.
[9] Koren Y, Shpitalni M. Design of reconfigurable manufacturing systems [J]. Journal of manufacturing systems, 2010, 29(4):130-141.
[10] Epureanu B I, Li X, Nassehi A, et al. An agile production network enabled by reconfigurable manufacturing systems [J]. CIRP Annals, 2021, 70(1):403-406.
[11] Koren Y, Gu X, Guo W. Reconfigurable manufacturing systems: Principles, design, and future trends [J]. Frontiers of Mechanical Engineering, 2018, 13:121-136.
[12] Gould O, Colwill J. A framework for material flow assessment in manufacturing systems [J]. Journal of Industrial and Production Engineering, 2015, 32(1):55-66.
[13] Shin K Y, Park H C. Smart manufacturing systems engineering for designing smart product-Quality monitoring system in the Industry 4.0 [C]//2019 19th International Conference on Control, Automation and Systems (ICCAS). IEEE, 2019:1693-1698.
[14] Arıcı M, Kara T. Robust adaptive fault tolerant control for a process with actuator faults [J].

Journal of Process Control, 2020, 92: 169 – 184.

[15] Ghofrani J, Deutschmann B, Soorati M D, et al. Cognitive production systems: a mapping study [C]//2020 IEEE 18th International Conference on Industrial Informatics (INDIN). IEEE, 2020, 1: 15 – 22.

[16] Scholz S, Mueller T, Plasch M, et al. A modular flexible scalable and reconfigurable system for manufacturing of microsystems based on additive manufacturing and e-printing [J]. Robotics and Computer-Integrated Manufacturing, 2016, 40: 14 – 23.

[17] Cedeno-Campos V M, Trodden P A, Dodd T J, et al. Highly flexible self-reconfigurable systems for rapid layout formation to offer manufacturing services [C]//2013 IEEE International Conference on Systems, Man, and Cybernetics. IEEE, 2013: 4819 – 4824.

[18] Lee S, Ryu K. Development of the architecture and reconfiguration methods for the smart, self-reconfigurable manufacturing system [J]. Applied Sciences, 2022, 12(10): 5172.

[19] Mourtzis D. Simulation in the design and operation of manufacturing systems: state of the art and new trends [J]. International Journal of Production Research, 2020, 58(7): 1927 – 1949.

[20] dos Santos C H, Montevechi J A B, de Queiroz J A, et al. Decision support in productive processes through DES and ABS in the Digital Twin era: a systematic literature review [J]. International Journal of Production Research, 2022, 60(8): 2662 – 2681.

[21] Guo H, Zhu Y, Zhang Y, et al. A digital twin-based layout optimization method for discrete manufacturing workshop [J]. The International Journal of Advanced Manufacturing Technology, 2021, 112: 1307 – 1318.

[22] Abdi M R, Labib* A W. Feasibility study of the tactical design justification for reconfigurable manufacturing systems using the fuzzy analytical hierarchical process [J]. International Journal of Production Research, 2004, 42(15): 3055 – 3076.

[23] Lee S, Kurniadi K A, Shin M, et al. Development of goal model mechanism for self-reconfigurable manufacturing systems in the mold industry [J]. Procedia Manufacturing, 2020, 51: 1275 – 1282.

[24] Panetto H, Iung B, Ivanov D, et al. Challenges for the cyber-physical manufacturing enterprises of the future [J]. Annual reviews in control, 2019, 47: 200 – 213.

[25] Schwung D, Modali M, Schwung A. Self-optimization in smart production systems using distributed reinforcement learning [C]//2019 IEEE International Conference on Systems, Man and Cybernetics (SMC). IEEE, 2019: 4063 – 4068.

[26] Ronneberger O, Fischer P, Brox T. U-net: Convolutional networks for biomedical image segmentation [C]//Medical image computing and computer-assisted intervention-MICCAI 2015: 18th international conference, Munich, Germany, October 5 – 9, 2015, proceedings, part III 18. Springer International Publishing, 2015: 234 – 241.

[27] Al-Tashi Q, Abdulkadir S J, Rais H M, et al. Approaches to multi-objective feature selection: a systematic literature review [J]. IEEE Access, 2020, 8: 125076 – 125096.

[28] Solorio-Fernández S, Carrasco-Ochoa J A, Martínez-Trinidad J F. A review of unsupervised feature selection methods [J]. Artificial Intelligence Review, 2020, 53(2): 907 – 948.

[29] Jebli I, Belouadha F Z, Kabbaj M I, et al. Prediction of solar energy guided by pearson correlation using machine learning [J]. Energy, 2021, 224: 120109.

[30] González J, Ortega J, Damas M, et al. A new multi-objective wrapper method for feature selection-accuracy and stability analysis for BCI [J]. Neurocomputing, 2019, 333: 407 – 418.

[31] Alassaf M, Qamar A M. Improving sentiment analysis of Arabic Tweets by One-way ANOVA [J]. Journal of King Saud University-Computer and Information Sciences, 2022, 34(6): 2849 – 2859.

[32] Urkullu A, Pérez A, Calvo B. Statistical model for reproducibility in ranking-based feature

selection [J]. Knowledge and Information Systems, 2021,63(2):379 – 410.
[33] Bahassine S, Madani A, Al-Sarem M, et al. Feature selection using an improved Chi-sQuare for Arabic text classification [J]. Journal of King Saud University-Computer and Information Sciences, 2020,32(2):225 – 231.
[34] Lu Z, Si S, He K, et al. Prediction of Mg alloy corrosion based on machine learning models [J]. Advances in Materials Science and Engineering, 2022,2022(1):9597155.
[35] Anowar F, Sadaoui S, Selim B. Conceptual and empirical comparison of dimensionality reduction algorithms (pca, kpca, lda, mds, svd, lle, isomap, le, ica, t-sne) [J]. Computer Science Review, 2021,40:100378.
[36] Cruz Y J, Rivas M, Quiza R, et al. A two-step machine learning approach for dynamic model selection: a case study on a micro milling process [J]. Computers in Industry, 2022,143:103764.
[37] Castano F, Cruz Y J, Villalonga A, et al. Data-driven insights on time-to-failure of electromechanical manufacturing devices: a procedure and case study [J]. IEEE Transactions on Industrial Informatics, 2022,19(5):7190 – 7200.
[38] Mezzogori D, Romagnoli G, Zammori F. Defining accurate delivery dates in make to order job-shops managed by workload control [J]. Flexible Services and Manufacturing Journal, 2021, 33 (4):956 – 991.
[39] Luo J, Hong T, Gao Z, et al. A robust support vector regression model for electric load forecasting [J]. International Journal of Forecasting, 2023,39(2):1005 – 1020.
[40] Pai K N, Prasad V, Rajendran A. Experimentally validated machine learning frameworks for accelerated prediction of cyclic steady state and optimization of pressure swing adsorption processes [J]. Separation and Purification Technology, 2020,241:116651.
[41] Cruz Y J, Rivas M, Quiza R, et al. Computer vision system for welding inspection of liquefied petroleum gas pressure vessels based on combined digital image processing and deep learning techniques [J]. Sensors, 2020,20(16):4505.
[42] Pan Y, Chen S, Qiao F, et al. Estimation of real-driving emissions for buses fueled with liquefied natural gas based on gradient boosted regression trees [J]. Science of the Total Environment, 2019,660:741 – 750.
[43] Chicco D, Warrens M J, Jurman G. The coefficient of determination R-sQuared is more informative than SMAPE, MAE, MAPE, MSE and RMSE in regression analysis evaluation [J]. Peerj computer science, 2021,7:e623.
[44] Eltamaly A M. A novel strategy for optimal PSO control parameters determination for PV energy systems [J]. Sustainability, 2021,13(2):1008.
[45] Karagul K, Sahin Y, Aydemir E, et al. A simulated annealing algorithm based solution method for a green vehicle routing problem with fuel consumption [J]. Lean and Green Supply Chain Management: Optimization Models and Algorithms, 2019:161 – 187.
[46] Cruz Y J, Rivas M, Quiza R, et al. Ensemble of convolutional neural networks based on an evolutionary algorithm applied to an industrial welding process [J]. Computers in Industry, 2021, 133:103530.
[47] Yildiz A R. A novel hybrid whale-Nelder-Mead algorithm for optimization of design and manufacturing problems [J]. The International Journal of Advanced Manufacturing Technology, 2019,105(12):5091 – 5104.
[48] Gao X, Li X, Zhao B, et al. Short-term electricity load forecasting model based on EMD-GRU with feature selection [J]. Energies, 2019,12(6):1140.
[49] Mu C, Xing Q, Zhai Y. Psychometric properties of the Chinese version of the Hypoglycemia Fear

SurveyII for patients with type 2 diabetes mellitus in a Chinese metropolis [J]. PLoS One, 2020, 15(3): e0229562.
[50] Schaefer J L, Nara E O B, Siluk J C M, et al. Competitiveness metrics for small and medium-sized enterprises through multi-criteria decision making methods and neural networks [J]. International Journal of Process Management and Benchmarking, 2022, 12(2): 184-207.
[51] Manimuthu A, Venkatesh V G, Shi Y, et al. Design and development of automobile assembly model using federated artificial intelligence with smart contract [J]. International Journal of Production Research, 2022, 60(1): 111-135.
[52] Zagumennov F, Bystrov A, Radaykin A. In-Firm planning and business processes management using deep neural networks [J]. Journal of Business & Economics Review (JBER), 2021, 6(3).
[53] Ozbey N, Yeroglu C, Alagoz B B, et al. 2DOF multi-objective optimal tuning of disturbance reject fractional order PIDA controllers according to improved consensus oriented random search method [J]. Journal of Advanced Research, 2020, 25: 159-170.
[54] Do B, Ohsaki M. A random search for discrete robust design optimization of linear-elastic steel frames under interval parametric uncertainty [J]. Computers & Structures, 2021, 249: 106506.
[55] Mamdani E H. Application of fuzzy algorithms for control of simple dynamic plant [C]//Proceedings of the institution of electrical engineers. IET Digital Library, 1974, 121(12): 1585-1588.

第 2 部分

多智能体系统和基于 AI 的数字孪生在制造业中的应用

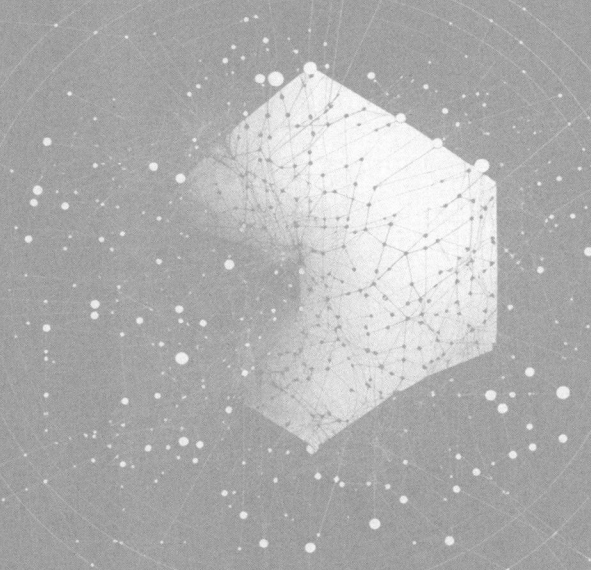

第 9 章 数字孪生赋能的 AI 生产调度智能代理训练与部署框架

Emmanouil Bakopoulos, Vasilis Siatras, Panagiotis Mavrothalassitis, Nikolaos Nikolakis, Kosmas Alexopoulos

9.1 引言

生产调度问题对于优化制造过程和确保有效资源利用至关重要,调度定义了生产操作的位置和时间[1]。生产调度旨在优化资源利用,最小化生产跨度,减少全局设置时间,并满足客户需求[2]。根据 Lawler 等[3]的说法,在大多数情况下,调度属于非确定性多项式(NP)时间问题。为了解决生产调度问题的复杂性,已经开发了先进的技术,其中一些包括数学优化模型、启发式算法和 ML 方法。上述方法考虑的重要输入信息包括设置矩阵、处理时间、要生产的数量、材料可用性、截止日期、技术信息、生产能力等用于建模。此外,使用来自车间的实时数据和 AI 技术可以提高动态制造环境中的适应性,而结合车间的实时数据和 AI 技术带来了新的挑战,即实时决策。

数字孪生是一种允许实时监控和优化物理环境、过程或资产的技术[4],使用户能够了解模型准确性的技术[5]。通过使用来自传感器和 IoT 设备的数据,数字孪生创建物理环境的数字副本,共享相同的特性和交互性。数字孪生已在许多不同领域中使用,包括医疗保健、城市规划和制造业[7]。在各个行业中,实时数据和物理环境的数字副本的结合促进了决策制定,并允许行业持续改进性能[8,9]。

资产管理壳(AAS)技术是在工业 4.0 的参考架构模型(RAMI4.0)[10]中引入的,已经成为制造业资产管理和使用方式的开创性理念[11]。AAS 是标准化模型,允许行业将物理资产与数字副本(如机器、生产系统或工具)结合起来,

AAS 提供了一个控制和监控物理资产的框架。在文献中，AI 调度代理已经与 AAS 概念结合使用[9,12,13]。此外，AI 调度代理是智能自治系统，以生产系统信息为输入，规划资源分配任务[14]。AI 调度代理扮演着重要角色，可以生成实时高效的调度。结合 AAS 和数字孪生技术，AI 调度代理可以用于实时决策或预测[14,15]。

多智能体系统（MAS）是用于组合许多自治代理的系统，这些代理相互交互[15]。MAS 提供了分散和协作的决策制定，允许不同代理之间的协作。MAS 中的每个代理都具有一定的能力、决策制定能力和决策制定，用于解决一个代理无法解决的复杂问题。分而治之的思想被用来将问题分解为子问题，每个代理解决一个子问题，并提供可适应、健壮并能够处理实时不确定性的解决方案。MAS 也与数字孪生、AAS 和 AI 调度代理结合使用，可以促进不同代理之间的交互，其中代理可以被建模为不同的资产。

本研究的贡献是使用数字孪生来准确模拟和验证已开发的 AI 代理，以及训练其中一些代理。此外，使用 AAS 技术在 MAS 内的数字孪生和 AI 代理之间交换数据，最后是开发基于自行车行业要求和挑战建模的 AI 调度代理。

本章分为 4 节：9.1 节介绍数字孪生、AAS、调度问题和 AI 技术应用的概念；9.2 节讨论相关研究；9.3 节解释提出的 MAS 框架，并解释已开发的优化工具；9.4 节介绍实施所提出框架的案例研究；9.5 节为本章结论和未来工作。

9.2 相关研究

制造业得益于 AI 技术的演变，为提高生产力、质量和效率提供了创新方法[16]。由于其处理复杂问题的能力、评估大量信息和做出准确预测的能力，AI 方法在制造业中的使用越来越多，包括质量保证、预防性维护、供应链管理和生产调度在内的许多制造过程都从 AI 方法的应用中受益[17]。

工业部门两个最重要的任务是生产计划和调度。为了创建有效和高效的生产计划或调度，开发和部署了多种策略、方法和技术。生产计划包括提前考虑要做什么及如何做，调度则涉及分配资源或制造设施来处理工作订单。有效的生产调度可以降低生产成本，提高生产力，并最终提高客户满意度。由于其处理复杂调度问题和提供精确解决方案的能力，AI 系统在生产调度中变得越来越重要。ML 是最常用的 AI 方法之一[5]，使用遗传算法、人工神经网络和强化学习创建更有效的生产计划和调度算法。

启发式是解决动态灵活作业车间调度问题的方法之一[18]。其中,遗传算法通过将问题描述为组合优化问题来改进生产调度[19],已在多项研究中应用。然而,随着工业4.0的兴起,ML技术成为解决制造困难的有吸引力的替代方案,因为数据的可用性、强大的处理能力和大量的存储容量。近年来,神经网络和深度学习得到了更多关注[20]。此外,RL使用经验来改进调度策略,已被提出用于生产调度。在RL中,调度策略被表示为将系统当前状态与动作连接起来的函数[21]。总之,未来的研究可能会集中在结合多种AI技术开发更有效和强大的生产调度算法上。

数字孪生(DT)在学术界和工业界的关注持续增长,然而研究文献中对这一概念的定义缺乏明确性。数字孪生提供了系统在其生命周期内的虚拟表示,决策和优化将基于与物理系统并行更新的相同数据[22]。数字孪生可以被简要描述为一个框架或概念,结合了物理和真实环境与数字和虚拟环境,使用了新型的互联方法和技术创新[23]。这种物理到虚拟的连接,用于解决实际过程和资产与它们的数字代表之间的问题,可以被描述为孪生。

实现大多数数字孪生实施方法的主要技术之一是仿真[24]。正如已经提到的,数字孪生的理念是构建一个真实系统的虚拟版本,可以用来模拟和预测物理系统将如何应对某些情况。因此,构建物理系统的虚拟表示的最佳方法是仿真,使工程师能够在建造之前测试和改进系统,降低成本并提高效率。数字孪生和仿真技术在制造业和航空航天等领域的使用越来越频繁,展示了它们完全改变复杂系统创建和优化方式的能力[25]。

此外,数字孪生实施方法可以支持与生产系统的调度任务相关的决策制定,这些任务可能存在不确定性[26]。开发数字孪生的一个关键是实现与数字环境外部系统的高水平标准化和互操作性。数字孪生模拟了物理环境的某些行为,因此需要与物理实体及其提供的信息进行某种无缝的信息交换。OPC UA是一个可以提供数字孪生和生产硬件之间数据交换标准化的方法,实现实时监控和控制、互联性、安全性、访问控制,同时还包括数据建模和语义[27]。

AAS也可以用来标准化资产的描述和管理。数字孪生技术可以通过建立共同的信息语言与资产交换信息[28]。此外,AAS和OPC UA是互补的标准,都可以用于定义通信的框架和协议[29];值得注意的是,AAS是一系列标准,即

IEC 62875、DIN SPEC 91345、IEC 62541（OPC UA）和 RAMI 4.0。在数字孪生构成更高级别系统（如生产线、站点或生产系统）的情况下，通常由多个资产和 AAS 模型组成。从数字孪生的角度来看，AAS 可以是与资产交换信息的中间件或管理它们的行为。然而，使用 AAS 描述资产没有标准方法；尽管元模型将始终相同，但选择描述任何不同资产的不同子模型和子模型元素是有自由度的。因此，通常利用额外的信息建模标准或框架来定义 AAS 元模型内的具体组件和信息结构，如 ISA－88、ISO 22400 和 ISA－95。

数字孪生不仅仅是模拟环境，还包括对下一步行动的决策，然后这些行动可以应用于物理环境。仿真本身无法解决这个问题，AI 代理是解决该挑战的一种方式。MAS 比集中式软件组件更受青睐，是一种分散的方法，因为当问题足够复杂时，无法由单一软件组件解决，通过将问题分解为子问题的方法，每个代理只访问与其技能兼容的子问题。在生产调度的情况下，因为允许不同类型的调度问题由不同的 AI 方法解决，基于哪种方法最能满足要求，是一种有用的方法。AI 是一个广泛的术语，在调度中特别是最常见的方法是启发式、元启发式、数学优化、ML、RL 和决策制定。

数学优化，也称为数学规划，是一个由输入集和参数、决策变量、约束/表达式和目标函数组成的优化模型。基于约束和目标，模型可以被分类为线性、非线性、凸函数、整数和混合整数问题，有不同类型的算法来优化目标。因此，与模型一样重要的是，用于找到既可行又准确的解决方案的算法对于解决方案的质量也至关重要。算法可以是精确的或基于启发式的，而元启发式方法也适用于各种优化问题。

启发式算法已被部署来解决各种生产调度优化问题。结合构造性启发式和迭代贪婪算法用于解决分布式阻塞流车间调度问题（DBFSP），并产生生产跨度最小化[30]。Montiel 等（2017）提出了一种使用启发式对矿生产调度进行随机优化的方法，通过交换采矿块的时期和目的地来实现迭代改进，以创建最终解决方案[31]。启发式也可以成功地部署来优化调度任务，旨在减少总能耗[32]。Jélvez 等（2020）为露天采矿行业解决了有约束生产调度问题（PCPSP）的新的混合启发式算法[33]。

启发式和元启发式算法侧重于在解决方案空间中进行智能搜索，并不能保证解决方案的质量，并且在复杂的优化问题中需要灵活的时间延迟。另一方面，DL 方法不依赖于搜索解决方案空间，而是基于历史信息中的模式预测解决方案。尽管在大多数情况下结果是快速的，但质量并不一定高。实际上取决于所使用的 DL 模型、数据集的质量和数量。在某些情况下，也存在数据集短缺，这使得问题更加难以解决。在实践中，研究人员可以通过利用能够以现实方式模拟实际系统行为的系统数字副本来解决这个问题，支持开发使用仿真作为奖励检索插件的 RL 方法，或者用于提取人工数据集，然后在监督学习模型中使用，以学习和适应实际系统实施。特别是，深度强化学习（DRL）在近年来在处理复杂的调度优化问题方面显示出巨大潜力。研究人员专注于实施 DRL 技术来解决生产调度相关问题，其中数据缺乏，且问题出现高复杂性。作业车间调度问题（JSSP）是科学界试图通过应用 DRL 来解决的与生产调度相关的最常见优化问题之一。Zhang 等（2020）开发了一个 DRL 代理，能够选择优先调度规则来解决 JSSP[19]。Liu 等（2020）遵循类似的 DRL 方法来解决静态和动态 JSSP[34]，不仅仅是解决 JSSP，还有解决方案用于使用深度 Q-learning 优化整个生产系统，这是过去十年中非常流行的 DRL 技术[35]。

虽然所有技术创新技术都有助于开发更智能、更高效的系统和工具，但这些解决方案也可以通过数字孪生有效集成到实际生产系统中，并通过数字孪生帮助集成这些解决方案以提高生产力。Villalonga 等（2021）提出了一个使用数字孪生进行动态调度的框架，以代表实际生产资产，以增强决策制定[36]。Zhang 等（2021）使用数字孪生概念从车间收集实时数据，并实现有效的动态生产调度[37]。为了实现实时决策，实施数字孪生似乎有很大的潜力，因为不确定和动态事件得到了有效解决。动态交互式调度方法可以通过使用数字孪生来增强和加强[26,38]。然而，数字孪生概念也可以实施以支持离线模式的生产调度，如生产系统的离线仿真，使得能够在动态环境中训练调度代理，并在尚未识别出不确定性时做出响应。然而，实施生产调度解决方案和数字孪生的主要挑战之一是缺乏明确定义的数据模型，该问题可以通过 AAS 概念解决。AAS 基本上是在定义的架构中表示数据的方法[13,39]。虽然在其他问题中，相关研究已经应用 AAS 概念，但在生产调度中尚未探索。

探索和解决生产优化代理的明确标准的需求在需要不同生产代理之间合作以形成 MAS 时变得非常明显。来自不同领域的研究人员对 MAS 给予极大的关注，作为将复杂问题分解为较小任务的一种方式。分配给代理的个别任务是自主实体，使用各种但明确定义的输入，每个代理选择最合适的行动计划来完成任务[40]。代理基于其集成环境中提供的信息主动或反应性地选择其行动[41]。在制造业中，MAS 近年来受到许多研究人员的关注。MAS 可以通过合作 MAS 来限制生产系统中订单调度的复杂性，以优化生产控制[42]。在测试床环境中实施分散调度算法的类似方法[43]，一个 MAS 支持的调度策略，用于在接近实时的情况下执行调度任务，以协助经历学习和遗忘的制造系统[44]。

虽然近年来已经探索了 MAS 的实施方法，但需要进一步研究以解决挑战。例如，在一个调度 MAS 中使用标准是至关重要的，以便开发可以轻松转换为"即插即用"应用程序的系统。此外，控制或实施不同应用程序和软件的代理应遵循层次化的实施，以实现更好的 MAS 利用和代理分配。最后，如果通过 MAS 功能控制外部应用程序，API 和标准对于适当调度 MAS 集成到实际生产系统几乎是不可避免的。本章提出的调度 MAS 的实施方法解决了上述问题，并为调度算法的更灵活实施提供了机会，具有不同的功能和异构优化技术。

9.3 多智能体系统框架

9.3.1 系统架构

图 9.1 中提出的架构将众多工业 4.0 技术融合到一个框架中，目标是为生产经理在日常任务中提供高质量的决策支持。具体来说，使用①UI 用于生产经理交互，②MAS 用于分散生产调度，③生产数字孪生用于性能验证，以及④AAS 概念用于描述生产信息和代理作为 I4.0 环境中的资产。

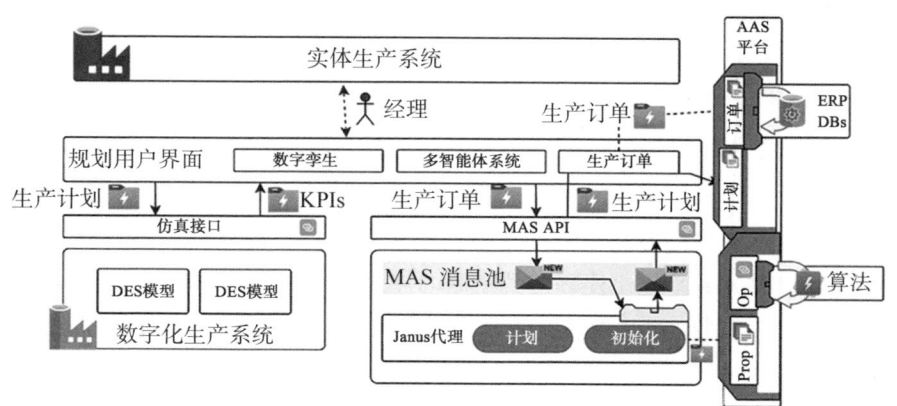

图 9.1　各模块框架架构及其交互

提出框架的第一个方面是定义信息交换机制和相应的信息模型,以便在不同组件之间传递数据。这是与企业软件相关的互操作性问题之一,因为通常对于相同的信息上下文使用不同的信息格式和结构。在这种架构中,AAS 用于表示生产信息,如工作订单、工艺计划和生产资源。然而,AAS 是一个元模型,尽管可能指定了一些抽象的建模对象和交互机制,但并没有指定用于描述资产的详细模型。换句话说,对于相同的资产,可能有多个 AAS 描述,以不同的方式构建相同的资产组件和行为。为此,有一个关于选择"正确"的信息模型来描述生产数据的主题,以便在信息交换上实现标准化。然而,这不属于这个框架的范围,尽管 AAS 用于在 ERP 软件和代理之间交换信息,但底层模型并没有标准化。

如图 9.1 所示,来自 ERP 的信息在 AAS 中描述,对应于经理需要在下一个生产周期内满足的工作订单。这种类型的信息从 UI 中恢复,允许用户(在这种情况下是生产经理)查看接下来几天的工作量。AAS 和 ERP 之间的连接是通过 ERP 到 AAS 连接器进行的,以便所提出的 UI 平台依赖于 AAS 模型,而不是特定的 ERP 信息模型结构。UI 除了可视化生产信息外,还允许用户与 MAS 以及生产数字孪生进行交互。重要的是,与其他系统不同,将决策结果集成到实际系统中并不是一个简单的任务,在实践中需要人为干预来审查和应用生产计划。

UI 和 MAS 之间的信息交换是通过 MAS API 实现的,实际上是一种传递和接收有关生产工作量和状态的数据的方式。MAS 负责处理数据并为用户提供当前生产场景的调度决策。有多个 AI 代理被开发来解决这个问题,每个代理都为用户提供了自己的优势。使用多个代理来解决调度问题的原因是问题的复杂性、用户需求及问题本身。调度问题在环境、约束、目标方面非常多样化,相应的优化方法通常只与可用的调度问题总体中的一小部分兼容。为此,不可能有一个单一的方法能够解决所有生产调度问题,而不会缺乏满足用户需求。为了解决这个问题,提出了一个元调度代理的概念,实际上是由多个 AI 调度代理组成的复合体,每个代理提供不同的优化属性。

AAS 被开发用于描述代理,由 MAS 框架检索,以便部署相应的实体并激活算法。在初始化期间,在 MAS 中生成个别实体,每个实体都带有一组特定的技能(操作),对应于 AAS 操作。重要的是在 MAS 中部署代理与实际算法运行可能有所不同。具体来说,MAS 通常是在一个框架内运行,这是所有部分组件的本地安装，而在这种情况下，算法的部署最好是远程的。图 9.2 所示为一个调度代理的示例，可以看出，一个调度代理 AAS 可能包含多个调度方法，这些方法作为 MAS 框架内的个别代理生成。此外，在这个框架内生成一个元调度代理，以支持 MAS 内的调度选择和协调过程。然而，调度算法可能部署在不同的远程服务器上，具体取决于情况。当一个调度操作从其中一个调度器请求时，AAS 接口支持代理安装和实际算法之间的通信。

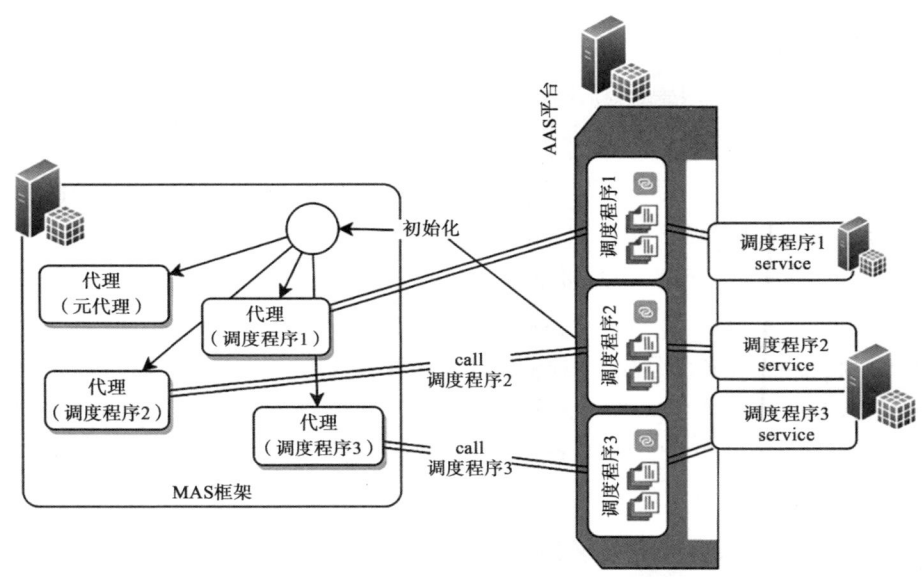

图 9.2　基于 AAS 描述的 MAS 实现，展示了代理与服务/
调度器之间的交互和代理生成过程

在前面架构中，重要的是要澄清元代理的必要性及在 MAS 框架内生成多个代理实体的要求。本质上，代理作为独立实体的概念在网络中实现某种通信时是有用的，通常通过 MAS 框架实现，允许所有内部实体之间的消息交换和事件广播。因此，MAS 框架促进了代理之间的交互；然而，代理逻辑的实现不必在与 MAS 相同的软件组件中。因为 MAS 通常是一个独特的软件组件，其所有代理和事件在同一个软件容器中运行。因此，将复杂的计算过程（如调度）不包括在同一个资源中是有意义的。

为此，实际的优化过程与 MAS 中的代理接口是分离的，包含多个调度方法的调度代理 AAS 没有在 MAS 中的单个代理中生成的原因是，更容易管理不同的调度操作。虽然这在很大程度上是一个设计决策,但分发一个代理网络,每个代理负责特定的调度方法;另一方面,所有调度请求无论方法选择如何都会流经同一个代理,使其工作效率较低。元代理以支持基于调度问题选择算法,并将优化过程分配给不同的代理。实际上,这个特定的代理了解系统中可用的不同调度方法,并且能够在选择之前分析请求。

为了准确地将调度问题分配给调度算法,使用了基于环境、约束和目标三个符号的问题分类方法。这种符号方法在调度问题的描述中广泛使用,并且能够对任何类型的问题进行分类。环境表示生产系统的设备和流程,约束表示与工作相关的特征或特定的设备/缓冲区要求,而目标与调度程序需要优化的标准有关。以下是一些示例:

(1)环境:作业车间、灵活作业车间、并行机器、单机、流车间、灵活流车间、输送线、批处理机器(如烤箱)等。

(2)约束:工作释放时间、块(机器前没有缓冲容量)、截止日期、顺序依赖设置时间、循环、随机处理时间等。

(3)目标:生产跨度、流程时间、延迟、能耗等。

为了自动基于这些符号对问题进行分类,元代理被赋予了不同的规则(每个符号每个特征),以检查特定类型的问题是否符合这些条件。例如,识别作业车间调度必须包含每个产品的确切路线,并且没有替代品。因此,在代理被给予未指定要使用哪种调度器的调度请求的情况下,这些规则被应用,并且选择了符合规则的调度器。在某些情况下,多个调度器将符合规则,可能会产生多个响应。同样重要的是要强调,在请求中使用了特定的信息结构来提供生产数据,并且调度输出也包含在特定的调度响应中。信息结构可能根据实现而有所不同,因此本节中没有指定。也可以使用不同的替代标准,而在某些情况下,也可以使用特定的 ERP 数据模型。无论如何,这种方法保持不变,只是问题分类应该应用于不同的模型。数字孪生是架构的最后一个组件,确保信息在接近现实的情境中得到验证,并且系统性能能得到用户的认可。生产调度由 MAS 接收,然后(按需)发送到数字孪生,以计算其性能(图 9.3 和图 9.4)。这一步在将调度详细显示给用户之前执行,因为有多个竞争性的调度可供选择,这些调度来自不同的调度器。使用生产系统的数字表示的原因是为了使用户能够评估生成的调度。

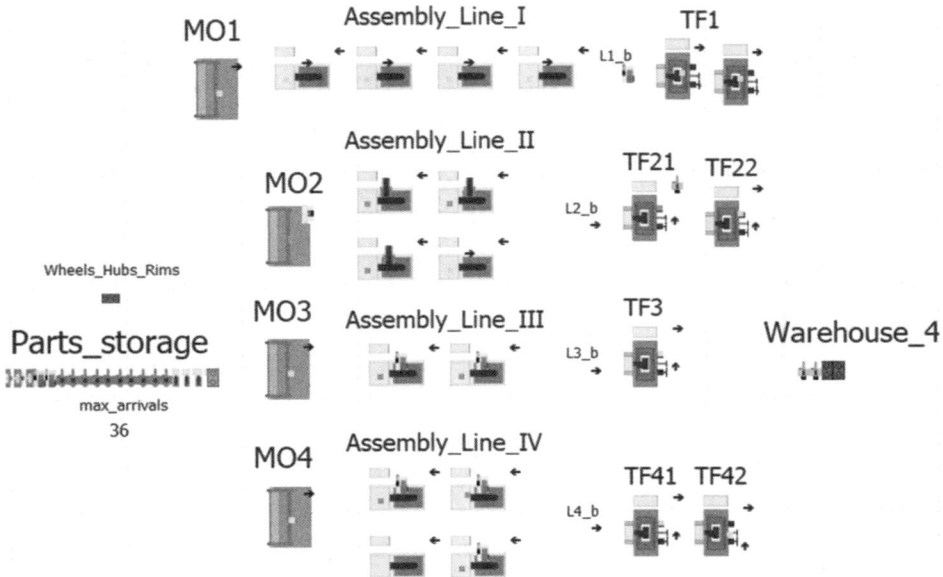

图 9.3　车轮装配部门的仿真模型,作为数字孪生体使用,
以应用 MAS 的调度结果并观察性能

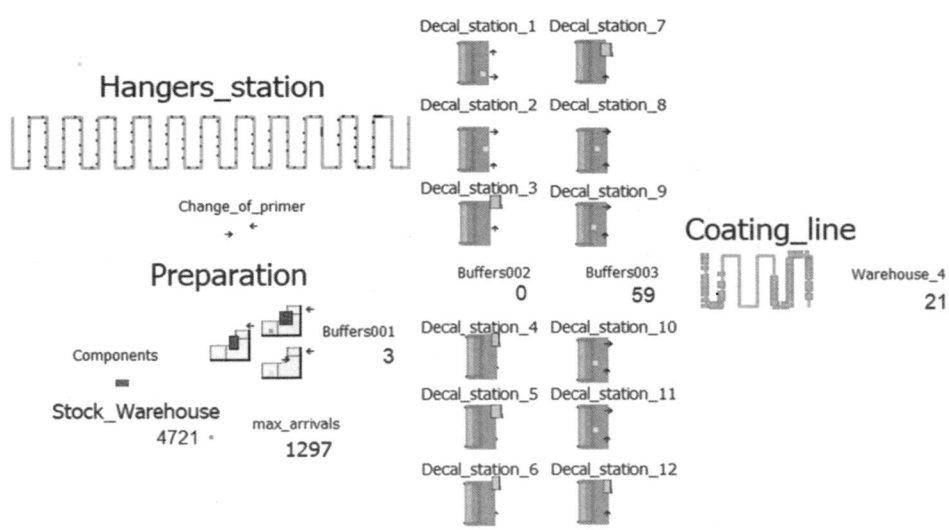

图 9.4　涂装部门的仿真模型,作为数字孪生体使用,
以应用 MAS 的调度结果并观察性能

9.3.2 喷漆车间调度代理

9.3.2.1 数学优化

喷漆车间调度代理旨在解决文献中可以找到的喷漆车间调度问题（PSSP），该问题涉及进入工厂涂装线的项目的顺序，以优化性能指标。与其他调度问题不同，它在项目组合和排序方面通常遇到更详细的组合，该生产线本身通常是带有特定空间约束的移动输送机，由于颜色设置延迟，并且速度恒定，目标是找到产品"物料清单"中项目的最佳组合，按顺序排列以符合所需的性能。

图 9.5 以简单的方式说明了 PSSP，可以看到，目标是创建一个计划——项目进入涂装线的顺序和组合，以便最大限度地利用生产线，这将反映在减少系统生产跨度上。然而，决策系统需要遵守某些要求，以便与系统的物理特性保持一致。以下因素被考虑在内：

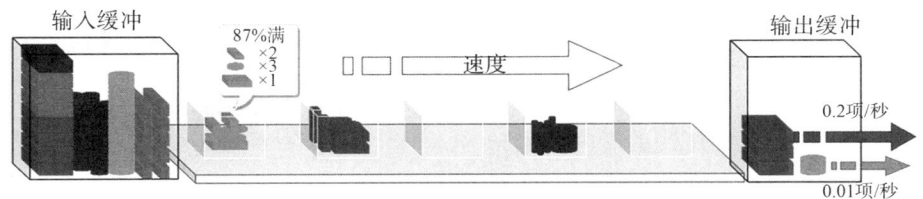

图 9.5　PSSP 图形表示

（1）输送带速度恒定，载体沿生产线等距分布，确保生产线的输入和输出速率恒定。

（2）每个载体都有一个独特的容量（100%），与所有载体相似，不能超过。

（3）不同颜色的项目不能放在同一个载体中，在大多数情况下，项目是在涂装室中一起涂装的。

（4）在连续颜色的子项目中，需要设置延迟，以空载体表示，以便操作人员有时间设置新颜色。

（5）每种项目类型占用特定百分比的载体，并且可以与其他人混合，只要最大容量不违反。

（6）在项目无法适应一个容器/载体的情况下，将使用下一个连续的载体来容纳项目的剩余容量。然而，有一个例外，即没有项目需要超过两个载体的容量。

基于上述转换，可以创建以下数学公式：

集合：P 为需要涂装的生产订单集合，I 为需要涂装的不同项目（类型）集合，C 为颜色代码集合。

参数如下：

$q_{p,i}$——包括在生产订单 $p \in P$ 中的项目 $i \in I$ 的数量，$q_{p,i} \in \mathbb{Z}_{\geqslant 0}$；

c_i——运输物品 $i \in I$ 所需的承运人容量，$c_i \in \mathbb{R}_{>0}$；

$d_{p,p'}$——两个不同生产订单 $(p, p') \in P$ 之间的物品所需的设置延迟，$d_{p,p'} \in \mathbb{Z}_{\geqslant 0}$。

辅助变量如下：

s_i——定义项目 $i \in I$ 是否具有超过一个载体的大小，$s_i \in \{0,1\}$；

$a_{c,t}$——定义这种颜色 $c \in C$ 是否在时间 $t \in \mathbb{Z}_{\geqslant 0}$ 进入生产线；

$e_{p,t}$——定义项目 $i \in I$ 是否在时间 $t \in \mathbb{Z}_{\geqslant 0}$ 进入生产线，$e_{p,t} \in \{0,1\}$。

决策变量如下：

$x_{p,i,t}$——来自产品 $p \in P$ 的项目 $i \in I$ 在时间 t 进入生产线的数量，$x_{p,i,t} \in \mathbb{Z}_{\geqslant 0}$。

计数器参数如下：

n_t——调度中可用的时间步数；

n_i——第 I 个集合中的项目类型数；

n_p——集合中的产品数；

n_c——集合中的颜色数。

约束条件：首先，在可行的调度中需要确保所有项目在生产时间内恰好进入资源一次。可以通过以下线性等式来实现：

$$\sum_{\infty}^{t=0} x_{p,i,t} = q_{p,i} \cdot (1+s_i), p \in P, i \in I$$

约束数量：$n_p * n_i$。

不能将超过承载能力的物品分配到同一载体中，可以通过以下不等式实现：

$$\sum_{\forall p \in P} \sum_{\forall i \in I} c_i \cdot \left(1 - s_i \frac{1}{2}\right) \cdot x_{p,i,t} \leqslant 1, \forall t \in \mathbb{Z}_{\geqslant 0}$$

约束数量：n_t。

此外，对于需要多个载体的物品，必须将其放置在两个连续的载体中，可以通过以下非线性表达式确保：

$$\sum_{t=0}^{N} \sum_{\forall p \in P} \sum_{\forall i \in I} s_i(x_{p,i,t} \cdot x_{p,i,t+1}) \geqslant 1$$

约束数量：1。

为了将上述表达式转换为线性版本，我们从逻辑表达式入手：

$$(x_{p,i,t} > 0) \wedge (x_{p,i,t+1} > 0) \vee (x_{p,i,t-1} > 0)$$

然后，定义两个辅助变量来承载上述逻辑表达式的输出：

$$z_{p,i,t} = (x_{p,i,t+1} > 0) \vee (x_{p,i,t-1} > 0)$$
$$y_{p,i,t} = (x_{p,i,t} > 0) \wedge z_{p,i,t}$$

然后，使用线性表达式来表示 $\wedge$ 和 $\vee$ 运算符：

$$\left. \begin{array}{l} z_{p,i,t} \geqslant x_{p,i,t+1} \\ z_{p,i,t} \geqslant x_{p,i,t-1} \\ z_{p,i,t} \leqslant x_{p,i,t+1} + x_{p,i,t-1} \\ y_{p,i,t} \leqslant x_{p,i,t} \\ y_{p,i,t} \leqslant z_{p,i,t} \\ y_{p,i,t} \geqslant x_{p,i,t} + z_{p,i,t} - 1 \end{array} \right\} \forall p \in P, \forall i \in I, \forall t \in \mathbb{Z}_{\geqslant 0} \mid s_i > 0$$

约束数量：$6n_t^* n_p^* n_i$。

此外，当子序列项目之间改变颜色时，必须应用设置延迟，可以通过以下线性不等式实现：

$$a_{c,t} \geqslant \frac{\sum_{\forall p} \sum_{\forall i} (x_{p,i,t} \cdot f_{p,c})}{\sum_{\forall p} \sum_{\forall i} q_{p,i}}, \ \forall t \in [0, \mathbb{Z}_{\geqslant 0}], \ \forall c \in C$$

$$a_{c,t} + a_{c',t'} \leqslant 1 + \frac{|t - t'|}{d_{c,c'} + 1} \ \forall (c, c') \in C,$$
$$\forall t \in \mathbb{Z}_{\geqslant 0}, \ \forall t' \in [t, t + d_{c,c'}] \mid c \neq c'$$

约束数量：$n_c^* n_t + n_t^* (\text{delay}) * (n_c - 1)^2$。

同样的约束也可以通过以下非线性方程实现：

$$\sum_{t=0}^{N} \left(a_{c,t} \cdot \sum_{t'=t}^{t+d_{c,c'}} (1 - a_{c',t'}) \right) = 0, \ \forall (c, c') \in C \mid c \neq c'$$

约束数量：$(n_c-1)^2$。

目标函数：

L_{total} 总流程时间如下：

$$L_{\text{total}} = \sum_{\infty}^{t=0}(t \cdot a_{c,t})$$

$L_{weighted}$ 涂装线的总加权流程时间：

$$L_{\text{weighted?}} = \sum_{t=0}^{\infty}\sum_{\forall i \in I}(t \cdot w_p \cdot e_{p,t})$$

其中，$x_{p,i,t} \leqslant q_{p,i} \cdot e_{p,t}$，$\forall p \in P$，$\forall i \in I$，$\forall t \in \mathbb{Z}_{>0}$。

$\lambda_{i,k}$——在特定间隔内，项目类型的输出（生产）速率可以定义为一系列分配中的移动平均值：

$$\lambda_{i,k} = \frac{\sum_{t=kL}^{(k+1)L}\sum_{\forall p \in P}x_{p,i,t}}{L}, \ k=0,1,2,\cdots,n_t$$

图 9.5 显示了这一目标的要求来自何处及不应用该目标可能带来的影响。很明显，本例中未能按照从缓冲区出发的平均速率生产项目将导致溢出，而在这种情况下，说明圆需要以比立方体项目慢得多的输出速率输出。应用这种方法的方式不止一种，用户可能要求这成为调度器的约束，通过这种方式，这个速率在任何时候都不会超过，这可以通过下一个不等式应用，或者通过目标函数尝试接近一个特定值，但这并不一定保证这个值在最终结果中不会偏离。

$$\lambda_{i,k} \leqslant \lambda_i^{\text{desired?}}, \ k=0,1,2,\cdots,N, \ \forall i \in I$$

$$\min\left\{\sum_{\forall i \in I}\sum_{k=0}^{\infty}(\lambda_{i,k}-\lambda_i^{\text{desired?}})^2\right\}$$

上述数学公式是一个非常复杂的优化问题，对于实际规模的生产问题来说，解决起来非常困难。正如结果部分所示，实际规模的工业问题可能需要调度来自不同订单、颜色和类型的多达 20 000 个项目，使得问题在相当短的时间内解决起来极其困难。因此，在上述数学公式之后，形成三个不同的版本，每个版本都以不同的方式使用上述表达式。

（1）第一个模型是非线性版本（MINLP），应用了上述非线性不等式约束，允许约束数量更少（因此内存利用率更低），但解决方案空间非常复杂，大多数时候需要更复杂的优化算法和更高的计算延迟。

(2) 线性版本(MILP)也被考虑在内,其中只使用线性约束,提高了计算需求,但增加了内存利用需求。

(3) 最后一个是更简单的线性版本(两阶段 MILP),该模型中删除了约束4,只运行优化以混合具有相同颜色的订单项目,允许更快的响应时间,因为没有设置延迟约束需要在调度中应用。在第二阶段,项目分配一旦完成,优化过程将重复,但这次它将颜色序列作为函数调度,以最小化设置延迟。通过这种方式,模型设法减少了解决方案空间和约束限制。然而问题是,作为降低CPU时间的权衡,无法为生产速率问题提供好的解决方案,因而降低了解决方案的灵活性。

如图9.6所示,不同模型对计算资源 CPU 持续时间的影响非常明显。图表的 Y 轴是对数刻度,并且清楚地显示 MILP 和 MINLP 无法胜过简化的MILP,它可以在相对较短的时间内(20 分钟)覆盖高达 100 个订单这样大量的项目(通常为 18 000 个项目)。

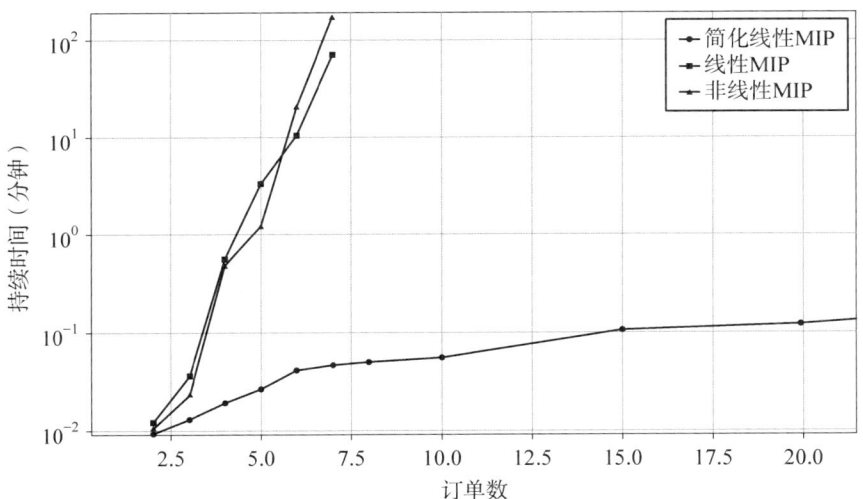

图 9.6 实际示例图展示了随着订单数量增加建模方法的 CPU 延迟差异

指标如下:

离散集:n_p, n_i, n_c, n_t;

决策变量:$n_p^2 + n_i(n_p + 1)$;

输入变量:$n_p^2 + n_i(n_p + 1)$;

辅助变量：$n_i + n_t(n_i + n_c)$；

约束：$n_p n_i + 6n_t n_i n_p + n_c n_t + n_t d(n_c + 1)$。

9.3.2.2 数据驱动优化

为了避免长时间的 CPU 延迟和高 RAM 需求,研究了使用数据驱动(即机器学习)方法来预测调度器的输出。首先,开发前馈神经网络(FFNN),使用工作负载数据(即订单、项目、颜色和尺寸)作为输入信息,并产生涂装线上分配的订单/项目的序列。模型的输入层基于与 MIP 模型的数学公式相同的参数,从而产生以下编码的输入向量($\overline{x}$),同时决策变量 $x_{p,i,t}$ 也被描述为输出向量($\overline{y}$)(图 9.7 和图 9.8)。

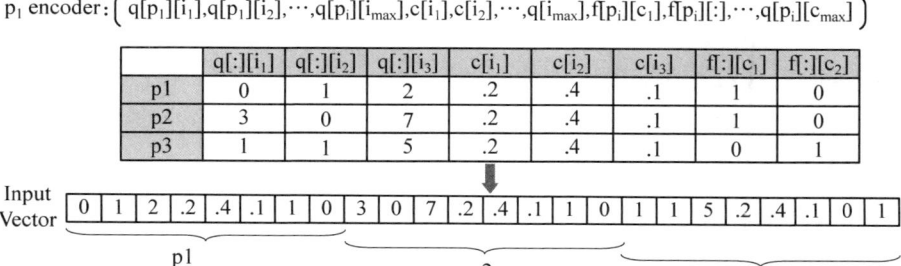

图 9.7　输入层(向量)编码机制,展示了如何将表格重塑为单维向量的示例

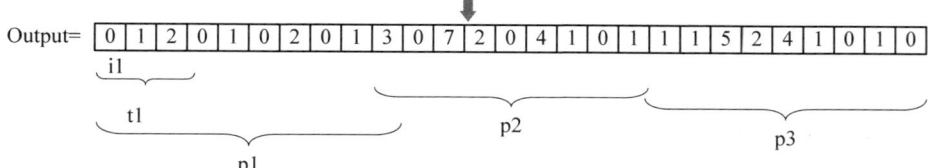

图 9.8　输出层(向量)编码机制,展示了输出可以编码为每个产品每种类型每个时间步的分配

$$\overline{x} = (((\boldsymbol{q}[p][i] \forall i \in I), (\boldsymbol{f}[p][c] \forall c \in C)) \forall p \in P), \boldsymbol{c}[i], \boldsymbol{d}[c][c']$$

其中,$L_{\overline{x}}$ 和 $L_{\overline{y}}$ 在上述方程中表示输入和输出层的维度。与基于模型的方法

不同，神经网络由静态数量的 I/O 参数组成，这与调度问题的任意规模相矛盾。为了解决这个问题，编码的输入考虑了一个固定的最大的订单数（pmax）、项目数（imax）、颜色代码数（cmax）和生产持续时间（tmax）。对于提供少于这个最大数量作为输入的情况，编码器生成额外的订单，以便满足神经网络的 I/O 层，尽管将项目数量设置为零，这将不会影响分配过程；对于提供多于最大数量的情况，模型无法编码输入。每层神经元的数量和整个神经网络模型的可训练参数总数由下式提供：

$$\text{neurons}\# = 2^k L_{\overline{x}}$$

$$\text{params}\# = \sum\nolimits_{\forall k: layer} [2^k L_{\overline{x}} (2^{k-1} L_{\overline{y}} + 1)]$$

另一种数据驱动方法将调度输出视为时间序列，根据已知的先前值预测下一个分配。这样，整个生产调度可以以递归方式生成，减少了模型的预测变量，提高了准确性，并避免了有关问题可扩展性的任何限制。与上述方法类似，最终目标是预测 $x_{p,i,t}$，对于所有给定的订单、项目和时间步；然而，在这种模型中只对一个时间步进行预测，并重复整个输出序列。LSTM 神经网络的输入特征包括动态和静态部分。动态部分如下所示，具有随着时间轴移动而变化的特征。

特定时间步（载体）上所有项目的分配由以下向量给出：

$$\overline{x}[t_i] = x[\forall p][\forall i][t_i], \ t_i \in \mathbb{N}$$

以下定义的变量，提供了在给定时间步给定订单剩余项目的数量，考虑到先前分配选择的序列：

$$Q[p][i][t_i] = q[p][i] - \sum\nolimits_{t_i}^{t=0} x[p][i][t]$$

根据上述公式，定义了以下向量：

$$\overline{Q}[t_i] = [Q[\forall p][\forall i][t_i]], \ t_i \in \mathbb{N}$$

此外，类似于前馈 NN 模型，一些静态工作负载信息也必须提供，揭示了颜色、尺寸和设置延迟，其中输入层的最终配置如图 9.9 所示。

图 9.9 所示为 I/O 模型的格式，这是 LSTM 模型所需的。与 MIP 模型不同，该方法在定义第一个分配 $\overline{x}[0:L]$ 时出现了问题，因为它需要历史信息窗口（L），在面对一个全新的调度请求时并未定义。因为多个调度结果从不同的

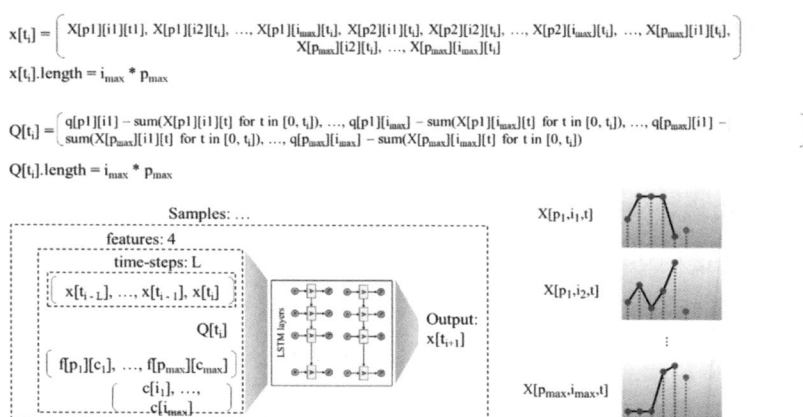

图 9.9 LSTM RNN 输入/输出层设计的概览,以及如何派生特定输入和如何表示输出

工作负载合并到一个单一序列中以训练 LSTM 模型,该问题在训练过程中更加明显,通过在每个调度的开始添加 L 数量的时间步来解决,其中 L 为模型用于预测的先前分配窗口,时间步包含零分配的项目,并且只负责满足 LSTM 神经网络模型的输入层(图 9.10)。

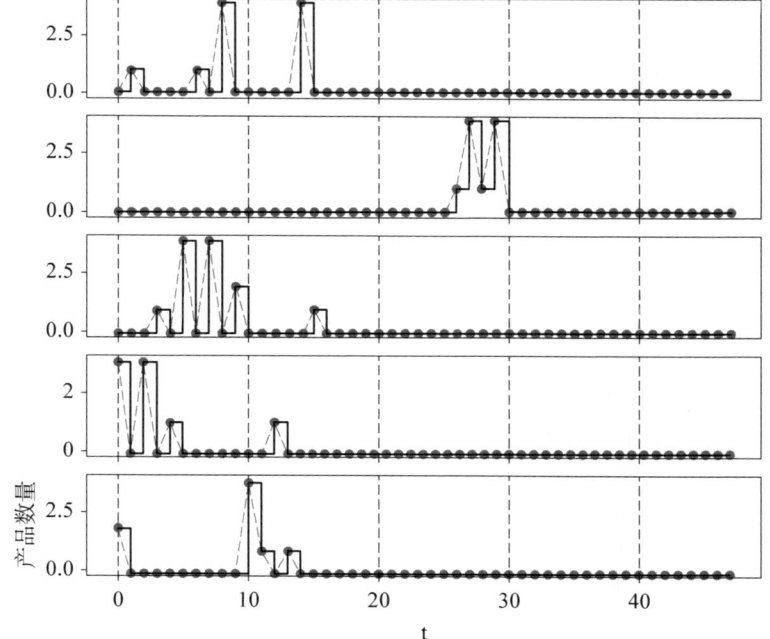

图 9.10 随时间变化的产品分配总数,每张图包含两条线用于显示

9.3.3 DRL 调度代理

DRL 代理被选为解决动态调度问题(DSP)。根据 Chien 和 Lan[45]的研究,DSP 容易受到多种不确定性的影响,包括机器故障、紧急情况的到来及工作截止日期的变化。在文献中有几篇关于 DSP 的文章[46-49],DRL 代理也与 DNN 和深度 Q 网络结合使用,以近似状态动作值函数[50,51]。所提出的 DRL 代理与离散事件模拟器结合使用,以便训练和测试 DRL 模型。详细来说,所使用的 DES 是 Lanner 的 Witness Horizon[52]提出的,DRL 和 DES 通过 API 进行通信,API 由 Witness Horizon 提供。此外,除了 API 文件外,还使用文本文件在 DES 和 DRL 之间交换数据(图 9.11)。DRL 代理使用的概念是通过使用调度规则将任务分配给资源,在文献中有几项研究工作研究了与调度规则结合使用的 RL 代理[53]。

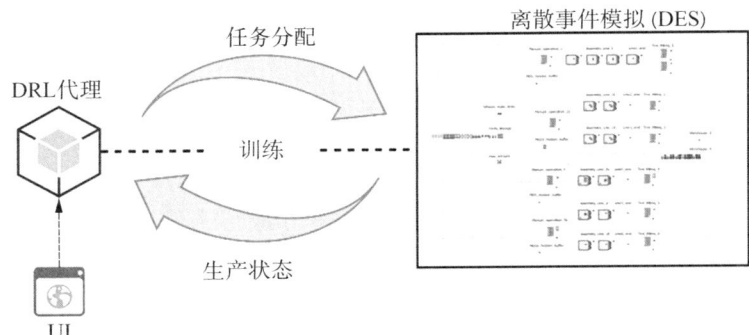

图 9.11 DRL 代理运行架构

Q-learning 是一种非策略的时序差分算法,基于 Q 函数的思想[54]。在以下等式中,$Q^\pi(s_t, a_t)$是通过在状态 S_t 采取动作 a_t 获得的折扣奖励总和的预期回报:

$$Q^\pi(s_t, a_t) = \max_\pi E\left[r_{t+1} + \gamma r_{t+2} + \gamma^2 r_{t+3} + \cdots \mid s_t = s, a_t = a, \pi\right]$$

其中,s_t 为状态,a_t 为动作,π 为策略,主要思想是使用贝尔曼方程作为值迭代更新。代理在决策点 t 处于状态 $s_t \in S$,根据策略 π 选择动作 a_t。采取动作后,代理以转移概率 $p(s_{t+1} \mid s_t, a_t) \in P(S \times A \to S)$ 进入状态 s_{t+1},并获得奖励 $r_t \in R$。此外,γ 是每个时间步 t 的折扣因子。a 是学习率,其中 $0 < a \leqslant 1$。代理的目标是找到最优策略 π^*,以最大化预期奖励总和。Q-learning 在环境巨大时有一些限制,因此使用深度 Q 网络(DQN)概念。将 RL 与 DL 技术结

合，Q 表可以被替换为具有权重的 Q 函数近似器[55]。为了解决 DSP 问题，由于环境巨大，使用了 DRL DQN 概念。将使用深度卷积神经网络的近似值表示为 $Q(s, a; \theta_i)$。此外，ψ_i 是 Q 网络在迭代 i 中的权重。经验表示为 $e_t = (s_t, a_t, r_t, s_{t+1})$，每个时间 t 都存储在数据集 $D_t = \{e_1, \cdots, e_t\}$ 中。从存储实例的池中随机选择一个实例，对每个经验 $(s, a, r, s') \sim U(D)$ 应用 Q-learning 更新。

$$L_i(\theta_i) = E_{(s, a, r, s') \sim U(D)}[(r + \gamma \max_{a'} Q(s', a'; \theta_i^-) - Q(s, a; \theta_i))^2]$$

其中，θ_i 为 Q 网络在迭代 i 中的权重，θ_i^- 为在迭代 i 中用于计算目标的网络权重，目标网络参数(θ_i^-)每 c 步与 Q 网络参数一起更新，其中 c 为常数。

状态是描述给定输入的特征元组。本章包含资源的状态（故障、忙碌和可用）、任务的状态（等待、待处理、进行中和完成）及最终产品订单的数量列表。此外，动作描述了 DRL 代理选择的调度规则，以提出任务在资源上的分配。

9.3.4 启发式优化

分层调度器是一个决策模块，用于提取所需任务的有效顺序[56]。调度器解决的问题是资源分配问题[57]，其中问题寻求将离散资源单元最优分配给一组任务。启发式算法基于搜索深度的概念，除了搜索方法向前看的层数，主要的控制参数是决策范围（DH）、采样率（SR）和最大替代方案数量（MNA）。在每个决策点，基于 DH、SR 和 MNA 创建决策树。图 9.12 所示为代表任务分

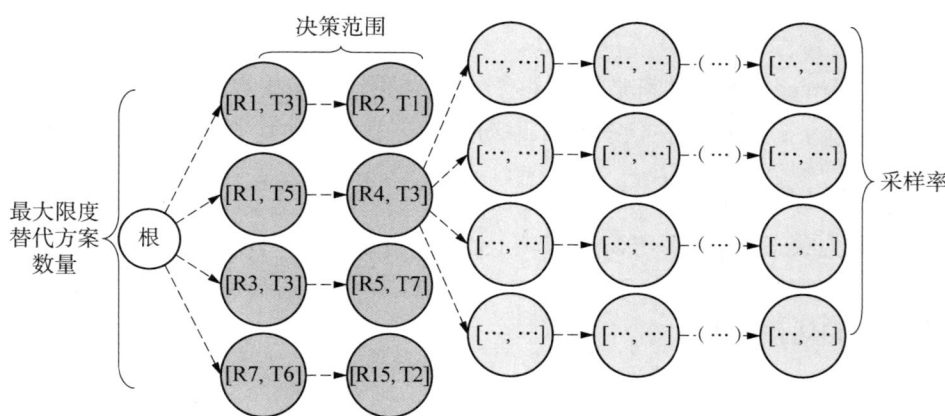

图 9.12 树状图展示了基于 MNA、DH 和 SR 的搜索方法示例，展示不同分支和层次的生成

配给操作人员的决策点的节点 A_1、…、A_N。正确选择 MNA、DH 和 SR 可以获得好的解决方案。例如,在文献[59]中提到,识别高质量替代方案(即效用值在与最高效用值相关的范围内Δ)的概率随着 MNA 和 Δ 的增加而增加。算法的伪代码定义如图 9.12 所示[60]。

算法:
三个可调参数:MNA、SR、DH
初始化:MNA、SR、DH
当完整调度未生成时:生成 MNA 替代分支的分配,用于 DH 步未来的分配。
对于每个分支中的替代方案:从 DH 步开始,生成 SR 个子分支的分配。
计算每个 MNA 分支上 SR 子分支的平均分数。
选择具有最高分数的替代方案。
存储替代方案的分配,最长可达 DH 步
返回:最佳替代方案

对于每个决策树,算法返回一个有效的任务-资源分配列表[61-64]。MNA 和 DH 控制搜索的广度,DH 控制搜索的深度。另一方面,SR 用于将搜索引向可以提供更高质量解决方案的替代方案。因此,解决方案的质量取决于 MNA、DH 和 SR 的选择。

9.4 案例

本章所提出的多智能体调度框架在自行车生产行业的一个案例研究中得到实施、验证和评估。为了在能够产生优化的长期或短期调度的生产环境中部署 AI 调度代理,选择了两个部门:喷漆和车轮装配部门。正如前面提到的,有不同类型的调度代理使用 MAS 部署各种调度应用程序的目的是双重的。第一个原因是,通过实现 MAS,不会影响到生产系统的其他实体,使用一个集成的解决方案,算法可以作为独立的应用程序单独开发,在 MAS 中作为一个独立的应用程序;第二个原因是,通过 MAS,可能实现不同应用程序之间的自动协作,协调多个资产或功能。为了结合 MAS 的两个好处,能够解决不同的调度问题,并且结合其资产来解决一个以上的调度问题,本章提出的实施方法遵循在 MAS 中部署不同的调度算法。

MAS 用于调度代理的开发,使用了 JANUS,这是一个高效灵活的面向代理编程框架,为快速部署虚拟资产提供了机会。JANUS MAS 框架与 SARL 编程语言和 JAVA 兼容。在这个 MAS 中,部署任何代理之前需要定义四个主要概念:代理、事件、能力和技能。代理实例代表所有操作序列,这些操作序列需要在代理需要操作时发生,以完成特定的一批功能和操作。代理的通信和行为由事件控制,这些事件是允许框架内所有代理相互交互的预定义模式。术语能力是对技能实现的抽象描述,用于定义代理模式的可重用能力,而无须定义实现细节。最后,技能概念是一种实现能力的方式,允许基于自己的或适应的技能交换和修改实现,而无须修改代理的行为或代理模板的特征。为了使用 JANUS 框架解决调度 MAS,调度代理被建模为 JANUS 框架中的代理,能够在元代理的控制下生成和操作,元代理是 MAS 内的协调代理。调度代理具有特定的技能,与解决问题的算法有关,并且集成了元代理概念,以便在 MAS 中实现不同代理之间的自动和分布式协作,当有调度请求时。用户能够通过 UI 的后端与 MAS 进行交互,该 UI 为调度任务可视化而开发。

在实践中,元代理从 UI 接收调度请求。这个调度请求在 AAS 中建模,如前几节所述,元代理能够生成相应的调度代理来解决特定的调度问题。调度代理是父"类"在 JANUS 中,实现事件、技能和方法,也可以包含局部变量。每个调度代理都容纳三个 MAS 事件:

(1)"初始化"。在框架初始化期间,调度代理由元代理生成,并等待来自元代理的调度请求通知。在代理初始化期间,定义并初始化了特定的调度代理参数,能够在未来为特定类型的调度请求服务。

(2)"调度请求"。元代理请求通知相应的调度代理,以便执行所需的调度计算。在此事件调用之后,调度代理执行特定的技能和操作,以便调度算法计算调度。

(3)"调度响应"。调度任务的输出发送到 MAS 中的所有其他代理。当调度代理完成其操作时,该事件通知框架中所有可以监听此事件的其他代理。

当调度请求到达 MAS 时,元代理负责根据 AAS 中的请求识别正确的调度器,AAS 除了包含调度任务信息之外,还指示所需的调度代理,能够根据一些预定义的特征执行调度任务。在调度请求之后，元代理对 AAS 中提供的信息进行简单过滤，以选择相应的调度代理。每个调度代理都有自己的输入格式。由于 JANUS 元代理负责调度任务的协调，它将信息传递给能够执行正确算法以计算调度的适当调度代理。如上所述，实现 MAS 的原因是调度器可以作为独立应用程序开发。因此，为了使每个调度代理能够执行其调度技能，而无须在 MAS 框架内开发算法部分，使用接口通过调度代理的技能执行调度算法。此外，使用了 REST API，使代理能够访问调度器的端点，并将信息传递给算法。另一方面，由于没有特定的时间点期望收到响应结果，使用 RabbitMQ 消息交换通道来接收调度器的响应。当然，这是一种设计决策，可以使用其他协议在不同实体之间传递信息。在案例研究中，MAS 中实现了三种不同的调度代理，每个代理都有自己的特点和功能。为了验证上述 MAS 实施的有效性，开发和使用了以下调度器：①启发式多目标调度框架，②用于生产调度的混合整数规划（MIP）模型优化器[65]，③用于动态生产调度的 DRL 调度器。前两个代理用于解决自行车行业喷漆部门的调度问题，而第三个代理用于解决车轮装配部门的调度问题。前两个代理的部署目标是优化涂装线的调度顺序。DRL 代理的部署目标是解决包含不确定性的生产系统的动态调度问题。调度代理被部署在 MAS 中，以支持自行车生产系统的调度任务。然而，由于该应用程序应由生产经理在工业环境中使用，因此需要 UI，其开发旨在以高效且用户友好的方式展示调度任务及其所有必需资产。UI 包括调度任务制定标签页，生产经理在其中选择需要调度的订单并选择相应的调度器。还有一个功能，用户可以运行所有支持的调度器并比较结果，然后才实际将调度应用于实际生产系统。结果在另一个标签页中显示，这是一个用于调度生产订单的公共表格。此外，用户还可以通过数字孪生标签页展示一些生产 KPI，其中执行了生成调度的 DES 运行。为了验证整个框架的性能，使用了离散事件仿真（DES），开发了两个 DES 模型，代表自行车生产系统的两个部门的生产环境。这些 DES 模型用于展示多智能体框架处理的调度请求的结果，以及代理解决动态调度问题的实际操作。启发式和 MIP 调度器部署在喷漆部门，而 DRL 调度器部署在车轮装配部门。JANUS MAS 在 UI 中制定调度请求后，提供了访问它们的必要信息的 AAS 定义内生成所有三个调度代理。因此，用户可以选择任何调度代理，并使用 UI 中提供的调度器工具箱，解决类似或不同类型的问题。用户以抽象的方式向 MAS 发送调度操作，无需指定相应的问题。调度请求到达后，元代理负责生成所需的调度代理，实现 SARL 软件和各个调度器之间的无缝集成。实现的框架展示了在实现多智能体调度优化方面的巨大潜力，UI（图 9.13 和图 9.14）允许用户通过 DES 评估生成的调度，生产 KPI 被展示出来，通过每次系统性能的评估，可以决定生成的调度是否有效，进一步与生产经理合作进行手动测试，验证了结果的准确性和精确性。因此，针对自行车生产工业环境提出的调度 MAS 实施可以有效处理其不同调度代理之间的工作负载分配，以提出最合适的生产顺序。表 9.1 总结了在实际工业案例中测试框架的代理结果，结果并不直接转化为业务 KPI，而是调度器的日志，这就是需要数字孪生组件来反映这些解决方案来适应整体生产场景并检查性能。

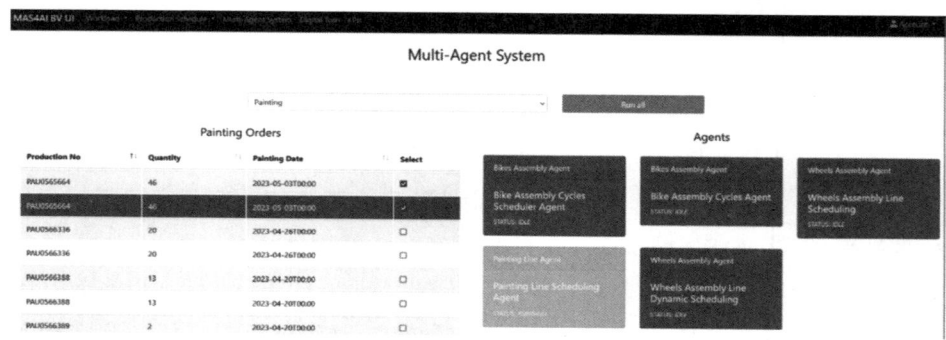

图 9.13　UI 多代理系统标签页

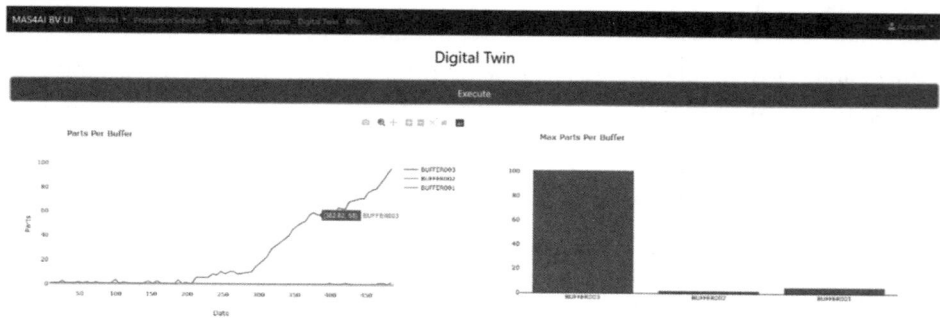

图 9.14　UI 数字孪生标签页

表 9.1 不同智能体解决用例调度问题的结果表

级别	优化插件	分配数量(平均值)		反应时间(min)(平均)	配置	性能(平均值)
		订单	项目			
资源(装图线)	传送带调度器(简单 MILP, Gurobi)	98	18 500	22	2(核) 12(线程)	5%(MIP Gap) 8 000(挂架)
资源(装图线)	传送带调度器(MILP, Gurobi)	12	1 500	71	2(核) 32(线程)	7%(MIP Gap) 700(挂架)
资源(装图线)	传送带调度器(MILP, Gurobi)	12	1 500	180	2(核) 32(线程)	7%(MIP Gap) 700(挂架)
资源(装图线)	传送带调度器(FFNN)	20	2 000	0	20(p_{max}) 16(i_{max}) 1 000(t_{max}) 20(c_{max})	1 000(挂架) 27(违反约束)
资源(装图线)	传送带调度器(LSTM RNN)	50	9 000	0	50(p_{max}) 16(i_{max}) 50(c_{max})	5 000(挂架) 5(违反约束)
资源(准备)	工厂调度器	8 000(任务)		70	0.4%(MNA) 0.15%(SR) 2(DH)	70%(效用)
资源(装配线)	部门调度器	50(订单), 1 000(作业), 2 500(任务)		2	1 班次(DH)	−7% (总完工时间) 70%~75% (利用率)

9.5 本章结论

总之,MAS、数字孪生、AAS 概念和 AI 技术是工业 4.0 的一部分,越来越多的研究人员和工业专家致力于结合这些技术。数字制造是行业和研究人员的重要一步,还有许多差距和挑战需要克服。数字化将使行业实现自动化、提高效率、实时决策、灵活性和适应性。本章列举了一个针对自行车行业的 MAS 框架,使用 AAS、数字孪生和 MAS 的概念来解决生产调度问题,开发了数学优化、DRL、启发式算法和 DL 算法来解决识别出的问题。本章内容的关键贡献是使用数字孪生来准确模拟生产环境,提高开发 AI 代理的效率,利用 AAS 概念来保证 MAS 内的数据传输互操作性。未来的研究方向可以考虑持续利用数字孪生和 AI 集成,此外,AAS 技术被用来在模拟器中完全参数化代理和生产环境。

参考文献

[1] Chryssolouris G. The design of manufacturing systems [J]. Manufacturing systems: theory and practice, 2006:329 - 463.

[2] Rodammer F A, White K P. A recent survey of production scheduling [J]. IEEE transactions on systems, man, and cybernetics, 1988, 18(6):841 - 851.

[3] Lawler E L, Lenstra J K, Kan A H G R, et al. SeQuencing and scheduling: Algorithms and complexity [J]. Handbooks in operations research and management science, 1993, 4:445 - 522.

[4] Tao F, Zhang H, Liu A, et al. Digital twin in industry: state-of-the-art [J]. IEEE Transactions on industrial informatics, 2018, 15(4):2405 - 2415.

[5] Alexopoulos K, Nikolakis N, Chryssolouris G. Digital twin-driven supervised machine learning for the development of artificial intelligence applications in manufacturing [J]. International Journal of Computer Integrated Manufacturing, 2020, 33(5):429 - 439.

[6] Jiang Y, Yin S, Li K, et al. Industrial applications of digital twins [J]. Philosophical Transactions of the Royal Society A, 2021, 379(2207):20200360.

[7] Enders M R, Hoßbach N. Dimensions of digital twin applications-a literature review [J]. 2019.

[8] Rasheed A, San O, Kvamsdal T. Digital twin: Values, challenges and enablers from a modeling perspective [J]. IEEE access, 2020, 8:21980 - 22012.

[9] Park K T, Son Y H, Ko S W, et al. Digital twin and reinforcement learning-based resilient production control for micro smart factory [J]. Applied Sciences, 2021, 11(7):2977.

[10] Plattform Industrie 4.0. Reference architectural model Industrie 4.0 (RAMI 4.0): an introduction [J]. 2015.

[11] Wei K, Sun J Z, Liu R J. A review of asset administration shell [C]//2019 IEEE International Conference on Industrial Engineering and Engineering Management (IEEM). IEEE, 2019:1460 - 1465.

[12] Arm J, Benesl T, Marcon P, et al. Automated design and integration of asset administration shells in components of Industry 4.0 [J]. Sensors, 2021, 21(6):2004.

[13] Wagner C, Grothoff J, Epple U, et al. The role of the Industry 4.0 asset administration shell and the digital twin during the life cycle of a plant [C]//2017 22nd IEEE international conference on emerging technologies and factory automation (ETFA). IEEE, 2017:1 - 8.

[14] Cavalieri S, Salafia M G. A model for predictive maintenance based on Asset Administration Shell [J]. Sensors, 2020, 20(21):6028.

[15] Ocker F, Urban C, Vogel-Heuser B, et al. Leveraging the asset administration shell for agent-based production systems [J]. IFAC-PapersOnLine, 2021, 54(1):837 - 844.

[16] Chryssolouris G, Alexopoulos K, Arkouli Z. Artificial intelligence in manufacturing systems [M]//A perspective on artificial intelligence in manufacturing. Cham: Springer International Publishing, 2023:79 - 135.

[17] De Simone, V., Di PasQuale, V., Miranda, S.: An overview on the use of AI/ML in manufacturing MSMEs: solved issues, limits, and challenges. Proc. Comput. Sci. 217, 1820 - 1829 (2023).

[18] Shahgholi Zadeh M, Katebi Y, Doniavi A. A heuristic model for dynamic flexible job shop scheduling problem considering variable processing times [J]. International Journal of Production Research, 2019, 57(10): 3020 – 3035.

[19] Chen X, An Y, Zhang Z, et al. An approximate nondominated sorting genetic algorithm to integrate optimization of production scheduling and accurate maintenance based on reliability intervals [J]. Journal of Manufacturing Systems, 2020, 54: 227 – 241.

[20] Essien A, Giannetti C. A deep learning model for smart manufacturing using convolutional LSTM neural network autoencoders [J]. IEEE Transactions on Industrial Informatics, 2020, 16(9): 6069 – 6078.

[21] Wang L, Pan Z, Wang J. A review of reinforcement learning based intelligent optimization for manufacturing scheduling [J]. Complex System Modeling and Simulation, 2021, 1(4): 257 – 270.

[22] Negri E, Fumagalli L, Macchi M. A review of the roles of digital twin in CPS-based production systems [J]. Procedia manufacturing, 2017, 11: 939 – 948.

[23] Jones D, Snider C, Nassehi A, et al. Characterising the Digital Twin: A systematic literature review [J]. CIRP journal of manufacturing science and technology, 2020, 29: 36 – 52.

[24] Boschert S, Rosen R. „Digital Twin-The Simulation Aspect " in Mechatronic Futures: Challenges and Solutions for Mechatronic Systems and their Designers, P. Hehenberger und D. Bradly, Hg [J]. 2016.

[25] Botín-Sanabria D M, Mihaita A S, Peimbert-García R E, et al. Digital twin technology challenges and applications: A comprehensive review [J]. Remote Sensing, 2022, 14(6): 1335.

[26] Negri E, Pandhare V, Cattaneo L, et al. Field-synchronized digital twin framework for production scheduling with uncertainty [J]. Journal of Intelligent Manufacturing, 2021, 32(4): 1207 – 1228.

[27] Jhunjhunwala P, Atmojo U D, Vyatkin V. Applying skill-based engineering using OPC-UA in production system with a digital twin [C]//2021 IEEE 30th International Symposium on Industrial Electronics (ISIE). IEEE, 2021: 1 – 6.

[28] Fuchs J, Schmidt J, Franke J, et al. I4.0-compliant integration of assets utilizing the Asset Administration Shell [C]//2019 24th IEEE International Conference on Emerging Technologies and Factory Automation (ETFA). IEEE, 2019: 1243 – 1247.

[29] Pribiš R, Beňo L, Drahoš P. Asset Administration Shell design methodology using embedded OPC unified architecture server [J]. Electronics, 2021, 10(20): 2520.

[30] Chen S, Pan Q K, Gao L. Production scheduling for blocking flowshop in distributed environment using effective heuristics and iterated greedy algorithm [J]. Robotics and Computer-Integrated Manufacturing, 2021, 71: 102155.

[31] Montiel L, Dimitrakopoulos R. A heuristic approach for the stochastic optimization of mine production schedules [J]. Journal of Heuristics, 2017, 23: 397 – 415.

[32] Aghelinejad M M, Ouazene Y, Yalaoui A. Production scheduling optimisation with machine state and time-dependent energy costs [J]. International Journal of Production Research, 2018, 56(16): 5558 – 5575.

[33] Jélvez E, Morales N, Nancel-Penard P, et al. A new hybrid heuristic algorithm for the precedence constrained production scheduling problem: a mining application [J]. Omega, 2020, 94: 102046.

[34] Liu C L, Chang C C, Tseng C J. Actor-critic deep reinforcement learning for solving job shop scheduling problems [J]. Ieee Access, 2020, 8: 71752 – 71762.

[35] Waschneck B, Reichstaller A, Belzner L, et al. Optimization of global production scheduling with deep reinforcement learning [J]. Procedia Cirp, 2018, 72: 1264 – 1269.

[36] Villalonga A, Negri E, Biscardo G, et al. A decision-making framework for dynamic scheduling of

cyber-physical production systems based on digital twins [J]. Annual Reviews in Control, 2021, 51:357 – 373.

[37] Zhang M, Tao F, Nee A Y C. Digital twin enhanced dynamic job-shop scheduling [J]. Journal of Manufacturing Systems, 2021, 58:146 – 156.

[38] Fang Y, Peng C, Lou P, et al. Digital-twin-based job shop scheduling toward smart manufacturing [J]. IEEE transactions on industrial informatics, 2019, 15(12):6425 – 6435.

[39] Inigo M A, Porto A, Kremer B, et al. Towards an Asset Administration Shell scenario: a use case for interoperability and standardization in industry 4.0 [C]//NOMS 2020 – 2020 IEEE/IFIP Network Operations and Management Symposium. IEEE, 2020:1 – 6.

[40] Dorri A, Kanhere S S, Jurdak R. Multi-agent systems: A survey [J]. Ieee Access, 2018, 6: 28573 – 28593.

[41] Cardoso R C, Ferrando A. A review of agent-based programming for multi-agent systems [J]. Computers, 2021, 10(2):16.

[42] Dittrich M A, Fohlmeister S. Cooperative multi-agent system for production control using reinforcement learning [J]. CIRP Annals, 2020, 69(1):389 – 392.

[43] Egger G, Chaltsev D, Giusti A, et al. A deployment-friendly decentralized scheduling approach for cooperative multi-agent systems in production systems [J]. Procedia Manufacturing, 2020, 52: 127 – 132.

[44] Renna P. Flexible job-shop scheduling with learning and forgetting effect by multi-agent system [J]. International Journal of Industrial Engineering Computations, 2019, 10(4):521 – 534.

[45] Chien C F, Lan Y B. Agent-based approach integrating deep reinforcement learning and hybrid genetic algorithm for dynamic scheduling for Industry 3.5 smart production [J]. Computers & Industrial Engineering, 2021, 162:107782.

[46] Mohan J, Lanka K, Rao A N. A review of dynamic job shop scheduling techniques [J]. Procedia Manufacturing, 2019, 30:34 – 39.

[47] Wen X, Lian X, Qian Y, et al. Dynamic scheduling method for integrated process planning and scheduling problem with machine fault [J]. Robotics and Computer-Integrated Manufacturing, 2022, 77:102334.

[48] Yan Y, Wang Z. A two-layer dynamic scheduling method for minimising the earliness and tardiness of a re-entrant production line [J]. International journal of production research, 2012, 50(2):499 – 515.

[49] Muhamadin K, Bukkur M A, Shukri M I, et al. M.: A review for dynamic scheduling in manufacturing. Type: Double Blind Peer Reviewed Int [J]. Res. J. Publ. Glob. J. Online, 2018, 18:25.

[50] Hu L, Liu Z, Hu W, et al. Petri-net-based dynamic scheduling of flexible manufacturing system via deep reinforcement learning with graph convolutional network [J]. Journal of Manufacturing Systems, 2020, 55:1 – 14.

[51] Chang K, Park S H, Baek J G. AGV dispatching algorithm based on deep Q-network in CNC machines environment [J]. International Journal of Computer Integrated Manufacturing, 2022, 35 (6):662 – 677.

[52] WITNESS Simulation Modeling Software|Lanner. https://www.lanner.com/en-gb/technology/witness-simulation-software.html. Accessed 16 Jun 2023.

[53] Zhang C, Song W, Cao Z, et al. Learning to dispatch for job shop scheduling via deep reinforcement learning [J]. Advances in neural information processing systems, 2020, 33:1621 – 1632.

[54] Mnih V. Asynchronous methods for deep reinforcement learning [J]. arXiv preprint arXiv:1602.

01783,2016.

[55] Mnih V, Kavukcuoglu K, Silver D, et al. Human-level control through deep reinforcement learning [J]. nature, 2015,518(7540):529-533.

[56] Kousi N, Koukas S, Michalos G, et al. Scheduling of smart intra-factory material supply operations using mobile robots [J]. International Journal of Production Research, 2019,57(3):801-814.

[57] Katoh N, Ibaraki T. Resource allocation problems [J]. Handbook of Combinatorial Optimization 1998, 1～3:905-1006.

[58] Chryssolouris G, Dicke K, Lee M. On the resources allocation problem [J]. The International Journal of Production Research, 1992,30(12):2773-2795.

[59] Chryssolouris G, Papakostas N, Mourtzis D. A decision-making approach for nesting scheduling: a textile case [J]. International Journal of Production Research, 2000,38(17):4555-4564.

[60] Michalos G, Makris S, Mourtzis D. A web based tool for dynamic job rotation scheduling using multiple criteria [J]. CIRP annals, 2011,60(1):453-456.

[61] Lalas C, Mourtzis D, Papakostas N, et al. A simulation-based hybrid backwards scheduling framework for manufacturing systems [J]. International Journal of Computer Integrated Manufacturing, 2006,19(8):762-774.

[62] Kousi N, Michalos G, Makris S, et al. Short-term planning for part supply in assembly lines using mobile robots [J]. Procedia CIRP, 2016,44:371-376.

[63] Michalos G, Fysikopoulos A, Makris S, et al. Multi criteria assembly line design and configuration-An automotive case study [J]. CIRP Journal of Manufacturing Science and Technology, 2015,9:69-87.

[64] Alexopoulos K, Koukas S, Boli N, et al. Resource planning for the installation of industrial product service systems [C]//Advances in Production Management Systems. The Path to Intelligent, Collaborative and Sustainable Manufacturing: IFIP WG 5.7 International Conference, APMS 2017, Hamburg, Germany, September 3-7, 2017, Proceedings, Part II. Springer International Publishing, 2017:205-213.

[65] Vasilis S, Nikos N, Kosmas A, et al. A toolbox of agents for scheduling the paint shop in bicycle industry [J]. Procedia CIRP, 2022,107:1156-1161.

第10章 制造数字孪生框架

Victor Anaya，Enrico Alberti，Gabriele Scivoletto

10.1 引言

10.1.1 数字孪生的定义、用途和类型

制造业在不断发展,数字孪生技术已成为这一转型中的关键驱动力。数字孪生在优化制造流程、提高生产力和提升产品质量方面发挥着至关重要的作用。

数字孪生是对物理实体或过程的数字表示,其建模的目的是在安全且成本高效的环境下改进决策过程,在实施前可以评估不同的替代方案。制造领域的数字孪生框架(DTF)是一组用于创建和维护数字孪生的组件,这些组件描述了产品、流程或资源的当前状态。由于与 IoT、ML 算法和分析解决方案等技术的高效集成和协作,数字孪生获得了迅猛的发展势头,其与 ML 解决方案互利共赢,其中数字孪生模拟真实环境,是数据的来源,为 ML 算法训练提供充足的数据,在其他条件下获取这些数据可能会很昂贵,如与法律和道德问题相关的私有数据、数据标注、复杂的数据清洗、异常数据或需要侵入性的数据收集;另一方面,ML 模型是一种仿真技术,可以用来模拟数字孪生的过程和其他实体行为,一些可以用于仿真的算法包括深度学习神经网络、基于时间序列的算法和强化学习。数字孪生不是特定的软件解决方案,而是一系列支持物理产品、资产和过程在不同层次和物理资产生命周期的不同阶段改进的解决方案[3]。因此,在制造领域,数字孪生可以有不同的应用范围,如下所述[1]:

(1)流程级别——重现整个制造过程。工厂经理使用流程孪生来理解工厂中各个元素如何协同工作,可以检测公司不同部门之间流程的交互问题。

(2)系统级别——监控和改进整条生产线。系统级数字孪生覆盖特定单元中不同组的资产,可用于理解和优化生产特定产品所涉及的资产和流程[12]。

（3）资产级别——专注于生产线中的单个设备或产品。资产数字孪生可以涵盖如优化能源消耗、管理设备性能和根据技能和绩效改进人员分配等案例。

（4）组件级别——专注于制造过程中的单个组件，如产品的一项或机器。组件级孪生有助于理解被建模组件的演变和特性，例如钻头的耐用性或风扇的动力学。

创建物理对象的数字副本在其整个生命周期中提供了显著优势[4]，包括设计阶段，如产品设计和资源规划，以及制造阶段，如生产流程规划和设备维护。此外，在服务阶段，优势包括性能监控和控制、现场产品的维护和路径规划。最后，在处置阶段，数字副本可以促进生命周期结束时的再利用、再制造和回收工作。数字孪生框架是一个工具包，允许开发人员创建特定的数字孪生实例，是一个由多个工具组成的复杂系统，如数据收集和同步平台、多视图查看器、仿真引擎、假设分析报告和广泛的集成能力。数据收集是为数字孪生提供信息的关键方面。为确保数字孪生表示的准确性和可靠性，鲁棒和高效的数据收集平台至关重要，必须具备一定的特性以满足灵活性、可用性和支持制造通信协议的要求，同时还要确保效率和安全性。数据收集平台必须能够适应不同类型的数据输入，包括传感器读数、机器数据、流程参数和环境变量，这种适应性使得能够全面收集数据，捕捉制造过程及其所有相互连接元素的全局视图。

确保可用性对于数据收集平台的有效性至关重要。制造操作通常连续运行，需要实时数据的持续流动，平台应保证不间断的数据采集，及时处理大量数据，提供可靠的连接和弹性基础设施，以防止数据间隙或延迟，从而保持数字孪生与其物理对应物之间的同步。要连接各种设备、机器和系统，支持制造通信协议至关重要。生产环境中常用的遵守特定协议的网络设备。因此，数据收集平台应能够通过诸如OPC-UA1、MQTT2或Modbus3等成熟协议进行交互，这种互操作性使得在整个生产生态系统中快速数据传输、同步和无缝集成成为可能。

最后，安全性在数字孪生的数据收集中至关重要。制造数据通常包括敏感信息、商业机密或知识产权，数据收集平台必须实施强大的安全措施，包括加密、访问控制和数据匿名化技术，以保护收集数据的机密性、完整性和可用性，确保宝贵的制造知识和建议免受未经授权的访问或恶意活动的影响。

本章接下来的内容安排如下：10.2节解释数字孪生在制造业中的应用；

10.2 节介绍数字孪生框架;10.3 节介绍案例研究和实验评估所提议的方法;10.4 节为本章结论。

10.1.2 制造业中的数字孪生

数字孪生技术在制造业中的应用范围广泛,包括预测性维护、质量管理、供应链管理和客户体验,可以帮助预测性维护突破数据缺乏,将数据转化为竞争优势[7]。通过实时监控设备数据,数字孪生可以预测设备故障,减少停机时间,提高生产率。在一项研究中,使用运行良好的机器的数字孪生进行预测性维护,分析每个物理单元与其数字孪生之间的差异,以识别潜在问题,防止变得严重[8]。

(1)预测性维护和流程优化:数字孪生使制造商能够监控设备性能并预测潜在的故障或故障,从而及时进行维护并减少停机时间。此外,数字孪生可以通过模拟不同的场景并识别瓶颈和低效率,优化制造流程[9]。

(2)质量控制和检查:数字孪生在制造业的质量控制和检查过程中可以发挥关键作用。通过创建制造产品的虚拟副本,可以检测与期望规格的偏差,并建议采取纠正措施以确保最佳质量[10]。此外,数字孪生可以帮助自动化检查流程,减少人为错误并提高效率[11]。

(3)生产计划和调度:通过模拟生产环境,数字孪生可以协助创建优化的生产计划和计划,考虑各种约束,如资源可用性、交货时间和产能利用率[13]。数字孪生还可以支持实时调整生产计划,使制造商能够适应不可预见的事件或中断[14]。

(4)员工培训和技能发展:将数字孪生技术集成到制造业中可以促进员工培训和技能发展。通过模拟生产环境和流程,数字孪生使工人能够在虚拟环境中练习和提高技能,减少学习曲线并最小化实际运营中的错误风险。此外,数字孪生可以根据个人绩效提供个性化培训和反馈,促进持续改进[15]。

(5)供应链集成和可见性:数字孪生可以增强制造业供应链的集成和可见性,提供有关供应链各个方面的实时信息和分析,如库存水平、交货时间和供应商绩效[16]。这种增加的可见性使供应链合作伙伴之间的决策和协作更好,最终提高供应链的整体效率和响应能力。

10.2 Knowledge 数字孪生框架

10.2.1 数字孪生标准化倡议

有许多论文引用了潜在的数字孪生架构,这些架构为数字孪生架构的主要组件和层次提供了不同的命名形式。大多数架构从数学角度将数字孪生总结为一个五维模型，定义如下：

$$DT = F(PS, DS, P2V, V2P, OPT) \tag{1}$$

其中，DT 指的是数字孪生，被表达为一个函数 F，其聚合了物理系统（PS）、数字系统（DS）、更新引擎（P2V），同步两个世界、运行预测算法的预测引擎（V2P）和包含优化器（OPT）的优化维度。

标准化数字孪生主要构建块的一个最相关的倡议是由 ISO 23247 提出的，其中包括一个数字孪生框架，该框架将数字孪生系统划分为标准定义的层。该框架基于 IoT，由四个主要层组成：

（1）可观察的制造元素：这一层描述需要建模的制造现场项目，因为它已经存在，不属于框架的一部分。

（2）设备通信实体：这一层收集所有可观察制造元素的状态变化，当需要调整时，将控制程序发送给这些元素。

（3）数字孪生实体：这一层对数字孪生进行建模，读取设备通信实体收集的数据，并使用这些信息更新其模型。

（4）用户实体：用户实体是使用数字孪生使制造过程更高效的应用程序，包括像 ERP 和 PLM 这样的传统应用程序，以及加快流程的新应用程序。

另一方面，数字孪生能力周期表（CPT）是由数字孪生联盟开发的一个框架，旨在帮助组织根据案例能力需求设计、开发、部署和运营数字孪生。CPT 是架构和技术不可知的，这意味着可以与任何数字孪生平台或技术解决方案一起使用。该框架使用周期表方法将能力围绕共同特征进行聚类：

CPT 框架将能力聚类到以下主要群组：

（1）数据管理：此群组包括与数据访问、摄取和管理相关的能力，这些能力贯穿数字孪生平台，从边缘到云端。

（2）建模和仿真：此群组包括与创建虚拟模型和模拟现实世界实体和过程相关的能力。

（3）分析和人工智能：此群组包括使用分析和人工智能分析数据并生成建议的能力。

（4）可视化 UI：此群组包括可视化数字孪生数据和与数字孪生交互的 UI 能力。

（5）安全和隐私：此群组包括与数字孪生数据和系统的安全和隐私相关的能力。

（6）互操作性和集成：此群组包括与数字孪生系统与其他系统集成及数字孪生数据与其他数据源的互操作性相关的能力。

ISO 23247 和数字孪生能力周期表是通用框架，在开发数字孪生框架时值得考虑，因为它们为数字孪生实施提供了一致和结构化的方法。10.2.3 节介绍 Knowledge 数字孪生框架与 ISO 23247 之间的对齐工作。

10.2.2　Knowledge 数字孪生框架

Knowledge 数字孪生框架是一个由一组建模、调度、可视化、分析和数据收集与同步组件组成的工具包解决方案，能够创建不同范围和产品、流程和资产生命周期阶段的制造数字孪生实例。

组成解决方案的组件（图 10.1）如下所述：

（1）传感器读取接口：此接口由连接导频传感器到 Knowledge 数据收集平台所需的一组现场协议组成，该接口必须了解协议的细节，包括网络、配置和特定数据模型。

（2）传感器协议适配器：一旦读取了数据，传感器协议适配器可以区分数据是否对数据收集平台有意义，或者是否需要收集并以原始数据形式呈现。

（3）统一数据收集器：该模块负责为较低级别的对象添加语义，并使它们对上层可用。

（4）数据模型抽象器：数据模型抽象器统一了依赖特定现场协议的不同信息模型，以隐藏数据在实时代理处呈现给数据时的信息。

（5）数据获取：此接口负责提供与数字孪生框架通信的不同机制，如 MQTT 或 REST API 服务。

（6）平台配置器：平台配置器公开了一个 REST API，用于配置所有内部和外部模块。配置示例包括平台发布数据的主题，当新传感器连接到系统时平台的配置、信息模型等。

（7）数字孪生设计器 UI 界面：

① 数字孪生领域模型 UI：这是允许 IT 人员或熟练操作人员定义数字孪生领域数据模型的 UI 界面，即包含模型的数字资产及其特征，并为它们分配

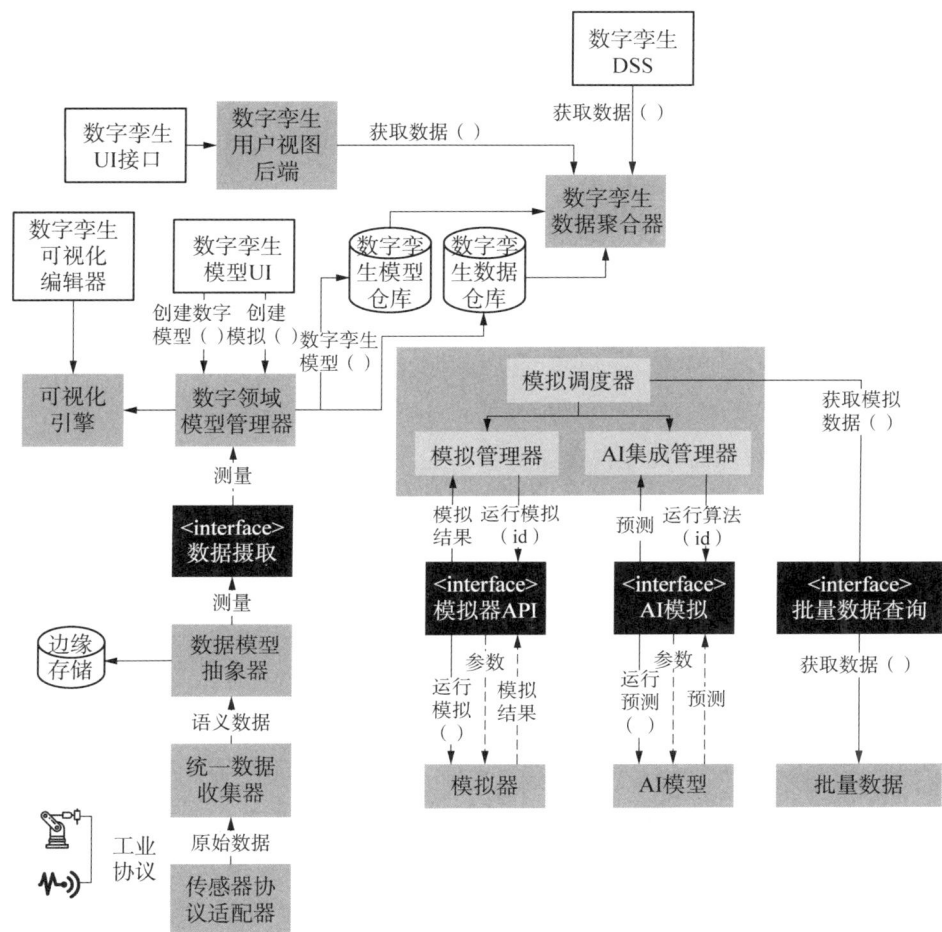

图 10.1 数字孪生框架架构

行为和图形表示。此 UI 将提供子部分以指定仿真服务。

② 数字孪生可视化编辑器:此组件允许编辑将在需要时用于动画 3D 可视化的 3D 元素。

(8) 数字孪生 UI 界面:这是最终用户 UI 集,用于运行仿真和通过报告可视化结果。

(9) 数字孪生用户视图后端:这是后端引擎,根据数字孪生的决定视图可以表示在设计时定义的不同小部件(指标、表格、3D 视图)。

(10) 数字领域模型管理器:这是数字孪生的主要后端,负责根据数据模型定义创建新的数字孪生实例,并将它们连接到现有的模拟器和其他 AI 算法(如用于生产调度的强化学习,用于模拟制造机器能耗的神经网络)。领域数据模型包含将成为数字孪生模型一部分的数字实体,即机器、资源、地点和人员。数字领域模型管理器将支持通过树分解数字元素及其部分,并通过 Knowledge 实时代理组件将它们与物理对象连接。

(11) 数字孪生数据聚合器:这是负责维护数字孪生模型与物理对应物同步的后端组件,并提供 API 以与架构的其余组件交互,一个组件是基于 FIWARE Stellio 上下文代理的上下文代理。

(12) 3D 可视化引擎:此组件可以在提供设计时渲染仿真的 3D 场景,结果可以嵌入操作人员在运行仿真时使用的操作面板中。

(13) 行为管理器:此组件负责保持与定义数字事物行为的算法端点的链接,如与 Knowledge HP AI 组件的链接,该组件提供了一个 REST API,用于使用数字孪生进行测试的知识 AI 算法库。此子组件还负责通过可以是第三方解决方案提供的外部提供商的 REST API,保持与模拟器和其他算法的链接库。行为管理器具有一个调度引擎,根据时间事件或针对正在用 IoT 设备数据填充的数字孪生模型执行的数据条件规则运行仿真。

10.2.3 Knowledge 数字孪生框架与当前举措的对齐

将 Knowledge 数字孪生框架与 ISO 23247 标准对齐十分关键,ISO 23247 系列定义了支持创建可观察制造元素的数字孪生框架,包括人员、设备、材料、制造过程、设施、环境、产品和支持文档,将 Knowledge 数字孪生框架与 ISO 23247 标准对齐可以帮助确保框架遵循公认的制造行业创建数字孪生的指导方针和原则。以下是 ISO 23247 标准中已与框架对齐的具体模块:

(1) Knowledge 数字孪生已考虑 ISO 23247 标准提供的定义,以确保框架与标准一致。

(2) Knowledge 数字孪生提供了许多 ISO 23247 的功能实体,支持所有基于 Knowledge 项目提供的其余组件的 ISO 23247 功能实体,确保了框架满足制造业的需求。

(3) Knowledge 数字孪生提供了图形化数字孪生领域数据模型编辑器,已根据 ISO 2347 可观察制造元素进行了定制,因此用户可以使用确切的标准术语定义数字事物,如人员、设备、材料、制造过程、设施、环境、产品和支持文档。

（4）Knowledge 数字孪生提供了集成机制，使其在 ISO 2347 描述的应用和服务中使用成为可能。

10.3　Knowledge 数字孪生用于流程改进

数字孪生已成为制造业车间流程改进的重要工具，一个典型应用是用于调度流程改进。通过使用数字孪生，制造商可以优化他们的生产计划，以提高效率并降低成本。以下是 Knowledge 项目中将数字孪生框架应用于一家乳制品公司，以改善管理、控制流程，并自动化酸奶的周生产计划的介绍。

Knowledge 数据收集平台（DCP）用于连接车间，收集生产和需求数据，与各种传感器和设备集成，以实时收集数据。DCP 还用于从各种来源收集数据，如公司的 ERP 系统。通过从多个来源收集数据，制造商可以获得他们的生产和需求数据的完整视图。数据通过数据收集平台进行过滤、格式化和标准化，以确保数据的适当质量，并确保数字孪生准确可靠（图 10.2）。

```
{
 "timestamp":"<Timestamp of msg reception>",
 "originalTimestamp":"<Original timestamp in payload (optional)>",
 "sourceType":"<same as in topic specs>",
 "sourceID":"<same as in topic specs>",
 "infoType":"<same as in topic specs>",
 "dataType":"<same as in topic specs>",
 "dataItemID":"<same as in topic specs>",
 "metricTypeID":"<identifies how to interpret the metricValue>",
 "metricValue":"<Value>",
 "measureUnit":"<Measure Unit related to the Value (optional)>"
}
```

图 10.2　知识组件之间交换信息的标准格式

处理后的数据通过 MQTT 代理推送到数字孪生框架。数字孪生使用数据来模拟制造过程的行为和性能。数字孪生框架用于使用 ISO 2347 可观察制造元素的概念对工厂进行建模（图 10.3）。

数字孪生框架还用于模拟不同的场景机制，以识别流程改进的机会，特别是基于公司提供的元启发式规则计算生产计划,并模拟基于假设情景的计划执行,允许制造操作人员根据时间戳、资源占用、不确定性适应性或客户满意度等方面选择最优生产计划。图 10.4 所示为使用数字孪生决策视图生成仪表板的部分视图,并用数字孪生模拟器的信息和结果填充。

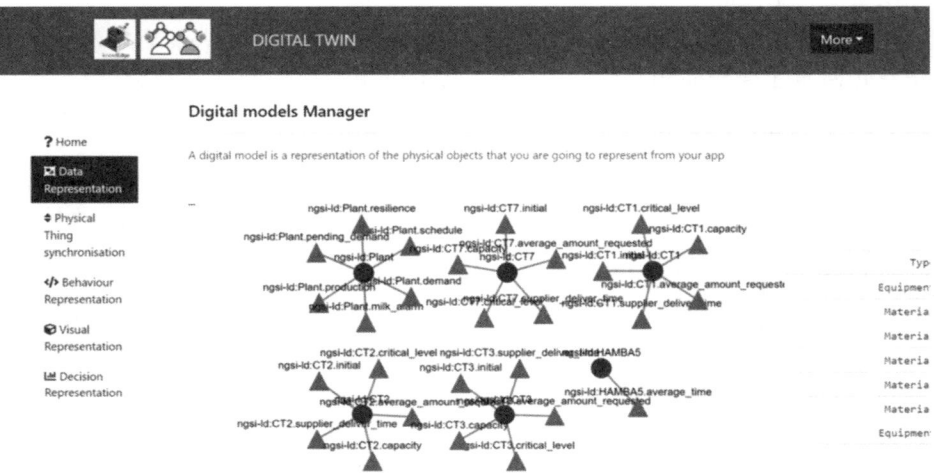

图 10.3　数字孪生框架模型编辑器

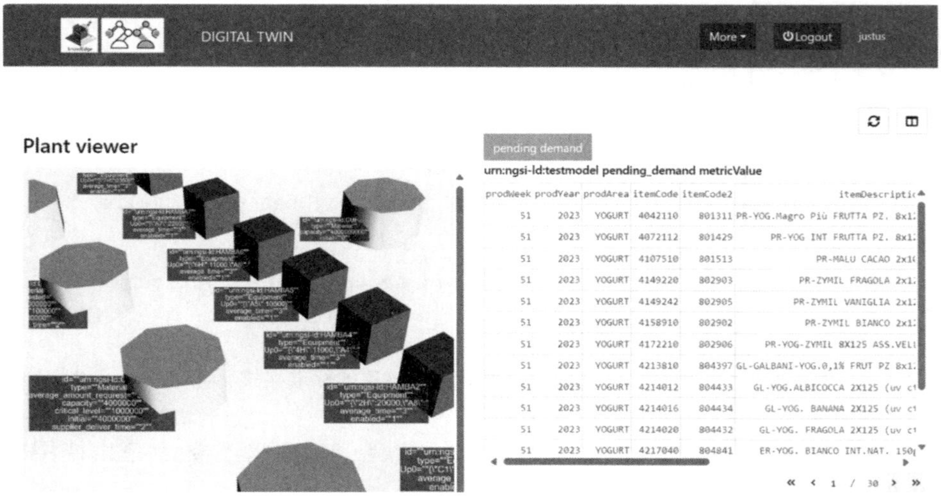

图 10.4　使用该框架生成的数字孪生仪表板

10.4 本章结论

数字孪生技术有潜力通过优化流程、提高生产率和增强产品质量来彻底改变制造业。通过利用先进的数字技术、仿真和基于混合学习的建模策略，可以帮助克服传统制造方法面临的挑战，并为下一代智能制造奠定基础。

本章介绍了 Knowledge 数字孪生框架，这是一个开源的数字孪生模块工具包，支持对物理资产和流程进行建模，以及执行功能性和基于 AI 的仿真器，以执行改进决策过程的假设情景。该工具还用于生成用于训练 AI 算法的合成数据，由一组模块组成，如数字孪生数据模型器、3D 孪生模型器、IoT 摄取连接器、仿真器/AI 管理器和存储库、事件调度器、数字孪生实时仪表板和数据收集平台。

提出的数字孪生框架已成功用于创建一个制造数字孪生实例，用于基于规则的仿真器和离散事件仿真器生成每周制造计划。应用的公司已经提高了对车间发生的事件的反应能力，并相应地优化了重新调度过程。

随着更多的案例研究和实际实施的出现，数字孪生技术在制造业中的真正潜力将变得越来越明显，进一步推动行业的转型和创新。

参考文献

[1] Stavropoulos P, Mourtzis D. Digital twins in industry 4.0 [M]//Design and operation of production networks for mass personalization in the era of cloud technology. Elsevier, 2022:277-316.

[2] Ogunsakin R, Mehandjiev N, Marin C A. Towards adaptive digital twins architecture [J]. Computers in Industry, 2023,149:103920.

[3] He B, Bai K J. Digital twin-based sustainable intelligent manufacturing: a review [J]. Advances in Manufacturing, 2021,9(1):1-21.

[4] Thelen A, Zhang X, Fink O, et al. A comprehensive review of digital twin — part 1: modeling and twinning enabling technologies [J]. Structural and Multidisciplinary Optimization, 2022, 65(12):354.

[5] Kim D B, Shao G, Jo G. A digital twin implementation architecture for wire+arc additive manufacturing based on ISO 23247 [J]. Manufacturing Letters, 2022,34:1-5.

[6] Shao G, Helu M. Framework for a digital twin in manufacturing: Scope and reQuirements [J]. Manufacturing letters, 2020,24:105-107.

[7] Farhadi A, Lee S K H, Hinchy E P, et al. The development of a digital twin framework for an industrial robotic drilling process [J]. Sensors, 2022,22(19):7232.

[8] Zhong D, Xia Z, Zhu Y, et al. Overview of predictive maintenance based on digital twin technology

[J]. Heliyon, 2023, 9(4).
[9] Hassan M, Svadling M, Björsell N. Experience from implementing digital twins for maintenance in industrial processes [J]. Journal of Intelligent Manufacturing, 2024, 35(2): 875 - 884.
[10] Lee J, Lapira E, Bagheri B, et al. Recent advances and trends in predictive manufacturing systems in big data environment [J]. Manufacturing letters, 2013, 1(1): 38 - 41.
[11] Rodionov N, Tatarnikova L. Digital twin technology as a modern approach to Quality management [C]//E3S Web of Conferences. EDP Sciences, 2021, 284: 04013.
[12] Fang Y, Peng C, Lou P, et al. Digital-twin-based job shop scheduling toward smart manufacturing [J]. IEEE transactions on industrial informatics, 2019, 15(12): 6425 - 6435.
[13] Lu Y, Liu C, Kevin I, et al. Digital Twin-driven smart manufacturing: Connotation, reference model, applications and research issues [J]. Robotics and computer-integrated manufacturing, 2020, 61: 101837.
[14] Ogunseiju O R, Olayiwola J, Akanmu A A, et al. Digital twin-driven framework for improving self-management of ergonomic risks [J]. Smart and Sustainable Built Environment, 2021, 10(3): 403 - 419.
[15] Ivanov D, Dolgui A, Sokolov B. The impact of digital technology and Industry 4.0 on the ripple effect and supply chain risk analytics [J]. International journal of production research, 2019, 57(3): 829 - 846.
[16] van Schalkwyk P. Digital twin capabilities periodic table [J]. Digital Twin Consortium, 2022.
[17] ISO 23247 - 2: ISO 23247 - 2: Automation Systems and Integration - Digital Twin Framework for Manufacturing - Part 2: Reference Architecture. International Organization for Standardization, Geneva, 2021.
[18] Wajid U, Nizamis A, Anaya V. Towards Industry 5.0 - a trustworthy AI framework for digital manufacturing with humans in control [J]. Proceedings http://ceur-ws.org. ISSN, 2022, 1613: 0073.

第 11 章 制造环境中基于强化学习的方法

Andrea Fernández Martínez, Carlos González-Val, Daniel Gordo Martín, Alberto Botana López, Jose Angel Segura Muros, Afra Maria Petrusa Llopis, Jawad Masood, Santiago Muiños-Landin

11.1 引言

在过去几十年中,工业环境的数字化和自动化取得了显著增长,主要是由于工业 4.0 的驱动。工业 4.0 旨在建立一个互联、流程优化和安全的工业世界,建立在诸如推进网络物理系统(CPS)[1-3]、IoT[4-6]和认知计算[7]等基本概念之上。

计算机数控机(CNC)在推动工业 4.0 方面发挥着关键作用[8-10],促进了复杂和高质量产品的自动化高效制造,通过增强自动化和精确度,革新了诸如木材加工、汽车和航空航天等各个行业。通过自动化工业流程,CNC 减少了手工劳动在重复性和非增值活动中的需求,促进了工厂环境中机器中心和操作人员之间的协作[11]。此外,CNC 的模块化设计和操作灵活性使它们能够在最少的人工干预下执行广泛的应用,通过内置的安全措施确保创建安全的工作环境,通常结合了先进传感和控制技术,优化性能并最小化了停机时间。

随着 CNC 在市场上的迅速采纳,仿真技术也发展以满足行业的最新要求。数字孪生[3]概念的出现特别促进了网络物理系统(CPS)的进步,通过建立系统网络和物理组件之间的无缝协调和控制[12]。尽管数字孪生没有统一的定义,但可以被理解为物理机器或系统的虚拟表示。数字孪生在控制和分析物理机器的性能方面提供了许多优势,无须直接物理干预。通过在虚拟表示上而不是物理机器上进行研究和测试,专家可以从技术和操作的角度进行实验和评估流程性能,节省物理资源并避免研究开发阶段的相关成本,如能源消耗、运营费用和潜在的安全风险[13,14]。

机器产生的数据呈指数级增长,加上来自数字孪生的信息集成[3],为数据驱动开辟了新的可能性[12]。这些发展利用最先进的分析技术以适应性方式优化流程。在机器人技术和自动化领域,RL 已成为研究最优控制的基础技术。RL[15-17],作为 AI 技术的一个分支,围绕分析在给定环境中基于奖励函数的智能代理应如何行为。RL 算法的基本原理从包括社会心理学在内的多个知识领域中汲取灵感。在 RL 算法中,智能代理与其环境互动,转换状态以发现最大化其总奖励函数预期值的最优策略。这些算法在克服不同长度尺度上机器人系统控制的现有限制方面具有巨大潜力[18],为这一领域的进步提供了新的途径。

在移动工业机械领域,一个重大挑战在于设计有效控制机器人运动的路径轨迹[19-22]。传统上,计算机辅助设计(CAD)和计算机辅助制造(CAM)系统被用来生成这些轨迹,确保遵守安全规格,如保持机器人头部和工件之间的安全距离以防止产品损坏。然而,这些路径轨迹经常表现出不连续性,并在角落和曲线处遇到问题,这是由于物理机械的机械限制。此外,这些系统并没有有效地优化诸如两点之间的总距离或运动次数,以及机器人移动部件之间可能发生的碰撞等因素。

随着运动维度和潜在运动选项数量的增加,路径轨迹的优化变得越来越复杂。在这种情况下,RL 作为解决高维空间问题的有前途的解决方案出现了[23,24],以目标导向的方法使发现控制机器人系统的最优策略成为可能。RL 算法提供了应对与路径轨迹优化相关的挑战的潜力,为寻找机器人系统的高效和有效运动策略提供了框架[25]。通过利用 RL 技术,移动工业机械可以导航复杂环境并优化其轨迹,考虑到多个运动维度,并通过 RL 系统发展的知识所代表的增强感知来实现更高级的控制和性能。

11.2　强化学习

RL[15,16]被广泛认为是 AI 的第三范式,与监督学习[26,27]和无监督学习[28]并列。RL 专注于通过交互体验学习,旨在最大化累积奖励函数,RL 代理通过在给定环境中将状态映射到动作来实现这一点,目标是找到如价值函数中定义的能产生最高累积奖励的最优策略。

RL 的两个基本概念是试错搜索和延迟奖励,其中,试错搜索涉及代理在最初不确定的环境中选择和尝试不同动作的过程,通过迭代探索,代理逐渐发现在每个状态下哪些动作能带来最大奖励,并从其互动的结果中学习。

延迟奖励[15,26]强调不仅要考虑即时奖励,还要考虑从当前状态开始的预期总奖励。RL代理认识到长期后果的重要性,并做出最大化随时间累积奖励的决策,即使这意味着为了更大的总体奖励而牺牲即时收益。

通过结合试错搜索和延迟奖励的概念,RL使代理能够通过积极与环境互动,根据收到的反馈不断调整其动作,并最终最大化累积奖励。

RL包括几个关键元素,这些元素共同工作以使学习过程成为可能,包括学习代理、环境、策略、奖励信号、价值函数,以及在某些情况下的环境模型。

(1)学习代理:学习代理是与环境互动的主动决策实体,旨在通过互动找到最大化长期价值函数的最优策略。学习代理采用的具体方法和逻辑取决于所使用的RL算法。

(2)环境:环境是学习代理操作和互动的地方,可以代表具有自己的动态和规则的物理或虚拟世界。环境不受代理动作的影响,代理必须导航并适应其动态以最大化奖励。

(3)策略:策略通过将环境中的状态映射到代理采取的动作来确定学习代理的行为,可以是随机(概率)的或确定性(固定)的,指导代理的决策过程。

(4)奖励信号:奖励信号是代理在环境中执行特定动作后作为反馈收到的数值,代表在状态转换期间获得的即时反馈。代理的目标是通过选择产生更高奖励的动作来最大化随时间累积的奖励。

(5)价值函数:价值函数代表代理从特定状态开始长期获得的预期总奖励,通过考虑未来状态及其相应的奖励来考虑预期奖励的序列。价值函数指导代理估计不同状态的可取性,并帮助决策。

(6)模型(可选):在某些情况下,RL算法会纳入环境模型。该模型模仿环境的行为,使代理能够推断环境将如何响应其动作。然而,在无模型的RL算法中,不使用模型。

在典型的RL问题中,学习代理根据其策略与环境互动,代理从环境中获得即时奖励,并相应更新其价值函数。RL框架植根于马尔可夫决策过程(MDP)[28],是过程控制中使用的一种特定方法。

RL被提出作为在生物[29]和人工系统[18]中进行决策的建模工具,在诸如机器人操纵、NLP和能源管理等多个领域得到了应用。RL使代理能够通过探索和利用环境的反馈来学习最优策略。基于隐马尔可夫模型的逆强化学习是该领域另一个广泛研究的主题。逆强化学习旨在提取生成可观察行为序列的系统所遵循的潜在规则的信息,已应用于包括基因组学、生物学中的蛋白质动力学、语音和手势识别及音乐结构分析等多个领域。RL 的广泛适用性及其解决不同问题领域能力使其成为理解和优化各个学科中复杂系统的有力工具。通过迭代互动,代理调整其策略和价值函数,以优化其决策过程并最大化累积奖励。图 11.1 所示为 RL 问题中常见的交互流程。

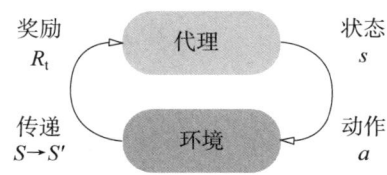

图 11.1　RL 经典反馈循环

如前所述,学习代理位于环境中并与之互动。环境的状态反映了当前情况或条件,定义为一组可能的状态 S。代理通过采取一组可用动作 A 中的动作在状态之间移动。每当代理选择并执行 A 中的动作 a 时,环境 E 就会发生变化,导致代理从一种状态 S 转换到另一种状态 S',其中 $(S, S') \in S$。此外,代理根据所选择的动作 a 获得奖励 γ。代理的最终目标是最大化长期预期累积奖励 R_t,这可以通过代理的学习过程进行估计和重新估计,以包含和适应新获得的知识。

在 RL 中,找到探索和利用之间的正确平衡是一个重大挑战。一方面,代理利用从过去经验中获得的现有知识是有利的,通过选择以前产生高奖励的动作,代理旨在最大化随时间累积的奖励。另一方面,探索对于使代理能够发现新状态并可能识别更好动作至关重要,从而避免次优策略,不同的 RL 算法采用各种方法来解决这种平衡。

MDP 和 RL 的一个基本特征是它们能够处理状态-动作关系中的随机影响,这种随机性通常由转移函数量化,转移函数代表描述在特定状态下采取动作可能产生的结果的概率分布族。通过了解转移函数,代理可以通过考虑所有可能的转换及其相应概率来估计在特定状态下采取动作的预期结果。这种分析使代理能够评估某些动作的可取性或不可取性。

为了规范这个过程,定义了一个价值函数 $U^{[16]}$。价值函数为每个状态分配一个数值,代表代理从该状态开始并遵循特定策略可以实现的预期累积奖励,是衡量处于特定状态的可取性或效用的指标。价值函数通过允许代理比较潜在结果并根据最大化预期累积奖励做出明智选择,帮助指导代理的决策过程。

$$U^*(s) = \max_\pi E\left(\sum_{t=0}^{\infty} \gamma^t r^t\right)$$

其中,价值函数方程中的参数 γ 称为折扣因子,考虑到奖励的延迟性质,在调节决策过程中未来事件的重要性方面起着关键作用。通过调整折扣因子,可以确定即时奖励与未来奖励的相对重要性。在最优价值函数方程中,折扣因子是以几何方式对奖励进行折扣[15,16]。这意味着与即时奖励相比,未来获得的奖励通常权重较低。然而,值得注意的是,折扣因子的具体值和影响取决于所选择的最优性模型。考虑三种主要的最优性模型:有限视界、无限视界和平均奖励。在这里关注的无限视界模型中,折扣因子用于对奖励进行几何折扣。

在方程中,策略函数 π 代表从状态到动作的映射,并作为 RL 代理优化的主要焦点,根据代理获得的知识确定每个状态下要采取的动作。星号(*)符号表示所讨论函数的"最优"属性,表明方程代表与最优策略相关的价值函数。

可以通过使用转移函数 T 来写奖励的期望值来扩展最优价值的表达式:

$$U^*(s) = \max_a \left[r(s,a) + \gamma \sum_{s' \in S} T(s,a,s') U^*(s')\right]$$

这是贝尔曼方程,是动态规划的一个基本概念,包含了最大化操作,突出问题固有的非线性。贝尔曼方程的解产生了策略函数,决定了在不同状态下要采取的最优动作。

$$\pi^*(s) = \max_a \left[r(s,a) + \gamma \sum_{s' \in S} T(s,a,s') U^*(s')\right]$$

如上所述,它返回在每个状态上应用的动作,以便一旦收敛,就返回要在每个状态上应用的最佳动作。MDP 中的价值函数也可以表示为或总结在一个矩阵中,该矩阵存储给定状态 s 中与动作 a 相关联的价值。这个矩阵通常称为 Q-矩阵,表示为:

$$U^*(s) = \max_a Q^*(s,a)$$

这样贝尔曼方程的结果为:

$$Q^*(s,a) = r(s,a) + \gamma \sum_{s' \in S} T(s,a,s') \max_a Q^*(s,a)$$

这种方法通常为所谓的 Q 学习奠定了基础,需要注意的是,系统的模型,也称为转移函数,可能已知或未知。在基于模型的 Q 学习的情况下模型是已知的,在无模型的 Q 学习的情况下,则不是。在处理未知模型时,时间差分方法已被证明是解决实际系统中策略搜索问题的有效工具,代理不需要对系统的模型有先验知识。相反,信息在每一步之后传播,消除了等待学习插曲结束的需要,该特性使这种方法在机器人系统中的应用更加可行。

面向制造业的强化学习

训练代理直接从高维感官输入(如视觉和语音)控制自己,一直是 RL 中的一个重大挑战。在这些领域的许多成功的 RL 应用中,使用了手工制作的特征和线性价值函数或策略表示的组合。很明显,这些系统的性能严重依赖于所使用的特征表示的质量。

近年来,DL 技术取得了显著的进展,使得直接从原始感官数据中提取高级特征成为可能。这一突破对计算机视觉和语音识别等领域产生了变革性影响。DL 技术利用各种神经网络架构,如卷积网络、多层感知器、受限玻尔兹曼机和循环神经网络。这些架构成功地采用了监督和无监督学习方法。鉴于这些进展,合理地询问类似的技术是否也可以在处理感官数据时使 RL 受益。

DL[30] 的进步为 DNN 自动提取紧凑的高维表示(特征)铺平了道路,特别有助于克服在图像、文本和音频等领域常见的维度灾难。DNN 具有强大的表示学习能力,使它们能够从原始数据中学习有意义的特征。DRL[31] 指的是一类利用 DNN 的表示学习能力来增强决策能力的 RL 算法。

基于 DNN 的 RL 算法框架如图 11.2 所示。在 DRL 中,DNN 在从环境中提取相关信息和推断最优策略 π^* 方面发挥着至关重要的作用。根据所使用的具体算法,DNN 可能负责输出每个状态-动作对的 Q 值(基于价值)或输出动

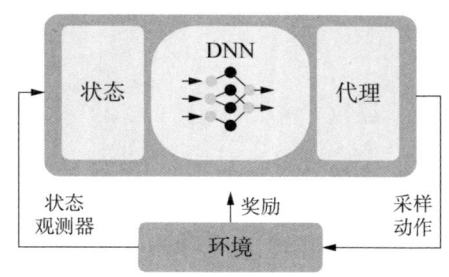

图 11.2 DRL 反馈循环的表示

作的概率分布（基于策略）。将 DNN 集成到 RL 中，通过利用表示学习的力量，使决策更加高效和有效。

11.3 虚拟制造环境中的深度强化学习

本节将展示两个不同的案例，介绍 DRL 背景下 RL 的进展。这些案例涉及在虚拟环境中应用 RL，以帮助开发后来可以转化为真实系统的策略，为在制造环境中部署这项技术提供可能性。

利用虚拟环境的一个关键优势是，可以减少 RL 代理通常需要的大量学习过程来制定最佳策略。在真实的制造系统中，探索众多策略所需的时间将使寻找最优解决方案的过程变得极为低效。此外，某些策略可能会引入风险，如安全问题，这些问题在制造环境中不容易管理或承担。例如，在第二个案例中，协作操作的机器人系统可能会带来安全风险，而在第一个案例中，高功耗的机器可能会引入操作风险。

通过利用虚拟环境[32,33]，RL 技术可以有效地应用于开发最优策略，同时最小化风险并减少在真实系统中进行实验所需的时间和成本，使得将 RL 技术集成到制造环境中，为提高效率、生产力和安全性铺平了道路[34-36]。鉴于这些问题，已经将数字环境（如模拟平台或数字孪生）的发展视为训练 RL 代理直到系统达到一定的收敛性。一旦某些策略达到了合理的程度，它们可以在真实场景中进行测试，甚至可以在那时进行简化的优化过程，以最终找到真实环境中的最优策略。

在这种情况下，虚拟环境的质量或与真实过程的偏差，对于在真实世界中后来实现最优策略变得至关重要。然而，流程的最优数字化超出了本章的范围。

本节介绍的两个场景涉及两个不同系统的优化。第一个是针对大型木板上不同操作（切割、钻孔、铣削等）的 CNC 切割机的轨迹优化，问题是优化两个不同操作之间的路径；第二个场景面对的是复杂材料的机器人操纵，问题是通过两个机器人手臂操纵布料以减少皱纹。这些问题已在专门开发的数字环境中得到解决，以提供后来在真实系统中测试最优策略。

11.3.1 CNC 切割机

这里介绍的物理 CNC 的数字孪生是由 MAS4AI 项目（GA 957204）中的

一个合作伙伴开发和共享的,该项目属于 ICT-38 人工智能制造集群,用于开发 RL 框架。数字孪生建立在 X-Sim 上,结合了机器、其部件和对工件的影响的动力学,模拟了 CNC 的物理行为。研究的 CNC 是一个用于木材加工过程的加工中心,更具体地说,是用于切割、开槽和钻孔。

所考虑的机器(出于保密问题未显示)由一个工作台和一个 CNC 机器人头组成,在整个木工过程中,木件都放置在工作台上并固定在工作台上,CNC 机器人头负责执行所需的操作来转换原始木料,将木片加工成木制品(图 11.3)。

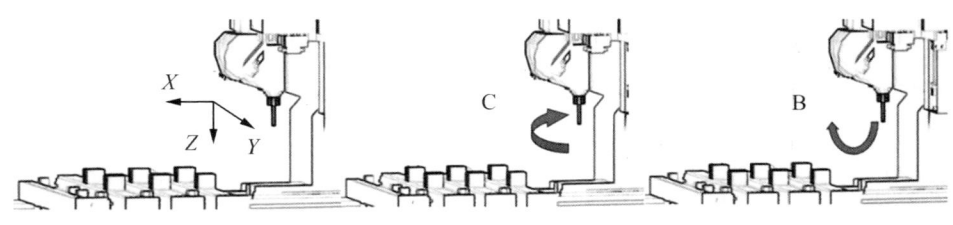

图 11.3 五轴机器人头部运动

在这种情况下开发的基于模型的 ML 代理旨在优化数字孪生环境中 CNC 五轴头的路径轨迹。目前,数字孪生 CNC 允许用户设计木件的 3D 模型,创建控制物理 CNC 所需的所有代码。

自动优化地控制五轴头仍然是一个工程挑战,CNC 不仅要执行将木件转换成期望产品的所需操作,还必须避免与机器的其他部分发生潜在碰撞,控制头部所需的工具,并且要缩短时间,减少不必要的动作,以提高生产力和节省能源,同时确保整个过程中机器的完整性和操作人员的安全,以及高质量的产品。

在这种情况下,训练一个基于 DRL 框架的基于模型的 AI CNC 代理,以优化 CNC 五轴头的路径轨迹,避免潜在的碰撞,同时优化总操作时间。在五维空间(由于五轴机器人头部)中工作的困难因 CNC 工作台的尺寸而增加,其尺寸高达 3 110 mm×1 320 mm。在数字孪生环境中,测量尺度是微米,导致代理在板的 XY 平面上仅在离散状态-动作空间中就探索超过 4 105 200 万个状态,而不考虑机器人头部的额外三个轴。这种离散方法的复杂适用性是这里只展示使用深度确定性策略梯度(DDPG)[37]的连续动作空间的原因。

基于模型的 AI CNC 代理被训练考虑不同的操作,最终目标是在考虑

CNC 头部的五个轴的基础上,优化两个作业之间的路径轨迹。因此,模型的输入是初始位置的坐标,即五轴头的状态,以及表示 CNC 要执行的所需操作的目的地位置或标签。代理通过一组坐标返回优化的路径轨迹,以到达目标目的地,这些坐标表示五轴头所需的动作。目前,代理已被单独训练以独立执行每个操作。在后续阶段,探索了多目标 DRL 框架以增强泛化。

在开发深度 RL 框架期间,探索了不同的操作和不同的学习算法,包括 CNC 五轴头的 2-D、3-D 和 5-D 动作,不同的路径轨迹要优化及不同的学习算法,包括 Q 学习[15,38]、深度 Q 学习(DQL)[39]和 DDPG。

如前所述,Q 学习是一种无模型、离策略的 RL 算法,通过最大化代表一系列步骤总奖励预期值的成本函数来寻找最优策略。用于有限的马尔可夫决策过程(随机,离散),并且通过解决代理应采取的最佳动作集来学习最优动作选择策略,以最大化总奖励(R_t)。该算法基于代理、一组动作 A、一组状态 S 和环境 E。每当代理选择并执行 A 中的动作 a 时,环境 E 就会发生变化,代理从一种状态 s 转换到另一种状态 s',其中 $(s, s') \in S$,根据选择的动作获得奖励 r。

DDPG 是一种离策略算法,同时学习基于贝尔曼方程的 Q 函数和策略,用于连续动作空间。DDPG 利用四个神经网络,即行为者、评论家、目标行为者和目标评论家。该算法基于标准的"行为者"和"评论家"架构[40],尽管行为者直接将状态映射到动作,而不是在离散动作空间上的概率分布。

为了解决从连续动作空间中穷举评估所有可能动作的问题,DDPG 通过神经网络学习 $Q(s, a)$ 的近似值,即评论家 $Q_\theta(s, a)$,其中 θ 对应于网络的参数(图 11.4)。

Q_θ 从一个经验回放缓冲区中学习,该缓冲区充当存储以前经验的存储器。这个回放缓冲区包含一组 D 的转换,包括初始状态(s)、采取的动作(a)、获得的奖励(r)、达到的新状态(s')以及状态是否是终止的(d)。换句话说,每个转换表示为 (s, a, r, s', d),其中 s, a, r, s' 和 d 是集合 D 的元素。

为了评估 Q_θ 相对于贝尔曼方程的性能,可以计算均方贝尔曼误差(MSBE)。MSBE 量化了由 Q_θ 产生的估计 Q 值与贝尔曼方程预测的值之间的差异。通常通过取当前参数 θ 的 Q 值估计和预期 Q 值之间的均方差来计算。MSBE 提供了 Q_θ 近似的 Q 函数与贝尔曼方程定义的最优 Q 值对齐程度的度量。在训练期间最小化 MSBE 有助于 DRL 算法收敛到最优 Q 函数近似。

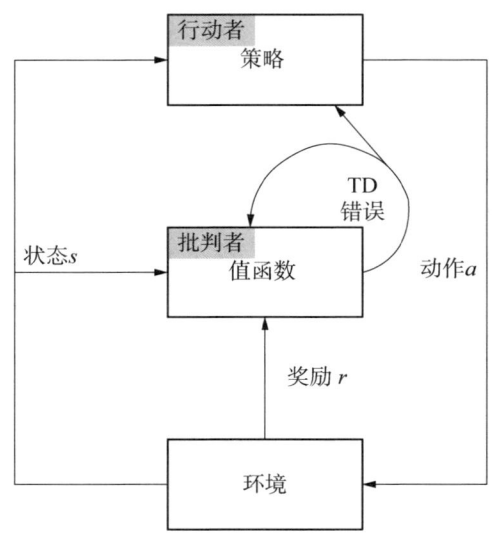

图 11.4 行动者-批判者架构工作流程[41]

$$L = \frac{1}{N}\sum[Q_\theta(s,a) - y(r,s',d)^2]$$

$$y(r,s',d) = r + \gamma(1-d)Q_{\theta\text{target}}[s', \mu_{\theta\text{target}}(s')]$$

其中，$Q_{\theta\text{target}}$ 和 $\mu_{\theta\text{target}}$ 网络为 Q_θ（critic）和 μ_θ（actor）网络的滞后版本，以解决由于参数之间的相互依赖而引起的 MSBE 最小化不稳定性。因此，评论家网络通过执行梯度下降来更新损失 L。对于参与者策略，通过以下方式使用相对于策略参数的采样策略梯度上升进行更新：

$$\nabla_\phi \frac{1}{N}\sum_{s\in D} Q_\theta[s, \mu_\varphi(s)]$$

最后，目标网络通过在训练过程中使用 Polyak 平均值更新它们的参数：

$$\theta_{Q\text{target}} \leftarrow \rho\theta_Q + (1-\rho)\theta_{Q\text{target}}$$
$$\theta_{\mu\text{target}} \leftarrow \rho\theta_\mu + (1-\rho)\theta_{\mu\text{target}}$$

在训练期间，为了增强代理的探索，将不相关的均值为零的高斯噪声添加到动作中。

CNC AI 代理在环境中具有多目标性质。首先，代理应该学会不与其他机器部件发生碰撞。碰撞对应于 $-1\,000$ 的惩罚和环境的重置。其次，代理应该学会通过探索环境来到达目标目的地，这与 $+500$ 的奖励相关联，并且也会导致环境的重置。第三,代理应该考虑操作时间和路径质量来优化其策略。操作时间是根据机器人头部需要沿着提出的道路行驶到达目标目的地的距离来计算的。路径质量是根据到达目的地所需的动作数量来计算的。前两个方面因代理获得额外的＋100 奖励而受到青睐(图 11.5)。

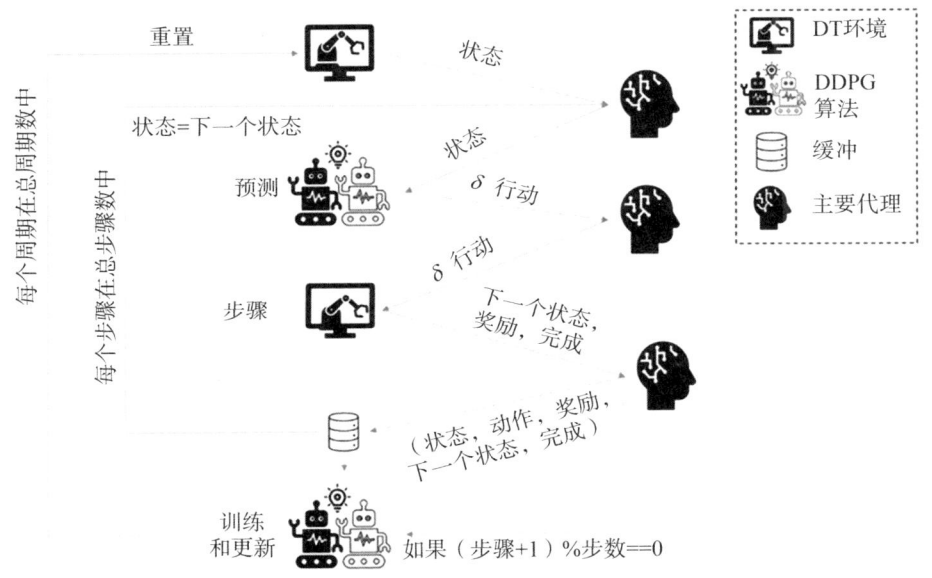

图 11.5　训练阶段 DDPG 框架中的信息流

图 11.6 所示为代理在 2‑D 运动中为可视化找到的四个示例路径。在这

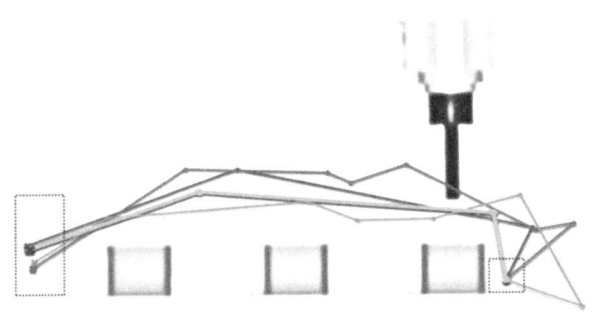

图 11.6　简化二维运动的示例轨迹＊

＊路径中的圆圈对应于在环境中执行框架提出的操作后获得的一组坐标。奖励函数中考虑了轨迹的总长度和动作的数量。

个问题中,代理需要学会如何在不与任何机器部件发生碰撞的情况下从右到左移动。由于动作空间是连续的,目标目的地并不对应于特定坐标,而是环境中的一个子空间。路径上画的圆圈代表代理提出的子目标坐标(每个动作对应于机器人头部移动到的新坐标)。从图中可以看出,黄色和粉红色轨迹包含的动作和路径比蓝色和绿色轨迹更长。尽管后两者包含相同数量的动作(三个动作),但绿色轨迹需要的路径更短,因此更受青睐。

11.3.2 复杂材料的机器人操纵

操纵复杂材料的挑战在于识别可以提供系统建议的可测量量,然后利用这些建议来做出明智的决策和采取适当的行动[42,43],本质上涉及将感知系统与决策过程相结合。如前所述的马尔可夫决策过程(MDP)框架非常适合解决为材料操纵定义最优策略的任务。由于其概率性质,RL 特别适合此目的。RL 适应了表征复杂材料状态的固有不确定性,这在传统方法中常常构成挑战。

机器人操纵布料的第一步是定义执行材料操纵的最优动作所需的信息[44-46]。为此,需要对系统状态进行表征,需要进行预测以推断在给定动作应用下系统的下一个状态,并且需要选择一个标准来决定对于给定目标应采取什么动作。

为了解决这些问题,一方面,已部署了一种合成数据生成程序,以自动生成成千上万的布料合成表示及其在某些动作应用下的转换;另一方面,为了利用这种工具并基于数据构建解决方案,已开发并训练了一个神经网络。鉴于在这项工作的现实场景中使用了点云相机来检测布料,已计算出云的熵,并将其作为评估转换质量(以皱纹减少为依据)的参考量。

为了量化系统中的知识量,使用熵作为系统信息的度量。使用熵图对布料的皱纹进行表征。这些熵图是根据局部区域内法向量分布使用分布的经典信息熵形式计算得出的,如下所示:

$$H(X) = -\sum_{i=1}^{n} p(x_i) \log p(x_i)$$

熵通常被认为是衡量消息或分布包含的信息量的一个度量。换句话说,这样一个分布的可预测性如何。在本章介绍的工作的背景下,熵给出了参考一个区域点的法向量方向的概念。

为了解决在表面上减少皱纹的布料的大量复杂操纵问题,开发了一个特定的数字环境,如作为 MERGING 项目结果公开访问的 clothsim 环境。模拟的详细描述可以在其自己的存储库中找到,这超出了本章的范围。

clothsim 环境已用于布料的初始随机配置及后续的系统训练。学习程序通过 argmax 函数考虑 Q 值($\boldsymbol{Q}$ 矩阵)来建议不同的动作。在应用动作后,clothsim 返回布料的转换,并且 $\boldsymbol{Q}$ 矩阵的值已根据 Q 学习的更新规则进行了更新,其中奖励函数根据每个状态计算的熵来确定动作的好坏。DQL 程序已在 ResNet18 架构上进行训练作为主干,输入形状为 $(224,224,4)$,RL 设置以下特征参数:初始设置的 γ 因子为 0.75,并且在 $8\,000$ 步中 ε 从 1 变化到 0.3。在整个学习过程中,一个日志文件捕获了系统获得的知识的全局状态。

图 11.7 所示为在这样一个虚拟环境(clothsim)中布料操纵的一个大型示例,以减少代表熵的皱纹,这是基于点的 phi、theta 和 z 坐标估算的。

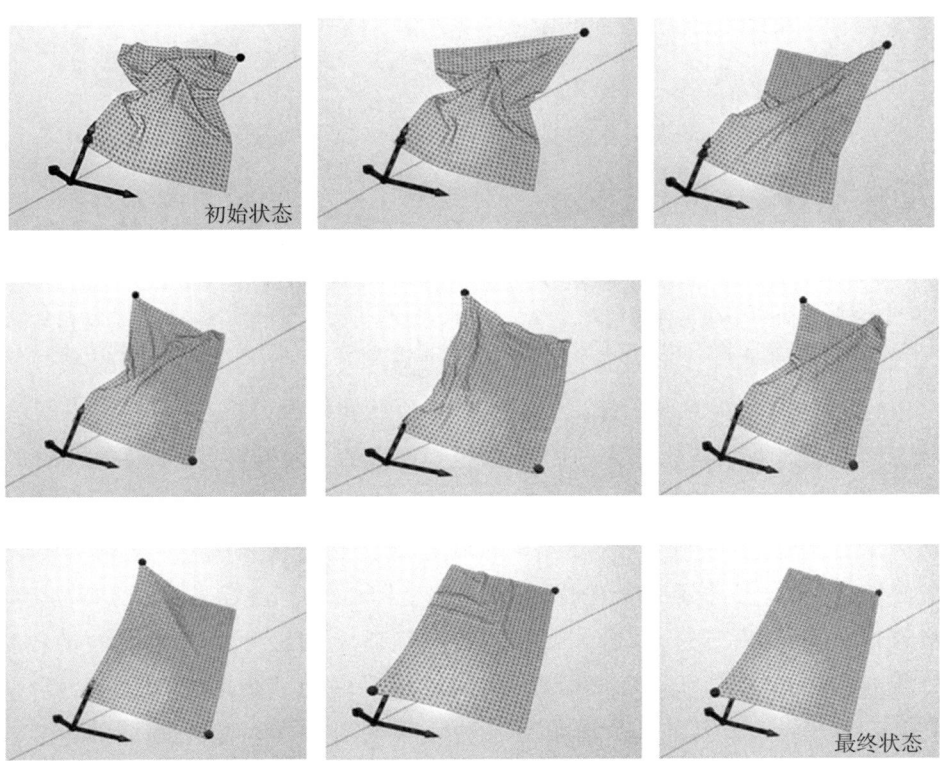

图 11.7 使用开发的环境在复杂操作任务下进行训练的织物操作示例
(红点和蓝点分别表示抓取点和拉点)*

图像显示了在基于 Q 矩阵值选择的动作应用期间布料的状态,这些值是在训练过程中开发的,系统试图为给定状态建立哪个动作可以驱动最大的熵减少,意味着在整个过程中,熵是用于布料皱纹最小化的度量(图 11.8)。

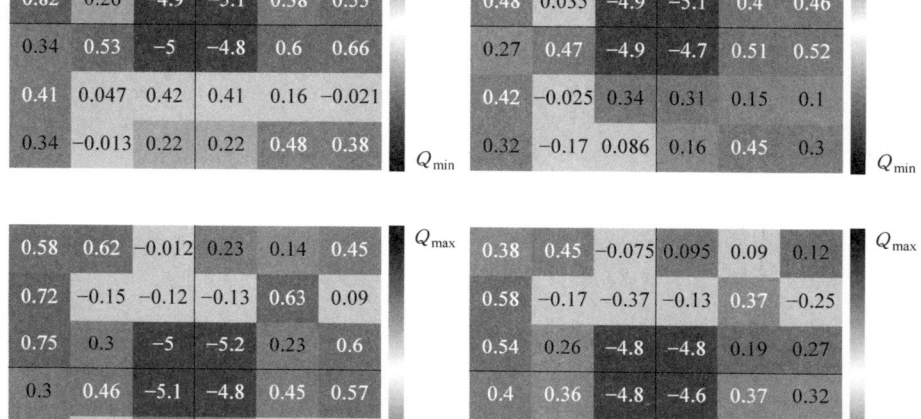

图 11.8　Q 矩阵的不同示例

该矩阵针对每个状态进行估计,以驱动出现在其最大值位置的动作。最小值是角点的非常小的位移,意味着熵的减少非常低,显示出较低的 Q 值。

为了选择动作,系统的知识编码在经典的 Q 矩阵中,该矩阵由系统为给定状态推断。这种编码是使用一个 $6×6$ 矩阵完成的,该矩阵考虑了要操纵的角落和可以在布料操纵中采取的方向。程序的最终结果是一组三个点:一个静态点来固定布料,第二个点代表要操纵的角落,第三个点代表最后一个角落必须放置的点(抓取点、拉点初始坐标、拉点最终坐标)。为了决定采取什么行动,系统评估 Q 矩阵,并通过 argmax 函数选择与矩阵上的最大值相对应的动作。Q 值被更新以包含一个奖励函数,该函数随着熵的减少而变为正,否则保持负。因此,Q 值包含了系统期望通过应用给定动作而减少的熵的信息。通过应用与最大 Q 值相对应的动作,预计在长期内(考虑整个插曲)熵的减少也将是最大的。

为了量化解决方案,验证了将熵作为布料皱纹度量的使用,以及将其最小化作为算法的目标,以开发减少这种皱纹的策略。图11.9所示为通过遵循 Q 矩阵的动作,熵如何朝着目标(平面)的接收距离减少。

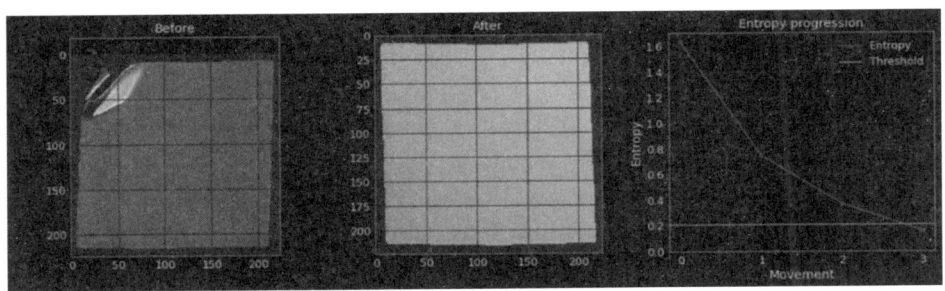

图11.9 合成织物处理过程中熵演化的示例[*]

该图显示了织物的初始状态和应用不同操作后的最终状态。红色箭头(左上角)表示系统建议的操作。图右侧显示了动作应用过程中的熵演化,可以看到它是如何减少的,直到超过某个阈值(橙色水平线),这意味着织物接近理想(平面)状态。

动作选择方法,作为系统计划有效地从布料中消除皱纹的计划,依赖于一个知识结构,可以通过评估应用不同动作产生的熵变化来验证,考虑到 Q 矩阵中存储的信息。在这个过程中,对给定的初始状态应用了各种动作,根据 Q 矩阵确定的最优性进行排序。通过检查熵变化,可以评估所选动作的有效性并验证潜在的知识结构。

此外,可以比较沿着最优路径的熵演变与采取次优动作的场景,不考虑 Q 矩阵。这种比较使能够观察选择最大 Q 值如何驱动更稳健的曲线朝着熵最小化。如图11.10所示,可以看到当采取最优动作时,考虑到布料的演变状态,熵沿着一条下降曲线朝着最小熵发展。然而,当持续选择相同布料状态的次优动作时,熵表现出更不规则的行为,这说明开发的解决方案提供了一个长期的最优解决方案,确保沿着最优路径持续减少熵。

这些策略还在实际场景中进行了测试,利用了通过点云获取的信息,并遵循了与给定状态相关的 Q 矩阵分析所建议的结果。不过,从硬件角度对这一演示背后的全部工作进行完整描述不在本章讨论范围之内。尽管如此,图11.11所示为织物从初始配置到最终(有序)状态的变化,这是在应用两个动作减少褶皱之后的结果。

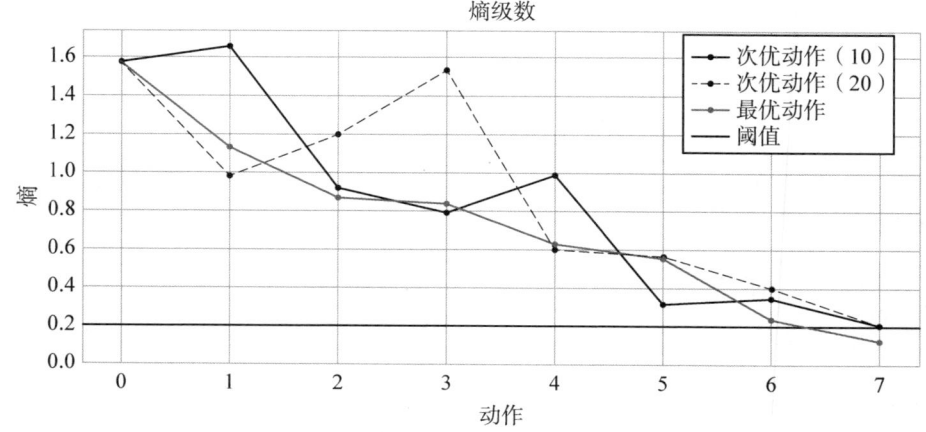

图 11.10　最佳路径[*]

始终将 Q 矩阵的最大值视为最优动作（蓝色曲线）时的熵演化与选择次优动作（绿色和橙色曲线）下的熵演化的比较。每个转换的起点始终被视为通过应用最优（来自 Q 值的 argmax）实现的状态，次优行为会导致更多不规则行为。

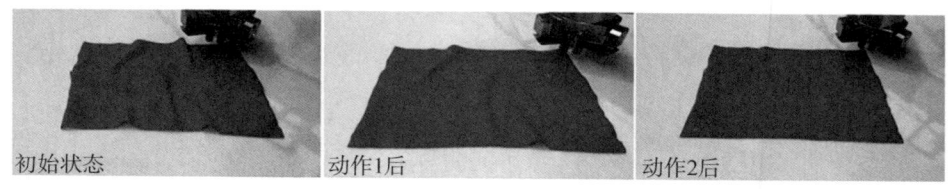

图 11.11　真实织物处理结果示例

该图显示了按照系统建议的操作进行操作期间的三个不同步骤。所操作的示例来自 MERGING 项目的真实用例之一。从图中可以清楚地看出，随着动作的进行，皱纹是如何减少的。

11.4　本章结论

本章介绍了 RL 作为强大的 AI 技术，用于开发主动代理可以利用的复杂策略的内容。对于其在制造环境中的应用，RL 的适用性在很大程度上取决于流程的数字化或其正确的建模，即需要提供一个学习场景，以开发可以在数字策略下首先展示的复杂策略，然后在真实情况下进行测试。

本章还展示了 RL 在制造业中的两个应用示例，即在数字孪生中 CNC 机器的路径优化的深度确定性策略梯度方法的应用，以及深度 Q 学习作为开发与制造环境中布料操纵相关的最优策略的方法。此外,在专用数字环境中验证结果,以及展示系统性能的示例,结果案例显示减少了布料上的褶皱。

通过在数字环境中利用 RL,本章还介绍了如何克服制造行业受限的训练阶段所带来的限制,该研究有助于开发可以在数字环境中测试和完善,然后应用于现实世界系统的有效的策略。这种方法允许更安全、更高效的探索,使制造流程和性能的优化成为可能。本章介绍的两个制造场景突出了 RL 在改进工业流程中的潜力和适用性,通过弥合数字和真实环境之间的差距,努力推进制造业领域并推动这些部门的创新。

总的来说,这项研究揭示了在数字环境中为制造业应用 RL 的益处,强调了利用数字环境来增强培训和策略开发的重要性,最终在现实世界系统中提高性能和效率。

参考文献

[1] Qi Q, Tao F. Digital twin and big data towards smart manufacturing and industry 4.0:360 degree comparison [J]. Ieee Access, 2018,6:3585-3593.

[2] Fuller A, Fan Z, Day C, et al. Digital twin: enabling technologies, challenges and open research [J]. IEEE access, 2020,8:108952-108971.

[3] Wang Z. Digital twin technology [M]//Industry 4.0-impact on intelligent logistics and manufacturing. Intech Open, 2020.

[4] Alexopoulos K, Sipsas K, Xanthakis E, et al. An industrial internet of things based platform for context-aware information services in manufacturing [J]. International Journal of Computer Integrated Manufacturing, 2018,31(11):1111-1123.

[5] Kumar S, Tiwari P, Zymbler M. Internet of things is a revolutionary approach for future technology enhancement: a review [J]. Journal of Big data, 2019,6(1):1-21.

[6] Saad A, Faddel S, Mohammed O. IoT-based digital twin for energy cyber-physical systems: design and implementation [J]. Energies, 2020,13(18):4762.

[7] Wang Y. A cognitive informatics reference model of autonomous agent systems (AAS) [J]. International Journal of Cognitive Informatics and Natural Intelligence (IJCINI), 2009,3(1):1-16.

[8] Usländer T, Epple U. Reference model of Industrie 4.0 service architectures: basic concepts and approach [J]. at-Automatisierungstechnik, 2015,63(10):858-866.

[9] Phuyal S, Bista D, Bista R. Challenges, opportunities and future directions of smart manufacturing: a state of art review [J]. Sustainable Futures, 2020,2:100023.

[10] Ahuett-Garza H, Kurfess T. A brief discussion on the trends of habilitating technologies for Industry 4.0 and smart manufacturing. Manuf Lett 15:60-63 [EB/OL]. (2018)

[11] Martins A, Lucas J, Costelha H, et al. CNC machines integration in smart factories using OPC UA [J]. Journal of Industrial Information Integration, 2023,34:100482.

[12] Alexopoulos K, Nikolakis N, Chryssolouris G. Digital twin-driven supervised machine learning for the development of artificial intelligence applications in manufacturing [J]. International Journal of Computer Integrated Manufacturing, 2020,33(5):429-439.

[13] Grieves M, Vickers J. Digital twin: mitigating unpredictable, undesirable emergent behavior in complex systems [J]. Transdisciplinary perspectives on complex systems: New findings and approaches, 2017:85-113.

[14] He B, Bai K J. Digital twin-based sustainable intelligent manufacturing: a review [J]. Advances in Manufacturing, 2021, 9(1):1-21.

[15] Sutton R S, Barto A G. Reinforcement learning: an introduction. 2nd edn The MIT Press [J]. 2018.

[16] Kaelbling L P, Littman M L, Moore A W. Reinforcement learning: a survey [J]. Journal of artificial intelligence research, 1996, 4:237-285.

[17] Jang B, Kim M, Harerimana G, et al. Q-learning algorithms: a comprehensive classification and applications [J]. IEEE access, 2019, 7:133653-133667.

[18] Muinos-Landin S, Fischer A, Holubec V, et al. Reinforcement learning with artificial microswimmers [J]. Science Robotics, 2021, 6(52):eabd9285.

[19] Chen G, Luo N, Liu D, et al. Path planning for manipulators based on an improved probabilistic roadmap method [J]. Robotics and Computer-Integrated Manufacturing, 2021, 72:102196.

[20] Pohan M A R, Trilaksono B R, Santosa S P, et al. Path planning algorithm using the hybridization of the rapidly-exploring random tree and ant Colony systems [J]. IEEE Access, 2021, 9:153599-153615.

[21] Wei K, Ren B. A method on dynamic path planning for robotic manipulator autonomous obstacle avoidance based on an improved RRT algorithm [J]. Sensors, 2018, 18(2):571.

[22] Kang J G, Choi Y S, Jung J W. A method of enhancing rapidly-exploring random tree robot path planning using midpoint interpolation [J]. Applied Sciences, 2021, 11(18):8483.

[23] Wawrzynski P. Control policy with autocorrelated noise in reinforcement learning for robotics [J]. International Journal of Machine Learning and Computing, 2015, 5(2):91.

[24] Wawrzyński P, Tanwani A K. Autonomous reinforcement learning with experience replay [J]. Neural Networks, 2013, 41:156-167; Xie J, Shao Z, Li Y, et al. Deep reinforcement learning with optimized reward functions for robotic trajectory planning [J]. IEEE Access, 2019, 7:105669-105679.

[25] Dahmen T, Trampert P, Boughorbel F, et al. Digital reality: a model-based approach to supervised learning from synthetic data [J]. AI Perspectives, 2019, 1:1-12.

[26] Liu Q, Wu Y. Supervised Learning [J]. Encyclopedia of the Sciences of Learning, 3243-3245 [EB/OL]. (2012)

[27] Hinton G, Sejnowski T: Unsupervised Learning: Foundations of Neural Computation [M]. Cambridge: MIT Press, 1999.

[28] White D J. A survey of applications of Markov decision processes [J]. Journal of the operational research society, 1993, 44(11):1073-1096.

[29] Gustavsson K, Biferale L, Celani A, et al. Finding efficient swimming strategies in a three-dimensional chaotic flow by reinforcement learning [J]. The European Physical Journal E, 2017, 40:1-6.

[30] Mnih V. Playing atari with deep reinforcement learning [J]. arXiv preprint arXiv:1312.5602, 2013.

[31] Sewak M. Deep reinforcement learning [M]. Singapore: Springer Singapore, 2019.

[32] Dröder K, Bobka P, Germann T, et al. A machine learning-enhanced digital twin approach for human-robot-collaboration [J]. Procedia Cirp, 2018, 76:187-192.

[33] Zayed S M, Attiya G M, El-Sayed A, et al. A review study on digital twins with artificial

intelligence and internet of things: concepts, opportunities, challenges, tools and future scope [J]. Multimedia Tools and Applications, 2023,82(30):47081-47107.

[34] Jazdi N, Talkhestani B A, Maschler B, et al. Realization of AI-enhanced industrial automation systems using intelligent digital twins [J]. Procedia CIRP, 2021,97:396-400.

[35] Hofmann W, Branding F. Implementation of an IoT-and cloud-based digital twin for real-time decision support in port operations [J]. IFAC-PapersOnLine, 2019,52(13):2104-2109.

[36] Bilberg A, Malik A A. Digital twin driven human-robot collaborative assembly [J]. CIRP annals, 2019,68(1):499-502.

[37] Lillicrap T P. Continuous control with deep reinforcement learning [J]. arXiv preprint arXiv:1509.02971,2015.

[38] Maoudj A, Hentout A. Optimal path planning approach based on Q-learning algorithm for mobile robots [J]. Applied Soft Computing, 2020,97:106796.

[39] Chen X. 5-axis coverage path planning with deep reinforcement learning and fast parallel collision detection [J]. 2020.

[40] Grondman I, Busoniu L, Lopes G A D, et al. A survey of actor-critic reinforcement learning: Standard and natural policy gradients [J]. IEEE Transactions on Systems, Man, and Cybernetics, part C (applications and reviews), 2012,42(6):1291-1307.

[41] Chen L, Jiang Z, Cheng L, et al. Deep reinforcement learning based trajectory planning under uncertain constraints [J]. Frontiers in Neurorobotics, 2022,16:883562.

[42] Jiménez P, Torras C. Perception of cloth in assistive robotic manipulation tasks [J]. Natural Computing, 2020,19(2):409-431.

[43] Colomé A, Torras C. Dimensionality reduction for dynamic movement primitives and application to bimanual manipulation of clothes [J]. IEEE Transactions on Robotics, 2018,34(3):602-615.

[44] Cusumano-Towner M, Singh A, Miller S, et al. Bringing clothing into desired configurations with limited perception [C]//2011 IEEE international conference on robotics and automation. IEEE, 2011:3893-3900.

[45] Hamajima K, Kakikura M. Planning strategy for task of unfolding clothes [J]. Robotics and Autonomous Systems, 2000,32(2-3):145-152.

[46] Hou Y C, Sahari K S M. Self-generated dataset for category and pose estimation of deformable object [J]. J. Robotics Netw. Artif. Life, 2019,5(4):217-222.

第 12 章 使用 AAS 的工业代理参与式建模方法

Nikoletta Nikolova, Cornelis Bouter, Michael van Bekkum, Sjoerd Rongen, Robert Wilterdink

12.1 引言

随着越来越多的资产被数字化,所有这些资产都希望能够相互操作,对设计良好的信息模型的需求也在增长。这些模型以机器可读的方式描述给定实体,并使得能够解释、使用和推理来自之前未知设备的数据。制作这些信息模型的通常方法是通过一个大型的标准化过程,许多组织就定义和方法达成共识,然后所有参与方都在他们的系统中实现这一共识[17]。这些标准通常定义明确、文档齐全,使它们更易于使用。对于开发人员来说,这提供了一个稳定的基础来构建,而不必担心会因为新发布的标准版本而迅速过时。不幸的是,这些标准化工作往往进展缓慢,通常需要多年才能达成一致,例如,ISO 标准需要 18~36 个月才能开发完成[8]。

由于它们的发展性质缓慢,正式的标准化流程并不普遍适用于所有应用。例如,在开发新产品时,由于需要就信息模型达成一致,因此推迟产品发布数月甚至数年是不切实际的。因此,目前在开发过程中,几乎没有进行对齐。相反,产品开发人员创建了一个包含他们认为必要的信息的模型,这与链接数据本体论的发展类似,W3C 标准化的正式标准很少(RDF、OWL、SHACL)定义元模型。许多由与 W3C 无关的机构制作的、特定于案例的模型已成为事实上的标准,如 Friend of a Friend、Prov-o、Schema.org。这些事实上的标准通常被设计模型的个人使用,并使得大量特定于案例的模型之间的对齐变得更容易,导致了大量主要使用领域特定的本体论的数据集,同时它们仍然可以像在链接开放数据云中那样相互关联。

这些事实上的标准对于快速定义语义模型至关重要,这种观念似乎与制造业的组织共享,因为已经开发了自己的元模型,以确保领域模型能够相互对齐。标准化的 AAS 定义了如何结构化你的资产的信息模型,而不指定你的资产是什么或其信息模型是什么,参见文献[2]。这为各种组织提供了一个结构,以表达可互操作的模型,这些模型可能成为事实上的标准。然而,在 AAS 领域,发现缺乏允许这些自下而上开发的 AAS 子模型上升到事实上标准水平的工具和方法论,只剩下正式标准[如由工业数字孪生协会(IDTA)发布的[7]和许多特定于案例的模型,这些模型缺乏有助于互操作性的领域相关模型的重用。

本章基于先前关于 AAS 建模实践[3]和代理建模方法[10]的工作,提出了一套工具,旨在帮助互操作性和标准化。借鉴了 MAS4AI 欧洲项目中学到的经验,使用 AAS 利用描述软件代理的可重用模型来描述软件代理,本章提到的方法是在欧洲 DIMOFAC 项目中开发的。在这项工作中,目标是帮助开发更好的自下而上的模型,这些模型的质量足以成为事实上的标准,并且可以被采纳。为此提出了工具和方法论。

本章首先概述相关背景和前人研究成果;之后,用三小节解释开发的模型、方法论和软件工具;最后,分析如何使用研究工作、局限性是什么,以及下一步计划。

12.2 背景

为了实现协作方之间的互操作性,在语义层面要达成一致,需要信息标准来有效地连接系统、组织和工作。通常通过 ISO、政府或大型部门组织促进的正式标准化过程来完成的,也可以在更高层次的抽象上完成。例如,使用 RDF[15]、OWL[12]和 SHACL[14]作为以机器可读格式表达领域语言的标准方法。在这些情况下,元模型已经经历了严格的广泛的标准化程序,但是基于它的领域模型可以由其作者自由发布。

工业 4.0 引入了元语言 AAS[13],是一个语义模型,提供了一种以机器可读的方式描述资产的结构,包括标准化的交互界面。这个标准还处于初期,导致缺乏积极实施它的成熟案例,或者设计、定义或实施 AAS 的统一流程。为了实现这样的任务,重要的是考虑三个主要元素:①模型代表什么;②如何被创建;③如何被标准化。

当思考信息模型代表什么时,不仅考虑物理资产,还考虑数字资产。特别是，随着代理在工业应用中的广泛采用，有必要拥有一个 AAS 建模策略。例如，文献[11]的工作提出了一种对两种类型的代理——产品代理和资源代理——进行建模的方法。之前的工作[10]通过提出一个与案例无关的通用代理模型结构，提供了一个更通用的解决方案，在本章将进一步扩展这个结构。

在开发 AAS 模型时，当前的方法侧重于使用 IDTA 提供的 AAS 库[7]，因为它包含了目前标准化的 AAS 模型的集合。因此，这是许多 AAS 用户在寻找模型时会首先检查的地方。然而，现有的库并不是所有已制作 AAS 子模型的完整概述，向其中引入一个新的子模型是耗时的。尽管 IDTA 对标准化的贡献对于 AAS 生态系统的发展是不可或缺的，但其方法是自上而下的。也就是说，当开发了一个特定领域的 AAS 子模型时，在发布之前要经过多次检查和审查[1]。虽然这带来了高质量模型的优势，为开发者构建解决方案提供了稳定的基础，但这是一个缓慢的过程，由于信息模型的审查速度和达成共识的速度而成为瓶颈。为了实现广泛采用的语义互操作性，需要促进自下而上的方法。

目前，缺乏普遍使用的共同标准化，如文献[9]的工作所示。为了解决这个问题，采用了多种不同的方法来开发一个通用方法——文献[5]提出了使用 OPC-UA 的解决方案，文献[4]为数字孪生定义了一个互操作性框架，文献[6]提供了使用本体论的解决方案。从标准化方法需要什么以及如何实现的角度来处理互操作性问题，具体来说，关注代理的主题以及如何标准化 AAS 建模过程。为此，开发了一套工具，可以用来简化和简化 AAS 建模过程，目前没有通用的过程，将所有这些发展置于真实的工业 4.0 应用的背景下。

12.3 代理的 AAS 模型

标准化和互操作性需要对信息表示和更具体的建模采取共同的方法。在建模制造环境时，重要的是不仅考虑物理资产，还要考虑数字资产。更具体地说，可能会考虑这些数字资产是负责一段逻辑的代理，因此有必要有一种方法来对这类资产进行建模。为了解决这个问题，提供了可以在使用 AAS 创建代理模型时使用的通用模型结构。

12.3.1 通用模型结构

通用模型结构遵循在文献[10]中提出的方法，提供了一组通用和标准的子模型,旨在为创建任何代理模型时提供一个可以遵循的结构。模型如图 12.1 所示,在其中添加了参数化和配置子模型,以取代早期工作中的通信子模型。这一变化的目的是解决代理定义所需的本地信息与由其部署的框架定义的数据之间的区别,在子模型中需要什么类型的信息,以及它来自哪里之间创造了一个具体的区别。

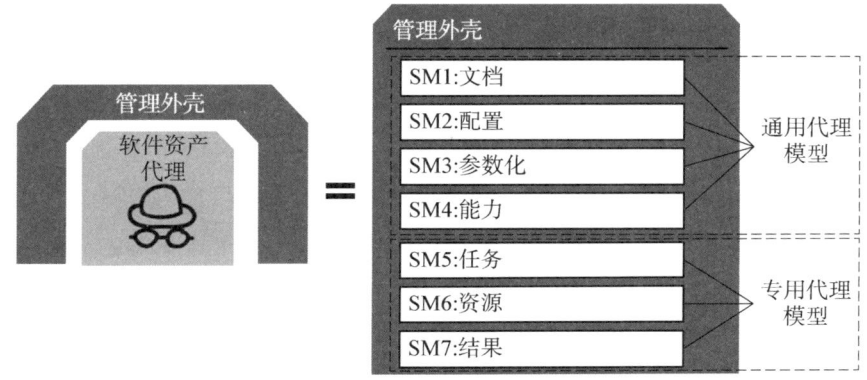

图 12.1 一般代理结构,包含七个不同的子模型,分为两类

12.3.2 通用子模型

通用子模型集合包含了被认为是任务不可知的并且对于正确跟踪和连接开发的代理所需的信息,定义遵循了文献[10]的工作。

(1) 文档:文档子模型包含了描述代理的任何背景和规范相关的信息。例如,这可能是关于开发者的详细信息、版本、所需软件、语言、算法等。

(2) 配置:配置子模型包含了框架或代理管理系统提供的信息,如在哪里可以找到适当的界面连接、如何配置等由框架决定的信息,通常在多个代理之间共享。

(3) 参数化:参数化子模型包含了代理需要初始化的确切参数的信息,这些参数由代理的确切算法和结构决定,并且特定于特定类型的代理。

(4) 能力:能力子模型包含了关于代理能做什么的信息,可以通过各种方式完成,包括与 RDF[16] 结合使用。

12.3.3 特定子模型

特定子模型[10]是那些取决于案例的子模型,包含了由代理执行其工作的确切情况和设置决定的信息。

（1）任务：任务子模型提供了代理必须执行的确切任务的描述。根据情况，可以有一个任务，如"移动"，但也可以是多个子任务的集合。

（2）资源：资源子模型旨在将所有资源的连接及代理需要的相关信息集中在一个地方。例如，这可能包含"机器能力"和"操作人员可用性"等属性。

（3）结果：结果子模型展示了代理在执行任务后提供的类型和相应细节的结果，可以有多个结果，如"分析""计划"等。

12.3.4 使用

通用代理结构的概念是作为一个基础骨架模型，提供了一个清晰的分割和指示，表明需要在代理模型中包含什么类型的信息。目标是使用这个结构，在创建新代理模型时，从具体指定要填充的子模型开始，到填充完毕。为了提供这种方法，定义了一种基于文献[3]工作的方法论，这在下一节中描述。

12.4 开发 AAS 的方法论

在创建丰富的语义信息模型时，有几个方面需要考虑。为了支持适当的建模实践，建议使用一个明确定义的过程，确保没有遗漏任何步骤。

提出的方法论基于文献[3]的早期工作，通过将其扩展，使其更适用于建模不仅是物理资产，还有软件资产。该方法论通过识别以下四个阶段进一步扩展，如图 12.2 所示。

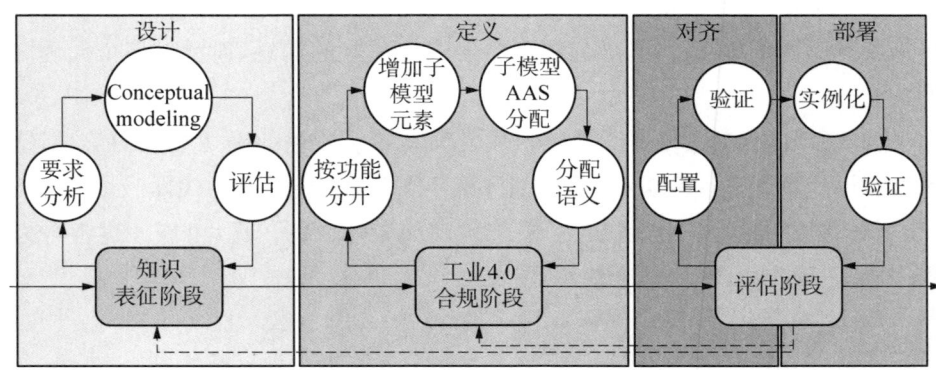

图 12.2　更新了 AAS 开发方法，可视化了四个独立的步骤——设计、定义、调整、部署

12.4.1 阶段

该方法论分为四个阶段,涵盖了一组 AAS 模型的实施,从设计阶段开始,涵盖描述工厂概念所需的知识表示,这是该问题的基础,该阶段不需要对 AAS 或其他工业 4.0 技术有特殊知识。这是一个与应用无关的阶段,用于建模相关的工厂资产及其属性。领域专家不需要考虑工业 4.0 的要求。关于考虑四个子步骤的进一步说明在文献[3]中描述。

该方法论以评估阶段结束,分为两部分:①将工厂中使用的数据模型与开发的 AAS 模型对齐,以及②部署建立 AAS 互操作性的工具。前者称为验证,因为它是一个可以正式检查的过程:如果工厂数据元素与 AAS 数据元素对齐,则两者都对齐。部署是验证步骤,当用户在过程开始时考虑的工具可以使用 AAS 模型构建时,AAS 模型就已验证。

12.4.2 代理建模

在代理建模的情况下,由于增加了两个状态——配置和实例化,上述标准过程直接适用。此外,该过程可以细分为四个不同的阶段,指的是代理开发的不同实施阶段。

(1) 设计:设计阶段是案例规范时刻,这是旨在确定对特定情况有用或相关的代理类型的点,如产品代理、资源代理、计划代理等。

(2) 定义:定义阶段是模板生成阶段。在这一刻,开发人员可以创建/选择标准子模型,这些子模型可以用来为开发的代理提供一个骨架结构。更具体地说,目标是填充图 12.1 中描述的通用代理结构。对于通用代理子模型,意味着确定要使用模板结构,而对于特定代理子模型,则需要确定它们的确切定义和预期内容。

(3) 对齐:对齐阶段专注于在创建的模板中填充子模型所需的任何属性,主要是代理正常运行所需的确切参数等详细信息。在这个阶段结束时,预计代理模板包含所有相关信息。

(4) 部署:部署阶段负责生成代理,包括通过框架或代理管理系统填充所有属性(如代理 ID、任务 ID 等)。由于可以有多个同一类型的代理实体处于活动状态,这是创建它们并填充相应模型的阶段。

12.5　AAS 模型库

互操作性的关键组成部分之一是实现开发成果的无缝共享和分发。在 AAS 模型的情况下,目前没有官方软件提供简单且用户友好的界面用于可视化和共享。这很重要,因为正确处理这个过程可以促进不同方之间的协作,并支持工作的顺利分配。因此,为了闭合循环,开发了一个在线公共库(https://admin-shell-library.eu/),专注于提供一种方式,让各方之间共享模型并以用户友好的方式可视化它们。

12.5.1　功能

库的主要功能是可视化和分发,两者都专注于使 AAS 模型的开发和合作更容易。目前,大多数开发都在封闭的孤岛中进行,分发和信息共享只在过程的最后一步发生。重要的是要能够促进合作的方式,特别是由于对 AAS 的兴趣增加也造成了工作的重复。

分发的一个主要挑战是缺乏直接共享 AAS 模型的可能性。目前,标准过程要求从源(如 GitHub)下载并运行额外的程序(如 AAS 包资源管理器)来打开和查看模型,可能会阻碍开发过程,因为需要更多的步骤和时间来审查模型。AAS 库使直接链接共享成为可能,一旦开发人员将模型上传到网上,就可以获得一个链接,该链接指向 AAS 的网页可视化。该链接可以与其他方共享,并消除了任何软件安装的需要,可以显著简化共享和协作过程,对于创建通用和可重用模型至关重要。

总的来说,一个完整的 AAS 包含多个子模型,每个子模型又包含几个嵌套的子模型元素。对于这些子模型和子模型元素,应维护语义 ID、描述和概念描述。此外,存在多语言子模型元素,可以为各种支持的语言附加多个值。由于这种大小和复杂性,模型可以有,协作开发 AAS 模板应通过适当的可视化支持。目前,最常用的工具也是用于模型创建的工具—包资源管理器。虽然这是有用的软件,但对于不习惯的用户来说可能不太直观,并在查看模型时增加复杂性(特别是对于不使用这个程序的外部方)。库提供了一个 Web 界面,消除了查看者需要单独软件工具的需求。

12.5.2 工作原理

库的工作原理在图 12.3 中可视化，显示了用户可以与库进行的不同交互以及相应的高级处理步骤。

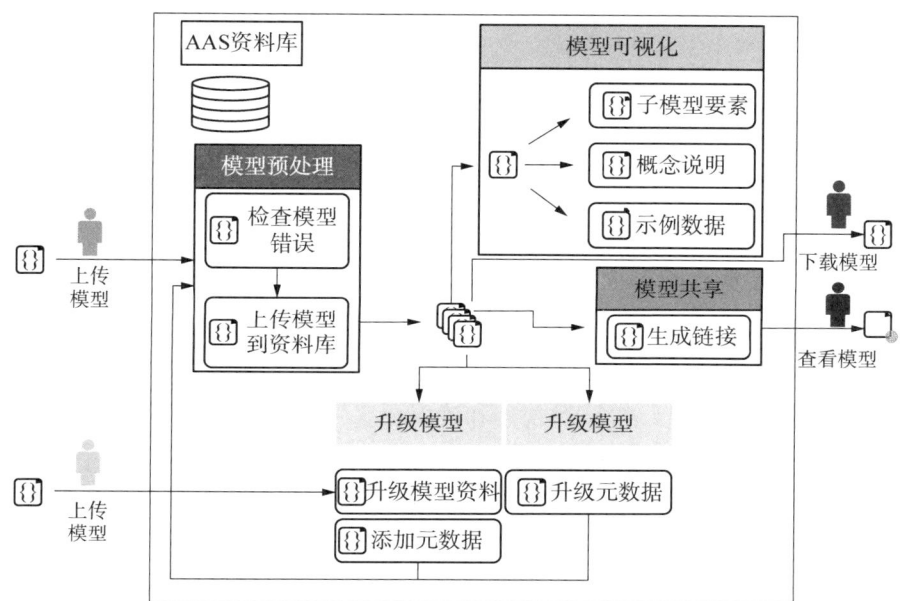

图 12.3　Repository 工作原理（黑色箭头代表与用户的交互，灰色代表内部连接）

（1）上传：用户可以通过填写元数据并提供相应的 .aasx 文件将模型上传到库中，该模型将由系统检查错误，如果没有发现错误，将被上传到库中。

（2）修改：用户可以随时修改模型的元数据或上传更新的 .aasx 版本。

（3）可视化：该模型可视化了 .aasx 模型的多个细节，提供了可折叠的子模型，每个子模型都包含相应的元素。有可能显示概念描述，最重要的是示例数据。这使得查看者更容易理解模型的整个过程。如果示例数据包含对库中包含的其他模型的引用，可以通过 Web 链接轻松跟踪。特别是对于复杂的复合模型，这可以产生显著差异。

（4）分享：任何模型都可以通过链接共享，该链接直接链接到相关的 AAS 文件。

（5）访问：模型访问通过组合组/用户和角色来管理。每个模型可以分配给几个组或个别用户。此外,对于每个用户或组必须指定一个角色,即访客、成员或编辑者。组/用户和角色的组合决定了有效的访问级别,确保了在开发过程的每个步骤中,模型可以与适当的访问级别共享,并且没有敏感信息公开可用。

12.6 讨论

本章提出了三种改进自下而上创建可能上升到事实上标准的方法。首先,提出了通用资产结构的概念,如软件代理,由多个子模型组成。其次,提出了如何创建 AAS 模型的方法论。最后,提出了这些模板的库,这可能在发现和采用好的 AAS 子模型方面有所帮助。

AAS 的成熟度

尽管提出了一些改进 AAS 使用和确保语义互操作性的方法,但不认为这本身会导致广泛采用和活跃的 AAS 用户生态系统。重要的是培养一个适当的 AAS 建模可以蓬勃发展的环境。然而,在这门技术广泛应用之前,仍有几个方面需要改进。

1) 模型

为了构建可重用和可互操作的模型,提供清晰的模板和相应的规范是必要的。目前,AAS 实现不允许指定对于最小实现所需的组件。这对于未来的使用尤其重要,因为它将为用户提供一种方法,让他们知道需要填写的最少信息是什么以使模型可行。

2) 模型约束

为了使语义模型的使用对业务用户更有益,并为实现者提供更多关于 AAS 模型的哪些部分是强制性的和哪些是可选的指导,增加对 AAS 模型实例化的约束能力将是有益的。这样的基本实现将支持定义 AAS 模型的基数约束,定义哪些属性是强制性的,哪些是可选的。然后可以扩展到值内容,甚至一些简单的推理,以在模型中实现基本的业务逻辑。例如,资产的创建日期和维护日期的预期用途可能使其在创建之前无法进行维护。然而,当前的 AAS 标准不允许表达此类约束。在语义建模中,由于缺乏易于实施的值约束,强大的建模语言 Web 本体语言(OWL)在商业中的采用速度没有达到应有的速度,形状约束语言（Shacl）的创建在很大程度上解决了这个问题，并增加了 RDF 在商业环境中的采用。

3）标准化

该方法论和库协同作用，以改善 AAS 的自下而上标准化。该方法论有助于识别当前可用的子模型中缺少的额外子模型，并帮助用户遵循 AAS 范式。库促进了与其他用户共享正在进行中的子模型的工作，以便应用领域可以迅速采用新的成果，补充了 IDTA 全面标准化程序的自上而下方法。在自上而下的标准化中，标准化机构的权威确保了批准模型的质量。当采用向库提交子模型的自由放任方法时，应以不同的方式确保质量。首先，该方法论作为一种增加对建模范式共享知识的方式。其次，关于各种模型的使用统计可以表明哪些模型变成了事实上的标准，从而给出了它们质量的度量，可能需要额外的研究和实施工作来定制库以实现这一目的。

库的增加可访问性可以帮助预期共享其模型的各个群体，该方法论主要适用于利用 AAS 改善互操作性以支持工厂应用的用户集成商。可能使用库的另一个受众是机器制造商，他们希望共享其机器的实例化和专业化模板。这些子模型同样受益于自下而上的方法，而无需强制性程序。

4）协作建模

目前，制作 AAS 模型的过程主要是一个单独的努力，建模者仍然需要积极寻求输入。然而，标准的整个意义在于不同方之间的对齐。因此，增加更多工具以促进协作建模将有助于创建适当的 AAS。所呈现的库和发展方法论已经在这方面提供了帮助，但可以采取进一步的步骤来支持共享模型讨论并加快开发过程中的迭代速度。

12.7 本章结论

本章描述的方法和存储库为我们提供了开发 AAS 模型的方法，作为自下而上、基于应用领域的非实物资产事实上的标准。MAS4AI 项目表明，该方法论可以通过允许对模型进行简单的自下而上的扩展来轻松适应特定案例的要求。在 MAS4AI 的一个工业案例中，基于 ISA－95 模型实施计划代理软件，已经表明自下而上的标准化是有帮助的。所需的模型是通过应用上述方法论在建模专家、领域专家和软件开发人员的协作努力中创建的，并已成功集成和部署在案例中。

库的使用也已在 MAS4AI 和 DIMOFAC 项目中带来了明显的好处：以易于使用、直观的方式与所有利益相关者共享 AAS 模型模板，使它们对各方更加可访问，并促进了对其内容的讨论和反馈，从而确保了对模型的更广泛支持。

参考文献

[1] Adolphs P, Auer S, Bedenbender H, et al. Structure of the administration shell. continuation of the development of the reference model for the industrie 4.0 component [J]. ZVEI and VDI, status report, 2016.

[2] Bader S, Barnstedt E, Bedenbender H, et al. Details of the asset administration shell-part 1: the exchange of information between partners in the value chain of industrie 4.0 (version 3.0 rc02) [J]. 2022.

[3] Bouter C, Pourjafarian M, Simar L, et al. Towards a comprehensive methodology for modelling submodels in the industry 4.0 asset administration shell [C]//2021 IEEE 23rd Conference on Business Informatics (CBI). IEEE, 2021, 2:10 – 19.

[4] Budiardjo A, Migliori D. Digital twin system interoperability framework [R]. Tech. rep. Digital Twin Consortium, East Lansing, Michigan, 2021.

[5] Cavalieri S. A proposal to improve interoperability in the industry 4.0 based on the open platform communications unified architecture standard [J]. Computers, 2021, 10(6):70.

[6] Huang Y, Dhouib S, Medinacelli L P, et al. Enabling semantic interoperability of asset administration shells through an ontology-based modeling method [C]//Proceedings of the 25th International Conference on Model Driven Engineering Languages and Systems: Companion Proceedings. 2022:497 – 502.

[7] IDTA: Industrial digital twin association (2023).

[8] ISO: Target date planner (2023).

[9] Melluso N, Grangel-González I, Fantoni G. Enhancing industry 4.0 standards interoperability via knowledge graphs with natural language processing [J]. Computers in Industry, 2022, 140:103676.

[10] Nikolova N, Rongen S. Modelling agents in Industry 4.0 applications using asset administration shell [C]//ICAART (1). 2023:315 – 321.

[11] Ocker F, Urban C, Vogel-Heuser B, et al. Leveraging the asset administration shell for agent-based production systems [J]. IFAC-PapersOnLine, 2021, 54(1):837 – 844.

[12] World Wide Web Consortium. OWL 2 web ontology language document overview [J]. 2012.

[13] Plattform Industrie 4.0: details of the asset administration shell from idea to implementation (2019).

[14] RDF Data Shapes Working Group: Shapes constraint language (SHACL) [J]. Tech. rep., W3C, 2017.

[15] World Wide Web Consortium. RDF 1.1 Primer [J]. 2014.

[16] Rongen S, Nikolova N, van der Pas M. Modelling with AAS and RDF in industry 4.0 [J]. Computers in Industry, 2023, 148:103910.

[17] Toussaint M, Krima S, Feeney A B, et al. Requirement elicitation for adaptive standards development [J]. IFAC-PapersOnLine, 2021, 54(1):863 – 868.

第13章 I4.0 支持共享生产的整体多代理试验平台

Alexis T. Bernhard, Simon Jungbluth, Ali Karnoub, Aleksandr Sidorenko, William Motsch, Achim Wagner, Martin Ruskowski

13.1 引言

如今,全球化显著改变了制造环境。全球商业意味着全球竞争,需要更短的产品生命周期,而面向消费者的业务则促进了定制产品的开发。然而,僵化的供应链已证明容易受到干扰。因此,需求正在改变,重点是适应性、敏捷性、响应性、鲁棒性、灵活性、可重配置性、动态优化和对创新的开放性。孤立和专有的制造系统需要向分散、分布式和网络化的制造系统架构迈进[20]。云制造可能是高度多样化和可重配置供应链的解决方案。刘等将其定义为"[⋯]一种模型,用于实现分布式制造资源的聚合[⋯]和对可配置制造服务共享池的普遍、便捷、按需网络访问[⋯],这些服务可以快速供应和释放,并且服务运营商和服务提供商之间的管理努力或交互最小化"[22]。

SmartFactoryKL 以"生产等级 4"和"共享生产(SP)"的术语分享他们的愿景[2],代表了在一个受信任合作伙伴联盟中,通过标准化数字孪生动态共享制造服务的可重配置供应链。因此,代表了云制造的扩展。

这一愿景要求共享有关产品和资源的数据。生产数据包含敏感信息,导致对数据滥用的恐惧。因此,除了互操作性和标准化之外,数据主权是构建制造生态系统时的一个主要方面。文献[15]中提出了一种依赖技术的解决方案。作者提议使用 AAS 和 Gaia-X 的概念,以自主主权的互操作方式交换数据。从这个意义上说,AAS 旨在实现供应商无关的数字孪生[10],而 GaiaX 创建了一个数据基础设施,符合欧洲数据保护、透明度和可信度方面的最高标准,以使数据和服务可用。关键要素是遵守与欧洲价值观相关的欧洲数据保护、透明度和可信度[3]。尽管如此,文献[15]的作者更多地关注业务层面和数据交换过程,而不是智能决策过程。由于它们的特性,多代理系统(MAS)似乎是实现不同实体之间逻辑和交互的有希望的自然选择。

在我们工作中提出了一个 MAS 的结构,用于应对上述挑战的现代生产系统,专注于车间层面的组织内弹性,以提供必要的灵活性,实现 SP 场景。13.2 节介绍在工业应用中使用 MAS 的概念;13.3 节介绍应用的 MAS 的架构;13.4 节概述特定工厂的 Holonic MAS 的特征,并在 SmartFactoryKL 的演示测试平台上实现了原型。

13.2　技术现状

要在现代生产环境中使用 MAS,需要管理车间层面的分形控制结构的复杂性。因此,详细阐述了工业制造系统的控制结构(见 13.2.1 节)。在 13.2.2 节中提到了基于技能的方法和网络物理生产系统(CPPS)等术语,以处理生产环境的封装并将实现与功能分离。13.2.3 节比较 Agents 和 Holons 的概念,并将上述概念与共生范式联系起来。

13.2.1　制造领域的控制架构

最近,工业机器和工具的计算机化导致了配备某种软件控制智能的硬件。数字化趋势使得灵活性得到增强和授权,将静态优化转变为动态优化。像文献[15,23,30]就列出了对共同信息模型、标准化接口、实时和非实时跨层通信、关注点分离、灵活性、语义、智能、可扩展性、企业间数据交换、协作工作方式、隐私和自主权的需求。

Leitão 和 Karnouskos[20]确定了工业制造系统中三种主要类型的控制结构:集中式、(修改的)层次和(半)异构架构。集中式架构在系统的根部只有一个决策实体,处理所有规划和控制问题,其他实体没有决策权。集中式架构在小系统中效果最佳,其中短路径导致短时间内有效优化,控制的层次组织分布在整个层次级别上。较高层次做出战略导向的决策,较低层次专注于简单任务。这种架构在静态生产环境中可以高效,并且比集中式控制结构更能抵抗故障。层次架构是计算机集成制造范式的典型代表,与层次结构中的主从控制流程不同,异构架构依赖于合作和协作进行决策。在完全异构架构中,根本没有层次,每个实体同时是主和从,这种组织是默认 MAS 的典型。这些控制结构非常灵活,但很难实现全局优化目标,因为知识和决策由每个代理局部化,需要代理之间的大量交互才能使它们全球化,这是对经典 MAS 架构的主要批评之一,导致了半异构控制结构的发明,也称为松散或灵活的层次结构,这种架构的较低层次应该对干扰做出快速反应并做出快速决策,以层次组织为特征,大多数是反应性代理。较高层次欣赏异构结构的灵活性和通过深思熟虑的代理进行智能决策,半异构控制结构是所谓的共生架构的典型。

13.2.2 CPPS

灵活和模块化的生产环境体现在网络物理生产模块(CPPM)的概念中,提供标准化接口以提供不同功能作为服务[17]。因此,基于技能的方法旨在封装生产模块的功能,并将它们与特定实现分离,目的是增加灵活性。如图 13.1 所示,CPPM 可以组合成 CPPS 以执行控制任务并独立响应信息。CPPS 连接物理和数字世界,并根据环境信息和环境影响做出反应[8]。

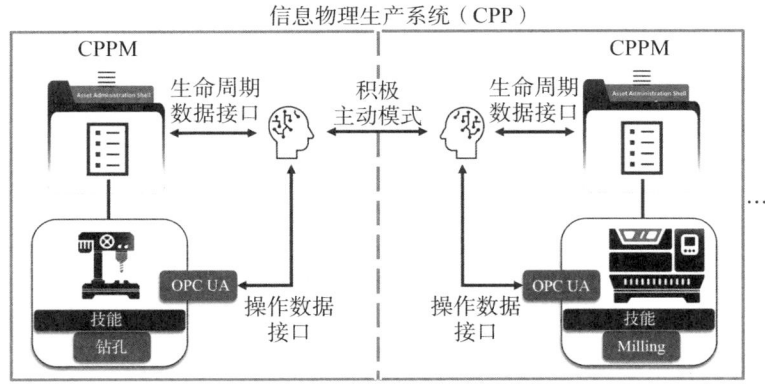

图 13.1 CPPS 的表示

CPPM 需要供应商独立的自我描述来进行生产规划和控制。AAS 代表了实现这种标准化数字表示的方法,其中子模型(SM)用于描述特定领域的知识[10]。工业 4.0 平台提出了一种信息模型,将能力、技能和服务的概念组合成机器可读的制造功能描述,以促进可定制产品的适应性生产、产品可变性、减少批量大小和提高规划效率。能力可以被视为"实现物理或虚拟世界中效果的[…]功能[…]的独立于实现的规范"[25],能力旨在作为技能实现,并作为服务在更广泛的供应链中提供。从业务层面来看,服务代表了"提供的能力的商业方面和提供手段的描述"[25]。从控制层面来看，工业4.0平台定义了生产技能为"由能力规范的封装（自动化）功能的可执行实现"[25]，它提供标准化接口和参数化手段，支持它们在广泛场景中的组合和重用。技能接口主要通过OPC UA实现，已在自动化技术中得到了证明，关于OPC UA和AAS的主题可能会导致关于关注点分离的混淆。AAS用作互联世界和生命周期管理，而OPC UA用于操作性使用。

13.2.3　代理和Holon

MAS的研究始于分布式人工智能领域，研究基于代理固定行为的全局行为，这些研究涉及协调和知识分布。在这种情况下，Leitão和Karnouskos将代理定义为"[…]一个自主的、解决问题的、目标驱动的计算实体，具有社交能力，能够在开放和动态环境中有效，甚至可能是主动的行为，以便观察并采取行动以实现其目标"[20]。MAS是（半）自主问题解决者的联合体，合作实现个人和全局系统的目标。为了成功，依赖于通信、协作、谈判和责任委托[20]。MAS的动机是作为一般软件技术的自主性和合作，而最近在制造领域的出现一直在增长。

共生概念由Koestler提出，用来描述由相互连接以形成一个整体的半自治子整体组成的自然生物[16]。共生制造系统（HMS）是在20世纪90年代初提出的制造范式，试图提高制造系统处理产品演变的能力，并使它们更能适应异常运行条件[7]。共生生产系统基本上在参考架构PROSA中描述，旨在为生产系统提供更大的灵活性和可重配置性[32]。Holon是制造系统的自主、智能、合作构建块，用于转换、运输、存储和（或）验证信息和物理对象[33]。如图13.2所示，制造Holon始终具有信息处理部分，通常还有物理处理部分[4]。Holon加入共生层级结构，定义了它们之间的互动规则，每个Holon可以同时是几个共生层级结构的一部分，以及本身作为一个共生层级结构，使得非常复杂和灵活的控制结构成为可能，也称为灵活层次结构。重要的是要注意，合作过程还涉及人类，他们可能会进入或退出Holon的上下文[4]。总之，HMS可以被视为CPPS的类比，其中技能为物理处理部分提供控制接口。

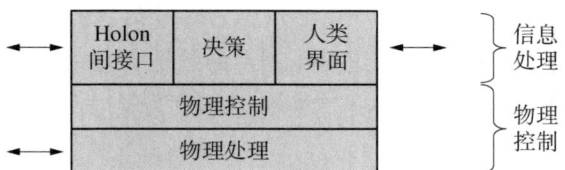

图13.2　文献[7]提出Holon的一般架构

之前的研究探讨了 Agents 和 Holons 之间的术语差异。Giretti 和 Botti[7] 对 Agents 和 Holons 的概念进行了比较研究。作者解释说，这两种方法主要在动机上存在差异，但又密切相关，Holon 可被视为一种特殊类型的代理，具有递归性和与硬件连接的特性。随后，作者定义了递归代理。MAS 的一种形式可以是整体 MAS，其中需要通过协商来优化单个代理的效用及其 Holon 的效用[1]，这种选择更多是由观点决定的。另一方面，Valckenaers[31] 解释说，HMS 和 MAS 经常被视为相似的概念，但也存在对立的观点。作者认为，将 MAS 视为实现 HMS 的一种方式已不再适用。HMS 研究的主要成就是没有目标追求，作者明确区分了作为现实世界对应物的智能实体（Holons）和作为决策者的智能代理（Agents）。

ADACOR 架构是整体 MAS 的一个范例，为分布式生产提供了一种多层方法，并在集中式和分散式结构之间实现平衡，从而将全局生产优化与对干扰的灵活响应结合起来[19]。关于模块化生产系统，CPPM 的"生产技能"（Production Skills）概念对于在多代理架构中与硬件层交互非常重要[28]。要在动态环境中进行交互，代理还需要一个环境模型来描述代理的知识和标准化通信。前者用于描述代理各自的领域，配置代理的行为，汇总来自外部知识库或其他代理的信息[20]。需要一个标准化的信息模型来确保自主访问。根据 CPPS，AAS 适合描述代理的属性，即通信通道、物理连接、标识和拓扑结构。后者可能是直接的，也可能是间接的。直接通信意味着信息交换，已知的通信语言，如知识查询和操作语言（KQML）或代理通信语言（ACL），依赖于由一组执行式（同意、提议）定义的语言行为；间接交流依赖于蚂蚁的信息素轨迹、蜂群智能、黑板概念或拍卖[20]。AI 系统之间的交互被称为 I4.0 语言（I4.0L），由 VDI/VDE 2193 规定，定义了一套规则，包括词汇、信息结构和语义交互协议，以便将信息序列组织成有意义的对话，实现基于合同网络原型的投标协议[29]。

13.2.4　代理框架

代理框架简化了大规模、分布式应用和服务的开发和操作，框架是否开放、模块化、可扩展并促进共生概念尤为重要。文献[21]和[24]列出并讨论了一些代理平台，而文献[5]的研究评估了五种不同的代理语言和框架。结果表明，尤其是 SARL 语言在 Janus 平台上运行，比其他系统在代理间通信、模块化和可扩展性方面更为优越，其他语言的最大优势是没有限制代理之间的交互。这些积极效应与以下事实相平衡：调试仅限于本地应用程序，最重要的是，从设计到实现的转换非常复杂。SARL 支持动态创建代理层次结构，并实现共生架构模式。最后，选择 SARL 来实现 MAS。

在文献[27]中，作者解释了 SARL 代理代表 Holon。在下文中，我们更倾向于使用 Holon 这一术语。SARL 使用"行为"和"Holon 技能"的概念来定义实体。正如文献[27]中所解释的，"[…]行为将一系列感知[…]映射到一系列动作"，而 Holon 技能实现了一组动作的规范，以对环境进行某些改变。能力为所有动作的集合提供了接口，但重点是提高可重用性和降低复杂性。为了避免与"技能"一词的不同含义混淆，下文明确区分"Holon 技能"或"生产技能"。通过使用 Holon 能力和技能，SARL 遵循模块化设计，类似于资源的能力和生产技能。

13.3 现代工业制造系统的架构

SP 面临的挑战在于需要一种能够实现灵活性、可定制性的架构，应对动态优化和决策。工业 4.0 平台的能力-技能-服务信息模型[25]通过标准化促进车间层面的重新配置和动态规划。因此，AAS 在系统元素的互操作性方面显示出优势。文献[14]的研究介绍了如何使用 AAS（重新）规划和执行生产，并使生产资源可互换。作者将 AAS 用作产品和资源等资产的数字孪生。MAS 控制工作中心的生产模块，这种相互连接遵循封装和模块化的理念，以实现灵活和技术无关的生产资源访问。封装旨在提高车间层面的可重配置性。资源不应执行刚性操作，而应被分配任务，可以自行处理。文献[15]中展示了一个 SP 网络，以自主主权的互操作方式实现数据交换，我们通过结合 Gaia-X、AAS 和 I4.0L 等概念来实现这一点，这些技术有望实现跨公司的供应链。文献[15]聚集于业务层通信以实现共享数据，并解释了构建数据生态系统所需的组件。然而，还需要一个组件使车间与互联世界连接。因此，文献[15]的研究是实现组织间通信的基础，以下内容则侧重于车间内部的组织韧性。

13.3.1 多代理系统制造架构

Holonic MAS 似乎是整合工厂粒度、构建复杂且具备韧性系统的有力模式。值得注意的是，与客户和其他工厂通信的技术可能会随着时间变化而变化,或者会因客户或工厂的不同而有所不同。因此,为了实现技术独立性,MAS 不包括特定的连接技术,其将部分资源能力整合为服务,并根据面向服务系统的原则将这些服务向外部世界提供[9]。此外,Holonic MAS 还负责监督生产系统,以规划和执行生产,并将工厂连接到 SP 网络。

受到上述概念的启发,如图 13.3 所示,现代工厂的系统由三个主要 Holon 组成,基本结构遵循 13.2 节中描述的 PROSA 的总体思想。所呈现的 MAS 与其架构之间的差异有三个方面:首先,管理产品的任务由 AAS 而不是 PROSA 中的产品 Holon 来完成,关于这一变化的更详细讨论将在 13.5 节中讨论。其次,订单管理任务从订单 Holon 转移到产品 Holon。采用新名称的原因是,产品 Holon 负责处理订单,并连接到产品 AAS,从而集成了两项任务。第三,增加了另一个名为服务 Holon 的 Holon,作为工厂层面的外部表示,作为对 PROSA 的额外用例,PROSA 没有详细研究 SP 场景,而是将工厂作为集中式 HMS,该主机基于请求生成订单 Holon。然而,我们更倾向于将生成 Holon 的任务与工厂的表示解耦,以实现更高的适应性和灵活性。

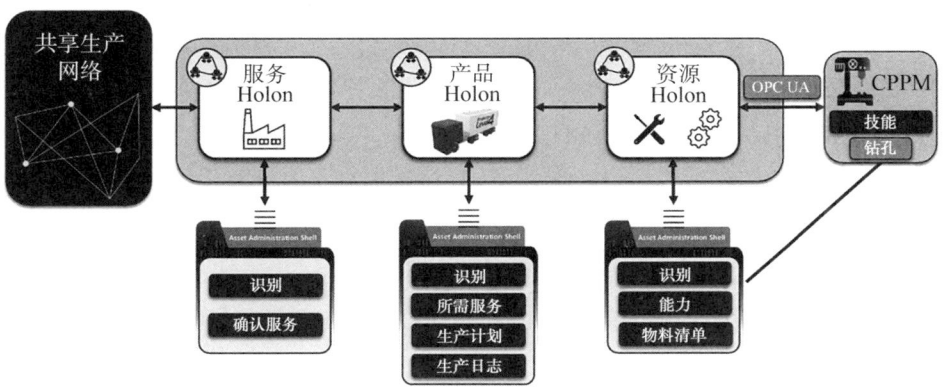

图 13.3　多代理系统结构

除了这些变化外,三个 Holon 都配备了各自的 AAS,以展示它们的自我描述。这包括用于在 MAS 中识别 Holon 的 SM 识别,以及用于能够与不同通信技术进行通信并实现通信技术独立的 Holon 接口的 SM。此外,每个 Holon 的 SM 拓扑描述了内部结构,该结构的一部分是 Holon 的所有聚合子 Holon。这个 SM 便于每个 Holon 的初始化,特别是在重新启动时。

接下来,13.3.2 节和 13.3.3 节将分别介绍服务 Holon 和产品 Holon。关于资源 Holon,将在 13.4 节中做更详细的介绍。资源 Holon 通过控制和管理所有资源来执行生产步骤,每个资源都通过 OPC UA 与一个资源 Holon 相连,由资源 Holon 控制其执行。为此,资源 Holon 使用资源 AAS 来存储有关资源的信息,其中包括 SM 标识、资源提供的功能和 SM 物料清单。此外,资源 Holon 还处理资源生命周期管理、人机交互、资源监控和处理资源间多种通信技术等任务。

13.3.2 服务 Holon

图 13.3 左侧显示的服务 Holon 管理和提供工厂的服务给连接的世界。一个案例是 3D 打印服务,提供了使用熔融沉积建模工艺生产定制产品的能力。除了提供服务外,服务 Holon 还使 MAS 能够处理外部任务,如订购特定产品或执行提供的服务,此外,负责处理外部服务、产品或替代品的处置。因此,服务 Holon 有能力通过基于 I4.0L 的异步事件驱动通信与 SP 网络通信。这实现了 VDI/VDE 2193[34,35]作为选定的通信标准。关于连接到 SP 网络的一个更详细的案例已在文献[15]提及的研究中进行了应用。

在外部 SP 网络的背景下,服务 Holon 代表工厂的接口。因此,服务 Holon 负责工厂 AAS,使用唯一标识符、名称和其他一般信息来识别工厂。此外,包含工厂必须提供的所有保证服务的描述。基于此服务目录,其他网络成员可以请求提供服务。

在收到生产请求的情况下,服务 Holon 处理这些请求,并请求产品 Holon 处理请求。与产品 Holon 的通信与当前架构中所有共生体间的整体通信一样,是异步和基于事件的。

13.3.3 产品 Holon

产品 Holon 负责生产过程,并将生产任务细分为不同的子任务。在这种情况下,Holonic 方法开始发挥作用。每个 Holon 负责一个任务,并为每个子任务生成一个子 Holon(Sub-Holon),共同以树状结构展示生产过程。为了处理这些传入的任务或派生的子任务,每个 Holon 在资源 Holon 内部触发执行,或者从服务 Holon 请求外部执行。

在内部执行的情况下,每个 Holon 都需要检查执行是否可行。因此,产品 Holon 首先匹配资源提供的能力与完成任务(子任务)所需的能力。如果两种能力相匹配,将触发对资源的可行性检查,以模拟资源是否能够在提出的条件下执行任务(如果过程能够提供所需的产品质量,并评估估计的时间、成本和消耗)。成功完成可行性检查后,产品 Holon 生成一个 AAS 作为产品的数字孪生。产品 AAS 包含有关产品识别的信息,如名称和唯一标识符。如果 AAS 包含一些需要外部执行的子任务,则产品 AAS 包含执行子任务所需的所有外部服务的描述。启动生产过程后,产品 Holon 通过触发生产步骤或监控当前生产状态来进一步控制过程。为了监控过程,产品 Holon 通过向生产日志添加日志数据来更新相应的产品 AAS。

为了说明产品 Holon 的执行,通过服务 Holon 订购了一个模型卡车作为样品产品。卡车由两个不同的半挂车组成,半挂车_卡车由一个 3D 打印的驾驶室压在一个称为驾驶室底盘的砖块底盘上;类似于半挂车_卡车,另一个半挂车通过将一个 3D 打印或铣削的拖车安装在一个半挂车底盘上来建造。图 13.4 所示为相应的产品结构树。

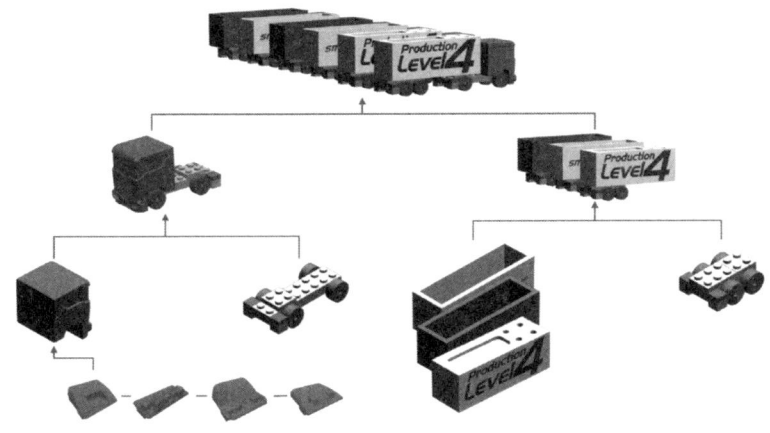

图 13.4 模型卡车的产品树

图中每个组件和组件装配与生产相应组件的生产步骤相关。首先,需要制造组件,然后从组件中组装半挂车,最后将拖车安装在驾驶室底盘上,组装完整的卡车。对于给定的每个组件,都会生成自己的产品 AAS。例如,卡车 Holon 在物料清单的最高级别上生成两个半挂车 Holon。两个 Holon 独立生产它们相关的半挂车,完成后,会向卡车 Holon 报告,然后卡车 Holon 通过控制两个半挂车的装配步骤来控制完整卡车的生产。

13.4 执行系统:资源 Holon

资源 Holon 负责管理 CPPM 的管理。如图 13.1 所示,资源 Holon 充当使用 OPC UA API 及 AAS 的主动实体,并实现动态交互。所有 AAS 都使用 BaSyx 中间件(v1.3)[18]部署。BaSyx 是一个开源工具,旨在实现 AAS 的规范[10,11],并提供额外的服务,如将 AAS 存储在数据库中、授权和通知用户数据更改事件。Holon 的协作促进了灵活的执行和规划,而 AAS 和生产技能提供了互操作性。除此之外,需要强调软件层面的弹性。资源 Holon 被部署为 Docker 容器,并由 GitLab 仓库管理,该仓库自动创建容器镜像并允许持续部署。现代工业环境需要应用程序与运行时环境隔离,以切换底层硬件和平衡负载。

资源 Holon 由任意数量的 Holon 组成,并将其分为岛屿型和 CPPM 型。前者用于强调子 Holon 的存在,而后者类型用于突出不能进一步分割的最小实体。对于交互来说,子 Holon 是岛屿型还是 CPPM 型并不重要。使用这种区分来分离构建 Holon 的模块,即对每种类型的 Holon 进行分类行为和共生技能;岛屿资源 Holon 更负责生命周期管理和协调,而 CPPM 型资源 Holon 计划和执行具体任务。此外,岛屿型资源 Holon 通过提供代理功能来封装所有子 Holon。

图 13.5　岛屿型资源 Holon 的行为和技能

13.4.1　Holon 的行为和技能

SARL Holon 由一系列行为和 Holon 技能组成。岛屿型资源 Holon 提供层次结构并协调子 Holon，而 CPPM Holon 作为最小实体，连接到物理资产。图 13.5 总结了岛屿型资源 Holon 的行为和技能，每个岛屿型资源 Holon 都有一个 AAS，描述 Holon 的属性，配置和参数化系统。AAS 的关键方面是提供如何找到 Holon、Holon 的构建方式及如何定义 Holon 接口的信息，在 SM 拓扑和接口（见 13.3.1 节）中可用，也提供给子 Holon。AAS 技能提取 Holon 的信息以及环境信息。更新行为用于收集关于所包含 Holon 状态的信息，更新 MAS 变化时的拓扑，并与 AAS 同步此信息。由于岛屿型资源 Holon 管理子 Holon，生命周期技能允许在它自己的 Holon 上下文中动态创建、销毁或重启 Holon。由于 SARL Janus 为运行时的所有 Holon 提供消息通道，因此与其他 Holon 的通信需要一个外部通信接口。Inter-Holon 行为允许与不同运行时中的 Holon 进行外部通信，如通过开放式标准通信中间件 Apache Kafka 在资源 Holon 和产品 Holon 之间交换消息。为了通信和理解，I4.0 消息技能支持根据 VDI/VDE 2193-1[35] 的标准化消息模型。通信、协作和谈判是成功过程的关键组成部分。岛屿型资源 Holon 响应产品 Holon 的生产请求，初始化谈判，并向子 Holon 发送生产请求。在谈判行为中，岛屿型资源 Holon 验证传入的消息。根据请求，岛屿型资源 Holon 强制子 Holon 执行任务或请求可能的执行。前者用于应用静态优化，即应执行全局调度。全局调度的一个案例在文献[13]中介绍，其中调度了增值和非增值过程。后者实现了投标协议，以促进动态优化。谈判行为定义了拍卖的持续时间，并根据最大运算符选择传入报价，即对于 n 个传入报价，所选报价计算为 $o_i = \max(o_1, \cdots, o_n)$。除了软件系统，Holon 还可能与人交互，这在优先级方面需要特殊处理。因此，人类行为考虑了人类知识和调整，并不是试图实现完全自动化的工厂并将人类排除在生产之外。相反，想支持人类决策，以受益于经验和直觉，以及为人类建造工厂[36]。

对于 CPPM 型资源 Holon，一些构建块如 AAS 技能、I4.0 消息技能和人类行为重叠（图 13.6）。对于交互，CPPM 型资源 Holon 提供三种行为：需求检查、投标和邻居。需求检查行为在宽松地遵循方法调用，以实现层次结构中的控制结构。在岛屿型资源 Holon 促进执行的情况下，CPPM 型资源 Holon 验证它是否可以遵循调用并开始或排队任务。在投标行为中，投标技能用于在

0~1 的范围内计算报价,决定了执行工作的愿望,促进了动态优化,同时考虑了处理时间、换刀时间、截止日期、可用性和资源的可能操作。计算过程是使用 RL 算法实现的,RL 算法的基础在文献[26]中描述,而修改后的变体将在未来的研究中发布。最后一个交互模式是邻居行为。CPPM 感知其环境,因此 CPPM 型资源 Holon 可以省略层次结构,并直接与其物理邻居通信,以协作方式执行复杂任务。一个示例是通常需要通过运输手段供应的 Pick&Place 操作。CPPM 型资源 Holon 还具有关于控制和监控生产技能的额外功能。执行行为构建了一个基于事件的序列,以可靠地执行生产功能。在这种情况下,代表设置生产功能参数的流程,验证所有先决条件的合规性,跟踪执行状态和管理后置条件。因此,CPPM 型资源 Holon 使用 OPC UA 技能,允许直接访问部署在 CPPM 上的生产技能接口。此外,CPPM 型资源 Holon 具有监控行为,用于检查相关传感器数据,跟踪系统状态并更新系统关键信息。将来,异常检测和监督也将在此行为中实现。

图 13.6　CPPM 资源 Holon 的行为和技能

13.4.2　示范案例

为了演示资源 Holon 在生产环境中的应用,本案例使用 SmartFactoryKL 的实际工厂 Produktionsinsel_KUBA(图 13.7)。Produktionsinsel_KUBA 由三个 CPPM 组成,名为 Connector Module、Quality Control Module 和 Conveyor Module,以及一个包含 3D 打印机、机器人和手工装配的 Produktionsinsel_SYLT。

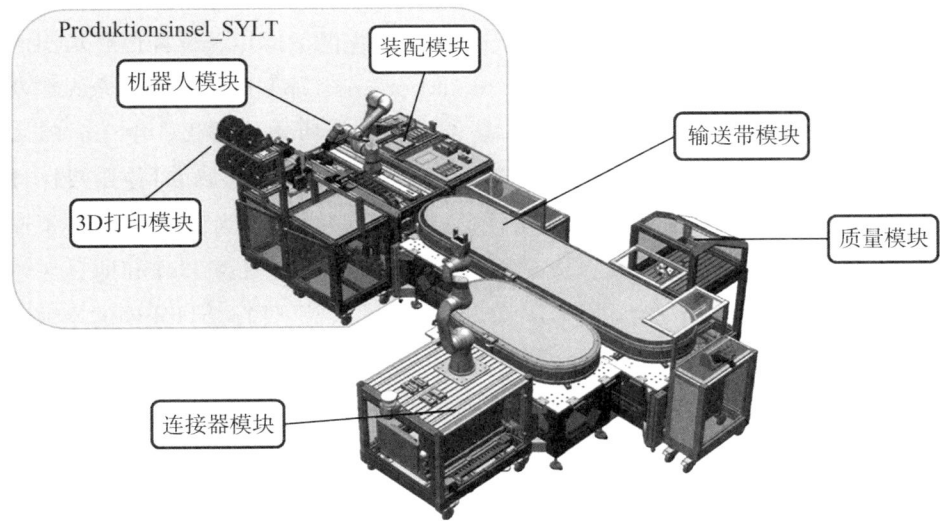

图 13.7　SmartFactoryKL 实际演示工厂：Produktionsinsel_KUBA

　　Connector Module 作为组件零件的供应和存储站，将交付的组件转移到 Conveyor Module，进一步将组件运输到 Produktionsinsel_SYLT，在那里将各个零件组装成更高阶的组件。之后，检查产品的质量，并将组装件在 Connector Module 处弹出。示例生产组装了图 13.4 中显示的模型卡车。在这种情况下，Produktionsinsel_KUBA 无法自行生产模型卡车的所有组件。因此，如文献[15]中所解释的 SP，所需的模型卡车组件已经生产并交付到 Connector Module。CPPM 可以以任意布局定位，Produktionsinsel_KUBA 根据不同连接的模块提供不同的服务，并增加了灵活性。为了提供安全的工作环境，CPPM 被机械锁定。在这种情况下，将两个或更多机械连接的 CPPM 称为邻居。文献[12]中介绍了 Conveyor Module 的开发，以实现按需运输，提到了 CPPM 可以锁定的五个不同的耦合点，该机制使用磁铁和 RFID 传感器实现。因此，Connector Module、Quality Control Module 和 Produktionsinsel_SYLT 被物理锁定到 Conveyor Module，构建了一个连接的邻域。RFID 标签包含 CPPM 的 ID，允许识别锁定的模块。因此，自描述是可访问的，CPPM 型资源 Holon 可以建立点对点连接，生产过程在资源 Holon 从产品 Holon 获得执行生产步骤的请求时开始。生产步骤在遵循 AAS 元模型生产计划中的描述，一个生产计划的案例在文献[14]中可看到。

基于将生产模块的制造逻辑封装在资源 Holon 中的想法,描述了岛屿型资源 Holon 与响应子 Holon 之间的交互,实例化的 Produktionsinsel_KUBA Holon。在请求执行生产步骤期间,Produktionsinsel_KUBA 资源 Holon 在谈判行为中验证查询,并询问子 Holon 是否可以执行所需的结果。由于省略了全局调度,通过协作进行动态优化。子 Holon 竞争执行效果,同时使用投标技能计算报价。如果底层 CPPM 无法执行操作,则报价结果为 0。否则,报价通过 RL 方法计算,最大值为 1。Produktionsinsel_KUBA 资源 Holon 通过忽略所有 $o < 0.2$ 的报价来验证报价,并分配步骤。CPPM 型资源 Holon 的本地决策导致全局行为,其中资源的全局分配通过投标系统优化,确保了本地 CPPM 型资源 Holon 的利用,并实现了按需调度。为了执行所需的结果,CPPM 型资源 Holon 通过执行行为访问生产技能,以对环境进行改变。在执行任务期间,Holon 可以协作执行它们无法独自完成的任务。作为不同 Holon 之间通信的一个示例,Connector Holon 和 Produktionsinsel_SYLT 资源 Holon 与 Conveyor Holon 通信,为特定产品订购运输手段。Conveyor Holon 通过路由和排队管理运输手段的编排,更多地依赖于调用,因为 Conveyor Holon 封装了按需运输。

这个序列描述了 Produktionsinsel_KUBA 的演示场景。请求和调用 Holon 能力的组合形成了灵活的控制结构,实现了以弹性的方式进行制造,因此可以处理静态和动态要求。此外,模块化结构结合使用 AAS 和生产技能,促进从车间到互联世界的工厂不同层面的互操作性和可互换性。

13.5 本章结论

本章介绍了制造领域的一种 MAS 方法,其可以使工厂能够控制其资源、定义和管理产品,并为其他 SP 参与者提供服务。MAS 基于 holonic 方法,细分为 Holon,每个 Holon 负责其中一项任务。Holon 被视为具有递归性和与硬件连接等额外特征的特殊类型的代理,MAS 与现代工业 4.0 技术(如生产技能、AAS 或 OPC UA)协作,在 SmartFactoryKL 的演示测试平台上展示了 MAS,该平台是生产模型卡车的 SP 场景的一部分。

制造系统被细分为三个 Holon:服务 Holon 提供和检索来自互联世界的服务;产品 Holon 处理模块化封装的产品,管理各个零件和组件之间的依赖关系及控制生产过程；资源 Holon 封装了生产测试床的层，并连接虚拟与物理世界。为了保证自主性，资源 Holon 使用 AAS 描述来获取环境知识，并使用 CPPM 的生产技能在物理世界中产生效果，通过提供允许层次和异构模块化的通信模式来实现灵活和弹性的系统。

然而，我们当前的 MAS 仍存在一些局限，这意味着可以在未来扩展以满足不同的其他功能，并解决不同的问题。一个扩展方向是更多地强调产品的生命周期，同时提供更复杂的计划系统，以提取产品的特性、匹配能力并跟踪投标标准。另一个扩展计划是监控系统，可以嵌入全厂范围的监控系统，用以结合监督生产过程、工厂层面信息（如保证的服务和资源数据）。最后一个扩展方向是提供更通用的共生模式，并更多地探讨服务 Holon 和产品 Holon。

因此，我们希望将我们的架构与其他 MAS 系统进行比较，特别关注我们系统中应用的技术。与完全基于代理的解决方案相比，我们通常替换一个 Holon（如在 PROSA 中的产品 Holon）。这种做法的缺点是，由于采用了不同的技术栈系统中需要应用更多的技术，从而导致了更复杂的架构。然而，作为制造标准，AAS 支持与其他工厂之间进行互操作，并提供了一种简单的数据交换格式。此外，使用标准化的数据格式来表达所有知识，以便于通过系统范围的接口简化数据的内部使用。

除了作为数据格式的 AAS，还使用 SARL 作为代理框架。SARL 本身是一种领域特定语言，这导致了一系列如文献[6]中提到的普遍的优缺点。首先，SARL 专门设计用于构建 MAS，并包含自己的元模型来定义 Holon 的结构。此外，SARL 提供概念来在行为和技能中集合某些功能，形成模块化系统。SARL 的一个特点是 Holon 能够控制其他 Holon 的生命周期，这与应用的 MAS 概念非常接近。尽管 SARL 对我们来说功能是合适的，但 SARL 也有缺点。例如，如果 SARL 出现特定的问题，很难找到文档和方法帮助。不幸的是，开发 SARL 代码是辛苦的，因为通常支持的开发环境并不总是以我们期望的响应时间做出反应。

我们的 MAS 概念与其他 MAS 概念之间的另一个区别是应用 Holon 的粒度。在许多情况下，每个设备（如一个机器人，甚至更小的结构，如传感器）都有自己的 Holon。在我们的方法中，一个 Holon 连接到一个 CPPM，封装了单个资源，如机器人臂或 3D 打印机。在这种方法中，Holon 通过调用提供的技能来访问每个 CPPM。在设备级别拥有 Holon 会导致更多的 Holon 通信，因此需要更多的资源和精力来处理 Holon 通信。此外，MAS 不需要实时操作即可无延迟地执行动作。这就是为什么我们决定在 CPPM 内部封装内部通信，并保持时间关键和安全关键任务在物理处理部分。此外，Holon 独立于机器特定的控制技术，这提高了系统对资源特定技术的灵活性。最后，即使对于小型 Holon MAS，通信也会迅速变得复杂并缺乏透明度。使用像 OPC UA 和 AAS 这样的标准化技术可以获得这种透明度，并支持在工厂的不同层面应用。

参考文献

[1] Beheshti R, Barmaki R, Mozayani N. Negotiations in holonic multi-agent systems [J]. Recent Advances in Agent-Based Complex Automated Negotiation, 2016: 107-118.

[2] Bergweiler S, Hamm S, Hermann J, et al. Production Level 4-Der Weg zur zukunftssicheren und verlässlichen Produktion [J]. Whitepaper SF-5.1, 2022.

[3] Braud A, Fromentoux G, Radier B, et al. The road to European digital sovereignty with Gaia-X and IDSA [J]. IEEE network, 2021, 35(2): 4-5.

[4] Christensen J. Holonic manufacturing systems [R]. technical report, Rockwell Automation, 1998, ftp://hms@ifwpd7.ifw.uni-hannover.de/hms-wps/wp1-seng/html/t1/d11f.htm, 1999.

[5] Feraud M, Galland S. First comparison of SARL to other agent-programming languages and frameworks [J]. Procedia Computer Science, 2017, 109: 1080-1085.

[6] Fowler M. Domain-specific languages [M]. Pearson Education, 2010.

[7] Giret A, Botti V. Holons and agents [J]. Journal of intelligent manufacturing, 2004, 15: 645-659.

[8] Hermann J, Rübel P, Birtel M, et al. Self-description of cyber-physical production modules for a product-driven manufacturing system [J]. Procedia manufacturing, 2019, 38: 291-298.

[9] Huhns M N, Singh M P. Service-oriented computing: Key concepts and principles [J]. IEEE Internet computing, 2005, 9(1): 75-81.

[10] Industrial digital twin association: specification of the asset administration shell Part 1: Metamodel.

[11] Industrial digital twin association: Specification of the asset administration shell Part 2: Application programming interface.

[12] Jungbluth S, Barth T, Nußbaum J, et al. Developing a skill-based flexible transport system using OPC UA [J]. at-Automatisierungstechnik, 2023, 71(2): 163-175.

[13] Jungbluth S, Gafur N, Popper J, et al. Reinforcement learning-based scheduling of a job-shop process with distributedly controlled robotic manipulators for transport operations [J]. IFAC-PapersOnLine, 2022, 55(2): 156-162.

[14] Jungbluth S, Hermann J, Motsch W, et al. Dynamic replanning using multi-agent systems and asset administration shells [C]//2022 IEEE 27th International Conference on Emerging Technologies and Factory Automation (ETFA). IEEE, 2022: 1-8.

[15] Jungbluth S, Witton A, Hermann J, et al. Architecture for shared production leveraging asset administration shell and gaia-X [C]//2023 IEEE 21st International Conference on Industrial Informatics (INDIN). IEEE, 2023: 1-8.

[16] Koestler A. The ghost in the machine [J]. 1968.

[17] Kolberg D, Hermann J, Mohr F, et al.: SmartFactoryKL System Architecture for Industrie 4.0

Production Plants [J]. SmartFactoryKL, Whitepaper SF-1.24, 2018.
[18] Kuhn T, Schnicke F. BaSyx, https://wiki.eclipse.org/BaSyx, (Visited on 07.07.2022).
[19] Leitão P, Colombo A W, Restivo F J. ADACOR: A collaborative production automation and control architecture [J]. IEEE Intelligent Systems, 2005, 20(1):58-66.
[20] Leitao P, Karnouskos S. Industrial Agents: Emerging Applications of Software Agents in Industry [M]. Boston: Kaufmann, Morgan, 2015.
[21] Leon F, Paprzycki M, Ganzha M. A review of agent platforms [J]. Multi-paradigm Modelling for Cyber-Physical Systems (MPM4CPS), ICT COST Action IC1404, 2015:1-15.
[22] Liu Y, Wang L, Wang X V, et al. Cloud manufacturing: key issues and future perspectives [J]. International Journal of Computer Integrated Manufacturing, 2019, 32(9):858-874.
[23] Neubauer M, Reiff C, Walker M, et al. Cloud-based evaluation platform for software-defined manufacturing: Cloud-basierte evaluierungsplattform für software-defined manufacturing [J]. at-Automatisierungstechnik, 2023, 71(5):351-363.
[24] Pal C V, Leon F, Paprzycki M, et al. A review of platforms for the development of agent systems [J]. arXiv preprint arXiv:2007.08961, 2020.
[25] Plattform Industrie 4.0: Information Model for Capabilities, Skills & Services, https://www.plattform-i40.de/IP/Redaktion/EN/Downloads/Publikation/CapabilitiesSkillsServices.html, (Visited on 06.06.2023)
[26] Popper J, Ruskowski M. Using multi-agent deep reinforcement learning for flexible job shop scheduling problems [J]. Procedia CIRP, 2022, 112:63-67.
[27] Rodriguez S, Gaud N, Galland S. SARL: a general-purpose agent-oriented programming language [C]//2014 IEEE/WIC/ACM International Joint Conferences on Web Intelligence (WI) and Intelligent Agent Technologies (IAT). IEEE, 2014, 3:103-110.
[28] Ruskowski M, Herget A, Hermann J, et al. Production bots für production level 4: skill-basierte systeme für die produktion der zukunft [J]. atp magazin, 2020, 62(9):62-71.
[29] Smith R G. The contract net protocol: High-level communication and control in a distributed problem solver [J]. IEEE Transactions on computers, 1980, 29(12):1104-1113.
[30] Trunzer E, Calà A, Leitao P, et al. System architectures for Industrie 4.0 applications: Derivation of a generic architecture proposal [J]. Production Engineering, 2019, 13:247-257.
[31] Valckenaers P. Perspective on holonic manufacturing systems: PROSA becomes ARTI [J]. Computers in Industry, 2020, 120:103226.
[32] Van Brussel H, Wyns J, Valckenaers P, et al. Reference architecture for holonic manufacturing systems: PROSA [J]. Computers in industry, 1998, 37(3):255-274.
[33] Van Leeuwen E H, Norrie D. Holons and holarchies [J]. manufacturing Engineer, 1997, 76(2):86-88.
[34] VDI/VDE-Gesellschaft Mess- und Automatisierungstechnik: Language for I4.0 components-Interaction protocol for bidding procedures.
[35] VDI/VDE-Gesellschaft Mess- und Automatisierungstechnik: Language for I4.0 Components-Structure of messages.
[36] Zuehlke D. SmartFactory — Towards a factory-of-things [J]. Annual reviews in control, 2010, 34(1):129-138.

第14章 · 汽车零部件制造业的多智能体解决方案

Luis Usatorre, Sergio Clavijo, Pedro Lopez, Echeverría Imanol, Fernando Cebrian, David Guillén, E. Bakopoulos

14.1 引言

制造业是一个充满变化和挑战的生态系统,生产条件永远不会相同。例如,来自供应商的原材料尽管在公差范围内,但彼此不同。由于这些差异,对每个组件/零件使用 AAS[1] 是不可行的。类似的变体也出现在制造的所有领域,如工具磨损、生产机器的状态,甚至操作人员决策(图 14.1)。

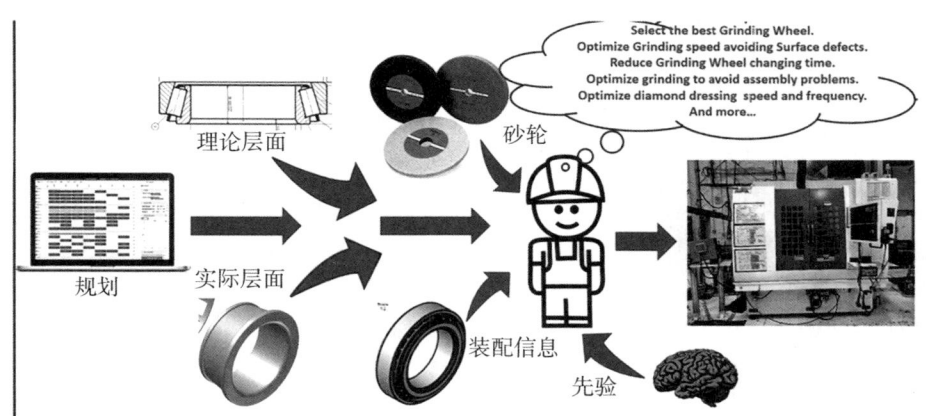

图 14.1　影响操作人员决策的变量

最重要的是,操作人员决策大多数时候是基于直觉和经验,而不是基于数据分析,原因之一是制造业数据通常存储在部门和信息孤岛中,因此操作人员无法访问它们。这些数据及其存储位置如下:

(1) 与生产订单、数量、交货时间等相关的调度数据通常存储在企业资源计划(ERP)系统中。

(2) 原材料供应商、它们特性、到达时间、数量等通常存储在供应商部门的存储库中。

（3）名义产品特性可以在工程部门的图纸和存储库中找到。

（4）质量控制结果通常存储在质量控制机器的内存中或质量控制部门的存储库中。

本章建议，生产改进必须在多种选择之间取得平衡，这不仅包括技术因素，还包括经济因素。在现有的生产环境中，这些因素包括存储规格（如经济成本、物流成本）、操作人员成本、生产时间、能源消耗等。当在制造过程中应用 AI 技术时，标准应该是类似的：具有不同目标的几个代理应该相互作用，以确定最全面的解决方案。为此，本章说明，基于分布式示例框架的多代理方法会导致这些代理之间的相互作用，从而改善整个工厂生产系统。尽管代理可以独立工作，但 MAS4AI（多代理系统，用于人工智能）的任务是使它们无缝协作，并提供比单独工作时更好的解决方案。第二个目标是解决制造业中 AI 解决方案实施的可扩展性问题：代理需要为每个制造过程（如磨削）定制和特定，但同时又足够通用，适用于使用此制造过程的所有机器和行业（如所有车间的所有磨床）。MAS4AI 提议的是基于代理的 AAS 方法，部署在希望使用特定代理的每个行业中。通过这种方式，代理由代理逻辑和 AAS 组成。

Fersa 的试点工厂

Fersa Bearings 是一家专注于设计、制造和销售轴承的公司，主要为汽车市场，但一小部分致力于工业市场。对于汽车市场，Fersa Bearings 制造新车辆的轴承（少数几个参考和长批次生产案例）及作为备件的轴承，意味着许多参考和更短批次的生产案例。

在 Fersa 工厂实施的案例专注于完全致力于生产备件（短批次）的 Z0 线。在这条产线上，基准由两个并行制造的部分组成，必须将它们组装成一个部件。因此，这些过程中的质量至关重要，以确保不同的部件完美匹配，满足最终要求。

尽管原材料、工具和流程之间存在变化，多代理系统改善了 Fersa 对这条生产线的控制，提高了最终质量、通信和流程协调。今天，不同的参与者在物理世界中相互作用，以全面优化生产。目标是在制造过程中应用 AI 在一个虚拟世界中，具有不同目标的几个代理相互作用，以确定最全面的解决方案，如图 14.2 所示。

在 Fersa 的试点工厂中考虑三个代理之间的相互作用：一个工具代理，优化工具选择；一个机器代理，改善机器参数；一个调度代理，在特定情况下评估生产批次的制造时间。工具选择和机器参数如图 14.3 所示。

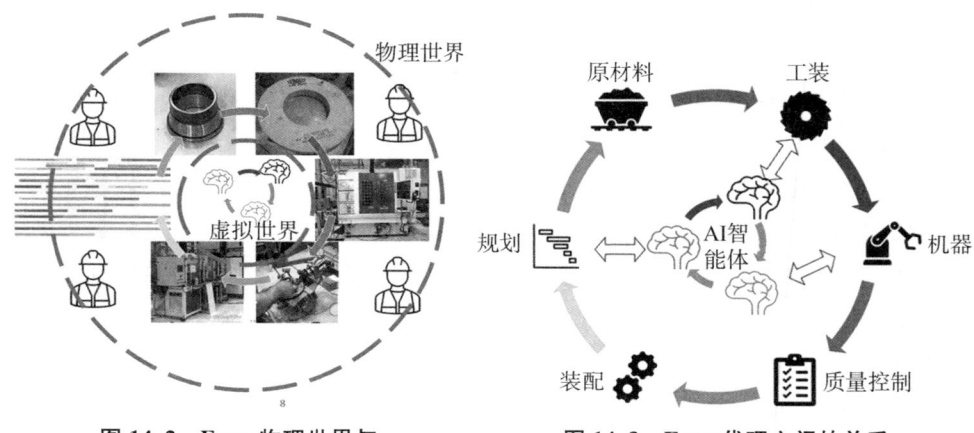

图 14.2　Fersa 物理世界与虚拟世界之间的关系

图 14.3　Fersa 代理之间的关系

14.2　实验开发

14.2.1　数据聚合

挑战在于 Fersa 案例产生了来自不同数据源的大量异构数据，决策必须考虑以下因素：

（1）原材料特性。

（2）BEAIN12 和 RIFA6 机器参数和历史数据。

（3）质量控制站的数据。

（4）装配站的数据。

（5）传感器数据。

（6）调度计划。

这些数据源还以不同类型格式出现：

（1）便携式数据格式(PDF)。

（2）逗号分隔值(CSV)。

（3）表格数据格式，如可扩展标记语言(XML)和 Excel(XLS)。

最重要的是,数据来自不同位置:
(1) 车间(如机器参数)。
(2) 供应商(如原材料特性)。
(3) 管理工具(如 ERP 和调度工具)。

实施 Fersa 的 MAS4AI 的第一步是确保数据正确连接、聚合和过滤。图 14.4 所示为聚合所有数据源的解决方案:①机器数据,包括范围和磨轮参数;②原材料数据,包括名义和实际数据;③其他代理的数据;④装配和控制站的数据。图 14.4 中间部分为在 MAS4AI for Fersa 中进行聚合的存储库。

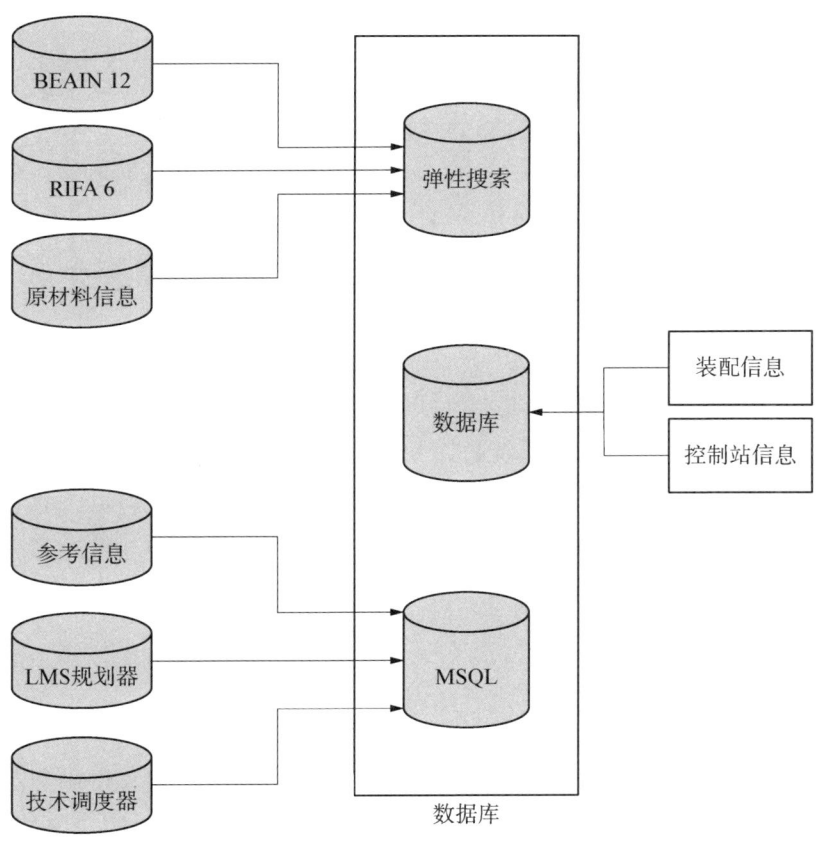

图 14.4　数据聚合

14.2.2　工具代理

一个主要挑战是为某个生产过程(参考和数量)找到最合适的磨轮。一方面,一个过大的磨轮将不会被完全使用,将作为部分磨损返回仓库,难以重复使用;另一方面,一个过小的磨轮将在生产周期完成之前停止工作,迫使更换磨轮,这会停止生产。

解决方案是让工具代理检查Fersa磨轮仓库,以选择当前生产周期最合适的磨轮(14.2.4节中的选择标准)。代理所需的大部分信息由磨床机器代理提供,接收并优化当前生产周期的机器参数。图14.5所示为Fersa系统这部分的当前工作流程。

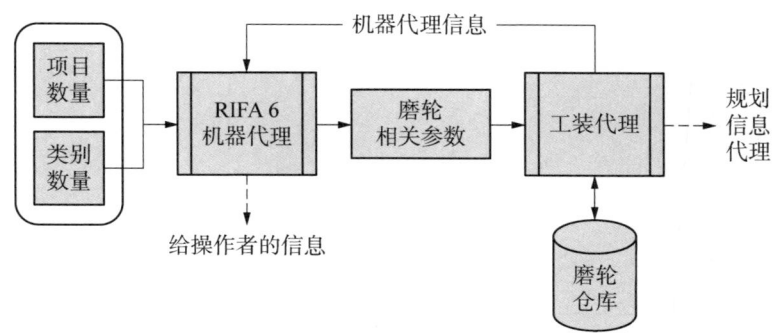

图14.5 代理交互逻辑

在确定最佳砂轮时,应参考生产订单和建议的机床参数,始终最大限度地缩短砂轮的更换时间,Fersa系统的AAS类型是资源型。

这个代理的主要内容可以在磨轮代理的AAS中找到,特别是在子模型的生产信息中。图14.6所示为生产的参考、用于执行代理的输入和为工具代理ASS获得的磨轮列表。

14.2.3 机器代理

另一个挑战是在最短的时间内制造尽可能多的高质量部件(即没有烧伤,没有副产品,没有圆锥形、椭圆形或斜面问题,并且Ha-T-1直径在公差范围内)。为了实现这一目标,提出的解决方案考虑了以下行为来说明代理的逻辑:

(1)它通过考虑当前生产参数来确定磨轮直径,通常是在短期内进行的,时间周期为7 min、15 min和30 min。

(2)它提供生产周期中的关键值,这些数值在短期内提供,时间周期为7 min、15 min和30 min。

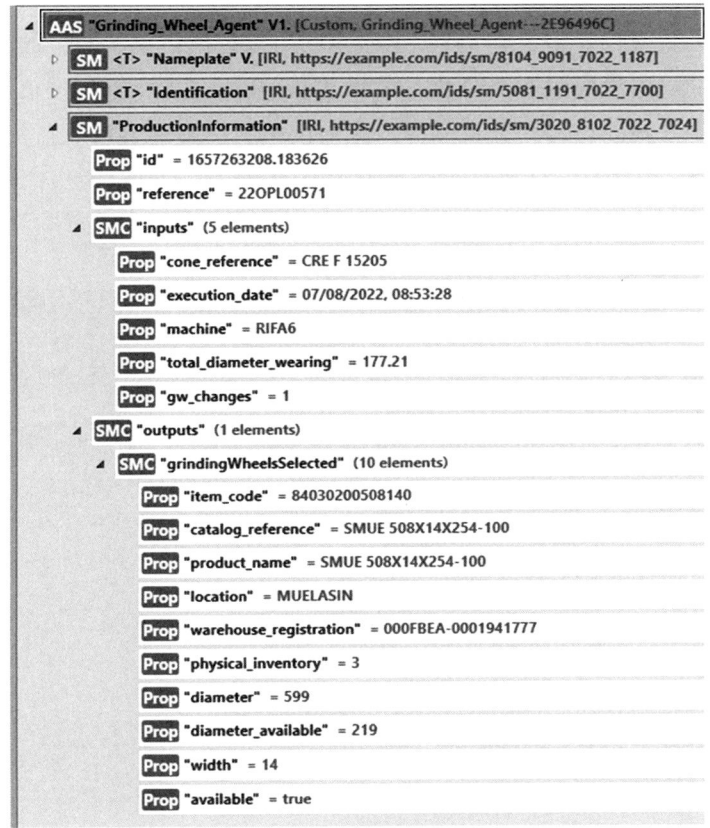

图 14.6　工具代理 AAS

（3）它根据批量参考优化初始机器参数。

（4）它在生产执行过程中检测机器参数的偏差。

所有这些目标以不同的方式有助于最小化批次完成所需的时间。

在 Fersa 的试点操作期间，装配和质量站点为代理提供了诸如名义和实际值及原材料公差之类的信息。Fersa 案例有两个机器代理，虽然实时代理与 BEAIN12 机器相关，但这个机器代理依赖于 RIFA6 机器，使用一系列 ML 和 DL 模型进行计算。在撰写本章时，测试过程涉及三个具有不同隐藏层数（两个、三个和四个）、每层不同数量的神经元（20、15 和 10）以及不同的优化算法［Adam 和随机梯度下降（SGD）］的神经网络结构。使用的指标是平均绝对误差（MAE）和均方误差（MSE）。例如，虽然磨轮直径和位置的深度学习短期预测模型已经完全开发并处于测试阶段,但初始参数的优化模型仍在测试中,因为它仍然需要项目开始之前 Fersa 未收集的历史数据。由于同样的原因,预测固定批次的机器参数偏差的模型也在测试中。目前,我们正在收集数据,以便在未来几个月内添加和测试新模型。这个代理的主要内容可以在机器代理的 AAS 中找到,特别是在子模型的生产信息中。图 14.7 所示为生产的参考、用于执行代理的输入和为机器代理 ASS 获得的输出。

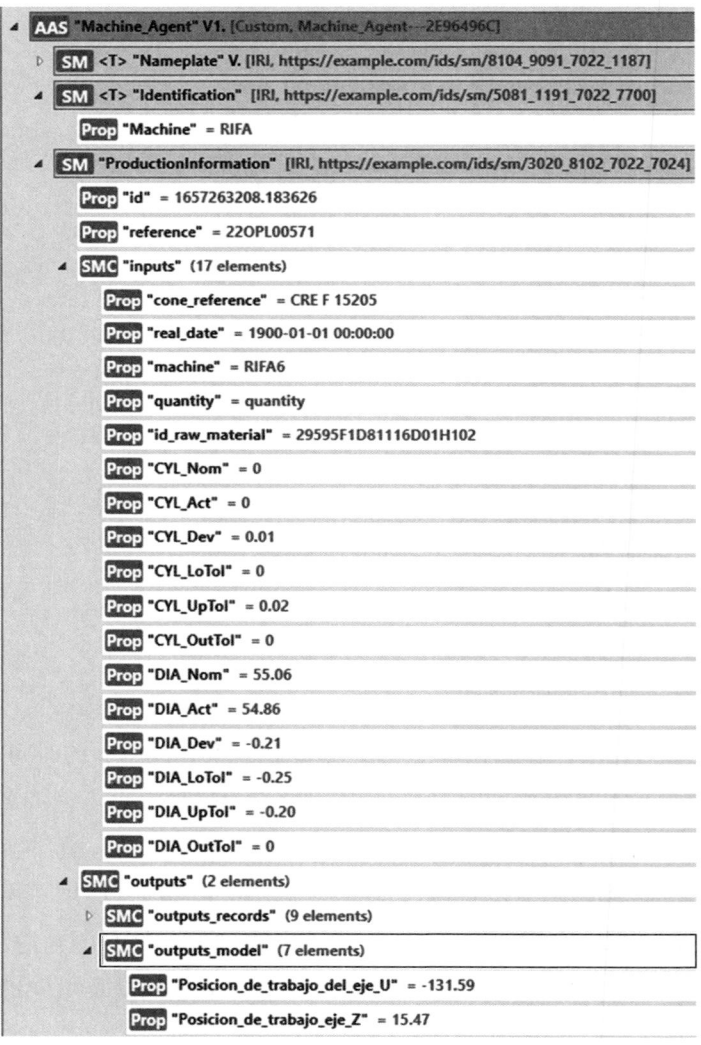

图 14.7 机器代理 AAS

14.2.4 预调度代理

在这种情况下,挑战是确定在考虑材料、工具和机器参数的情况下生产某个批次所需的时间。需要考虑的额外参数包括需要更换的磨轮数量和完成这些更换的估计时间。提出的解决方案考虑了所有这些输入,涉及项目信息:项目的编号和批次的目录参考、要制造的件数[包括在 Microsoft SQL Server (MSSQL)存储库的生产表中]、Fersa 的当前库存、批次调度及项目进入机器后的生产信息。代理应用两种逻辑:一种实时显示机器的当前状态,另一种是在生产前计算的。代理的输出基于完成生产的估计时间,预调度代理的 AAS 是生产计划类型。

这个代理的主要内容可以在预调度代理的 AAS 中找到,在子模型的生产信息中。图 14.8 所示为生产订单的参考、用于执行代理的输入(如锥形参考和数量)及为预调度代理 ASS 获得的输出(如磨轮更换次数或生产批次所需的估计时间)。

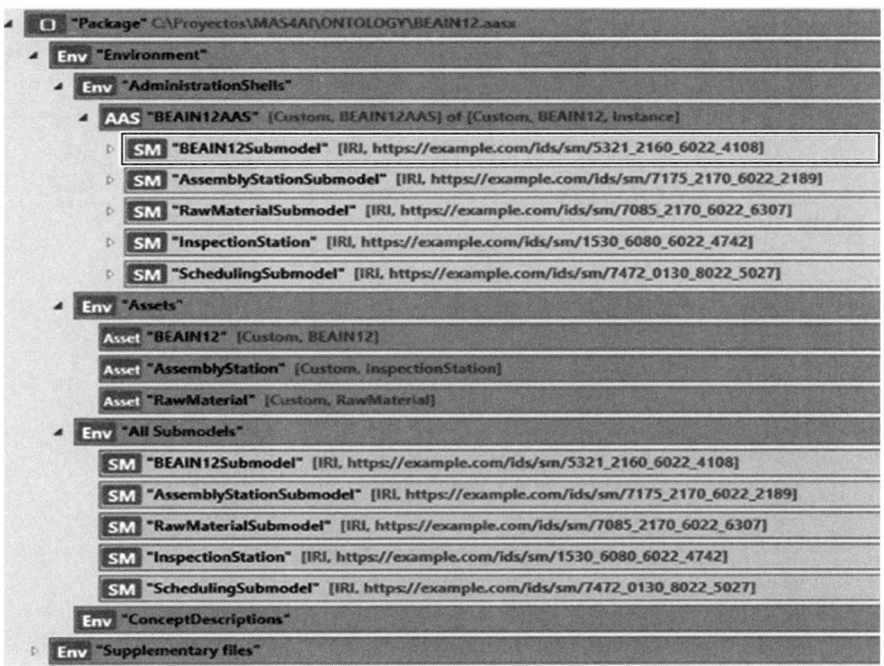

图 14.8 预调度代理 AAS

14.2.5 Holon

MAS4AI 架构的完整实现基于 Holon 的概念,将多个代理组合在一起,并协调控制和信息流。Holon 也用于 JANUS3[2] 中。

14.3 本章结论

本章介绍了允许多代理交互的本体、语义和数据架构,并选择 RAMI 4.0 模型作为设计和实施所提出方法的基础。

所提出的数据架构如图 14.9 所示,允许对原材料、成品、工具特性和状态、机器参数和外部条件进行数据分析,以最小化直觉和个人偏见对制造决策的影响,并提高生产质量、吞吐量和效率。

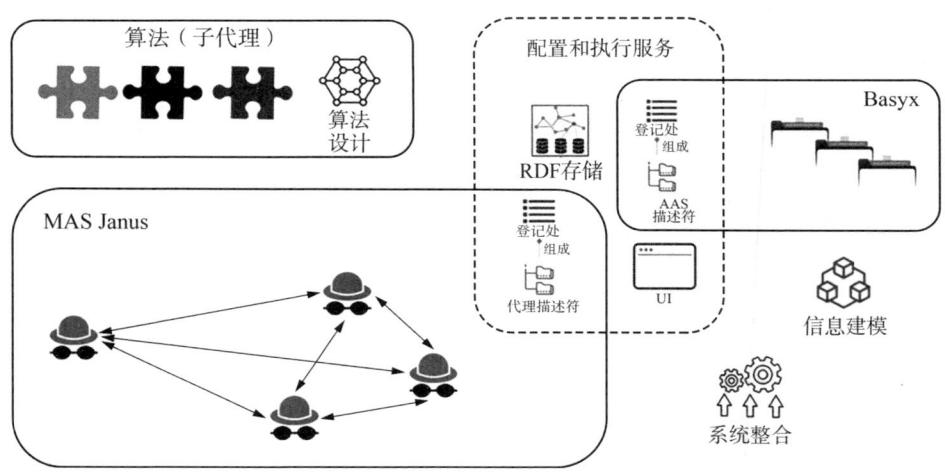

图 14.9　MAS4AI FW 和 RA

参考文献

[1] Sakurada L, Leitao P, De la Prieta F. Agent-based asset administration shell approach for digitizing industrial assets [J]. Ifac-Papersonline, 2022, 55(2): 193-198.

[2] Galland S, Gaud N, Rodriguez S, et al. Janus: another yet general-purpose multiagent platform [C]//Proceedings of 7th Agent-Oriented Software Engineering Technical Forum (TFGASOSE-10). 2010.

第15章 · 将知识融入对话智能体以提升员工技能

Rubén Alonso，Danilo Dessí，Antonello Meloni，Marco Murgia，
Reforgiato Recupero Diego

15.1 引言

劳动力的供应和需求，即员工提供供应而雇主提供需求，被称为劳动力市场或就业市场，这是每个经济体的关键部分，与资本市场、商品和服务市场紧密相连。根据国际劳工组织(ILO)最近的评估，当前的全球经济衰退可能会促使更多员工从事质量较差、薪酬较低且缺乏工作保障和社会安全的工作，这加剧了已经因新冠肺炎疫情危机而恶化的不平等。根据同一报告，预计2023年世界就业仅增长1.0%，不到2022年增长率的一半。预计到2023年，全球失业人数将增加近300万，达到2.08亿，全球失业率为5.8%。高收入国家劳动力供应有限，是预测增长幅度适中的部分原因，将扭转2020年至2022年全球失业率下降的趋势。

新冠肺炎疫情最近对世界就业市场产生了显著影响。此外，还出现了新的困难，如通货膨胀率的快速上升、供应链中断和乌克兰冲突也对工作场所产生了负面影响，必须采取行动推进社会正义，解决年轻人就业、非正规性、生产力和性别平等等问题。要实现持久且包容的复苏，不让任何人掉队，政策制定者、公司、员工和民间社会必须合作，包括投资教育和培训，加强社会安全网，鼓励良好的工作并持续推进。

工业部门，特别是制造业也受这种情况的影响，在没有适当培训和实践的情况下，很难招聘到熟悉新技术(如机器人或AI技术)的顶尖人才。该行业还受到创新技术快速发展的影响，使公司和员工难以保持最新和竞争力。制造业需要保留人才并适应新需求，通过职业发展活动和投资员工成长，同时能够找到快速解决方案，如交叉培训，以覆盖休假或生产高峰，就需要新的培训、保留

和招聘策略。

自 2021 年以来，CareerBuilder（一个 1995 年成立的就业网站，在 23 个国家/地区运营，覆盖超过 60 个市场）预测了几个行业和岗位的增长。CareerBuilder 提供就业市场信息、人才管理软件和其他与招聘相关的服务。列出的就业涵盖了多个行业，包括休闲、艺术、可再生能源、个人服务、医疗保健和信息技术。用户可以上传和构建简历，并寻找不同组织发布的众多工作之一。提供类似服务的其他系统包括：Monster.com、OfferZen、LinkedIn、Glassdoor、JobStreet、ZipRecruiter、Dice、G2 Deals、Indeed Hiring Platform、Hired、Cord、Circa、Naukri 等。

使用这些平台寻找工作很简单，但获得高端职位青睐往往是一项挑战。例如，如果职位要求计算机科学专家具备筹款技能，那么只有计算机科学技能的候选人不太可能被选中，因为他们缺乏关键资格，如提案编写经验或初创公司发展经验。上述案例应当让求职者意识到编写创新提案是满足筹款需求的关键技能。找到这些问题的答案和如何发展必要技能的信息可能并不容易。最近被利用的一种可能性是使用会话代理，自从 ChatGPT 发布以来，在各个领域的聊天中都取得了令人印象深刻的成果。尽管 ChatGPT 声称可以回应后续查询、承认错误、挑战错误前提，并拒绝不合适的请求，但它经常生成虚假回应，可能会误导与之互动的用户。文献[12]中的作者通过指出学术界相关的 ChatGPT 问题进一步证明了这个问题。即使在这种情况下，ChatGPT 部分编造了一些回应的组成部分，用户仍然不知道哪些部分是正确的，哪些是错误的。因此，尽管 ChatGPT 偶尔提供准确的回应，但不能完全依赖它。

使用外部领域知识可以解决上述问题。有多个词汇数据库或在线分类法，由不同组织收集和设计，可以在这种意义上询问信息时依赖。因此，本章中将首先列出劳动力领域中最重要的现有会话代理，以用于员工能力提升。然后，说明和描述与劳动力领域相关的所有资源，提供一个将会话代理与这些资源整合的解决方案，展示可以实现的优势和影响。其理念是利用这些整合的资源，在特定领域提问时，增强现有对话代理的能力，并克服其局限性。

本章的其余内容安排如下：15.2 节列出与劳动力领域和员工能力提升相关的会话代理技术的已发表论文；15.3 节将深入描述已识别的会话代理系统，并说明它们的功能和主要限制；15.4 节包括可用于提供可靠领域知识的就业市场领域的词汇资源；15.5 节提出一个与这些资源之一整合的会话代理的解决方案；15.6节介绍所提出解决方案的预期好处和影响；15.7节为本章结论和未来研究方向。

15.2 相关研究

会话代理可以在各种领域中找到，如心理健康[9]、生活方式[5]和客户服务[17]，以支持在线平台的用户应对日常任务和挑战。利用自然语言作为个性化的推动者，即允许用户使用自己的语言与复杂系统进行交互，而不是使用有限的预定义选项（如命令行、Web界面中的按钮等）[7]，使得与会话代理的交互类似于人与人之间的交互。

最近，为了支持雇主寻找新员工及寻找工作并有兴趣提升技能以符合资格的候选人，发布了针对劳动力领域的会话代理，其可以使招聘流程和面试更加包容和高效，而且面试者似乎愿意信任会话代理，向其透露信息并听取他们的建议[18]。会话代理可以在职业道路的每个阶段支持人们，从他们的早期学习（如选择大学或学习路径）开始，通过寻找工作（如执行初步面试的会话代理），到他们的就业期间（如指导员工学习新技术的会话代理）。例如，文献[10]中提出的基于IBM Watson套件构建的会话代理，提出了一个系统，支持新大学生基于必要的技能和就业机会做出正确的专业选择决策。另一个与劳动力领域相关的最新会话代理是GuApp，支持候选人使用意大利公共部门官方公报Gazzetta Ufficiale的内容及建立在ISTAT网站之上的知识图谱，该网站提供了按行业组织的职位分类法及DBpedia。

随着这些进展，研究人员研究了使用知识资源向这些系统注入知识并提供工具以支持候选人自我评估他们的简历，并帮助工人提升技能。例如，这些新工具可以确定候选人应该获得哪些技能以符合特定工作资格。文献[16]中介绍的此类技术的一个案例是，作者研究了大学教授的具备哪些技能及工作市场真正需要的技能，使用NLP从计算机科学课程和职位描述中检测实体和关键词，并为技术课程或技术职业发展提供建议。在文献[2]中介绍了一种新方法，将简历内容与ONET数据库匹配，这是一个包含工作和工人特征及技能要求的大型数据库。作者使用了先进的NLP技术来自动解析简历内容，基于SentenceTransformers框架的最新变换器模型将提取的信息编码为潜在表示，并使用语义层将简历中的信息与ONET数据库匹配。这种新技术通过文献

[3]向公众介绍。相同的技术也被同一作者用于提供 STAR-BOT[1]，这是一个会话代理，帮助使用新语法和变换器模型探索 ONET 数据库，以理解用户请求并提供有关工作的信息。此外，STAR-BOT 还可以为在线教育课程提供建议，如果成功通过，可以帮助工人提升技能。

15.3 现有的会话代理

本节将介绍一些可以在劳动力领域应用的最先进的会话代理。

1) ChatGPT

2022 年 11 月发布的 ChatGPT 是一个由 OpenAI 创建的 AI 聊天机器人，是一种生成式 AI，允许用户输入提示以接收由 AI 创建的类人图像、文本和视频。其构建在基础大型语言模型（LLMs）GPT-3.5 和 GPT-4 之上，并已使用监督和 RL 策略进行了微调。OpenAI 声称使用了"来自人类反馈的强化学习"（RLHF）来训练 ChatGPT，最初经历了监督微调，在这个过程中，OpenAI 训练员充当人类用户和 AI 机器人。为了针对会话使用微调模型，训练员使用此方法开发了一个模仿人们在现实生活中交谈方式的对话序列。后来，ChatGPT 通过开发一个奖励模型进行了增强，以用于下一阶段的强化学习。为了产生回应，AI 训练员与工具进行了互动，根据质量对回应进行排名，还有进一步的微调阶段称为近端策略优化。ChatGPT 使用 DL 算法来评估传入的文本提示，并根据其训练过的数据中的模式产生回应。由于已经在包括书籍、论文和网站在内的大量文献上进行了训练，因此它能够理解微妙的语言差异并提供最高质量的回应。用户可以通过点击每个回应旁边的"点赞"或"不喜欢"图标来给聊天机器人提供反馈，以帮助它学习。用户还可以提供更多的文本评论，以增强和完善未来的对话。用户可以在 ChatGPT 上提出各种主题的问题，从简单的询问到更困难的问题，如"生命的意义是什么？"。ChatGPT 在 STEM 领域表现熟练，并且具有故障排除或编写代码的能力。对 ChatGPT 的查询类型没有限制。ChatGPT 仅使用 2021 年之前的数据，因此，不知道之后发生的事件和数据，由于它是一个会话聊天机器人，用户可以要求提供更多细节或在生成内容时要求重试。

以下是 ChatGPT 的一些限制。它无法基于输入生成的词汇来正确理解人类语言的复杂性，因此评论可能显得肤浅，缺乏深度。此外，如果 ChatGPT 没有完全理解问题,它可能会错误地回应。最重要的是,回应可能显得人为和机械。训练数据涵盖到 2021 年,因此 ChatGPT 对之后发生的事情一无所知。由于 ChatGPT 仍在接受训练,建议在回应错误时提供评论。ChatGPT 可能会误用"the"或"and"等术语,信息仍然需要由人类进行审查和编辑,以使其读起来更自然,听起来更像人类的写作。ChatGPT 不引用来源,也不提供任何数据或统计的解释或分析。它无法理解讽刺和挖苦,可能会专注于问题的错误部分,并且无法转移。例如,如果我们问,"根据它的大小,马是一个好的宠物吗?"然后我们问"猫怎么样?"。与其提供有关将动物作为宠物的信息,ChatGPT 可能只会关注动物的大小。因为 ChatGPT 不是发散的,不能转移其回应来回答一个问题中的多个问题。

2) Bing

Bing 是微软创建的聊天机器人,与微软的 Bing 搜索引擎集成,并旨在以特定于用户搜索历史和偏好的方式回应用户的询问。Bing AI 聊天机器人可以帮助完成各种任务,包括回答问题、提供建议、呈现相关搜索结果和进行闲聊。与 ChatGPT 类似,Bing 上的新 AI 应用程序使用由算法确定的单词选择来回应用户请求,该算法通过扫描互联网上的数十亿文本文档进行学习。Bing AI 对整个网络进行索引,以产生回应。因此,聊天机器人在用户提交查询时可以访问最新的新闻、信息和研究。作为一个能够犯错的 AI 模型,OpenAI 已经承认 ChatGPT 容易出现幻觉和错误回应。Bing AI 已经做出了一些努力来解决这个问题。当用户在 Bing AI 中提出问题时,会以脚注的形式回应,将用户直接带到答案的原始来源。Bing 基于 GPT4,这是 OpenAI 语言模型系统的新版本,也已经集成到 Skype 聊天中。通过简单的聊天界面,旨在让用户访问丰富而富有想象力的知识、灵感和解决用户查询的解决方案。微软在博客文章中表示,Bing 容易偏离轨道,特别是在进行了 15 次或更多查询的"延长聊天会话"之后,但声称用户反馈正在帮助它使聊天工具更好、更安全。

3) Bard

为了与 ChatGPT 和其他语言模型竞争,谷歌创建了会话生成性 Bard AI 聊天机器人,基于 LaMDA(对话应用语言模型)系列大型语言模型。建立在谷歌的 Transformer 神经网络架构之上,这也是 ChatGPT 的 GPT – 3.5 语言模型的基础。将被用来增强谷歌自己的搜索工具,以及为企业提供支持和交互。与 ChatGPT 不同,谷歌 Bard 使用最新信息进行回应,可能会偶尔提供不准确、误导或错误的信息，如 Bard 可能会为开发人员提供不完整或无法产生正确输出的工作代码。谷歌 Bard 已经可以通过等待名单获得，但很难预测它何时会对所有人开放。然而，谷歌的首席执行官表示，谷歌 Bard 将很快被用来改善谷歌搜索，因此 Bard 可能很快就会更广泛地可用。

4）Chatsonic

Chatsonic 是一个基于 GPT-4 的聊天机器人，试图解决 ChatGPT 的主要限制。Chatsonic 使用谷歌来掌握关于最新事件的信息，使得这个聊天机器人能够支持用户及时回应和关于任何时刻发生的事件的信息，还提供了一些从互联网上收集的用于生成答案的来源，这可能对用户可以给予会话代理的信任产生相关影响。Chatsonic 可以生成图像，并且可以集成到 Chrome 浏览器中，以便有效地使用日常工具和网络平台，如 Gmail、LinkedIn、Twitter 等。在员工能力提升的背景下，可以用于寻找可以参加的在线课程，以学习或提高特定技能，一个主要限制是每个用户有一个 10 k 字的预算，用完时需要激活高级账户。

5）Copilot

Copilot 是一个与其他人略有不同的语言模型，针对计算机科学家和开发人员及其编写新源代码的日常任务。事实上，这个模型是在数十亿行代码上训练的，允许更快地编写代码，建议更多的代码行，提出方法的实现，并使开发人员能够专注于整体方法，而不是将精力分散在琐碎的任务上。然而，这个工具并不完美，有几方面限制：经常提供没有意义或不完整的代码和方法实现，不测试编写的代码，开发人员必须验证自动生成的代码是否功能正常及交付结果的质量。这对于工作的问责制至关重要，并且对于确保向客户开发的软件质量。尽管如此，考虑到与计算机科学相关的领域，Copilot 是劳动力领域一个有趣的工具，可能会在主要使用软件执行简单任务的企业中体现价值。

6）ELSA-Speak

英语语言语音助手（ELSA）是一个基于人工智能和语音识别技术设计的应用程序，旨在支持用户学习英语，可以用来提高英语发音，并提供课程和练习，为用户提供实时反馈，以提高他们的口语能力。ELSA-Speak 可以在求职场景内使用，为工作面试做准备（如候选人可能更有信心进行英语面试），帮助非英语母语人士在工作中，并提高他们的英语能力，以增加职业发展的机会。

15.4 技能、能力和职业

一段时间以来，不同的倡议被提出，以帮助学生、求职人员和公司满足就业市场的需求。它们都有一个共同点，即它们是由政府机构支持的倡议，会定期更新，并以公开和开放的方式提供数据。本节将重点关注三个最相关的数据库和信息系统，涉及职业和能力。

1) O*NET

O*NET（职业信息网络）是由美国劳工部/就业和培训管理赞助的一个项目，汇集了职场信息，以了解变化的劳动环境如何影响劳动力。该计划的主要成果之一是 ONET 数据库，这是一个包含与在美国发现的 1 000 多个职业相关的数百个标准化描述的集合，通过工人调查定期更新，并由职业专家的信息补充。O*NET 数据库中的每个职业都与一组技能、能力和知识相关联，并与各种任务和活动相关联。26.2 版本（2023 年 2 月）包括 35 项技能、33 项知识、52 项能力、41 项工作活动、4 127 项使用的工具、17 975 项任务评级和 8 761 项技术技能，实体中的每一个都允许对每种职业进行分类、兼容性和特定需求的检测。O*NET 基于一个概念模型，提供了一个即使在不同工作和行业中，也能识别关于职业的最相关信息的框架，对于将指代相同职业的标题联系起来或搜索跨部门关系非常有用。

2) ESCO

ESCO（欧洲技能、能力和职业）是描述和分类职业的欧洲参考术语，并将其与最相关的技能和能力联系起来。除了可以自由且公开获取之外，还被翻译成 27 种语言（包括 24 种官方欧盟语言），并与几个国际框架和分类，如国际职业分类（ISCO）或欧洲资格框架相连接。ESCO v1.1.1 包括 3 000 多个职业，分为 10 个组，与 ISCO 映射，并包含 13 000 多项技能，细分为 4 种类型的概念：知识、技能、态度和价值观，以及语言技能和知识，层次结构部分基于 O*NET 和 NOC（下一部分描述的另一个职业资源）的实体和元素，这种与其他数据库的部分链接、与 ISCO 的映射、与资格水平的联系，尤其是它的多语言支持功能，使其对需要适应 ESCO 支持语言的应用程序特别有吸引力，尤其是对于将学生和求职者与雇主和就业服务联系起来方面。

3) NOC

NOC（国家职业分类）是描述职业的国家级系统，以法语和英语运行，并与加拿大就业市场情况保持一致。这个开放数据库每年更新一次，每 10 年进行一次重大修订，并基于人口普查、就业服务、劳动法规和公众咨询等数据，然后由工作组进行分析、处理和讨论。像前述资源一样，NOC 也包括职业的层次结构，并与职业和技能信息系统（OaSIS）链接，这是加拿大数据库，包含 900 多个职业的详细信息，包括每个职业的主要职责、技能、能力，甚至是从事这些职业的人最常见的兴趣。NOC 和 OaSIS 最有趣的功能之一是职业之间的比较，与 TEER（培训、教育、经验和责任）的联系，以了解执行职业主要职责所需的培训和教育，以及根据兴趣搜索职业（如调查性、艺术性或社会性）。

除了上述内容，提及其他国际和国家分类也是重要的，要么具有参考性，要么适用于其他国家，并受到上述分类的启发或引用。国际职业分类[6]（ISCO）是由联合国国际劳工组织开发的国际分类。这种分类及其出版物 ISCO－88 和 ISCO－08 定义了与任务相关的职业群体和标题。总的来说，这些数据库和相关文件比前三个数据库要少，但在某些职业数据库中，与 ISCO 的联系允许不同国家数据库中的职业相互联系。

这些分类最常见的质疑之一是它们是在高收入国家创建和调整的。因此，也在进行将能力映射到其他低/中等收入国家的倡议。两个案例是 STEP（技能促进就业和生产力）和 PIAAC（成人能力国际评估计划）。STEP 是世界银行的一个计划，旨在改善对就业市场中技能（认知、非认知和技术）的理解，并通过家庭调查和基于雇主的调查将技能与教育联系起来。PIAAC 是经济合作与发展组织（OECD）的一个计划，分析社会劳动力和教育特征，并将它们与不同认知水平的能力联系起来，如识字、算术和解决问题。PIAAC 的第一个阶段是从 2011 年开始，分析了 42 个国家，其第二个阶段将至少持续到 2029 年，并涵盖 30 个国家。

所有这些倡议和数据库提供了一个稳定且最新的研究背景，基于可靠的信息来源，并在许多情况下可以相互连接，这使我们能够提出概念来证明，如下一节所述。

15.5　解决方案

最近的研究[1-3]中提出解决方案的目标是，向用户（他们可能并不总是技术上准备好)以自然语言的形式,提供 15.4 节中描述的任何资源中包含的信息,并帮助他们分析哪些技能和个人知识对他们在任何工作中的应用最有用。

15.4 节中介绍的一个员工能力提升资源 O* NET 数据库,包含许多类型的信息。我们的系统使用涵盖北美就业市场所有工作的主职业类别的标题、它们的描述及每个类别的替代标题,能力、技能、知识、工作活动、任务、技术技能和工具是描述每个职业类别的信息。前四类元素的数量对于每个工作是恒定的,而后三类是可变的。前五类项目呈现与它们所指工作的重要性相关的分数,而后两类是工具或技术通常用于每个职业类别的列表。

更详细地说,我们提出的系统执行以下任务:

1) 确定用户的简历是否适合所选职业类别

系统使用 NLP 技术来分析用户的简历并提取其最重要的信息。数据库实体和从简历中提取的内容使用语义相似性进行比较,简历分数是发现元素的分数之和除以工作本身可以获得的最大分数和需要避免惩罚具有可变数量元素实体的修正因子。系统提请用户注意简历中缺乏的方面,并建议用户如何增加对每个方面的了解。

2) 确定用户是否适合所选工作

系统提示用户输入他/她自认为在能力、知识、技能、工作活动和任务实体方面的水平(无、一点、中等、良好、优秀),这些实体来自数据库并与其选择的工作相关。系统返回一个百分比分数,其中 60% 是适合性阈值,以及用户可能提高分数的缺乏知识或能力的列表。

3) 确定用户最适合的职业

系统提示用户输入他/她自认为在能力、知识、技能和工作活动实体方面的水平(无、一点、中等、良好、优秀),这些实体来自数据库,并返回五个建议的职业类别列表。

4) 与用户进行对话

为了将 O-NET 提供的知识整合到会话代理中,首先选择了一组它必须能够回答的简化问题。基础问题模板包括:

(1)工作的替代名称。

(2)在任何工作中重要或必要的能力、知识、技能、任务、技术技能、使用的工具、工作活动。

(3)工作描述。

（4）两份工作之间的相似性。

（5）需要特定能力、知识、技能、任务、技术技能、工具、工作活动的工作。

（6）如何改进能力、知识、技能、任务、技术技能、工具、工作活动的建议。

然后执行必要的查询模型，以检索生成答案所需的数据。当会话代理在用户输入中识别出属于已知问题集的问题时，会请求数据库提供准备自然语言答案所需的数据。系统使用语义相似性将用户输入与预定义问题模板之一匹配。如果相似性值不够高，系统将不会使用数据库知识回答，返回默认答案，或使用预训练的生成模型。有关系统的更多详细信息可以在文献[1—3]中找到。

15.6 预期的挑战、优势和影响

在挑战方面，员工参与培训活动和工作承诺是关键因素之一。了解有关他们工作的信息及潜在的成长路径，同时减少对他们工作稳定性的疑虑，可以让他们适应和提升，从而参与其中。交互式聊天机器人和会话工具可以通过非正式互动，并通过简单地依赖聊天机器人作为提供相关和适当信息的工具，简化获取这些信息的任务，信息侧重于每个职业的特点。

就技术挑战而言，仍然需要在大型语言模型（如 ChatGPT）和基于经过验证或接受的参考信息训练的模型之间达到适当的平衡。LLMs 的一个主要问题是结果的不确定性[11]和建议中潜在的失败[13]。两者都可以通过依赖上文提到的数据库，并优先考虑这些数据库中的信息来补偿。

与会话代理相关的隐私挑战也是需要考量的。虽然本章提到的许多想法不需要存储工人信息，在案例中已经证明了这一点，但在某些情况下，如群体数据发现或候选人分析，处理工人数据可能最终涉及处理私人数据、聚合个人数据，甚至在某些情况下进行分析。有关用户数据在用户-聊天机器人互动中不当使用的问题正在被研究和探讨[4,8]，并且仍然在国际上存在许多争议（如2023 年 4 月，意大利成为第一个封锁 ChatGPT 的西方国家[32]），要求对用于员工能力提升的聊天机器人的不同用途进行批判性分析，并且最重要的是，与维护工人和用户隐私的倡议保持一致，从通用数据保护条例到人工智能法案。

关于优势和影响，从科学和技术层面来看，正如在最新研究中可以看到的，会话代理和语言模型的进步是显而易见的。所有这些进步都对开发我们所提出的解决方案产生了影响。例如，通过提供更好的交互能力，甚至可以回答开放领域的问题。从经济层面来看，如引言中所讨论的，对工人的需求和对特定活动的知识需求，提升技能的代理可以促进这项任务。从社会层面来看，它可以帮助工人和失业者，分析他们的优势、培训或实习需求，以及适合的特定工作。

从工人的角度来看，基于标准化和可靠的职业信息数据库的会话 AI 代理对工人的知识、培训和职业发展有直接影响和好处。一方面，这些会话解决方案对工人对其工作活动的知识有直接影响，工人可以随时获得有关他们工作和他们正在执行的任务相关的技能、活动和知识的可靠信息。此外，工人可以询问会话代理某个特定职业或活动的常见技术技能，以想象他们可能的发展方向。另一方面，这对他们的培训和职业发展也是有益的，可以发现他们的个人资料将从哪些方面受益于培训，同时发现培训需求并创建培训计划，以适应他们职位的需求，或者他们计划转移或晋升的另一个职位。这些会话代理的另一个好处是，工人可以将自己与他们感兴趣的变化或晋升的职业和职位进行比较。

从更组织化和商业的角度来看，基于 AI 的会话代理，如本章提到的那些，也可以在几个领域带来改善。在招聘流程中的辅助部分是这些代理将直接产生影响的方面：从向候选人提供有关职位的信息，到使用会话代理进行预先筛选或确定候选人的适合性，通过将候选人的简历与职业参考数据库的基线进行比较，也有助于发现特定职位的培训需求或创建基于多个工人需求的团体培训计划。

因此，对人力资源领域的影响是显而易见的：人才管理、培训路径的发现、人力资源、成长计划等，所有这些都将从上述会话代理中短期受益。基于我们提出的解决方案进行的概念验证和案例，会话代理作为虚拟面试官、技能差距检测器或作为选择更好培训的支持，展示了这些技术的应用潜力。不仅在大型科技公司层面，上述解决方案也可以在工业和制造业的中小企业层面产生差异，需要可靠、客观和一致的反馈，用于资源技能提升和基于标准化信息的解决方案，从相同的基准开始，具有清晰和可重复的标准。

15.7　本章结论

本章探讨了会话代理在就业市场中的潜在用途、优势和限制，引导读者了解这个话题的最新研究，并展示目前所使用的技术。此外，本章分析了正在颠覆就业市场的会话代理，预计AI工具将被用于各种任务，如学习新技能、支持文档编写、代码开发、语言技能提升等。除了这些会话代理，本章还向读者介绍了可以利用的有价值的信息来源，以构建AI系统。最后，本章展示了如何将潜在解决方案用于特定场景，并讨论了这些技术如何影响就业市场。

  作为主要案例，本章提到求职者和企业需要适应新技术的快速变化以及有何种有益，如利用它更好地了解职业、保留人才、招聘、获得工作知识或适应新活动；还需要考虑有效整合大型语言模型和经过验证和可靠的数据库的必要性；最后，必须考虑并分析这些解决方案的隐私问题，可以为求职者的技能提升开发具有隐私意识的会话系统，但某些解决方案可能会滥用数据。因此，为这些系统提供考虑人本中心的解决方案，包括隐私在内的所有因素，是至关重要的。

  从中期来看，这些技术将被整合到员工的常规工作流程中，并对员工参与和职业发展产生积极影响。因此，本章向读者展示了AI基础会话代理在劳动力领域和员工能力提升中的作用，这可能会为该领域带来前所未有的发展。

参考文献

[1] Alonso R, Dessì D, Meloni A, et al. Integrating knowledge into conversational agents for worker upskilling [M]//Artificial Intelligence in Manufacturing: Enabling Intelligent, Flexible and Cost-Effective Production Through AI. Cham: Springer Nature Switzerland, 2023: 265-280.

[2] Alonso R, Dessì D, Meloni A, et al. A novel approach for job matching and skill recommendation using transformers and the o*net database [J]. Big Data Res. submitted, 2023.

[3] Alonso R, Dessì D, Meloni A, et al. A general and NLP-based architecture to perform recommendation: A use case for online job search and skills AcQuisition [C]//Proceedings of the 38th ACM/SIGAPP Symposium on Applied Computing. 2023: 936-938.

[4] Belen Saglam R, Nurse J R C, Hodges D. Privacy concerns in chatbot interactions: When to trust and when to worry [C]//HCI International 2021-Posters: 23rd HCI International Conference, HCII 2021, Virtual Event, July 24-29, 2021, Proceedings, Part II 23. Springer International Publishing, 2021: 391-399.

[5] Fadhil A, Gabrielli S. Addressing challenges in promoting healthy lifestyles: the al-chatbot approach [C]//Proceedings of the 11th EAI international conference on pervasive computing technologies for healthcare. 2017: 261-265.

[6] Hoffmann E. International statistical comparisons of occupational and social structures: problems, possibilities and the role of ISCO-88 [M]//Advances in cross-national comparison: a European working book for demographic and socio-economic variables. Boston, MA: Springer US, 2003: 137-158.

[7] Hussain S, Ameri Sianaki O, Ababneh N. A survey on conversational agents/chatbots classification and design techniques [C]//Web, Artificial Intelligence and Network Applications: Proceedings of the Workshops of the 33rd International Conference on Advanced Information

Networking and Applications (WAINA – 2019) 33. Springer International Publishing, 2019:946 – 956.

[8] Ischen C, Araujo T, Voorveld H, et al. Privacy concerns in chatbot interactions [C]//Chatbot Research and Design: Third International Workshop, CONVERSATIONS 2019, Amsterdam, The Netherlands, November 19 – 20, 2019, Revised Selected Papers 3. Springer International Publishing, 2020:34 – 48.

[9] Lee M, Ackermans S, Van As N, et al. Caring for vincent: a chatbot for self-compassion [C]//Proceedings of the 2019 CHI Conference on Human Factors in Computing Systems. 2019:1 – 13.

[10] Lee T, Zhu T, Liu S, et al. CASExplorer: A conversational academic and career advisor for college students [C]//Proceedings of the Ninth International Symposium of Chinese CHI. 2021: 112 – 116.

[11] Maddigan P, Susnjak T. Chat2VIS: generating data visualizations via natural language using ChatGPT, codex and GPT – 3 large language models [J]. Ieee Access, 2023, 11:45181 – 45193.

[12] Meloni A, Angioni S, Salatino A, et al. Integrating conversational agents and knowledge graphs within the scholarly domain [J]. Ieee Access, 2023, 11:22468 – 22489.

[13] Oviedo-Trespalacios O, Peden A E, Cole-Hunter T, et al. The risks of using ChatGPT to obtain common safety-related information and advice [J]. Safety science, 2023, 167:106244.

[14] Reimers N. Sentence-BERT: Sentence embeddings using Siamese BERT-Networks [J]. arXiv preprint arXiv:1908.10084, 2019.

[15] Singh S, Beniwal H. A survey on near-human conversational agents [J]. Journal of King Saud University-Computer and Information Sciences, 2022, 34(10):8852 – 8866.

[16] Vo N N Y, Vu Q T, Vu N H, et al. Domain-specific NLP system to support learning path and curriculum design at tech universities [J]. Computers and Education: Artificial Intelligence, 2022, 3:100042.

[17] Xu A, Liu Z, Guo Y, et al. A new chatbot for customer service on social media [C]//Proceedings of the 2017 CHI conference on human factors in computing systems. 2017:3506 – 3510.

[18] Zhou M X, Mark G, Li J, et al. Trusting virtual agents: The effect of personality [J]. ACM Transactions on Interactive Intelligent Systems (TiiS), 2019, 9(2 – 3):1 – 36.

第16章 通过分散技术智能推进网络化生产

Stefan Walter, Markku Mikkola

16.1 引言

网络化生产对于希望在当今全球市场中保持竞争力的公司来说变得越来越重要[1,2]。最初是由于盈利能力的要求,许多制造商一直专注于自己的核心竞争力,并将非核心功能外包给专业供应商[1,3,4],由此产生的碎片化使得增加数字化成为必要。

通过利用技术和数字平台,公司可以将他们的制造活动与组织、供应商、客户和资源连接起来,无论是国内还是全球,以获得竞争优势[5-8]。公司通过连接网络来实现这一点,通过访问更广泛的供应商和客户,降低成本,提高效率,并在网络化时提高产品质量,允许在应对需求变化、供应链中断或市场条件变化时具有更大的灵活性,并提供对抗经济波动或政治不稳定所需的敏捷性[9-11]。

此外,由于公司可以与合作伙伴一起开发新产品或改进现有产品,网络化生产可以为创新和价值创造提供机会。通过共享专业知识、知识和资源,公司可以利用彼此的优势和能力来创造新的商业机会并提高他们的竞争力[12,13],以加快产品开发过程并改善上市时间。这一立场也反映在工程网络化、网络化产品/服务工程和协作设计的概念中[14]。

因此,网络化生产的一个重要好处是,企业有可能摆脱传统的顺序或线性流程链,采用更加动态的方法进行制造和支持流程[15,16]。通过数字平台将其运营与其他组织和资源连接起来,企业可以获得更广泛的制造能力、材料和服务。例如,企业可以动态地安排和释放制造和支持流程,以备生产需要快速扩大以满足突然增加的需求。此外,网络化生产允许并实际上要求企业与合作伙伴、供应商和客户实时共享信息和协作,这提高了整个供应链的透明度和可视性,有助于识别和缓解潜在的瓶颈或延误[17]。

网络化生产的运作与相关公司的管理能力息息相关。通常情况下,网络化生产的有效管理需要强有力的领导和专业管理知识,以确保参与的合作伙伴能够无缝、有效地合作。各公司需要建立明确的沟通渠道和协议,确定角色和责任,并建立监测和管理绩效的程序。

此外,网络化生产的成功取决于整合的跨组织信息链的兼容性[4]。网络合作伙伴需要确保能够与合作伙伴、供应商和客户无缝、安全地交换信息,需要采用数据交换的通用标准[18]。此外,数据交换必须在可信的基础上进行,因此需要相应的通信安全措施保护敏感信息[19]。

随着网络的不断扩大,所有这些都将变得更加困难。网络化生产日益复杂,给管理带来了巨大挑战,需要采用新的智能方法来有效管理和优化生产流程。要管理好网络化生产,就必须全面了解所涉及的整个价值网络,包括供应商、客户、内部运营和其他利益相关者,而传统的基于等级结构的企业管理方法很难做到这一点[20,21],适用于对灵活性和适应性要求越来越高的敏捷管理,以快速应对客户需求、市场条件或供应链中断的变化。

为了有效管理网络化生产,企业可以利用人工智能和数据分析等先进技术,开发新的管理方法并加强决策。分散技术智能(DTI)是一种新的管理方法,涉及在决策过程中整合人工智能和机器智能,允许创建一个由相互连接的系统、设备和代理组成的网络,这些系统、设备和代理以分散和自主的方式运行,减少了通过等级制度进行领导的需要,并有可能提高效率和生产力[22]。人力在这一集成系统中的作用至关重要,人的因素为这一过程增添了独特的品质[23]。

要在 DTI 的帮助下实现先进的网络化生产,就必须制定一个路线图,其中包括与愿景、价值承诺和发展途径相关的若干要素。路线图应包括在网络化生产中有效实施 DTI 的主要构件、主要能力、特征和典型流程。通过实施这一路线图,企业可以在未来的网络化生产中保持领先地位,这对于在全球市场上保持竞争优势至关重要。

网络化和自控生产方面的技术进步可以为创造价值提供新的机遇,但重要的是要确保这些机遇与业务目标相一致,并且在经济上是可行的。商业视角提供了一种现实世界的纠正方法,即任何新技术解决方案都必须从商业角度出发,考虑盈利能力和可行性等因素。因此,必须在技术可能性与商业现实之间取得平衡,以确保任何创新的长期成功。

本节探讨 DTI 的概念及其作为竞争要素推进网络化生产的意义。本章还将讨论通过分散技术情报实施先进网络化生产的有效路线图的可能构件,最后强调从商业角度出发的必要性,以确保任何技术进步都符合经济可行性并创造真正的价值。

16.2 分散技术智能

DTI是一个旨在支持在制造中部署分散的、自主系统的嵌入式智能的概念,源于ManuFuture欧洲技术平台的需求,是对网络化制造管理要求的响应,来实现分散决策和自主行动,同时减少集中规划,以提高未来制造的生产力和效率[22,24]。

DTI专注于几个领域,以实现高性能、高质量、高资源效率、高速度、高灵活性、自我优化和自我控制等方面的性能提升,包括信息通信技术、架构、平台和标准、高性能工程、高性能制造系统和高附加值网络化生产[22,24]。

根据工业4.0平台[25],分散智能的产生源于认识到欧洲工业的实力源于一个由多样性、异质性和专业化驱动的创新和商业系统,这些元素是欧洲工业社会的核心。一个开放和适应性强的分散系统制度为塑造数字经济创造了最佳条件,同时遵循自由和社会导向市场经济的原则[25]。

DTI采取这一立场,并被发展为一个系统性和跨学科的方法,代表了制造业宏观和多维转型的关键因素。建立在系统化和自动化制造的前人发展基础上,可以被视为向更高级制造系统的演进阶段(表16.1)。早期阶段包括控制理论和系统工程,涉及反馈循环、人工智能、信息物理系统作为信息和电子机械组件的连接以及整体制造,其结合了创造适应性和灵活性制造系统的自主和协作代理[22]。

表16.1 DTI作为工业绩效的下一个演进阶段(改编自 Sautter[22])

控制理论、系统工程学	人工智能	网络物理系统	基于代理/整体制造	分布式技术智能
整合了传感器、执行器和控制器的闭环控制系统	通过计算模拟人类的认知能力	借助IoT等数据基础设施,实现软件系统与互联机械/电子元件的融合	独立和协调的代理为制造系统带来灵活性、适应性、敏捷性和动态可重构性	下一个转型阶段将彻底改变行业绩效通过跨学科框架(包括自适应能力)超越目前的局限性

通过将人类知识和经验与人工智能和其他先进技术整合，DTI 旨在创建一个更智能、更能适应变化条件和优化性能的制造系统。这一概念认识到人类和机器各自具有独特的优势和局限性，通过结合他们的能力，可以创建一个更有效和高效的系统。需要一个多代理架构，不同的代理（包括人和机器）以协调的方式共同工作以实现共同目标，创建一个系统，每个代理都为系统的总体智能做出贡献，并帮助创建一个更有效和高效的制造过程。

因此，DTI 有意识地追求整体性，并认识到人在工业制造中的重要性，这使得这一概念与早期严格以技术为导向的概念形成对比。DTI 认识到人在制造中的关键作用，并寻求通过必要的工具和技术赋予他们权力，使他们能够做出明智和有效的决策。通过将人整合到制造过程中，DTI 使他们能够与机器和系统更协作和高效地工作。

Sautter[22]将 DTI 比作人类的神经系统，身体的神经构成了主要控制结构的一部分，提供有关环境和体内功能的信息。这样，自主神经系统以几乎自动的方式控制许多身体功能和过程，几乎不需要或不需要意识参与。类似地，DTI 确保复杂技术系统（如生产系统）的平稳运行和良好性能。允许生产系统在与环境的交互中自主执行任务，并保持系统处于最佳状态，可以用来使系统自主执行任务并优化其性能，无需中央或有意识的控制。因此，DTI 涉及生产系统中的自我组织和自我引导方面。而纯粹的人工智能则是机器基于先进的数据分析和算法模拟人类智能过程的模拟，通常用作支持人类决策的工具。

DTI 概念也可以被视为工业元宇宙的先驱或先决条件。工业元宇宙作为一个工厂或生产网络中每个相关过程或工件，以及包括人力在内的全面数字孪生，将利用现有的和正在开发的技术，如人工智能和机器学习、扩展现实、先进的数据管理结构和云及边缘计算。这些技术在现实世界和数字世界之间创建了一个接口，旨在以分散的方式提供完全沉浸式、实时、交互式、持久和同步的复杂系统（如机器、工厂、城市和物流网络）的表现和模拟[26]。虽然在网络化生产领域特定的应用仍有待探索，但可能性包括交互式组装，涉及如供应商和客户等网络合作伙伴，产品和服务的协作开发、设计、工程和测试、产品演示和评估及与产品相关的服务、销售活动和物料流动的跟踪及人员的培训[27]。

16.3 网络化生产管理的影响

传统上，网络化生产的目标包括降低物流成本和高库存，特别是通过改善生产和物流活动的协调和整合；缩短交货时间，特别是通过改善信息的可用性和网络中材料的流动以实现快速响应；提高服务水平，如通过改善公司之间的协调、合作和对公司在网络中需求的理解；以及提高竞争力，特别是通过增加工业公司通过网络以敏捷方式全球运营的能力[1,2,4,28,29]。所有这些仍然是真实的，并且这些方面被更近期的协作设计和工程及服务管理的观点所加入。

实现这些目标需要所涉及公司之间的合作。因此，所有参与者都需要看到他们合作努力的好处。尽管公司将尝试保持他们作为网络参与者的自主性，但使能DTI的新兴技术可能会稀释未来组织边界的感知。因此，生产将在非层次网络中主要发生，决策是分散的[30,31]，要求开发用于协作规划、管理和优化生产资源的方法和工具，以及分布式规划和调度[32-34]。管理的其他重要工具包括监控生产和设备及其维护，工具也需要支持循环经济的要求。

确保不同技术和软件解决方案、业务和生产流程及组织结构之间的互操作性至关重要[35]。所有新方法和工具都应遵循DTI的原则，允许以分散的方式操作，以便公司可以同时在几个生产网络中运营。传统上，这些功能一直依赖于对中央数据库的定期更新，内置有限的学习能力，并且没有考虑外部数据。对于网络化生产的高级管理和监控，需要分散的ICT系统[36,37]，这些系统使用分布式知识和整合异构数据源来评估监控系统的状态[14]。

竞争力基于各种性能目标，如质量、价格、交货服务、响应性和灵活性。随着产品生命周期的缩短和模型的多样化，制造商需要快速响应客户需求，并灵活处理产能。推动DTI的技术使公司能够朝着分散的操作发展，利用可用资源，如更接近他们的市场。

通过分散的操作和密集的网络互动利用可用资源，特别是提供了运行按订单制造和按工程师订单策略的机会[38,39]，这两种策略在客户下订单后才开始特定操作。因为它旨在节省资源，同时避免生产库存，在某种程度上代表了对精益管理的定位。另一方面，紧密的客户关系针对客户的愿望、灵活性和对个人需求的响应性，因此反映了定制的需求[4,40]，提到的策略将帮助公司在保持盈利能力的同时，以更小的批量和更短的交货时间运营，为客户带来好处[14]。

与分散化相关的技术使得非层次网络中生产和决策过程的协调和同步成为可能[41-44]。上面提到的生产策略在典型的生产功能如工程、产能规划、订单管理、制造和物流全面整合时最有效。DTI技术允许将网络合作伙伴纳入所有信息流，并实现适当资源的共享。当利用高级技术如AI、ML和边缘计算来实现分散决策和协调生产过程时，人类贡献他们的领域专业知识、直觉和创造力，拥有上下文知识和解决问题的能力，并且可以提供监督，做出战略决策并处理需要创造力、适应性和批判性思维的复杂和非常规任务。另一方面，AI可以通过自动化常规任务、分析大型数据集、识别模式和异常并提供优化决策的建议来协助人类。因此，DTI通过像边缘计算这样的技术促进了人和AI的整合，AI算法可以部署在边缘设备上，而云计算则可以集中训练和部署AI模型，允许在边缘进行实时决策，并实现生产网络之间的无缝协调和同步。

案例研究：生产调度试点

为了维持鲁棒性和弹性，生产和供应链管理中的过程及其后果的协调至关重要。欧盟研究项目Knowledge，面向人工智能驱动的制造服务、流程和产品的边缘到云端知识连续体中的人类（内循环）[45]旨在通过开发人工智能方法、系统和数据管理基础设施，重点放在边缘云计算和人与人工智能之间的协作上，来释放制造业中人工智能的全部潜力。在一个生产调度案例中，该项目优化了工业环境中的供应链规划、需求预测和生产批量优化，DTI技术是解决方案的核心。

使用边缘处的传感器和数据接口收集生产设施的实时数据，从而实现监控、分析和明智的决策。ML算法分析历史和实时数据，以预测需求、优化生产计划和识别瓶颈。流程仿真和数字孪生被用来模拟和预测未来场景，允许对生产计划进行主动调整。

集成的人工智能和数据分析使员工能够做出明智的决策，减少错误并节省时间。AI系统通过不断学习和改进，利用记录的偏差、错误和解决方案。用户友好的界面促进了以人为本的交互和可视化，使监控、流程调整和边缘协调成为可能，增强了生产，促进了主动决策，并改善了人与人工智能代理之间的协调和协作。

本质上，这指向了智能和协作制造，涉及网络化生产的协作规划、管理和运营。该方法故意利用网络作为分发任务和获取生产手段的资源，并可被视为与Jovane等所称的即插即用生产服务网络一致[14]。这样，网络可以比在层次规划和管理制度下更好地应对即时挑战。因此，公司间组织间整合的结果反映了未来网络化生产的制度。当考虑到DTI代理的自我组织和自主操作时，这一点变得尤为明显，可以基于预定义的过程目标轻松跨越组织边界来执行任务。因此，在资源受限的世界中，重点放在网络化生产上，并且当机会出现时可以扩展网络,公司可以利用不同网络合作伙伴的优势,实现更强大和更有弹性的生产,同时为增长和创新解锁新机会[46-48]。

按照 DTI 逻辑,未来的生产网络将遵循自我组织和自我形成的范式[22]。公司将越来越多地成为服务提供商,这些服务解决了制造产品用户的一个问题[49-51]。向自我形成和分散的供应链的转变需要为制造即服务(MaaS)方法开发一个概念框架。这种方法涉及在产品的整个生命周期中提供增值服务,包括规划、安装、运营和更改及使用过的产品和相关原材料的循环利用[52,53]。

按照分散化和网络化生产的原则,制造能力和资源作为按需服务提供给公司或个人。本质上,MaaS 可以通过集成边缘计算、云计算和 IoT 等技术来实现,使得能够连接和协调跨分布式节点网络的制造资源。

活动的分散化允许公司独立定义和执行自包含的服务包,支持网络的灵活性和适应性[14],意味着制造任务可以外包给提供特定能力或专业知识的专业服务提供商。这些提供商可能位于不同的地理位置,允许生产灵活性,并利用每个合作伙伴的优势。MaaS 可能包括集成和协调典型的制造流程,如设计和工程、生产计划、采购、装配、质量控制和物流。此外,DTI 还实现了对制造操作的持续监控和控制,确保总体可见性、提高透明度和生产过程中的适应性。

此外,对"全包"解决方案的需求不断增长,这些解决方案结合了产品和相关服务,为大型和小型公司之间的合作提供了机会,为新市场设计和提供专业服务[54]。在这种情况下,MaaS 还使小型公司或个人能够访问传统上只有大型组织才能获得的制造能力。

16.4 构建块和实施路线图

技术路线图是一个战略规划工具,帮助组织将其技术开发工作与业务目标和目标对齐[55,56],也可以作为持续研究的研究议程。通过路线图可以进一步细化和调整路线图的元素、构建块、所需的中间步骤和预期结果。因此,通过路线图可以理解创建成功的 DTI 启用和网络化生产所需的主要能力、特征和流程。

实现高级网络化生产所需的 DTI 路线图是全面的,涉及几个构建块,每个构建块都有其愿景、价值承诺和发展路径。为了实现预期目标,每个构建块都有明确的路径,分为短期(0~5 年)、中期(5~10 年)和长期(10 年以上)目标和性能(图 16.1)。

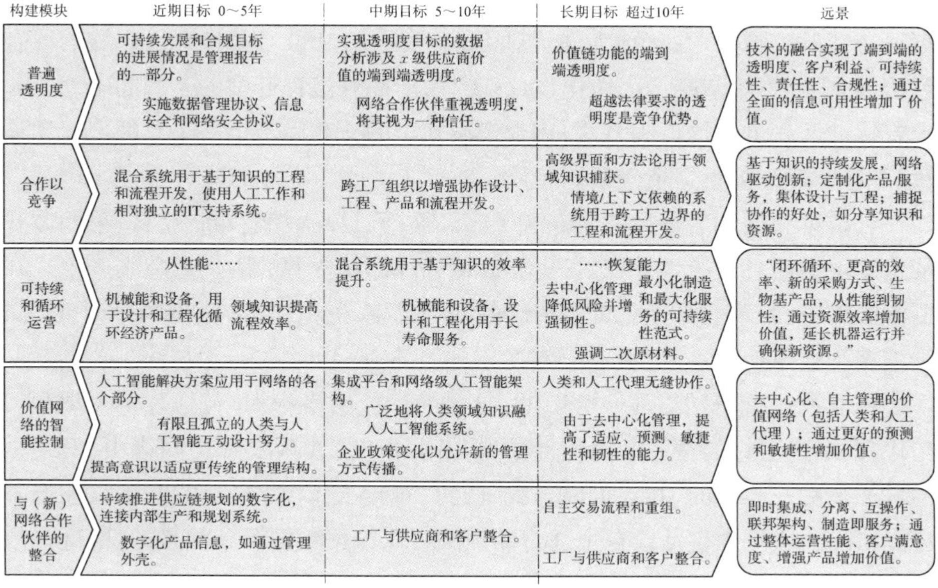

构建模块	近期目标 0~5年	中期目标 5~10年	长期目标 超过10年	远景
普遍透明度	可持续发展和合规目标的进展情况是管理报告的一部分。实施数据管理协议、信息安全和网络安全协议。	实现透明度目标的数据分析涉及 x 级供应商价值的端到端透明度。网络合作伙伴重视透明度,将其视为一种信任。	价值链功能的端到端透明度。超越法律要求的透明度是竞争优势。	技术的融合实现了端到端的透明度、客户利益、可持续性、责任性、合规性;通过全面的信息可用性增加了价值。
合作以竞争	混合系统用于基于知识的工程和流程开发,使用人工工作和相对独立的IT支持系统。	跨工厂组织以增强协作设计、工程、产品和流程开发。	高级界面和方法论用于领域知识捕获。情境;上下文依赖的系统用于跨工厂边界的工程和流程开发。	基于知识的持续发展,网络驱动创新;定制化产品/服务,集体设计与工程;捕捉协作的好处,如分享知识和资源。
可持续和循环运营	从性能……机械能和设备,用于设计和工程化循环经济产品。领域知识提高流程效率。	混合系统用于基于知识的效率提升。机械能和设备,设计和工程化用于长寿命服务。	恢复能力去中心化管理降低风险并增强韧性。最小化制造最大化服务性范式。强调二次原材料。	"闭环循环、更高的效率、新的采购方式、生物基产品,从性能到韧性;通过资源效率增加价值,延长机器运行并确保新资源。"
价值网络的智能控制	人工智能解决方案应用于网络的各个部分。有限且孤立的人类与人工智能互动设计努力。提高意识以适应更传统的管理结构。	集成平台和网络级人工智能架构。广泛地将人类领域知识融入人工智能互动设计。企业政策变化以允许新的管理方式传播。	人类和人工代理无缝协作。由于去中心化管理,提高了适应、预测、敏捷性和韧性的能力。	去中心化、自主管理的价值网络(包括人类和人工代理);通过更好的预测和敏捷性增加价值。
与(新)网络合作伙伴的整合	持续推进供应链规划的数字化,连接内部生产和规划系统。数字化产品信息,如通过管理外壳。	工厂与供应商和客户整合。	自主交易流程和重组。工厂与供应商和客户整合。	即时集成、分离、互操作、联邦架构、制造即服务;通过整体运营性能、客户满意度、增强产品增加价值。

图 16.1 先进网络化生产的 DTI 路线图

第一个构建块是普遍透明度,旨在实现价值网络的端到端透明度和问责制,通过为所有参与者提供全面信息来增加附加值。目标是实现网络化生产的端到端透明度和可见性。协调的增加可以帮助确保网络内的不同活动更好地对齐,这可以导致更高的效率和更好的结果[57,58],这是通过使用各种技术和工具实现的,这些技术和工具使信息的全面可用性和网络性能的实时监控成为可能。普遍透明度还通过在生产过程中提供更多的可见性和透明度来促进客户价值,这有助于建立信任[59],使网络内的不同合作伙伴可以更好地合作并共同实现他们的目标。还通过促进问责制和遵守法律要求来实现社会可持续性,并确保网络中的所有参与者都以道德和负责任的方式行事[4]。短期目标包括对可持续性和合规目标的进展、数据管理协议和信息安全协议。中期目标包括涉及 x 级供应商的透明度目标的数据分析,而长期目标是实现价值链的端到端透明度,超出法律要求。

合作竞争是另一个涉及基于知识的持续发展和网络创新的构建块,涉及定制产品和服务的共同设计、共同工程和共同生产,通过捕捉合作的好处,如共享知识和资源,来增加附加值[60]。将产品开发整合到网络中尤其重要,在开发早期阶段,生产网络中不同参与者之间的协作可以对竞争力因素产生决定性影响,如降低成本、缩短上市时间、提高产品质量、增加生产灵活性、促进创新和发展可持续解决方案[4]。短期目标包括用于基于知识的工程和流程开发的混合系统,而中期目标包括增强协作设计、工程、产品和流程开发的工厂间组织。长期目标涉及先进的接口和方法,用于领域知识的捕获和跨工厂边界的工程和流程开发的情景/上下文依赖系统。

可持续和循环运营是一个专注于闭环循环、更高效率和新的材料采购方式的构建块。通过资源效率、延长机器运行和确保新资源的附加值特别产生。在资源效率方面,重点是优化机器和设备的利用率,避免停机时间和生产中断,减少浪费和能源消耗[4,14]。

智能控制价值网络涉及分散的、自主的价值网络管理,包括各种人类和人工代理,通过更好的预测和敏捷性来增加附加值。在认知生产网络中,网络中的资产是相互连接的,并且可以自我优化。根据上下文,控制可以在人和人工智能之间的协作中自动或自主进行。预测可以根据数据源和数量进行,这些数据源和数量对人类来说可能是隐藏的[4]。短期目标包括在网络的各个部分应用人工智能解决方案,而中期目标涉及集成平台和架构,用于网络级人工智能。长期目标涉及人类和人工代理的无缝协作,以及由于分散管理而增加的适应性、预测、敏捷性和弹性能力。

最后,与(新)网络合作伙伴的整合(或他们解散冗余关系)涉及即时整合、分离和互操作性、联邦架构及 MaaS[62]。这个构建块通过整体网络性能、运营效率、客户满意度和增强产品的附加值创造。公司可以扩展其能力并进入新市场,获取资产、技术资源。这将涉及加强大型公司和小型、专业制造商之间的合作[14]。短期目标包括供应链规划的持续数字化、连接内部生产和计划系统及产品信息的数字化。中期目标涉及与供应商和客户的工厂整合,而长期目标涉及自主交易流程和重组及 MaaS 和体验。

实现高级网络化生产的 DTI 路线图是复杂的,考虑到如涉及的各种技术,并需要长期愿景。此外,重要的是要认识到并利用新的商业模式和创造价值的机会,同时牢记从商业角度提出的解决方案的可行性。

16.5　DTI 部署的业务和组织视角

工业向网络化和自我控制制造概念的演变为新商业模式创造了基础,并为人员的技能和专业知识设定了新的要求。除了需要最大化利润外,还不可忽视面对环境破坏时采取适当行动等新挑战。因此,这是一个认识和利用整个产品生命周期中创造新价值机会的问题。由于其跨公司的性质,网络化制造为这一点提供了适当的条件。例如,基于知识的合作伙伴关系和可持续提取必要资源、制造和产品开发的创新发展。同时,新的商业模式还必须认识到新的工作形式和技能、学习和教育的发展。

企业的数字化使能够将数据和信息与其物理/实际运营环境分离,反过来又使得组织内和组织间的工作方式有了新的组织方式,导致了新的商业模式机会。实际上,可以实现所谓的信息物理系统,其中通过创建物理世界的虚拟对应物来监控物理过程,在其中使用互联网和物联网组件实时与每个参与者通信和协作,以做出分散决策[63]。

从组织的角度来看,DTI愿景将改变人类员工和计算机系统之间的工作分配。越来越多的人类处理可以自动化,由智能ICT系统完成。这一方面为提高组织的效率提供了机会,另一方面,开发了基于数据的新服务和连接客户、合作伙伴和供应商的新方式。此外,必须发展和适应人员的技能和能力,以满足DTI部署所带来的新要求。总的来说,DTI增加了不同利益相关者之间的连通性,意味着参与者需要扩大对其商业环境的视野,包括价值链中距离他们更远的合作伙伴。例如,需要考虑其客户的运营,需要更多的系统思维和实现的技能和能力。这种商业机会的一个案例是条件性维护服务概念,其中组件或子系统提供商直接或通过原始设备制造商的系统连接到正在使用的设备,以在其生命周期期间跟踪产品性能,所有这些连接、数据可用性和安全问题都需要连接系统中的所有合作伙伴的理解。这需要增强两种能力:①理解技术系统及其操作的能力;②理解最终用户位置的最终产品操作环境的能力。

在数字世界中,DTI构思了新的服务,如平台,这些平台是实现不同利益相关者之间数字数据流的无数潜在连接所必需的。这个数字世界形成了其市场环境,新的平台提供商及具有不同资源、竞争优势和战略目标的传统商业生态系统参与者正在定位自己。数字市场环境比传统的更加灵活和动态,因为数字关系更容易建立和终止。数字平台的特定特征是旨在协调大量商业参与者,即它们的业务基于连接其他参与者。这挑战了基于资源观的公司传统战略规划,侧重于通过拥有和控制资源来实现竞争优势[64]。这些资源应该具有所谓的VRIN特征,即有价值、稀有、难以模仿或不可替代。数字平台商业模式还挑战了战略管理的定位框架[3]，侧重于通过提高进入壁垒和增加议价能力来获得竞争优势。数字市场环境使得竞争更加动态，如来自初创企业的颠覆性创新和来自不同行业部门的公司的进入可能会给现有商业模式带来全新的竞争压力[65]。与其说是公司之间的竞争，不如说是通常由一个或两个中心（平台）公司和其他提供互补商品和服务的公司组成的商业生态系统之间的竞争。在这种情况下，商业模式的价值捕获部分应该平衡焦点公司的盈利能力和生态系统合作伙伴的盈利能力[65]。

在创造新的商业机会的同时，动态的数字市场环境也带来了新的挑战。许多新的数字解决方案和服务基于结合来自不同来源的数据，即来自不同利益相关者的数据。不同利益相关者的知识和能力被结合起来提供特定的产品或解决方案。这可能会创造一个具有挑战性的商业环境，不同的利益相关者可能对特定资产和补充资产有不同的看法，尤其是在平台提供商和链接服务提供商之间[64]。这可能会带来风险，特别是对围绕平台的数字生态系统的关联方。一方面，平台提供商可能被诱惑将链接方提供的成功的解决方案整合到其产品中。另一方面，平台运营商可能会停止向链接方提供所需的数据源，从而破坏他们的数字商业模式。当然，平台提供商必须考虑这些行动可能对其业务声誉造成的风险[64]。

企业数字化整合带来的另一个挑战是将小型参与者纳入价值链和商业生态系统，特别是考虑到他们的数字化技能和能力[66]。中小企业通常是制造业价值链的重要组成部分。因此，为了充分利用DTI，它们的整合至关重要。资源缺乏和能力有限是中小企业实施新技术的共性阻碍。一方面，这些障碍可以通过引入可扩展的技术解决方案来克服，更容易被中小企业部署[66]；另一方面，可以建立新的服务和服务提供商来支持中小企业的数字化，从理解它给业务带来的系统性变化到为他们运行特定的技术服务[67]。

16.6 技术讨论

本章讨论了使用DTI来改进网络化生产，虽然主要关注点是网络，但过渡建立在从工厂楼层的技术流程到上层的网络和商业运营的多层次视角上，需要通过公司内部和外部的信息和通信技术网络实时整合各种微观和宏观层面，同样包括国际标准。

因此，开发和整合一个多层次的控制和管理架构至关重要，其中包括通过边缘-云解决方案实施分散智能，允许将物理层面与 ICT 控制结构有效地结合起来。

这种发展意味着参与网络化生产的组织将更多地整合，它们的角色可能会转变为网络内的功能专业化或战略能力，导致协作公司之间的协同效应，导致不同类别的成本显著效率提升和成本节约。通过 DTI 实现高级网络化生产需要遵循描述的路线图，并以透明、可信、协作、可持续和智能的方式实施 DTI 的构建。

本章中展示的图表(图 16.2)说明了该方法的目标是超越当前主要涉及增量改进的分散方法。尽管在生产系统的不同层面及其层面之间的相互联系方面取得了进展，但学科界限往往限制了我们。DTI 可以通过启用 DTI 代理的自主活动来超越这些限制，这些代理包括人和机器，可以带来如自我组织、自我优化和自我维护的各种好处，所有这些行为都发生在预定义的性能空间内，重点关注情境和上下文要求。

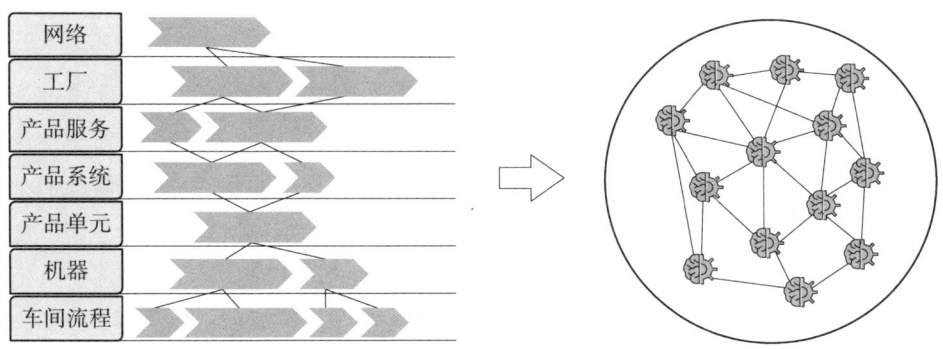

图 16.2　基于 DTI 的先进网络化生产进展(改编自 ManuFuture[24] 和 Sautter[22])

此外，利用 DTI 技术使公司能够从严格的层次结构转向更灵活和适应性的运营管理。有了 DTI，员工可以根据他们的专业知识和 AI 系统提供的实时信息做出决策，这种授权允许更快的响应时间，因为员工可以立即采取行动并适应不可预见的事件，而无需等待上级管理层的批准。

因此，DTI 涉及向异构的过渡，异构是指非层次的组织结构，决策权和控制权在各个节点或代理之间分布，而不是集中在层次链的顶端。异构强调协作、分散决策和授权员工[68]。

DTI建立了一种系统性和超越性的方法，消除了组织和学科的界限，允许生产的根本转变，催化了Sautter[22]所描述的跨越式性能提升，还为流程质量、灵活性和弹性提供了新的理解，使生产系统能够适应变化的情况。

从业务实施的角度来看，重要的是开发激励系统，以支持网络中不同利益相关者的协作。每个参与者都应该有一个清晰的商业价值诉求，以参与DTI所涉及的活动，即协作、致力于共同目标和共享知识和信息，这可能需要进一步发展用于知识和数据的定价方法和机制。

16.7 本章结论

DTI对工业生产的长期发展具有广泛的影响，有潜力改变运营管理，增强生产网络的灵活性、适应性、鲁棒性和弹性。理解这些优势将与战略管理努力、技术开发和部署的激增相一致，为分散智能和代理行动和响应提供支持。

DTI是制造业未来的一项全面愿景概念，实施是一个长期过程，需要制造生态系统中所有参与者的心态转变。一次性改变一切是不可行的，相反，应该与制造网络中的相关参与者合作，采取渐进的发展步骤。

路线图为实现DTI的渐进发展提供了指导框架，并强调了采取逐步前进的重要性，同时允许持续的细化和调整。利益相关者可以将他们的努力与实现生产网络中增强的灵活性、适应性、鲁棒性和弹性的长期愿景对齐，将使他们处于制造业未来的前沿。

参考文献

[1] Bowersox D J, Closs D J, Cooper M B, et al. Supply chain logistics management [M]. Mcgraw-hill, 2020.

[2] Christopher M. Logistics and supply chain management: strategies for reducing costs and improving services [J]. Journal of the Operational Research Society, 1994, 45(11):1341.

[3] Porter, M.E.: Competitive advantage [M]. Free Press, New York (1985)

[4] Werner H. Supply chain management: grundlagen, strategien. Instrumente and Controlling [M]. Berlin: Springer, 2000, 1.

[5] Ketchen Jr D J, Hult G T M. Bridging organization theory and supply chain management: The case of best value supply chains [J]. Journal of operations management, 2007, 25(2):573-580.

[6] Lii P, Kuo F I. Innovation-oriented supply chain integration for combined competitiveness and firm performance [J]. International Journal of Production Economics, 2016, 174:142-155.

[7] McDougall N, Wagner B, MacBryde J. Leveraging competitiveness from sustainable operations: frameworks to understand the dynamic capabilities needed to realise NRBV supply chain strategies

[J]. Supply Chain Management: An International Journal, 2022,27(1):12-29.
[8] Sakuramoto C, Di Serio L C, Bittar A V. Impact of supply chain on the competitiveness of the automotive industry [J]. RAUSP Management Journal, 2019,54:205-225.
[9] Jin M, Wang H, Zhang Q, et al. Retracted Article: Supply chain optimization based on chain management and mass customization [J]. Information Systems and e-Business Management, 2020,18(4):647-664.
[10] Tukamuhabwa B R, Stevenson M, Busby J, et al. Supply chain resilience: definition, review and theoretical foundations for further study [J]. International journal of production research, 2015,53(18):5592-5623.
[11] Christopher M, Holweg M. "Supply Chain 2.0": Managing supply chains in the era of turbulence [J]. International journal of physical distribution & logistics management, 2011,41(1):63-82.
[12] Al-Omoush K S, de Lucas A, del Val M T. The role of e-supply chain collaboration in collaborative innovation and value-co creation [J]. Journal of Business Research, 2023, 158:113647.
[13] Kähkönen A K, Lintukangas K. The underlying potential of supply management in value creation [J]. Journal of Purchasing and Supply Management, 2012,18(2):68-75.
[14] Jovane F, Westkämper E, Williams D, et al. Towards competitive sustainable manufacturing [M]. Springer Berlin Heidelberg, 2009.
[15] Bak O. Understanding the stimuli, scope, and impact of organizational transformation: The context of eBusiness technologies in supply chains [J]. Strategic Change, 2021,30(5):443-452.
[16] Zhang J, Xu J, Liu Y. Complex adaptive supply chain network: The state of the art [C]//2009 Chinese Control and Decision Conference. IEEE, 2009:5643-5647.
[17] Walter S. AI impacts on the performance in supply chains [C]//34th NOFOMA Annual Conference of the Nordic Logistics Research Network. The Nordic Logistics Research Network (NOFOMA), 2022:77-77.
[18] Kumar R S, Pugazhendhi S. Information sharing in supply chains: An overview [J]. Procedia Engineering, 2012,38:2147-2154.
[19] Ahmad I, Rodriguez F, Kumar T, et al. Communications security in Industry X: A survey [J]. IEEE Open Journal of the Communications Society, 2024.
[20] Baesens B, Bapna R, Marsden J R, et al. Transformational issues of big data and analytics in networked business [J]. MIS Quarterly, 2016,40(4):807-818.
[21] Surana A, Kumara* S, Greaves M, et al. Supply-chain networks: a complex adaptive systems perspective [J]. International Journal of Production Research, 2005,43(20):4235-4265.
[22] Sautter B, Matamoros A, Arunjunai A, et al. Decentralised technical intelligence (DTI) for increased manufacturing performance: Going beyond the limits of today in an interdisciplinary approach [J]. 2022.
[23] Jarrahi M H. Artificial intelligence and the future of work: Human-AI symbiosis in organizational decision making [J]. Business horizons, 2018,61(4):577-586.
[24] Manufuture high-level group: manufuture strategic research agenda SRIA 2030. For a competitive, sustainable and resilient European manufacturing. Manufuture, Brussels (2019)
[25] Plattform Industrie 4.0: 2030 vision for Industrie 4.0. Shaping Digital Ecosystems Globally. Federal Ministry for Economic Affairs and Energy (BMWi), Berlin (2019)
[26] Lin Z, Xiangli P, Li Z, et al. Towards metaverse manufacturing: A blockchain-based trusted collaborative governance system [C]//Proceedings of the 2022 4th International Conference on Blockchain Technology. 2022:171-177.

[27] Siahaan B P, Simatupang T M, Okdinawati L. Logistics landscape for metaverse [C]//2022 IEEE International Conference of Computer Science and Information Technology (ICOSNIKOM). IEEE, 2022:1-6.

[28] Thomas D J, Griffin P M. Coordinated supply chain management [J]. European journal of operational research, 1996, 94(1):1-15.

[29] Chandra C, Kumar S. Supply chain management in theory and practice: a passing fad or a fundamental change? [J]. Industrial management & data systems, 2000, 100(3):100-114.

[30] Leitão P. Agent-based distributed manufacturing control: A state-of-the-art survey [J]. Engineering applications of artificial intelligence, 2009, 22(7):979-991.

[31] Almeida R, Toscano C, Lopes Azevedo A, et al. A Collaborative planning approach for Non-hierarchical Production Networks [J]. Intelligent Non-hierarchical Manufacturing Networks, 2012:185-204.

[32] Shen W, Wang L, Hao Q. Agent-based distributed manufacturing process planning and scheduling: a state-of-the-art survey [J]. IEEE Transactions on Systems, Man, and Cybernetics, Part C (Applications and Reviews), 2006, 36(4):563-577.

[33] Straube F, Beyer I. Decentralized planning in supply networks [C]//2006 IEEE International Technology Management Conference (ICE). IEEE, 2006:1-8.

[34] Andrés B, Poler R, Hernández J E. An operational planning solution for SMEs in collaborative and non-hierarchical networks [C]//Decision Support Systems II-Recent Developments Applied to DSS Network Environments: Euro Working Group Workshop, EWG-DSS 2012, Liverpool, UK, April 12-13, 2012, and Vilnius, Lithuania, July 8-11, 2012, Revised Selected and Extended Papers. Springer Berlin Heidelberg, 2013:46-56.

[35] Bousdekis A, Mentzas G. Enterprise integration and interoperability for big data-driven processes in the frame of industry 4.0 [J]. Frontiers in big Data, 2021, 4:644651.

[36] MarQues M, Agostinho C, Zacharewicz G, et al. Decentralized decision support for intelligent manufacturing in Industry 4.0 [J]. Journal of Ambient Intelligence and Smart Environments, 2017, 9(3):299-313.

[37] Fortino G, Savaglio C, Palau C E, et al. Towards multi-layer interoperability of heterogeneous IoT platforms: The INTER-IoT approach [J]. Integration, interconnection, and interoperability of IoT systems, 2018:199-232.

[38] Stadtler H. Supply chain management and advanced planning — basics, overview and challenges [J]. European journal of operational research, 2005, 163(3):575-588.

[39] Stavrulaki E, Davis M. Aligning products with supply chain processes and strategy [J]. The International Journal of Logistics Management, 2010, 21(1):127-151.

[40] Amrani A, Zouggar S, Zolghadri M, et al. Towards a collaborative approach to sustain engineer-to-order manufacturing [C]//2010 IEEE International Technology Management Conference (ICE). IEEE, 2010:1-8.

[41] Ayel J. Decision coordination in production management [C]//European Workshop on Modelling Autonomous Agents in a Multi-Agent World. Berlin, Heidelberg: Springer Berlin Heidelberg, 1992:295-310.

[42] Chandra C, Kumar S. Enterprise architectural framework for supply-chain integration [J]. Industrial Management & Data Systems, 2001, 101(6):290-304.

[43] Zou X, Pokharel* S, Piplani R. Channel coordination in an assembly system facing uncertain demand with synchronized processing time and delivery Quantity [J]. International journal of production research, 2004, 42(22):4673-4689.

[44] Chankov S M, Becker T, Windt K. Towards definition of synchronization in logistics systems [J]. Procedia CIRP, 2014, 17:594 – 599.
[45] Alvarez-Napagao S, Ashmore B, Barroso M, et al. Knowledge project-concept, methodology and innovations for artificial intelligence in industry 4.0 [C]//2021 IEEE 19th International Conference on Industrial Informatics (INDIN). IEEE, 2021:1 – 7.
[46] Camarinha-Matos L M, Afsarmanesh H. Collaborative networks: Value creation in a knowledge society [C]//International conference on programming languages for manufacturing. Boston, MA: Springer US, 2006:26 – 40.
[47] Camarinha-Matos L M, Afsarmanesh H, Galeano N, et al. Collaborative networked organizations-Concepts and practice in manufacturing enterprises [J]. Computers & industrial engineering, 2009, 57(1):46 – 60.
[48] Romero D, Molina A. Collaborative networked organisations and customer communities: value co-creation and co-innovation in the networking era [J]. Production Planning & Control, 2011, 22(5 – 6):447 – 472.
[49] Brax S. A manufacturer becoming service provider-challenges and a paradox [J]. Managing Service Quality: An International Journal, 2005, 15(2):142 – 155.
[50] Cohen M A, Agrawal N, Agrawal V. Winning in the aftermarket [J]. Harvard business review, 2006, 84(5):129.
[51] Isaksson O, Larsson T C, Rönnbäck A Ö. Development of product-service systems: challenges and opportunities for the manufacturing firm [J]. Journal of Engineering Design, 2009, 20(4): 329 – 348.
[52] Gao J, Yao Y, Zhu V C Y, et al. Service-oriented manufacturing: a new product pattern and manufacturing paradigm [J]. Journal of Intelligent Manufacturing, 2011, 22:435 – 446.
[53] Fisher O, Watson N, Porcu L, et al. Cloud manufacturing as a sustainable process manufacturing route [J]. Journal of manufacturing systems, 2018, 47:53 – 68.
[54] Wahlström M, Walter S, Salonen T T, et al. Sustainable Industry X: A Cognitive Manufacturing Vision [J]. 2020.
[55] Bray O H, Garcia M L. Technology roadmapping: the integration of strategic and technology planning for competitiveness [C]//Innovation in Technology Management. The Key to Global Leadership. PICMET'97. IEEE, 1997:25 – 28.
[56] Phaal R, Farrukh C J P, Probert D R. Technology roadmapping — a planning framework for evolution and revolution [J]. Technological forecasting and social change, 2004, 71(1 – 2):5 – 26.
[57] Shih S C, Hsu S H Y, Zhu Z, et al. Knowledge sharing — A key role in the downstream supply chain [J]. Information & management, 2012, 49(2):70 – 80.
[58] Barreto L, Amaral A, Pereira T. Industry 4.0 implications in logistics: an overview [J]. Procedia manufacturing, 2017, 13:1245 – 1252.
[59] Min S, Zacharia Z G, Smith C D. Defining supply chain management: In the past, present, and future [J]. Journal of business logistics, 2019, 40(1):44 – 55.
[60] Varela L, Putnik G, Romero F. The concept of collaborative engineering: a systematic literature review [J]. Production & Manufacturing Research, 2022, 10(1):784 – 839.
[61] Jones A T, Romero D, Wuest T. Modeling agents as joint cognitive systems in smart manufacturing systems [J]. Manufacturing Letters, 2018, 17:6 – 8.
[62] Deshmukh R A, Jayakody D, Schneider A, et al. Data spine: a federated interoperability enabler for heterogeneous IoT platform ecosystems [J]. Sensors, 2021, 21(12):4010.
[63] Monostori L, Kádár B, Bauernhansl T, et al. Cyber-physical systems in manufacturing [J]. Cirp

Annals, 2016, 65(2):621 – 641.

[64] Paredes-Frigolett H, Pyka A. The global stakeholder capitalism model of digital platforms and its implications for strategy and innovation from a Schumpeterian perspective [J]. Journal of Evolutionary Economics, 2022, 32(2):463 – 500.

[65] Teece D J, Linden G. Business models, value capture, and the digital enterprise [J]. Journal of organization design, 2017, 6:1 – 14.

[66] Ghobakhloo M, Iranmanesh M, Vilkas M, et al. Drivers and barriers of industry 4.0 technology adoption among manufacturing SMEs: a systematic review and transformation roadmap [J]. Journal of Manufacturing Technology Management, 2022, 33(6):1029 – 1058.

[67] Mikkola M, Salonen J. Manufacturing SME's are not worried about novel technology, but people [C]//ISPIM Connects Athens Conference: The Role of innovation: Past, Present, Future. Lappeenranta University of Technology, 2022.

[68] Filip F G, Zamfirescu C B, Ciurea C. Computer-supported collaborative decision-making [M]. Cham: Springer International Publishing, 2017.

第 3 部分

值得信赖、可解释和以人为本的人工智能系统

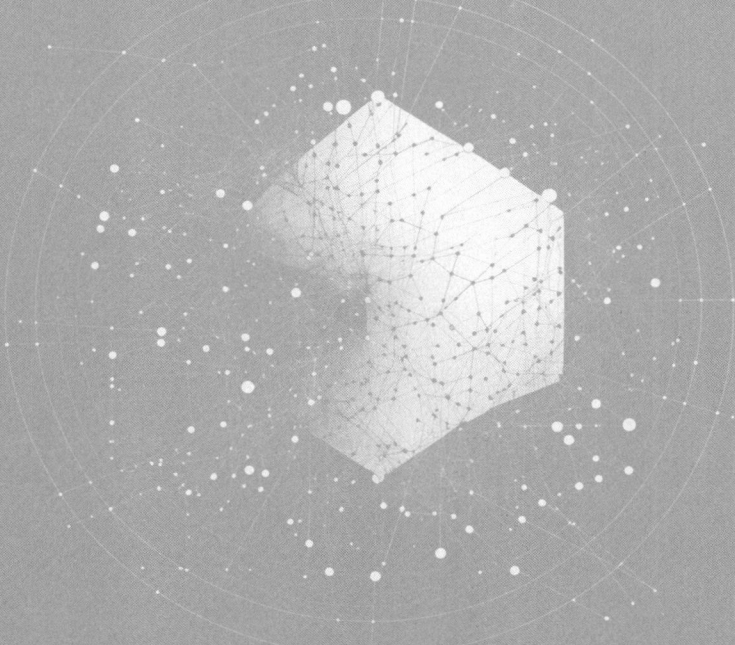

第17章 基于可穿戴传感器的 HAR 在制造工人安全中的应用

Sungho Suh，Vitor Fortes Rey，Paul Lukowicz

17.1 引言

2011 年引入的工业 4.0 旨在通过融合先进技术来彻底改变制造业，以实现运营效率和生产力的提升[24]。然而，随着焦点从技术驱动的进步转移到更加以人为本的理念，操作人员 4.0 的概念应运而生，其设想了一支通过系统辅助的劳动队伍，这些系统在维持生产目标的同时减轻了操作人员的身体和心理压力[14]。这种观点的转变为工业 5.0 的发展奠定了基础，工业 5.0 是一种价值驱动的制造范式，将工人福祉置于生产过程的最前沿[30]。

工业 5.0 包含两个主要愿景：一是涉及人机协作，另一个是围绕利用可再生生物资源的生物经济。随着研究人员探索工业 5.0 的潜力，变得至关重要的是研究技术如何能够在优先考虑工人安全和生产力的同时支持行业，需要满足工业人类需求金字塔中概述的人类需求，从工作场所安全到通过人与机器之间的可信关系实现人类潜力的实现。

在这种情况下，基于可穿戴传感器的人体活动识别（HAR）成为工业 5.0 的一个重要组成部分。通过持续且不显眼地监测工人的活动，可穿戴传感器实现了人与机器之间的协同合作[23,29]，提高了生产力，同时赋予工人释放批判性思维、创造力和领域知识的权力。同时，机器自动协助重复性任务，减少浪费和成本。

为了促进人与机器之间可信的共同进化关系的发展，交互必须考虑员工的独特特征和组织目标。这种协作的一个应用是在协作机器人的使用中，机器之间可以共享物理空间，感知人类存在，并独立地、同时地、顺序地或以支持性方式执行各自的任务[8]。

在此框架内，本章重点讨论可穿戴传感器基础的 HAR 与工业 5.0 的重要交汇点，特别是，探讨基于传感器的 HAR 在促进制造业环境中工人安全和优化生产力方面的变革性作用。目标是研究可穿戴传感器技术、传感器数据融合技术和高级 ML 算法的复杂性，以有效地实时捕获和解释工人的活动。通过使用可穿戴传感器，制造商可以实时掌握工人的身体运动和行为，使他们能够识别潜在的安全隐患，主动干预危险情况，并实施预防措施。

此外，基于传感器的 HAR 的应用不仅限于工人安全，从可穿戴传感器收集的数据可以通过识别瓶颈、简化工作流程和最小化错误来促进制造流程的优化[29]。通过分析工人的活动，制造商可以深入了解工作站的人体工程学，从而改进工作设计，减少肌肉骨骼疾病。此外，从基于传感器的 HAR 中获得的知识可以通知培训计划，使目标干预和技能发展成为可能，以提高工人的效率和工作满意度。同样，将基于可穿戴传感器的 HAR 集成到制造环境中与智能制造和工业 4.0 日益增强的目标相一致[23,29]。在生产线中，HAR 可以用于量化和评估工人表现[28]，理解工人的操作行为[1]，并支持工人与工业机器人的操作[22]。生产线中工人安全的活动识别变得越来越重要，提供了快速识别工人需要帮助的能力或防止工业事故。

本章研究可穿戴传感器技术和它们集成到制造环境的复杂性，探索各种传感器模式，包括惯性传感器、运动传感器和身体电容传感器，并讨论它们在捕获工人活动全面视图的相关性；还回顾传感器数据融合技术，以有效地整合和解释来自多个可穿戴设备的数据，从而全面了解工人的行动，研究的结果揭示可穿戴传感器技术的变革能力，并为该领域未来的研究开辟了新的途径，与工业 5.0 范式的原则相一致。

为了展示基于传感器的 HAR 的实际应用，本章介绍了一个智能工厂测试平台中提出了一个案例。在该案例中，部署并测试了使用可穿戴传感器的 HAR，以预测工人的运动意图，并为协作环境中的移动机器人规划最佳路线。通过预测工人的行为，可以最小化工人与机器人之间的碰撞风险，确保生产水平和工人安全。

为了进一步提高 HAR 的性能，探索 DL 技术，如对抗性学习[26,27]和对比学习[9,12]，通过利用额外信息和提高模型的泛化能力，已显示出在增强活动识别方面的应用前景。

除了传统的可穿戴传感器模式，身体电容感应作为 HAR 的替代模式被引入。身体电容感应捕获了身体与环境之间的电场特征,为身体运动和环境变化提供了独特的见解[6]。通过将身体电容感应与基于惯性测量单元(IMU)的活动识别相结合,旨在扩展传感能力并提高活动识别系统的准确性。

本章介绍在制造环境中基于传感器的 HAR 的实际应用,从实时监控工人的运动到检测不安全行为并向工人和监督者发出警报,潜在的优势是显著的;还讨论了与可穿戴传感器系统相关的局限性和潜在的伦理问题,强调隐私、数据安全和工人同意的重要性。

本章接下来的内容安排如下:17.2 节为相关研究的全面回顾;17.3 节介绍在制造线中使用 IMU 传感器和身体电容感应模块的可穿戴传感器基础的 HAR,包括数据融合方法和智能工厂测试平台中的一个案例;17.4 节介绍改进 HAR 性能的 DL 技术,如对抗性学习和对比学习;17.5 节总结本章内容。

17.2 研究背景

IoT 已经彻底改变了包括制造业在内的各个行业,通过实现物理设备和数字系统的整合。在智能工厂的背景下,IoT 技术在创建智能和自动化生产环境中发挥着至关重要的作用。随着传感技术的进步,使用各种传感器(如 IMU 传感器[26]、麦克风[5]、摄像头[20]和磁传感器[19])识别人类活动变得越来越可行。这些传感器捕获有关人类运动、互动和环境因素的有价值数据,这些数据可用于提高智能工厂环境中的生产力、安全性和效率。

监督机器学习技术已被广泛用于使用标记训练数据识别活动。然而,收集标记数据可能是耗时和劳动密集型的。为了克服这一挑战,研究人员探索了减少数据收集工作量的方法。其中流行的方法是迁移学习、活动建模和聚类技术,利用现有知识或无监督学习来识别活动,只需较少的标记数据。

智能制造的概念通常与工业 4.0 相关联,近年来受到了显著关注[21]。研究人员专注于使用传感器技术识别和支持工厂工作[2,3]。在制造业领域,使用传感器进行活动识别已被广泛探索。例如,Koskimaki 等[15]使用腕戴式 IMU 传感器和 K-最近邻模型对工业装配线中的活动进行分类。Maekawa 等[17]提出一种使用智能手表中 IMU 传感器的信号对工厂工作提前时间估计的无监督方法。这些研究表明,传感器在识别制造环境中工人活动方面的潜力,特别是在应用机器学习技术的情况下。

基于传感器的 HAR 是可穿戴技术的一个重要方面。IMU 一直是可穿戴设备中的主要传感器,提供了运动感知能力。然而,IMU 的能力仅限于捕获佩戴者的运动模式,并不包括身体-环境和身体-机器交互,在制造环境中的安全和安全中起着至关重要的作用。为了扩展可穿戴设备的运动感知能力,研究人员探索了替代传感源,如身体电容[6],它描述了身体与环境之间的电场,这个领域的变化可以为模式识别提供有价值的信息。例如,电容感应已被用于检测人类手指与不同物体之间的触摸模式,这种替代传感方法受益于低成本和低功耗,并扩展了基于 IMU 的活动识别的传感能力。

ML 模型在可穿戴活动识别中发挥着至关重要的作用,能够从传感器数据中提取有意义的模式和特征[13]。传统的机器学习方法从传感器数据中提取手工制作的特征,如时域和频域特征[16],依赖于专家知识和特定领域的特征工程。近年来,基于 DL 的方法在活动识别中获得了显著的关注[18]。CNN、循环神经网络(RNN)和混合模型已被开发出来,以捕获时间相关性并学习传感器表示,以提高活动识别的准确性。此外,多任务学习和生成对抗学习已被引入,以解决不同的数据分布问题并增强识别性能[4,7]。这些 ML 技术的进步为可穿戴设备中更准确、更健壮的活动识别奠定了基础。

为了弥补基于可穿戴传感器的 HAR 和工业 5.0 原则之间的差距,本章提供了独特的见解并解决了现有的研究空白,提出了一个全面的案例研究,关于在制造线中使用移动机器人的可穿戴传感器基础的 HAR。调查包括探索和比较使用神经网络模型有效处理来自可穿戴设备的多模态传感器数据的传感器数据融合方法。此外,本章还介绍了几种基于 DL 的技术,以提高 HAR 的性能。本章通过介绍利用可穿戴传感器对 HAR 的潜力,为提高生产线工人的安全性提供了宝贵的见解,与工业 5.0 范式的原则相一致。这项研究的结果揭示了可穿戴传感器技术的变革能力,并为该领域未来的研究开辟了新的途径。

17.3 制造线中的可穿戴传感器基础的 HAR

17.3.1 智能工厂测试平台中的案例

由技术倡议 SmartFactory KL 开发的 SmartFactory 测试平台,是德国凯撒斯劳滕工业大学的机床和控制系(WSKL)与德国人工智能研究中心(DFKI)

的创新工厂系统(IFS)研究单元之间的合作努力,这个非营利组织专注于与被称为工厂创新者的行业专家一起推进制造技术。

SmartFactory 测试平台提供了独特的制造商无关的展示,使研究人员能够在现实的工业生产环境中开发、测试和部署创新的 ICT 技术。作为一个重要的测试环境,特别是对于欧洲 GAIA-X 子项目 SmartMA-X,其中灵活的生产系统可以以高度定制的配置进行安排和集成,增强工业环境的动态性。

本章将 SmartFactory 测试平台作为一个真实世界的部署环境,以评估和验证特定案例中的"人体动作识别和预测"模块。该案例专注于工人的活动流程,包括他们在试点区域的存在及与不同的模块和机器人在 20 种不同活动中的协作。在生产线中准确预测人类行为至关重要,特别是当工人与移动机器人互动或机器人在布局中生成路径以避免潜在碰撞时。通过利用有关工人位置及其下一个预期动作的信息操纵机器人的移动路径,以最小化碰撞风险,确保了特别是当人类存在时工业环境的安全性和可靠性。

17.3.2　数据采集

本章介绍了一个实验,涉及 12 名来自不同的文化背景和性别志愿者,他们在执行模拟日常工作场景的各种任务时,佩戴了我们设计的一个可穿戴传感原型,以及目前最畅销的智能手表 Apple Watch[10]。这些任务包括开门、关门、检查模块内部的零件及与触摸屏互动。为确保稳健的结果,实验包括五个会话,每个会话持续 2~3 min,一些会话是在流程图的不同方向进行和记录的。在参与之前,所有志愿者都签署了符合大学人类受试者保护委员会政策的协议。实验被录像,以便进行进一步的保密分析,包括地面真实活动注释。观察员和参与者都遵循了符合公共卫生指南的道德和卫生协议。

图 17.1 所示为佩戴在参与者身上的可穿戴传感器。原型传感器放置在两个手腕上,而 Apple Watch 佩戴在两个手腕上,一个 iPhone mini 佩戴在左臂上。

表 17.1 比较了原型传感器和 Apple Watch 数据集中活动的数据分布。原型传感器数据集涉及总共 142 min 24 s 的数据收集,而 Apple Watch 数据集的总持续时间为 170 min 3 s。为了防止工人和移动机器人之间的碰撞,决定在收集完原型传感器的数据后,从 Apple Watch 收集额外的行走类别传感器数据。因此,与原型传感器数据集相比,Apple Watch 数据集在行走类别数据中占有

更高比例。

 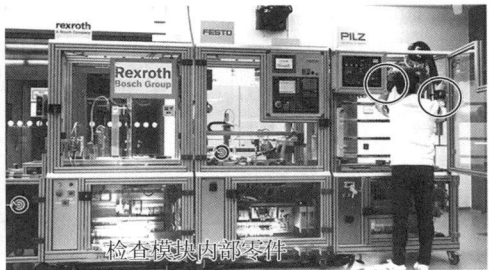

（a）在双手腕上设计的可穿戴传感原型

（b）双手腕上的 Apple Watch 和左臂上的 iPhone mini

图 17.1　参与者身上佩戴的可穿戴传感器

表 17.1　原型传感器和 Apple Watch 数据集中的活动数据分布比较

参数		原型传感器	Apple Watch
受试者数量		12	12
会话数量		5	5
每个设备的通道数		10	9
设备数量		2	3
采样频率		25 Hz	100 Hz
活动		时间（百分比）	时间（百分比）
	无	14 min9 s(9.9%)	29 min43 s(17.5%)
	按按钮	2 min24 s(1.7%)	1 min54 s(1.1%)

续 表

参数		原型传感器	Apple Watch
活动	滑动门锁	1 min58 s(1.4%)	1 min21 s(0.8%)
	开门	—	8 min53 s(6.2%)
	关门	12 min3 s(8.5%)	14 min52 s(8.7%)
	检查机器	47 min6 s(33.1%)	48 min53 s(28.7%)
	走路	—	19 min13 s(13.5%)
	取钥匙	4 min20 s(3.0%)	2 min21 s(1.4%)
	旋转钥匙	10 min14 s(7.2%)	6 min47 s(4.0%)
	放回钥匙	6 min26 s(4.5%)	6 min16 s(3.7%)
	检查门锁	2 min54 s(2.0%)	0 min29 s(0.3%)
	触摸屏幕	12 min44 s(8.9%)	14 min11 s(8.3%)
	总计	142 min24 s	170 min3 s

表 17.2 比较了 Apple Watch 和结合 IMU 和身体电容传感器的原型传感模块在智能工厂测试平台中 HAR 方面的测试准确性和宏观 F1 得分,数字以平均值±std 的百分比表示。

为了评估原型传感器硬件和神经网络模型对 HAR 的性能,根据 SmartFactory 测试平台中案例的工作流程对用户活动进行了注释。工作流程将传感器数据分类为 12 种活动,包括 Null、开关门、检查机器、行走、按压按钮和放回钥匙。

在我们的应用中,每个实例都是传感器数据的一个滑动窗口。对于 Apple Watch 数据,使用了长度为 100(1 s)的窗口和 4(0.04 s)的步长;对于原型传感器数据,采用了长度为 25(1 s)和步长为 1(0.04 s)的窗口。在这两种情况下,都使用 1 s 的数据,步长为 0.04 s,以使两种传感器场景中窗口数量最大化,且保持合适的步长。

17.3.3 HAR 结果

为了处理收集到的传感器数据,使用了基于 CNN[25] 的神经网络。在神经网络模型的训练和验证中,采用了留一法。在每次折叠中,一个部分被分配用于测试,另一个用于验证,剩下的三个用于训练。

表 17.2 展示了 Apple Watch 和结合了 IMU 和身体电容传感器的原型传感模块在智能工厂测试平台中 HAR 方面的比较结果。所使用的评估指标包括准确性、宏 F1 得分[26]和行走类别的准确性,这对防止工人和移动机器人之间的潜在碰撞至关重要。结果表明,原型传感模块在准确性、宏观 F1 得分和行走类别准确性方面优于 Apple Watch。

表 17.2 比较结果

方法	准确度	宏平均 F1 分数	步行准确度
Apple Watch	67.94%±2.55	43.02%±2.49	69.96%±4.39
原型传感模块	69.76%±3.09	52.40%±2.32	75.88%±2.55

17.4 用于改进 HAR 的 DL 技术

本节基于上一节中提出的发现,探讨先进的 DL 技术,以提高生产线中 HAR 的性能,并提高工人安全;详细讨论了两种特定技术,即对抗性学习和对比学习,提供了创新的方法来提高识别系统的准确性和鲁棒性,解决了与复杂和动态工业环境相关的挑战[9,27]。

17.4.1 对抗性学习

尽管通过可穿戴传感器数字化工人活动,并通过简单的 CNN 模型进行识别取得了成功,但实现对未见过的工人的泛化仍然是一个重大挑战。许多研究表明,尽管用户识别是可行的,但个人以不同的方式执行相同的活动,这对活动识别构成了挑战[26],如图 17.2 所示。当通过排除主题而不是排除数据来评估性能时,这种差异变得明显。为了解决这个问题,本节中提出了一种基于对抗性学习的用户不变的 HAR 方法,如图 17.3 所示。受生成对抗网络(GAN)[11]的启发,对抗性学习被引入以增强模型区分不同工人活动的能力并改善泛化,这种方法在文献[26]和文献[27]中描述,使用了四个独立的网络:一个特征提取器、一个重构器、一个活动分类器和一个主题鉴别器。特征提取器将传感器数据映射到一个共同的嵌入特征空间,而重构器从嵌入特征重构原始信号,活动分类器基于嵌入特征预测活动标签,主题鉴别器基于嵌入特征区分主题。特征提取器和主题鉴别器通过对抗性学习进行训练,主题鉴别器旨在区分主题,而特征提取器旨在欺骗主题鉴别器。该方法还结合了重构损失，以最小化原始信号和重构信号之间的差异以及一个分类损失，以使用活动标签训练特征提取器和活动分类器。此外，本节所提出的方法还采用最大均值差异（MMD）正则化，以使源和目标主题之间的分布一致，从而增强嵌入特征表示的泛化。用户不变的 HAR 方法与使用 CNN 模型的基线相比，准确性提高了 7%，宏 F1 得分提高了 28%[26]。通过使用这种对抗性学习技术，期望提高生产线中 HAR 的性能，以提高工人的安全。有关方法和实验的更多详细信息可以参考文献[26]和文献[27]。

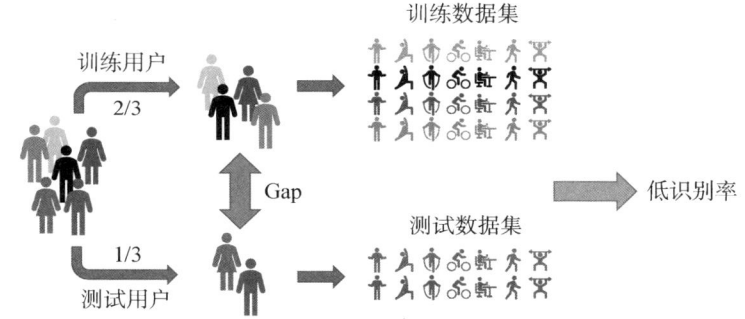

图 17.2　活动识别的挑战：考虑个体的不同行为模式

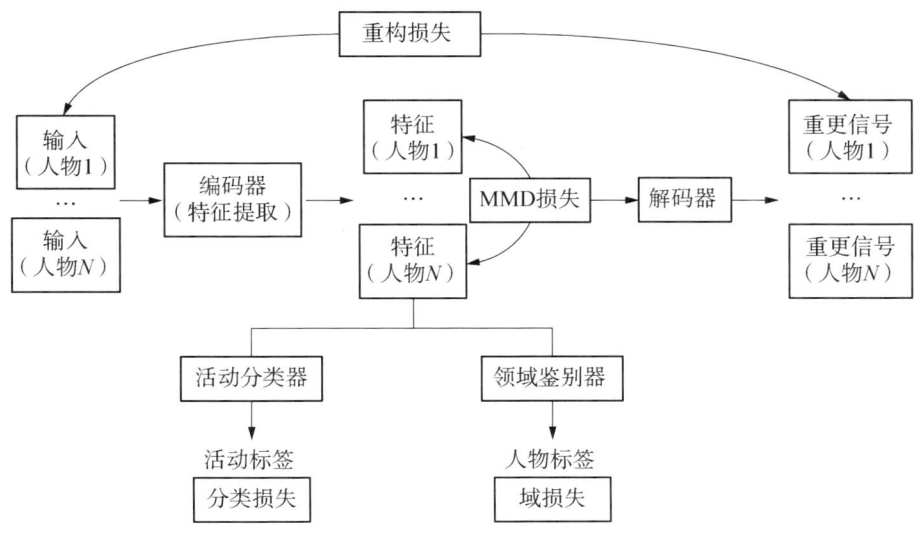

图 17.3　使用对抗性学习用户不变的 HAR 方法总体框架

17.4.2 对比学习

我们解决了可穿戴 HAR 中的一个常见问题,即通常用于日常佩戴的传感器位置为准确活动识别提供的信息不足。例如,在制造工作场景中,发现放置在手腕和手臂上的传感器对于识别如行走这样的活动不是最佳的,如果将 IMU 传感器放置在腿部,将会更好地检测到。这是 HAR 中众所周知的局限性,即部署用于长期日常使用的传感器通常会导致用于预期应用的贫乏或嘈杂数据。为了解决这个问题,本节提出了一种在文献[9]的工作中概述的方法,旨在改善训练期间部署的传感器的表示,利用在训练阶段仅可用的额外传感器来构建目标(部署)传感器的更好表示,允许捕获有关正在识别的活动的更多相关信息,即使目标传感器本身可能没有提供足够的信息,也可以通过对源传感器进行对比学习来指导其表示。

在提出的方法中,从源传感器和目标传感器收集了时间配对的数据。源传感器是指在训练期间可用但在部署期间不可用的传感器,而目标传感器是将用于现实世界场景中活动识别的传感器。通过对比学习获得源传感器和目标传感器之间表示的映射。这个过程使我们能够捕获源传感器和目标传感器观察到的活动之间的关系和相似性,增强了目标传感器的表示。

图 17.4 所示为每个传感器的数据分别通过 DNN 编码器处理以获得它们各自的表示。表示之间的转换由翻译网络促进,这些网络学习将源传感器表示

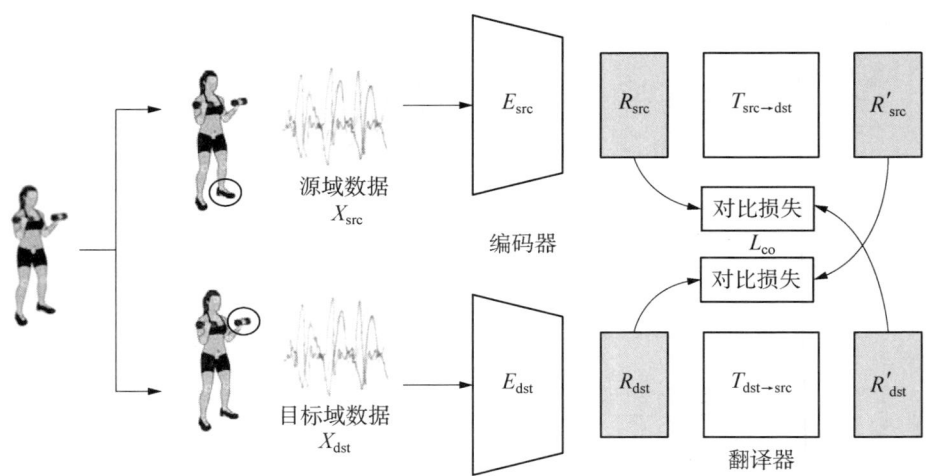

图 17.4 步骤 1:通过对比学习使用配对传感器数据训练表征

转换为目标传感器表示,对比学习步骤可以使用未标记的数据进行,网络根据传感器之间的时间对应关系学习对齐表示。

一旦学习了表示,使用两个传感器的标记数据进行下一步,使用来自目标传感器的数据训练活动分类器,或者通过翻译网络将其翻译为目标表示来使用源传感器的数据,这种联合训练过程允许分类器学习基于两个传感器的增强表示来识别活动。图 17.5 所示为整体训练过程。对于评估,仅使用目标传感器数据,因为它代表了现实世界的部署场景。通过将学习到的表示和训练有素的分类器应用于目标传感器数据,可以在实际设置中更准确地识别和分类活动,评估过程如图 17.6 所示。

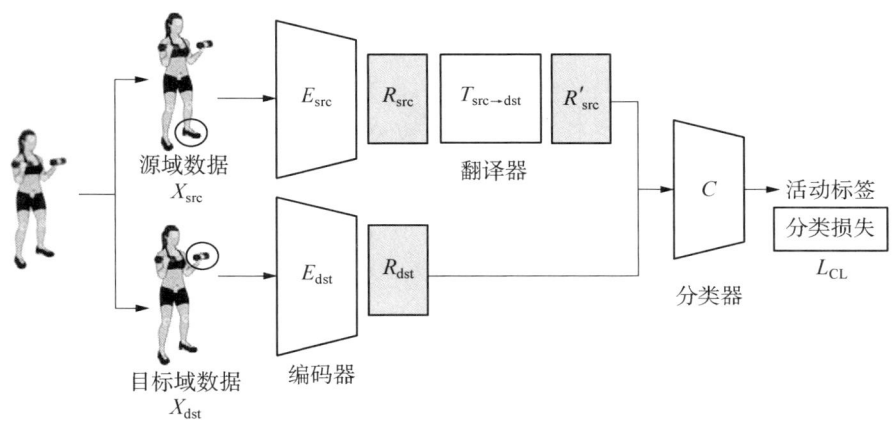

图 17.5　步骤 2:通过最小化分类损失来训练表示和分类器

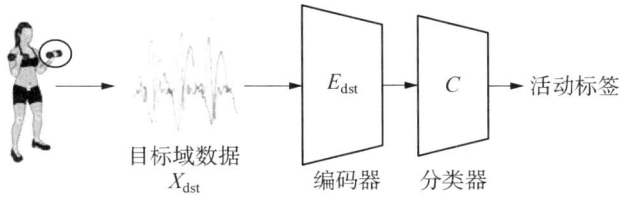

图 17.6　步骤 3:仅使用目标传感器的数据进行测试以评估该方法

在两个用于 HAR 的基准数据集 PAMAP2 和 Opportunity 上评估了方法,结果表明,活动识别性能有了显著提高。与传统仅依赖目标传感器的方法相比,在所有活动中的平均宏 F1 得分提高了 5～13 个百分点。值得注意的是,在源传感器与目标传感器相比提供高度信息性数据的特定场景中(如使用脚踝传感器作为源,手腕传感器作为目标来识别行走),观察到了更大的改进,某些活动类别的提高达到了 20~40 个百分点。

这种使用对比学习的方法对现实世界中的应用具有重要意义,超出了 IMU 传感器的范围。通过使用对比学习和传感器之间的知识转移,我们的方法使得开发更具鲁棒性、更准确的 HAR 系统成为可能,包括制造线中的人机协作在内的各个领域都有潜在的应用,其中 HAR 在提高生产力、质量保证和工人安全方面发挥着关键作用。

17.5 本章结论

本章探讨了基于可穿戴传感器的 HAR 在促进制造环境中工人安全和优化生产力方面的作用;讨论了工人安全的重要性,以及使用可穿戴传感器监测和识别生产线上工人活动的巨大潜力;提出了一个关于在制造线中使用移动机器人的可穿戴传感器基础的 HAR 的案例研究,使用传感器数据融合方法和神经网络模型。通过融合来自不同传感器模式(如惯性传感器和身体电容传感器)的数据,能够全面捕获工人的活动并提高活动识别的准确性。此外,本章还介绍了几种基于 DL 的技术来增强 HAR 的性能,包括对抗性学习和对比学习,这些方法已显示出在提高活动识别准确性和泛化能力方面的前景。

智能工厂测试平台中的案例展示了在现实世界制造环境中基于传感器的 HAR 的实际应用。通过准确识别工人的活动并预测他们的运动意图,可以最小化工人与机器人之间的碰撞风险,确保工人安全和提高生产水平。整个章节还讨论了超出工人安全范围的基于传感器的 HAR 的潜在好处,包括流程优化、人体工程学改进和工人培训,并强调了与可穿戴传感器系统相关的挑战和局限性,如隐私问题和数据安全。

尽管研究表明,在制造环境中基于可穿戴传感器的 HAR 具有潜力,但仍存在需要克服的挑战,包括确保传感器数据的鲁棒性和可靠性、解决与实时处理和推理相关的问题,以及管理收集和存储个人数据时的隐私问题。

获得的研究结果可以应用于制造公司的实际工作中,通过提供工人活动的实时情况来实现,通过准确识别工人的活动并预测他们的运动意图,制造商可以识别安全风险,优化流程,并提高整体运营效率。实施基于可穿戴传感器的

HAR 系统可以提高工人安全,减少工作场所事故,提高生产力,并更有效地分配资源。

总之,基于可穿戴传感器的 HAR 在提高制造环境中工人安全和生产力方面具有巨大潜力。通过利用从可穿戴传感器收集的大量数据并利用先进的机器学习技术,制造商可以实时掌握工人的活动,识别安全风险,优化流程,并提高整体运营效率。未来在这一领域的研究应该专注于解决可穿戴传感器系统的挑战和局限性,并探索新的传感模式和机器学习方法,以进一步提高制造环境中 HAR 的性能。

参考文献

[1] Aehnelt M, Gutzeit E, Urban B. Using activity recognition for the tracking of assembly processes: Challenges and reQuirements [J]. 2014.
[2] Al-Amin M, Tao W, Doell D, et al. Action recognition in manufacturing assembly using multimodal sensor fusion [J]. Procedia Manufacturing, 2019, 39:158 – 167.
[3] Al-Amin M, Qin R, Tao W, et al. Fusing and refining convolutional neural network models for assembly action recognition in smart manufacturing [J]. Proceedings of the Institution of Mechanical Engineers, Part C: Journal of Mechanical Engineering Science, 2022, 236(4):2046 – 2059.
[4] Bai L, Yao L, Wang X, et al. Adversarial multi-view networks for activity recognition [J]. Proceedings of the ACM on Interactive, Mobile, Wearable and UbiQuitous Technologies, 2020, 4 (2):1 – 22.
[5] Bello H, Zhou B, Lukowicz P. Facial muscle activity recognition with reconfigurable differential stethoscope-microphones [J]. Sensors, 2020, 20(17):4904.
[6] Bian S, Lukowicz P. A systematic study of the influence of various user specific and environmental factors on wearable human body capacitance sensing [C]//EAI International Conference on Body Area Networks. Cham: Springer International Publishing, 2021:247 – 274.
[7] Chen L, Zhang Y, Peng L. Metier: a deep multi-task learning based activity and user recognition model using wearable sensors [J]. Proceedings of the ACM on Interactive, Mobile, Wearable and UbiQuitous Technologies, 2020, 4(1):1 – 18.
[8] El Zaatari S, Marei M, Li W, et al. Cobot programming for collaborative industrial tasks: An overview [J]. Robotics and Autonomous Systems, 2019, 116:162 – 180.
[9] Fortes Rey V, Suh S, Lukowicz P. Learning from the best: contrastive representations learning across sensor locations for wearable activity recognition [C]//Proceedings of the 2022 ACM International Symposium on Wearable Computers. 2022:28 – 32.
[10] Grow G S S. 9% YoY in 2022; Price Polarization Seen in Demand. (2023) [J].
[11] Goodfellow I, Pouget-Abadie J, Mirza M, et al. Generative adversarial nets [J]. Advances in neural information processing systems, 2014, 27.
[12] Haresamudram H, Essa I, Plötz T. Contrastive predictive coding for human activity recognition [J]. Proceedings of the ACM on Interactive, Mobile, Wearable and UbiQuitous Technologies, 2021, 5(2):1 – 26.
[13] J Janidarmian M, Roshan Fekr A, Radecka K, et al. A comprehensive analysis on wearable

acceleration sensors in human activity recognition [J]. Sensors, 2017, 17(3):529.

[14] Kaasinen E, Schmalfuß F, Özturk C, et al. Empowering and engaging industrial workers with Operator 4.0 solutions [J]. Computers & Industrial Engineering, 2020, 139:105678.

[15] Koskimaki H, Huikari V, Siirtola P, et al. Activity recognition using a wrist-worn inertial measurement unit: A case study for industrial assembly lines [C]//2009 17th mediterranean conference on control and automation. IEEE, 2009:401-405.

[16] Kwon H, Abowd G D, Plötz T. Adding structural characteristics to distribution-based accelerometer representations for activity recognition using wearables [C]//Proceedings of the 2018 ACM international symposium on wearable computers. 2018:72-75.

[17] Maekawa T, Nakai D, Ohara K, et al. Toward practical factory activity recognition: unsupervised understanding of repetitive assembly work in a factory [C]//Proceedings of the 2016 ACM International Joint Conference on Pervasive and UbiQuitous Computing. 2016:1088-1099.

[18] Nakano K, Chakraborty B. Effect of dynamic feature for human activity recognition using smartphone sensors [C]//2017 IEEE 8th International Conference on Awareness Science and Technology (iCAST). IEEE, 2017:539-543.

[19] Pirkl G, Hevesi P, Cheng J, et al. mBeacon: accurate, robust proximity detection with smart phones and smart watches using low freQuency modulated magnetic fields [C]//Proceedings of the 10th EAI International Conference on Body Area Networks. 2015:186-191.

[20] Pirsiavash H, Ramanan D. Detecting activities of daily living in first-person camera views [C]// 2012 IEEE conference on computer vision and pattern recognition. IEEE, 2012:2847-2854.

[21] Radziwon A, Bilberg A, Bogers M, et al. The smart factory: exploring adaptive and flexible manufacturing solutions [J]. Procedia engineering, 2014, 69:1184-1190.

[22] Roitberg A, Somani N, Perzylo A, et al. Multimodal human activity recognition for industrial manufacturing processes in robotic workcells [C]//Proceedings of the 2015 ACM on International Conference on Multimodal Interaction. 2015:259-266.

[23] Rožanec J M, Novalija I, Zajec P, et al. Human-centric artificial intelligence architecture for industry 5.0 applications [J]. International journal of production research, 2023, 61(20):6847-6872.

[24] Sanchez M, Exposito E, Aguilar J. Industry 4.0: survey from a system integration perspective [J]. International Journal of Computer Integrated Manufacturing, 2020, 33(10-11):1017-1041.

[25] Sornam M, Muthusubash K, Vanitha V. A survey on image classification and activity recognition using deep convolutional neural network architecture [C]//2017 ninth international conference on advanced computing (ICoAC). IEEE, 2017:121-126.

[26] Suh S, Rey V F, Lukowicz P. Adversarial deep feature extraction network for user independent human activity recognition [C]//2022 IEEE International Conference on Pervasive Computing and Communications (PerCom). IEEE, 2022:217-226.

[27] Suh S, Rey V F, Lukowicz P. Tasked: transformer-based adversarial learning for human activity recognition using wearable sensors via self-knowledge distillation [J]. Knowledge-Based Systems, 2023, 260:110143.

[28] Tao W, Lai Z H, Leu M C, et al. Worker activity recognition in smart manufacturing using imu and semg signals with convolutional neural networks [J]. Procedia Manufacturing, 2018, 26:1159-1166.

[29] Wang S, Wan J, Li D, et al. Implementing smart factory of industrie 4.0: an outlook [J]. International journal of distributed sensor networks, 2016, 12(1):3159805.

[30] Xu X, Lu Y, Vogel-Heuser B, et al. Industry 4.0 and Industry 5.0 — Inception, conception and perception [J]. Journal of manufacturing systems, 2021, 61:530-535.

第 18 章 人机交互和工人辅助系统的目标检测

Hooman Tavakoli, Sungho Suh, Snehal Walunj, Parsha Pahlevannejad, Christiane Plociennik, Martin Ruskowski

18.1 引言

将目标检测技术引入工业环境中，通过解决关键问题和优化操作，提供了显著的变化和改进。通过实时准确检测和识别对象，目标检测系统在确保安全、简化工作流程和为人提供有效协助方面发挥着重要作用。在当今复杂的工业环境中，准确的目标检测至关重要，因为它作为各种安全机制的基础，如识别障碍物和危险材料，从而减少事故和停机时间。

在工业环境中，效率、生产力和工人安全至关重要，这使得准确的目标检测成为工人辅助系统的基本组成部分。利用先进的算法、传感器融合技术和 ML 方法，工业可以实现改进的自动化、增强的人机交互和优化的流程。目标检测技术使工业模块和代理能够感知和分析他们周围环境，从而优化操作并保障工人福祉。

通过将目标检测技术与人类辅助和协作机制整合，可以促进工业环境中更安全、更高效的交互。协作机器人，或称 Cobots，越来越多地被部署以增强操作人员的能力并提高整体生产力。利用目标检测技术，协作机器人能够准确感知并对人的存在做出响应，确保在共享工作空间内的安全和无缝合作。这在人机交互中优先考虑了安全和生产力，推动了工业领域的创新和效率。

辅助系统在手工劳动普遍的领域发挥着重要作用。在装配、培训或维护流程等工业过程中，这些系统支持减少人的工作量。辅助系统有多种类型，从配备摄像头和显示器的手动工作站到通过头戴设备或智能设备的沉浸式辅助系统。计算机视觉技术如目标检测有助于从视觉数据中理解工人的环境，这种理解可以用来丰富现有软件系统与对象信息，以实现多个目标。从医疗保健到汽车工业，目标检测模型如 Yolo[22] 和 Faster RCNN[7] 因其实时检测性能而受到欢迎。例如，在文献[15]中，高级驾驶辅助系统（ADAS）配备了实时目标检测，以提供安全和更好的驾驶体验。在 ADAS 系统遇到移动对象等案例中，实时目标检测变得更加重要。目标检测还应用于解决工业问题，如质量检查。

基于 AR 的辅助系统使用现有现实或真实环境的上下文，并利用有用信息增强。为了捕捉现实世界的上下文，摄像头传感器在 AR 系统中发挥着不可或缺的作用。它们提供现实世界的数据，而显示器作为帮助用户将系统与增强信息一起可视化的对应物。输入的视觉数据通过 DL 方法如目标检测和姿态估计来理解，其输出可以用于以辅助系统的形式解决大量问题。

目标检测输出可以用来创建有效的辅助系统，提供实时建议和指导，通过将目标检测与头戴设备集成，工人可以获得与任务相关的有价值信息和指令。例如，目标检测系统可以检测和识别装配场所中的对象，或者工人周围潜在的危险。然后，系统可以分析这些数据并提供建议，如装配流水线的下一步。还可以警告工人危险对象的存在，这些建议显示在工人的头戴设备上，提供即时和个性化的协助。通过在人类辅助系统中利用目标检测，工人可以从增加的安全、提高的效率和增强的情境意识中受益，最终导致更有生产力和安全的工作环境。

基于监督学习的目标检测方法高度依赖于数据，需要大量图像数据进行训练。合成生成和标记的数据集在这方面提供了优势，简化并节省了生成大型数据集的过程，消除了手动标记并减少了人为错误。它的灵活性允许根据特定要求轻松操纵，使研究人员能够控制诸如照明、摄像头角度和对象放置等因素，提高了模型从多样化场景中学习的能力和泛化能力。

此外，合成数据非常适合各种计算机视觉任务，包括检测在现实世界数据集中可能难以捕获的微小或稀有对象，模拟任何规模或大小对象的能力使其在训练模型中非常有价值。合成数据可以大量生成，为 DL 模型提供了大量训练样本，这些模型需要大量的标记数据。此外，通过增强增加数据集的多样性和可变性，这些优势有助于在计算机视觉中开发更准确和健壮的 DL 模型。

在接下来的内容中将深入探讨以下方面：

（1）背景：将探索目标检测在工业环境中的利用及其多样化的应用范围。

（2）场景：讨论在工业环境设置中使用目标检测的两个关键场景，这些场景分别用于人机交互和工人辅助系统。此外，还将讨论工人辅助系统场景的相关方法,并展示结果。

(3) 正在进行的和未来的工作:总结当前研究,涉及通过结合真实和合成数据探索持续学习技术及数据集优化。

(4) 结论:本章将通过总结关键发现和对主题的贡献来结束。

18.2 研究背景

工业环境正在经历向更智能和自主性的深刻转变,这得益于 ML 方法的出现。随着大量数据和强大硬件资源的出现,DL 技术和 AI 方法变得越来越有价值。在这种情况下,在工业环境中利用基于 AI 的方法为减少人为错误和提高安全性提供了显著潜力[4],特别是在涉及人机协作或共享工作空间的密切接触的场景中。探索人机在复杂和不可预测环境中的交互已成为一个重要的研究领域,AI 方法可以有效地利用[13]。在这种背景下,深度模型作为强大的工具,擅长解决工业领域遇到的复杂挑战,直接从原始数据中学习层次表示的能力,使它们成为解决从目标检测、异常检测、预测性维护、质量控制到优化等一系列应用的理想解决方案。

深度模型已成为解决工业环境中遇到的多样化挑战的高效工具,包括基于视觉的方法[25]、NLP 技术[1],以及用于 HRI 的人类可穿戴传感器方法[16]等。值得注意的是,传统和基于 DL 的 ML 模型最近已被用于视频流分析,目的是目标检测[6]。深度模型以其端到端的特性而闻名,旨在解决从数据中提取特征的繁琐和耗时的挑战[11]。

基于视觉的 AI 方法由于能够实时解释和分析视觉数据,在解决工业问题方面变得越来越有价值。这些方法利用 DL 算法和计算机视觉技术处理在工业环境中安装的摄像头或传感器捕获的图像或视频流。通过采用基于视觉的 AI,可以有效地解决各种工业挑战。因此,基于视觉的方法在多种场景中被广泛认可其显著价值。典型的基于视觉的方法是目标检测,涉及在目标帧或图像中对多个对象进行分类和定位,已被证明在各种场景中非常适用,有助于提高安全性、促进人机交互[25]、协助工人识别错误及优化任务完成时间等任务。

鉴于基于视觉的 AI 方法在工业环境中遇到的广泛挑战和众多常见案例,需要深入研究基于 AI 的方法的各个方面,特别是在工业环境中,包括检查 DL 模型的架构、进行全面的数据分析和评估及解决其他重要因素,以确保最佳性能和有效性。以下将深入探讨其中的一些挑战和解决方案。

18.2.1 数据集

在工业场景的情况下,实际数据收集存在困难。特别是在视觉问题中,收集具有多样化条件和视点的图像,并对它们进行标记,是一项劳动密集型且耗时的任务。在某些情况下,用作输入源的帧可能来自环境中的多个摄像头,可能包括安装在天花板上的摄像头、机器人摄像头,以及像 HoloLens 这样的混合现实设备上工人视角的头戴摄像头[24]。在某些情况下,数据收集摄像头与需要部署目标检测模型的边缘设备不同。在这种情况下,合成数据生成变得不可避免。此外,CAD 数据在制造产品的整个产品生命周期中扮演着重要角色,对于产品和机器来说,它是现成可用的,可以被利用来生成合成数据集。然而,直接使用 CAD 数据不能作为可靠的解决方案。CAD 数据仅在几何形状上类似于真实对象,然而,它们缺乏材料和纹理。因此,真实和 CAD 数据的外观存在大量区别。如果使用基于 CAD 的合成图像进行训练,而要在真实世界对象上进行测试,就存在领域差异问题,即真实和合成数据领域。为了解决这个问题,文献[19]中展示了领域随机化技术。领域随机化可以通过随机化仿真场景的各种方面来实现,如背景、照明、对象的方向等[3]。

18.2.2 架构

许多著名的目标检测架构,包括 R-CNN 流程[7]、Fast-RCNN[8]和 Faster-RCNN[9]、SSD[12]、You Only Look Once(YOLO)方法[22]及其后续版本,如 YOLOv7[28],为在不同场景中检测对象提供了明确定义的流程。这些架构提供了强大的方法论,用于在视觉数据中准确识别和定位对象。最先进的技术,如 YOLO 目标检测,特别擅长实现实时或近实时目标检测。这一能力在工业环境中至关重要,因为在工业环境中及时检测对象对于有效案例至关重要。通过利用这些先进的目标检测方法,工业可以提高其操作效率、安全性和决策过程。

18.2.3 在工业领域的应用

目标检测在各种广泛的案例中都非常实用和有益。例如,在文献[21]中,目标检测流程被用于自动化工业环境中的物流流程。Saeed 等[23]解决了在工业产品图像中检测缺陷的问题,特别侧重小目标检测。Usamentiaga 等[27]进行了案例研究,评估了最先进的基于深度的目标检测模型及在金属自动化表面检查场景中的语义分割。在机器人领域,文献[2]研究了将基于 CNN 的目标检测模型集成到机器人中,以利用机器人进行排序任务。

18.2.4 挑战

显然,工业领域中的目标检测可以促进许多任务,特别是需要机器人和人类在共享工作场所协作和工作的任务,并促进通过促进人和机器人之间的互动来提高安全性。然而,工业环境中的目标检测确实面临一些挑战。在复杂且不可预测的工业环境中进行目标检测,由于形状、大小和颜色的相似性,容易找到与目标物体相似的干扰物体,以及不同物体的随机定位和方向使得这种检测更加困难[2]。此外,因为检测小物体的特征在特征提取过程中可能会显著减少,面临着重大挑战。

ISO/IEC 22989:2022《信息技术—人工智能—人工智能概念和术语》[10]提供了与 AI 相关的术语和概念的概述。

18.3 场景

本节将探索 STAR 和 InCoRAP 项目中工厂环境中目标检测的场景,特别强调人机协作和互动中的安全性,以及人类辅助系统;研究目标检测在工业环境中用于安全性的案例,调查目标检测在人类辅助系统中的应用。此外,本节将解释最近关于基于上下文的目标检测方法的工作,特别是工业环境中装配案例中的小物体,并将深入细节,说明基于上下文的方法如何有效地检测和识别装配场景中的小物体。

18.3.1 STAR 项目中人机交互的目标检测

人体检测在提高工业环境中的安全性中可以发挥关键作用,尽管人体检测可以被视为目标检测的一个子任务,但由于关节姿势和服装等可能的广泛外观,面临着更多的复杂性[20]。因此,从安全角度研究人体检测至关重要,特别是在复杂、不可预测和危险的工业环境中。以下是人体检测的一些用途:

(1)增强工人安全:实施能够准确识别和跟踪人类存在的目标检测系统,

可以有效保障工人安全。这些系统使得实施预防性安全措施以防止事故或潜在的危险情况成为可能。如果工人进入限制区域或接近危险机器,目标检测系统可以及时检测到存在,并触发警告,并在 HoloLens 头戴设备上提出,或者自动关闭设备以减轻潜在事故。

(2) 碰撞避免:目标检测可以用来检测移动机械或车辆附近的人类存在,可以用来提醒操作人员或自主系统减速、改变方向或停止,以避免碰撞并确保工人安全。试点研究旨在探索在工业环境中发生的事故危险场景中使用天花板摄像头或机器人摄像头的实际应用,关注点特别集中在检查移动机器人和人类工人之间的协作。移动机器人的主要作用是协助将物体从仓库运输到工作站,以及促进在各个生产线之间的物体转移,这通常发生在不可预测的时间尺度上。为了确保工人的安全并防止任何潜在事故,采用目标检测技术中的定位和分类,用于机器人和人类代理。这些技术使我们能够有效地定位工作空间中机器人和人类的位置,通过实时监控和分析机器人和人类的位置,可以及时识别和减轻潜在的碰撞或不安全情况,从而实现安全且无事故的工作环境。

总体而言,工业环境中的人体检测通过实现预防性措施和碰撞避免,提升了安全性,有助于创造一个更安全的工作环境,降低事故风险,并增强工人的福祉。

18.3.2 InCoRAP 中手动装配辅助系统的目标检测

在 InCoRAP 案例中,基于 AR 的辅助系统观察工人的自我中心视角。目标是观察装配过程中的工人活动,以便通过移动机器人协作来支持他们。目标检测模型是辅助系统的一部分,用于观察基于检测到的对象的装配状态。对于 AR 应用,使用了头戴设备 HoloLens2。检测到的对象是对应于装配步骤的观察结果,这些观察结果后来用于支持工人。

专注于评估 AR 系统的研究已经证明,基于 AR 的辅助系统比传统的说明书更有优势[5],基于 AR 的辅助系统比基于文档的指导对工人或用户的工作量较小。

小目标检测领域引起了相当大的研究兴趣,并变得越来越受欢迎。在基于视觉的目标检测方法中,物体的纹理和排列在使目标检测流程能够提取相关特征方面起着关键作用。值得注意的是,由于大小在特征提取过程中可能会显著降低,较小物体的识别存在挑战。例如,一个尺寸为 32×32 像素的物体,在通过 VGG16 模型的五个池化层后,将被表示为一个像素[17]。小物体概念在文献[26]中被定义为图像分析的背景下尺寸为 32×32 像素的物体。

特别关注装配场景中的小目标检测,工人在其中将各种电子组件(如按钮、电阻器、LED、蜂鸣器)组装到面包板上以创建最终产品[25]。在这种场景中,机器人通过从仓库运送零件来协助工人,辅助系统检测当前的装配步骤并建议接下来可能安装在面包板上的部件。使用工人在装配过程中佩戴的 HoloLens2 捕获的帧,这种方法的流程如图 18.1 所示。在测试阶段,帧被传输到服务器,目标检测模型执行推理,检测到的对象提供类识别和边界框坐标等信息。然后,这些信息通过 Unity 通信从服务器传输到 HoloLens2 设备。随后,HoloLens2 设备生成全息表示,将类识别和边界框信息作为增强数据显示。环境中的工人在注视相应对象时可以观察到这些全息图。

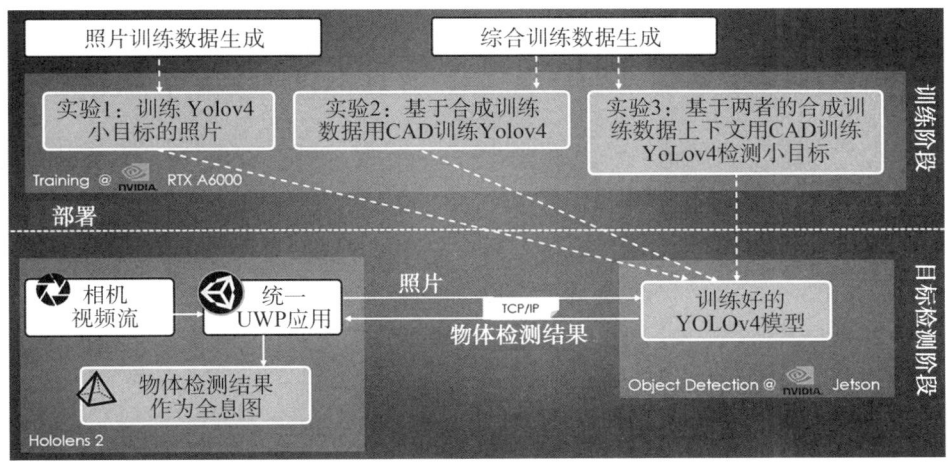

图 18.1　训练阶段 3 个实验的流程,对传输到边缘服务器以检测目标对象的 HoloLens2 帧进行测试[25]

18.3.3　方法论:基于上下文的两步目标检测

对于图像分类或目标检测等计算机视觉问题,首要任务是收集合适的图像数据然后对其进行标记。然而,这个过程可以使用游戏引擎如 Unity[3] 自动化。在 Unity 渲染器空间中,有一个游戏摄像头,具有物理摄像头的属性。在这种游戏开发环境中,可以获得两种类型的视图,一种是开发者视图,另一种是游戏视图,这些特性允许为合成图像数据生成创建模拟场景。正如文献[3]中介绍的，Unity Perception 允许自定义和用户定义的功能开发，目标是在 Unity 中生成合成数据。我们开发了一个类似于 Unity Perception Package 的场景，允许多目标检测数据集生成，所需的对象的 3D 模型是转换为与 Unity 兼容格式并导入场景的 CAD 模型。

图 18.2 所示的合成数据集生成流程显示了导入 Unity 场景中的物体的 CAD 模型。导入场景后，使用渲染器功能将 CAD 模型处理成照片般逼真的外观。场景的开发方式是模拟系统化图像捕获过程，以提供所需的数据集。编写了一个脚本，使游戏摄像头能够在模拟过程中从不同视点和距离捕获对象图像。从一组背景图像中，对象的背景在模拟中被随机化。通过渲染多个场景视图，生成了一组多样化的合成图像，模仿真实世界条件。此外，还应用了数据增强技术，如对象旋转、场景照明和对象遮挡。Unity 场景内的标记工具自动为生成的图像标注边界框，为训练和验证提供真值信息。

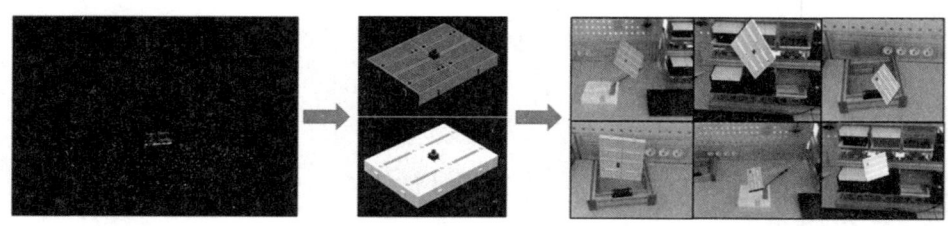

图 18.2　综合数据集生成流程[25]

表 18.1 展示了在安装小物体到面包板的装配过程中使用合成数据的好处，使用合成数据在两步检测方法中也取得了进步。表 18.1 说明在我们的三个实验中，不同交并比(IoU)下小按钮在面包板上的检测的平均准确率均值(MAP)。MAP 是目标检测任务中广泛使用的评估指标，通过计算每个类别的平均精度，然后取所有类别的平均值，来衡量目标检测算法的准确性和精确性，MAP 根据文献[18]计算。第一个实验是在 295 张传统按钮图像上训练的，并在包含 221 个小按钮的 90 张图像上进行测试。在第二个实验中使用了相同的设置，但在训练阶段使用了 1 300 张面包板的合成图像和 2 500 张安装在面包板上的小按钮图像。显然，第二个实验的 MAP 比第一个实验高得多，几乎所有不同的 IoU 都接近 0%。第三个实验中使用了与第二个实验相同的训练和测试数据。然而，在推理阶段采用了不同的方法。我们不是调整整个帧的大小，而是首先检测面包板，然后根据上下文(具体来说，是面包板)裁剪它。然

后,将裁剪后的帧转发到 YOLOv4 目标检测流程中,以检测按钮等小物体。通过第三个实验,展示了如何在帧上采用基于上下文的裁剪方法,从而显著提高 MAP(表 18.1)。更多细节可以在文献[25]中找到(图 18.3)。

表 18.1　3 个实验中不同 IoU 的 MAP 结果,
证实两步检测改进了按钮、帧中目标小物体的 MAP[25]

实验	MAP(全尺寸)						MAP(已裁剪)					
IoU	0.01	0.1	0.2	0.3	0.4	0.5	0.01	0.1	0.2	0.3	0.4	0.5
Exp. 1	0.3%	0%	0%	0%	0%	0%	2.6%	0%	0%	0%	0%	0%
Exp. 2		44%	26%	4%	0.6%	0.03%						
Exp. 3		44%	26%	4%	0.6%	0.03%	70%	69%	58%	27%	8.5%	

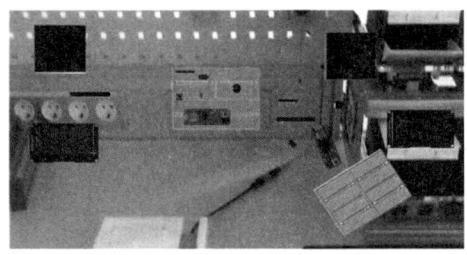

(a) 装配对象的合成图像

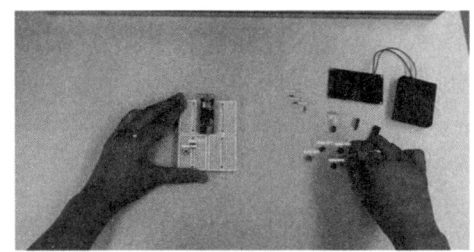

(b) 在从 HoloLens2 捕获的视频上对相应的真实对象进行对象检测

图 18.3

18.4　进行的研究

本节将介绍我们在目标检测领域的当前研究工作,重点介绍聚焦于推进目标检测技术的直接对齐的正在进行的项目和研究。

18.4.1　混合数据集

考虑到合成数据在减少人力和时间消耗方面的优势,已经引起了研究兴趣。然而,可能会遇到与优化场景的各个方面相关的挑战,包括 CAD 模型、照明条件、背景和对象纹理。在最近的研究中,特别调查了将真实数据与合成数据结合使用,以提高目标检测的精度,通过利用真实数据,旨在优化目标检测性能,并促进创建满足特定要求的数据集。

18.4.2 持续学习(CL)

目标检测的另一个挑战是需要更新以前训练的目标检测模型以适应新任务,而不是用新旧数据从头开始重新训练模型。这种持续学习的过程旨在解决灾难性遗忘的问题,即模型在训练新任务时对以前任务的性能显著下降[29],为进一步探索提供了一个有趣的途径。

领域增量学习和任务增量学习[14]都提供了可以应用于我们特定环境场景的潜在研究方法,这些方法使模型能够适应新任务,同时保留以前任务的知识。调查和利用不同的持续学习技术可以有助于开发更灵活、更有效的目标检测方法。

图18.4展示了使用合成数据优化目标检测过程的持续学习的应用。流程从导入新对象的CAD模型开始,然后生成合成图像数据集。然后,这些数据集进入下一个阶段,在那里使用重放方法对以前训练的YOLOv7模型进行重新训练。最后,在评估阶段,从HoloLens捕获的帧由新的目标检测模型处理,并对这种模型的性能进行评估。因此,这是一个从导入合成数据到数据集生成、模型重新训练和评估阶段的迭代过程,旨在通过更新以前训练的模型来扩大目标检测类的范围。

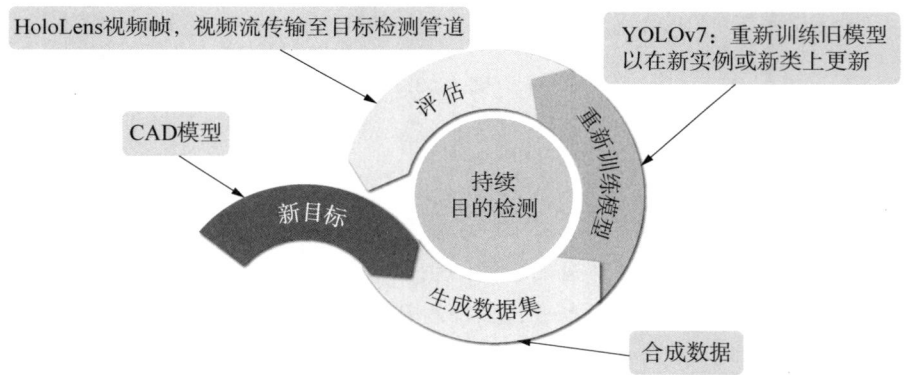

图18.4 生成合成数据、使用HoloLens2 World Camera进行训练和测试的流程,目的是建立模型更新的持续学习流程

18.5 本章结论

本章讨论了对工业环境中目标进行检测,特别关注涉及人类辅助系统和人

机协作安全要求的各种场景，介绍了与 AR 设备结合使用的目标检测应用，这些设备为这些环境中的工人提供了直观的通信界面。

此外，本章强调了通过整合合成数据在加快繁琐的数据生成过程和提高目标检测结果方面获得的显著优势；通过使用合成数据，实现了目标检测结果的改进效率和精度；展示了我们最近对工业环境中小目标检测的研究，证明了提出的方法在手动装配场景中显著提高小物体的检测，在性能上取得了显著的改进。

最终，本章不仅揭示了工业环境中目标检测障碍的一些解决方案，而且为相关领域的进一步探索提供了思路，包括在数据生成和准备目标检测模型方面发展可持续的做法和建立更通用的过程。

参考文献

［1］Agnello P, Ansaldi S M, Lenzi E, et al. Reckonition: a NLP-based system for industrial accidents at work prevention ［J］. arXiv preprint arXiv:2104.14150,2021.

［2］Binyan L, Yanbo W, Zhihong C, et al. Object detection and robotic sorting system in complex industrial environment ［C］//2017 Chinese Automation Congress (CAC). IEEE, 2017:7277 – 7281.

［3］Borkman S, Crespi A, Dhakad S, et al. Unity perception: generate synthetic data for computer vision ［J］. arXiv preprint arXiv:2107.04259,2021.

［4］Chen J H, Song K T. Collision-free motion planning for human-robot collaborative safety under cartesian constraint ［C］//2018 IEEE International Conference on Robotics and Automation (ICRA). IEEE, 2018:4348 – 4354.

［5］Eversberg L, Lambrecht J. Evaluating digital work instructions with augmented reality versus paper-based documents for manual, object-specific repair tasks in a case study with experienced workers ［J］. The International Journal of Advanced Manufacturing Technology, 2023,127(3):1859 – 1871.

［6］Gallo G, Di Rienzo F, Ducange P, et al. A smart system for personal protective eQuipment detection in industrial environments based on deep learning ［C］//2021 IEEE International Conference on Smart Computing (SMARTCOMP). IEEE, 2021:222 – 227.

［7］Girshick R. Fast R-CNN in proceedings of the IEEE international conference on computer vision (pp.1440 – 1448) ［J］. Piscataway, NJ: IEEE.［Google Scholar］, 2015,2.

［8］Girshick, R.: Fast R – CNN. In: Proceedings of the IEEE International Conference on Computer Vision (ICCV) (2015).

［9］Girshick R, Donahue J, Darrell T, et al. Rich feature hierarchies for accurate object detection and semantic segmentation ［C］//Proceedings of the IEEE conference on computer vision and pattern recognition. 2014:580 – 587.

［10］ISO: Information technology — artificial intelligence — artificial intelligence concepts and terminology. Standard ISO/IEC 22989:2022, International Organization for Standardization (2022)

［11］Krizhevsky A, Sutskever I, Hinton G E. ImageNet classification with deep convolutional neural networks ［J］. Communications of the ACM, 2017,60(6):84 – 90.

［12］Liu W, Anguelov D, Erhan D, et al. Ssd: Single shot multibox detector ［C］//Computer Vision-

ECCV 2016:14th European Conference, Amsterdam, The Netherlands, October 11 – 14, 2016, Proceedings, Part I 14. Springer International Publishing, 2016:21 – 37.

[13] Liu Z, Liu Q, Xu W, et al. Deep learning-based human motion prediction considering context awareness for human-robot collaboration in manufacturing [J]. procedia cirp, 2019, 83:272 – 278.

[14] Menezes A G, de Moura G, Alves C, et al. Continual object detection: a review of definitions, strategies, and challenges [J]. Neural networks, 2023, 161:476 – 493.

[15] Murthy J S, Siddesh G M, Lai W C, et al. ObjectDetect: A Real-Time Object Detection Framework for Advanced Driver Assistant Systems Using YOLOv5 [J]. Wireless Communications and Mobile Computing, 2022, 2022(1):9444360.

[16] Neto P, Simão M, Mendes N, et al. Gesture-based human-robot interaction for human assistance in manufacturing [J]. The International Journal of Advanced Manufacturing Technology, 2019, 101:119 – 135.

[17] Nguyen N D, Do T, Ngo T D, et al. An evaluation of deep learning methods for small object detection [J]. Journal of electrical and computer engineering, 2020, 2020(1):3189691.

[18] Padilla R, Passos W L, Dias T L B, et al. A comparative analysis of object detection metrics with a companion open-source toolkit [J]. Electronics, 2021, 10(3):279.

[19] Pasanisi D, Rota E, Ermidoro M, et al. On domain randomization for object detection in real industrial scenarios using synthetic images [J]. Procedia Computer Science, 2023, 217:816 – 825.

[20] Paul M, HaQue S M E, Chakraborty S. Human detection in surveillance videos and its applications-a review [J]. EURASIP Journal on Advances in Signal Processing, 2013, 2013(1):1 – 16.

[21] Poss C, Ibragimov O, Indreswaran A, et al. Application of open source deep neural networks for object detection in industrial environments [C]//2018 17th IEEE International Conference on Machine Learning and Applications (ICMLA). IEEE, 2018:231 – 236.

[22] Redmon J. You only look once: Unified, real-time object detection [C]//Proceedings of the IEEE conference on computer vision and pattern recognition. 2016.

[23] Saeed F, Ahmed M J, Gul M J, et al. A robust approach for industrial small-object detection using an improved faster regional convolutional neural network [J]. Scientific reports, 2021, 11(1):23390.

[24] Su Y, Rambach J, Minaskan N, et al. Deep multi-state object pose estimation for augmented reality assembly [C]//2019 IEEE International Symposium on Mixed and Augmented Reality Adjunct (ISMAR-Adjunct). IEEE, 2019:222 – 227.

[25] Tavakoli H, Walunj S, Pahlevannejad P, et al. Small object detection for near real-time egocentric perception in a manual assembly scenario [J]. arXiv preprint arXiv:2106.06403, 2021.

[26] Torralba A, Fergus R, Freeman W T. 80 million tiny images: A large data set for nonparametric object and scene recognition [J]. IEEE transactions on pattern analysis and machine intelligence, 2008, 30(11):1958 – 1970.

[27] Usamentiaga R, Lema D G, Pedrayes O D, et al. Automated surface defect detection in metals: a comparative review of object detection and semantic segmentation using deep learning [J]. IEEE Transactions on Industry Applications, 2022, 58(3):4203 – 4213.

[28] Wang C Y, Bochkovskiy A, Liao H Y M. YOLOv7: Trainable bag-of-freebies sets new state-of-the-art for real-time object detectors [C]//Proceedings of the IEEE/CVF conference on computer vision and pattern recognition. 2023:7464 – 7475.

[29] Wang L, Zhang X, Su H, et al. A comprehensive survey of continual learning: theory, method and application [J]. IEEE Transactions on Pattern Analysis and Machine Intelligence, 2024.

第 19 章 增强制造业中的 AutoML 和 XAI：AI 模型生成框架

Marta Barroso，Daniel Hinjos，Pablo A. Martin，Marta Gonzalez-Mallo，Victor Gimenez-Abalos，Sergio Alvarez-Napagao

19.1 引言

AI 技术能够改变操作流程、提高效率并推动创新，因而获得了制造业领域越来越多的关注和应用。AI 算法能够有效地分析数据并提取有价值的建议，使制造商能够优化流程、检测异常并做出数据驱动的决策。此外，通过实现任务自动化和预测能力，如质量控制和预测性维护的自动化，可以带来更快的检查、减少的停机时间和提高的操作效率。

然而，尽管有这些好处，制造业方面的 AI 技术采用并没有像预期的那样迅速发展[1]，并且伴随着一系列挑战和困难。想要成功地融入制造流程，需要解决几个问题，包括与数据可用性和质量、与现有基础设施的集成、熟练人员短缺、道德和监管考虑及变革管理相关的问题[2]。制造环境通常涉及复杂的数据生态系统，需要适当的数据收集和准备流程，以确保可用高质量和相关数据，可用于生产智能模型。此外，将这些模型与现有基础设施集成可能需要系统升级和兼容性保证。同时，缺乏同时具备 AI 和制造流程专业知识的熟练专业人员阻碍了 AI 技术的采用，而道德和监管问题则需要健全的治理政策。变革管理也至关重要，需要企业文化转变和解决员工顾虑，以促进积极的 AI 应用环境。

为了克服这些挑战，AI 技术提供商还应通过开发以用户为中心的工具、促进专家与制造专业人员之间的合作及展示实施 ML 和 DL 算法的切实好处来促进其应用。通过使 AI 变得易于访问、定制并明显有价值，制造业才能克服障碍并利用这些技术，以释放其提高操作效率、生产力和竞争力的全部潜力。

在这方面，有两个研究领域可以发挥重要作用，即自动化机器学习

（AutoML）[3]和可解释人工智能（XAI）[4]。AutoML通过自动化特征工程、模型选择和超参数调整等任务来简化模型开发过程，减少对广泛的数据科学专业知识的需求，使制造领域专业人员更容易利用AI能力。通过提供用户友好的界面、预建算法和自动化工作流程，AutoML工具使制造商能够快速高效地构建符合其特定要求的准确和健壮的智能模型。

另一方面，XAI解决了对AI系统中透明度、可解释性和信任度的关键需求。制造环境需要对模型决策进行明确解释，特别是在涉及质量控制、预测性维护和流程优化等关键因素时，XAI技术使制造商能够理解模型的内部工作机制，识别影响预测的因素，并检测潜在的偏见或风险。通过提供可解释性和解释，XAI有助于建立对AI系统的信任，并促进制造专业人员的采用。

目前，有一些大规模专有解决方案旨在通过为用户提供端到端的解决方案来解决上述问题，这些解决方案在非常有限的先前技术知识的情况下使AI周期操作化。最流行的来自大型科技公司，如谷歌AutoML-Zero[5]、微软Azure AI[6]、亚马逊SageMaker[7]和开源H2O[8]。

尽管使用这类平台已被证明是有益的[9]，但它们带来了一些组织应认真考虑的缺点。首要问题是缺乏对潜在的底层算法和模型的透明度和控制，这些平台通常抽象掉了机器学习过程的细节，使得难以理解和解释模型是如何得出其预测的，这是一个令人关注的问题，尤其是在受监管的行业或解释性对决策至关重要的情况下。

另一个不便之处在于，在许多情况下使用这些工具需要签订其供应商的服务和基础设施。用户随后受到第三方软件和硬件的限制和潜在停机时间的影响，意外的中断或系统问题超出用户的控制范围，可能会影响AutoML平台的可用性和性能。此外，组织可能会被锁定在特定的定价模式和云提供商的合同中，限制了灵活性，并可能导致长期成本增加。

在使用云平台中的AutoML时，数据隐私和安全也是重要的考虑因素。组织需要确保用于训练模型的敏感或专有数据受到保护，并按照相关法规进行处理，应仔细评估数据传输到云、数据存储和数据访问控制，以减轻与数据隐私和安全漏洞相关的风险。

最后，应该考虑供应商锁定问题。一旦组织在特定平台上构建并部署模型，将这些模型迁移到另一个平台或将基础设施引入内部可能会变得具有挑战性且耗时，这可能限制了灵活性，并阻碍未来根据业务需求更换供应商或适应变化的能力。

为了解决前面的问题并促进制造业中 AI 技术的应用，提出我们的框架，称为 AI 模型生成（AMG）。该框架是 Knowledge 的欧洲项目的一部分——在边缘到云端的 Knowledge 连续体中，为人类 in-the-loop 提供 AI 驱动的制造服务、流程和产品，旨在被没有 AI 技术背景的人员使用，包括制造工程师、工厂经理、质量控制专家和供应链经理。本章中将其称为 AMG。AMG 负责自动创建监督 AI 模型，并能够解决基于各种场景和输入变量的任务。每个阶段本身都是一个子模块。在介绍了系统的主要功能（19.2 节）之后，接着介绍架构（19.3 节）、案例（19.4 节），以及构成它的各个子模块（19.5 节）。

19.2　AI 模型生成框架

这个组件可以自动生成能够解决用户定义任务的 AI 模型，这些任务基于指定的数据源、问题类型和算法的初始配置。此外，它可以使用一组启发式方法来计算算法的训练成本。模型可以有效地部署在计算机连续体的不同层（云、雾和边缘）中，并使用 ONNX（开放神经网络交换）和 PMML（预测模型标记语言）等标准进行保存。

初始配置在数据源、任务、任务设置和策略方面进行定义。任何数据集都由多个变量组成，并且可以来自三种不同的数据源（本地、静态数据库、代理）。有关数据源的更多信息请参阅 19.5.1 节。要解决的问题在一个任务对象中被形式化，每个任务有名称、类型（分类、回归或优化）、相关的性能指标、可选的风险函数、一组输入和输出变量，以及一个或多个关联的执行设置。任务的配置在一个任务设置对象中被形式化，其中包含有关验证类型、训练、评估数据集、随机种子和实施策略的信息。配置了任务设置的任务可以使用一个或多个算法进行训练或运行推理，需要使用的算法和超参数被封装在一个名为策略的对象中。一个策略由方法名称、超参数、初始状态和损失函数组成，从而生成模型，且每个模型与一个策略、描述其性能的一组指标及部署该模型的 Docker 镜像标签相关联。

在此基础上，用户可以通过定义 JSON 格式的初始配置来推断现有模型或训练新模型。接下来的代码是使用本地数据集进行训练和推理的配置文件示例。

```
{
    "task":"classification",
    "task_name":"mushroom_classification",
```

```
            "method":{
                "strategy_list":["randomForestClassifier"],
                "arguments":{
                "validation_type":"SPLIT",
                "validation_percentage":0.2,
                "random_seed":24,
                "risk_function":"risk_function",
                "performance_metric":"accuracy"
                }
    },
    "processing":{
        "arguments":{
            "dataset_name":""
        },"orders":[
            {
                "order":1,
                "action":"train",
                "read":{
                    "url":"~/home/datasets/mushrooms.csv",
                    "type":"static",
                    "source_type":"tabular",
                    "connector":{
                        "name":"local",
                        "arguments":{}
                    },
                    "input_attributes":[ ],
                    "target_attributes":["class"],
                    "from_i":0,"to_i":0
                }
            },
            {"order":2,
```

```
            "action":"predict",
            "read":{
                "url":"~/home/datasets/mushrooms.csv",
                "type":"static",
                "source_type":"tabular",
                "connector":{
                    "name":"local",
                    "arguments":{}
                },
                "input_attributes":[ ],
                "target_attributes":["class"],
                "from_i":0,
                "to_i":0
            }
        }
    ]
},
"modelrepo":{
    "url":"~/home/model_descriptors/"
}
}
```

为了指定想要执行的操作类型创建了不同的订单,一个订单可以执行训练或推理,还可以指定要使用的列,或者如果想要使用全部列,可以保留该字段空白。在过程结束时,模型输出以不同的 JSON 格式提供,并转换为标准以供将来重用。此文件存储在 modelrepo 指定的目录中。

19.3 系统架构

在结构层面,组件被划分为图 19.1 所示的以下元素:

(1) Python RESTful API:通过 Flask Web 服务实现,允许用户对现有模型、任务、任务配置和策略提出请求。

（2）核心功能模块：负责实现组件的功能，反过来，AI 周期的每个步骤都实现为一个子模块。

（3）PostgreSQL 数据库：关系数据库，用于存储有关数据集、任务、任务配置、策略和模型的信息，以便重现结果并保留模型演变的历史记录。

（4）Redis 和 Celery：Celery 是 Python 中流行的异步任务队列库，允许跨多个工作器分布和执行任务。Redis 用作 Celery 的结果后端，这意味着它存储已完成任务的结果。在 Celery 工作器执行任务后，结果存储在 Redis 中，供 Celery 客户端检索。

（5）RabbitMQ 代理：这是一个鲁棒且功能丰富的消息代理，实现了高级消息队列协议（AMQP）。配置代理后，订阅队列的多个消费者可以接收异步消息，为了建立与特定队列的连接，必须设置代理的配置。

（6）Edge Embedded AI Kit：此组件负责模型的部署，所有模型都被容器化，以增强可移植性和可扩展性，允许它们在不同平台（如本地机器、云基础设施或边缘设备）上部署。

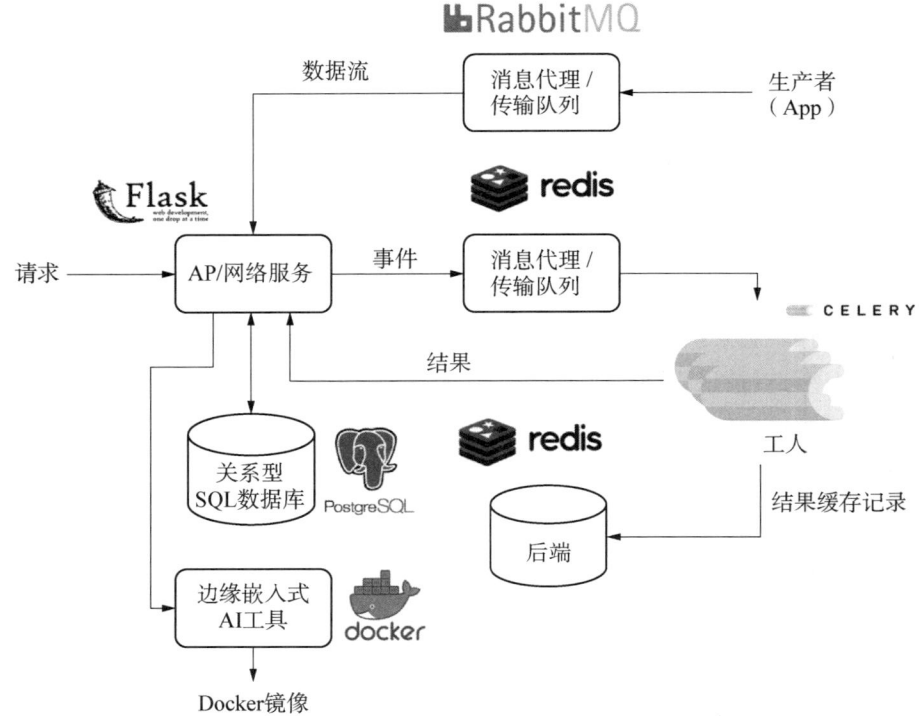

图 19.1　AMG 组件的高层架构

19.4 案例

为了验证组件,我们为参与项目的三个试点合作伙伴提供了几个案例:

(1)乳制品公司:已实现用于生产调度的约束优化模型,预测一周内要生产的订单,同时考虑工作机器、当前订单和产品-机器兼容性。

(2)制造塑料燃料公司:目前正在测试几个异常检测模型,目标是使用制造和质量数据预测生产链中的异常。

(3)电力传输和驱动公司:希望使用图像数据集来改善他们的装配程序的自动质量控制,从而降低可能的故障率,已经实现了几个基于CNN的缺陷检测模型。

在客户环境中测试这些模型之前,拥有LINKS4基础设施中的测试机器,以测试这些组件并正确估计主机规格。此外,根据试点需求,已经为组件沿连续体的部署提供了几种配置。我们发现两种部署类型:

(4)基于云的训练/雾计算推理:在这种情况下,AI模型在客户端的云基础设施中进行训练,意味着通常涉及计算密集型任务的训练过程(如处理大型数据集和训练复杂模型)在他们的远程云环境中进行处理。一旦模型训练完成,就被部署并在雾设备或边缘节点上执行,以在制造环境中进行实时推理。雾节点更接近边缘设备,负责在本地数据上执行推理任务。这种部署场景具有几个优势:首先,基于云的训练允许有效利用计算资源,并且可以处理大规模数据集和复杂的模型架构,在访问模型开发和训练所需的各种工具、库和计算能力方面提供了灵活性。此外,云中的集中管理简化了模型训练、部署和更新的过程,但是这种部署场景也有一些缺点,从雾设备传输数据到云进行训练,然后返回边缘进行推理所引入的延迟可能不适合实时或时间敏感的应用,还依赖于边缘/雾设备与云之间可靠和高带宽的网络连接,这可能并不总是可用或实用。此外,雾设备可能具有有限的离线能力,因为如果它们与云断开连接,可能无法访问最新模型或执行更新。

(5)在雾中进行训练和推理:训练和推理都发生在雾或边缘设备本身上。雾节点具有足够的计算资源来处理训练任务,训练好的模型直接在同一设备上执行。这种场景提供了低延迟,因为数据处理和决策发生在本地,无须与云通信。它还提供了离线能力,使其适合间歇性连接的环境。此外,因为敏感数据保留在本地设备上，减少了将其传输到外部服务器的需求，基于雾的部署增强了隐私和安全性。然而，雾设备的有限计算资源可能对复杂和大规模训练任务构成挑战。与基于云的部署相比，在分布式边缘设备网络中管理和更新模型也可能更加复杂。因此，建议使用分割学习和应用隐私保护加密方法等技术，通过利用分割学习，雾设备可以从更有效地利用其有限资源中受益。数据保留在边缘设备上，最大限度地减少了数据传输的需求并降低了延迟。只有模型更新或梯度在边缘设备和服务器之间传输，大大降低了带宽需求，这种方法使雾设备能够在不因计算需求而不堪重负的情况下参与训练过程。

19.5 核心组件

模型生成的总体逻辑可以分解为构成 AI 生命周期的各种步骤：数据检索模型（数据获取）、自动预处理模块、成本计算模块（估算特定算法的训练成本）、自动超参数调整模块、自动训练、推理和标准化、可解释性模块（生成局部和全局解释）、流程执行模块（构成调用其余模块的主程序）和边缘嵌入式 AI 工具包（构建用于模型部署的 Docker 镜像）。下面将详细描述各个子模块的实现。

19.5.1 数据检索模块

数据检索阶段涉及获取和收集训练和测试 AI 模型所需的相关数据。这是一个重要步骤，因为数据的质量和全面性直接影响 AI 系统的性能和有效性。通常，这个过程依次包括数据识别、数据收集和数据存储。在这一点上，假设上述过程已经完成，数据已准备好被使用。接收的数据类型包括表格数据、图像或时间序列，提供不同类型的连接器，允许用户上传他们的数据：

（1）本地数据连接器：这允许从用户的本地文件系统上传文件。考虑到 csv 格式的文件或图像数据集的训练和评估目录。然而，并不强制要求预先对图像目录进行训练、评估和可选验证的分区。如果只上传一个目录，组件会负责分区（注意，数据被分割为 70% 训练、10% 验证和 20% 评估）。

（2）代理连接器：此连接器用于通过 RabbitMQ 代理从其他数据库、API 或传感器获取实时数据。用户必须将数据格式化为适当的 MQTT 消息格式，如 JSON 或纯文本。然后将格式化后的数据发布到 RabbitMQ 代理的适当主题。稍后，订阅此主题的 MQTT 客户端可以接收发布数据。目前我们只考虑了某些主题，但组件很容易扩展以添加新的。

（3）边缘/云 Apache 数据库连接器：此连接器支持从 Apache IoTDB（适用于 IoT 的数据库）检索数据，Apache IoTDB 是一个 IoT 本地数据库，具有高性能的数据管理和分析能力，可在边缘和云端部署。由于其轻量级架构、高性能和丰富的功能集，以及与 Apache Hadoop、Spark 和 Flink 的深度集成，Apache IoTDB 可以满足 IoT 工业领域大量数据存储、高速数据获取和复杂数据分析的需求。使用连接详细信息，即 IP 地址、端口和登录信息，可以轻松以 SQL 语句的形式查询数据。

一旦数据被收集，通常需要预处理以确保其质量和可用性。该过程包括去除噪声、归一化或标准化变量的任务，如格式化问题、修复不一致和异常值及缺失值分析，并不在此组件中执行，因为缺失数据和异常值的管理高度依赖于用户，并且已由其他组件处理。

19.5.2 自动预处理模块

总体而言，预处理阶段的目标是将原始数据转换为干净、结构化和优化的形式，以适合 AI 算法分析。如上所述，数据清洗不在讨论范围内，重点在数据转换、特征选择、特征工程和处理类别不平衡上。

值得注意的是，预处理高度依赖于正在处理的数据类型。对于表格数据，可以选择归一化、标准化和标签编码。对于特征选择和工程，使用 AutoGluon[10] 框架，特别是 AutoMLPipelineFeatureGenerator，能够充分处理包括文本和日期在内的大多数表格数据。

图像数据集的预处理包括但不限于数据增强、标签编码、归一化和重新缩放。由于这些过程取决于要使用的神经网络模型，因此它们只在模型定义之后执行，即在训练之前。这个过程是使用 Keras 框架实现的。值得注意的是，所有具有预定义架构的 Keras 模型都有一个内置的方法称为 preprocess_input，负责将表示一堆图像的张量或 NumPy 数组预处理成相应模型的正确格式。此外，数据增强参数由 KerasTuner 实现的 HyperImageAugment 类定义。

关于时间序列数据，通过缩放和数据转换以提高其平稳性，使用平稳数据进行时间序列分析可以简化建模过程，增强可解释性，并确保可靠和准确的分析。通过对每个特征应用 adfuller 检验来测试时间平稳性。如果数据是非平稳的，则考虑以下转换：差分、去趋势、移动平均和幂变换。为了确保可以应用之前的转换，对每个特征进行自相关、非零均值检查、季节性和异方差（Breusch-Pagan 滞后乘数检验）的测试。

为了解决处理表格数据集时的类别不平衡问题，使用 imbalanced-learn[11] 库实现的过度和欠采样方法的组合：SMOTETomek 和 SMOTEENN[12]。

19.5.3 成本计算模块

该模块负责计算训练模型的成本，并确保执行的 AI 模型以期望的行为和性能运行，提供足够的数据以暴露效率低下或管理不善的资源。成本是使用同一算法训练的先前模型的性能和运行时历史计算的。为此，手动分析不同算法的一些代表性模型的执行情况，使用诸如 Extrae、Paraver 和 Dimemas 之类的工具，通常用于并行计算和性能分析领域。在具有不同架构的四台机器（MN4、7 CTE－ARM、8 CTEAMD、9 CTE－Power10）上，以及在巴塞罗那超级计算中心的基础设施上，分析了每个模型的可扩展性。

19.5.4 自动超参数调整模块

自动超参数调整模块提供了自动化方法，用于寻找最佳的超参数组合，以优化 ML 和 DL 模型的性能。超参数是配置设置，不能直接从训练数据中学习，如学习率、正则化强度或神经网络中的隐藏层数，这些设置涉及训练过程，不是从数据中学习得来的，而是由从业者设置或通过称为超参数调整或优化的过程确定的。然而，确定它们的最优值可能是一个耗时且计算成本高的过程，需要广泛的实验和测试。AutoML 算法通过自动搜索预定义范围的超参数，并根据性能指标（如准确性或损失）选择最佳组合，从而自动化这一过程。

在 ML 算法的情况下，超参数调整是通过 RayTune 库[13]执行的，允许调整多个机器学习框架（PyTorch、XGBoost、Scikit-Learn、TensorFlow 和 Keras 等），通过运行诸如基于种群的训练（PBT）[14]和 HyperBand[15]/ASHA[16]等最先进的搜索算法。此外，RayTune 进一步与广泛的额外超参数优化工具集成。然而，值得注意的是，并非所有优化器都适用于所有框架，图像数据集必须作为 numpy 数组处理，不允许使用 TF．data．Dataset12 或其他动态对象。

ML 模型包含在组件中，使用 scikit-learn[17]库或类似的库，如 lightgbm[18] 和 XGBoost[19]，这就是我们选择 Tune．Sklearn 的原因。根据搜索类型，它能够实现 TuneGridSearchCV（网格搜索）和 TuneSearchCV（随机搜索），后者与贝叶斯搜索方法比网格搜索更可取。贝叶斯优化是一种用于超参数优化的方法,使用贝叶斯推断有效搜索最优的超参数集合。当目标函数(如模型性能)的评估耗时或计算成本高时特别有用。在定义了搜索算法之后,必须将模型和要检查的超参数值范围的参数网格传递给调优器,以及其他可选参数,即 n_trials(调优器尝试的参数设置数量)。所有 ML 模型都封装在名为 SklearnModelBuilder 的类中。有关更多详细信息请参见 19.5.5 节。在拟合调优器之后,可以使用调用 tuner.best_params_ 检索最佳超参数集合。

在 DL 模型的情况下,将复杂数据传递给 Ray 调优器的困难导致我们使用专门设计用于神经网络超参数调整的调优器,即上述的 KerasTuner。调优器管理超参数搜索过程,包括模型创建、训练和评估。Keras Tuner 提供了基于用于选择超参数的优化策略的不同种类的调优器。此外,一些调优器可以组合或聚合,以利用每个的优势。在特定情况下,定义贝叶斯优化调优器的实例,其中包含优化过程中需要优化的指标(称为目标)和随机种子。此时,还将定义要执行搜索的超参数及其参数空间,通过 KerasTunerHyperparameters 类。此外,修改了调优器训练流程,以便微调与训练相关的超参数,如批量大小或周期。如前所述,在该流程中,由 KerasTuner HyperImageAugment 类实现的数据增强的超参数也可以进行调整。在调用搜索方法之后,可以使用 get_best_hyperparameters 调用检索最佳超参数选择。此外,还可以使用 get_best_models 调用获得最大化目标的经过训练的模型。

最后,这两个调优器都被封装在 HyperparameterTuner 类的两个不同方法中:tune_ml 和 tune_dl。

19.5.5 自动训练、推理和标准化

该模块构建了一个可以根据预处理的数据和最优超参数选择进行准确的预测或分类的模型。一旦模型被训练,就可以被部署到生产环境中,以处理新数据并生成预测或分类。模型是可互操作的,所有模型都已包装在 Sklearn 对象的约定中,以实现互操作性。一旦模型被训练,可以被直接转换为 ONNX 或 PMML,这都是模型交换格式,使 ML 模型能够在不同平台和框架之间进行移植和互操作。作为共享、部署和执行 ML 模型的标准表示,PMML 是一种更通用的模型交换格式,支持比 DL 更广泛的预测模型,用于各种机器学习算法和技术。另一方面,ONNX 专门针对 DL 模型及其在框架之间的交换。

所有 ML 模型都在 SklearnModelBuilder 类中的 _build_model 方法内实例化，此方法将最佳超参数选择传递给模型。为了对 ML 模型执行任何操作，需要创建 SklearnModelBuilder 的一个实例。一个 SklearnModelBuilder 对象可以执行以下通用操作：

（1）拟合：使用训练数据集训练算法，构建器已经定义了最佳的超参数选择和要训练的算法名称；

（2）预测：在评估数据集上执行推理过程；

（3）导出：将模型保存到相应的标准中；

（4）加载：从作为参数传递的文件名加载模型，文件名必须是 PMML 或 ONNX 文件；

（5）explain_model：提供模型预测或操作背后的建议，使用户能够信任、验证和有效地使用模型；

（6）explain_instance：专注于解释模型做出的个别预测或决策，提供对哪些特征或因素对特定输出贡献最大的建议。有关此问题的更多信息可以在第 19.5.6 节中找到。

DL 模型是按照两种方法实现的，如果用户想要执行超参数调整，训练是按照上述过程完成的。相反，当初始就清楚一组超参数时，系统会创建 KerasModelBuilder 类的一个对象。这个类的所有对象都与 SklearnModelBuilder 类的对象具有相同的格式，这两个类都继承自抽象的 ModelBuilder 类。这样能够保持更统一的格式，同时使代码对用户更直观。

19.5.6　可解释性生成模块

在流程的末端可以看到 XAI 的应用，因为它解决了 AI 应用方面的关键问题而显得至关重要。XAI 通过提供决策过程的建议，增强了用户与 AI 系统之间的信任，促进了道德实践和问责制，确保 AI 模型以公平的方式运作，并避免了偏见或歧视性结果。此外，XAI 支持符合要求可解释性和解释性的监管标准。尽管它非常重要，但由于几个因素，XAI 经常在 AI 流程中被跳过，包括实施 XAI 技术的复杂性，专注于在不考虑可解释性的情况下实现高性能，以及模型复杂性与可解释性之间的权衡。此外，从业者对 XAI 的意识和理解有限，以及认为可解释性会损害预测准确性的看法，可能会导致其遗漏。

为了克服这些障碍并激发其应用，可解释性被嵌入模型中。因此，模型一旦被训练，就可以通过调用前面介绍的方法来运行：explain_model 和 explain_instance。XAI 方法是通过 Dalex[21] 库实现的。所有解释都是模型不可知的，允许在不依赖其内部结构的情况下提供这些模型的信息。例如，Dalex 解释器生成特征重要性分析和可视化，如部分依赖图[22] 和累积局部效应（ALE）[22]，这些可视化提供了模型行为的直观表示，并使用户能够探索输入特征与模型预测之间的关系。为了解释具体的预测，解释器生成了 SHAP 值[23]、ceteris paribus 配置文件和交互式细分图的可视化。尽管由于 Dalex 提供的可能性，应用的 XAI 方法的数量可能看起来足够，但考虑进一步扩展解释器。

19.5.7 流程执行模块

上述步骤是所谓的 AI 生命周期或 AI 流程的一部分，为了后续部署模型，所有这些步骤都集成在 execute_pipeline 方法中。该方法负责接收输入配置，并创建执行数据加载、预处理、超参数优化（可选）、训练和/或评估，以及可解释性（可选）的适当对象。

作为执行流程的结果，如果之前不存在，则生成负责部署模型的 Docker 映像。之后，使用该映像可以通过传递输入配置来创建容器以执行流程。反过来，流程返回包含执行结果的 JSON 文件。

19.5.8 边缘嵌入式 AI 工具包

这个模块负责模型部署，在本阶段，假设 AI 模型已经可用并且在生产环境中运行。开发和训练模型后，模型部署涉及将模型实施到一个系统中，可以实时生成预测或执行特定任务。

完整的 AI 流程可以通过 Docker 镜像无缝集成到客户现有的软件或系统架构中。Docker 简化部署流程，提高灵活性，并确保 AI 模型的执行具有一致性和可靠性。更具体地说，它提供了可移植性，使模型能够在不同环境中一致运行，而不会出现兼容性问题。目前存在两种类型的镜像，一种用于部署 ML 模型，另一种用于 DL 模型。两者都以 Python 镜像为基础，但使用不同的依赖项。作为终端节点，我们使用上述描述的 execute_pipeline 方法。

映像一旦创建，就存储在私有 Docker 注册表中。创建和配置 Docker 注册表必须由用户完成。用户名、密码和 IP 地址及端口是此组件配置的一部分。为了上传和下载映像，Edge Embedded AI Kit 具有分别使用推送和拉动方法的 API,这些方法使用 Docker SDK for Python 实现。

19.6　本章结论

　　本章介绍了 AI 模型生成(AMG)框架,能够为非经验丰富的用户创建 AI 模型。AMG 组件旨在解决通用问题,支持不同类型的数据,并允许部署 ML 和 DL 模型,确保任何类型分析的可重复性,模型结果和配置都保存在 PostgresSQL 数据库中。此外,通过标准化(ONNX 和 PMML)生成了模型描述符,这使得模型的加载和导出更加便捷。所有模型都是可互操作的,这将允许将来添加新模型或集成其他 AutoML 系统。此外,它增强了可扩展性,促进了可解释性,并简化了代码的长期可维护性。

　　另一方面,值得注意的是,模型也被容器化,以确保可以在任何环境中运行,为客户提供了转移模型并在他们想要的任何地方使用的自由。可解释性易于应用,所有模型都有一套解释技术,以了解模型的决策过程。该方向上未来的研究方向是分析新模型的性能并应用新的可解释性方法。此外,比较贝叶斯优化之外的不同搜索算法也是值得的。此外,考虑在隐私、数据分布或网络限制起重要作用的情况下使用联邦学习(FE)和分割学习(SL)等新方法也是有意义的。然而,构建一个能够有效支持大多数 ML 和 DL 模型的通用联邦系统是具有挑战性的,因为模型的固有异质性、不同的数据分布及需要解决通信和隐私问题。在不同领域或任务中使用的模型具有不同的架构、训练算法和要求,这使得创建一个迎合所有模型的单一框架变得困难。此外,确保参与者之间的有效通信和隐私保护为通用联邦系统的设计和实施增加了复杂性。

参考文献

[1] Kinkel S, Baumgartner M, Cherubini E. Prerequisites for the adoption of AI technologies in manufacturing-evidence from a worldwide sample of manufacturing companies [J]. Technovation, 2022,110:102375.

[2] Peres R S, Jia X, Lee J, et al. Industrial artificial intelligence in industry 4.0-systematic review, challenges and outlook [J]. IEEE access, 2020,8:220121 – 220139.

[3] He X, Zhao K, Chu X. AutoML: a survey of the state-of-the-art. Knowl [J]. Based Syst., 2021, 212,106622. ArXiv:1908.00709.

[4] Gohel P, Singh P, Mohanty M. Explainable AI: current status and future directions [J]. arXiv preprint arXiv:2107.07045,2021.

[5] Real E, Liang C, So D, et al. Automl-zero: Evolving machine learning algorithms from scratch

[C]//International conference on machine learning. PMLR, 2020:8007-8019.

[6] Salvaris M, Dean D, Tok W H. Deep learning with azure [J]. Building and Deploying Artificial Intelligence Solutions on Microsoft AI Platform, Apress, 2018.

[7] Das P, Ivkin N, Bansal T, et al. Amazon SageMaker Autopilot: a white box AutoML solution at scale [C]//Proceedings of the fourth international workshop on data management for end-to-end machine learning. 2020:1-7.

[8] LeDell E, Poirier S. H2o automl: Scalable automatic machine learning [C]//Proceedings of the AutoML Workshop at ICML. San Diego, CA, USA: ICML, 2020,2020.

[9] Singh V K, Joshi K. Automated machine learning (AutoML): an overview of opportunities for application and research [J]. Journal of Information Technology Case and Application Research, 2022,24(2):75-85.

[10] Erickson N, Mueller J, Shirkov A, et al. Autogluon-tabular: Robust and accurate automl for structured data [J]. arXiv preprint arXiv:2003.06505,2020.

[11] Lemaăžtre G, Nogueira F, Aridas C K. Imbalanced-learn: A python toolbox to tackle the curse of imbalanced datasets in machine learning [J]. Journal of machine learning research, 2017,18(17):1-5.

[12] Batista G E, Prati R C, Monard M C. A study of the behavior of several methods for balancing machine learning training data [J]. ACM SIGKDD explorations newsletter, 2004,6(1):20-29.

[13] Liaw R, Liang E, Nishihara R, et al. Tune: A research platform for distributed model selection and training [J]. arXiv preprint arXiv:1807.05118,2018.

[14] Jaderberg M, Dalibard V, Osindero S, et al. Population based training of neural networks [J]. arXiv preprint arXiv:1711.09846,2017.

[15] Li L, Jamieson K, DeSalvo G, et al. Hyperband: A novel bandit-based approach to hyperparameter optimization [J]. Journal of Machine Learning Research, 2018,18(185):1-52.

[16] Li L, Jamieson K, Rostamizadeh A, et al. A system for massively parallel hyperparameter tuning [J]. Proceedings of Machine Learning and Systems, 2020,2:230-246.

[17] Buitinck L, Louppe G, Blondel M, et al. API design for machine learning software: experiences from the scikit-learn project [J]. arXiv preprint arXiv:1309.0238,2013.

[18] Ke G, Meng Q, Finley T, et al. Lightgbm: A highly efficient gradient boosting decision tree [J]. Advances in neural information processing systems, 2017,30.

[19] Chen T, Guestrin C. Xgboost: A scalable tree boosting system [C]//Proceedings of the 22nd acm sigkdd international conference on knowledge discovery and data mining. 2016:785-794.

[20] Turner R, Eriksson D, McCourt M, et al. Bayesian optimization is superior to random search for machine learning hyperparameter tuning: Analysis of the black-box optimization challenge 2020 [C]//NeurIPS 2020 Competition and Demonstration Track. PMLR, 2021:3-26.

[21] Baniecki H, Kretowicz W, PiÄ P, et al. Dalex: responsible machine learning with interactive explainability and fairness in python [J]. Journal of Machine Learning Research, 2021,22(214):1-7.

[22] Apley D W, Zhu J. Visualizing the effects of predictor variables in black box supervised learning models [J]. Journal of the Royal Statistical Society Series B: Statistical Methodology, 2020, 82(4):1059-1086.

[23] Lundberg S. A unified approach to interpreting model predictions [J]. arXiv preprint arXiv:1705.07874,2017.

第20章 • 制造业中的异常检测

Jona Scholz, Maike Holtkemper, Alexander Graß, Christian Beecks

20.1 引言

想象一台机器在产品生产周期中执行一个简单操作,在典型的一天里,这台机器一遍又一遍地执行相同的动作,偏差非常小。然而有一天,其中一个电机出现问题,不再正常工作。结果,机器操作失误,损坏了产品。异常持续的时间越长,累积的损失就越大,可能会导致损害和生产延误。检测此类异常行为对于质量控制和安全至关重要。幸运的是,随着数字化和高级分析技术的发展,工业界已经开发出自动化方法来实现这一目标。

本章首先详细介绍异常检测的概念,总结该问题的不同观点;然后讨论检测异常的统计方法,广泛使用的技术将为检测异常提供坚实的基础;接下来讨论深度学习,这是一种更高级的方法,利用人工智能检测异常。深度学习在包括异常检测在内的许多机器学习领域都取得了成功。这部分会介绍一个来自欧盟项目 Knowledge[3] 的案例研究,其中使用了自编码器来检测燃料箱制造过程中的异常。自编码器架构被深入解释,并通过案例研究进一步说明。最后,强调人在异常检测过程中的参与的重要性。虽然人工智能有很多能力,但人在解释结果、完善模型和做出明智决策方面至关重要。

20.2 工业中的异常检测

随着数字化的进展,制造公司对其机器和工厂景观的透明度需求不断增加。一旦数据可用,就需要合适的流程来深入了解生产过程。借助数据和过程分析,可以详细查看和分析生产流程中的不规则和发生的干扰,这些不规则被称为异常,尽管在文献中没有标准的术语定义[8]。例如,Zheng 等[24]将异常定义为"节点与其周围环境之间的不匹配",Lu 等[13]将其定义为"与大多数数据对象显著偏离的数据对象",Su 等[18]将其定义为"显著偏离数据集主体形成的正常模式的意外事件"。

异常可根据上下文进一步具体化,如 Hasan 等[10]所述,其中在 IoT 数据集中发生的异常被分为八类:拒绝服务(DoS)、数据类型探测(D. P)、恶意控制(M. C)、恶意操作(M. O)、扫描(SC)、间谍活动(SP)、错误设置(W. S)和正常(NL)。另一方面,Wu 等[23]将发生的异常分为三种更具描述性类型的异常,即点异常、上下文异常和集体异常。点异常代表具有异常信息的特定参考点,集体异常描述了一组与其他收集的数据相比具有异常特征的数据记录,连续异常是其考虑的时间段从特定起点延伸到无穷大的集体异常[8]。

异常的发生可能有很多,其中一个常见原因是环境的变化,如温度的突然升高,这被传感器认为是异常条件[8];另一个原因可能是传感器错误[8];或者可能是旨在削弱 IoT 网络的计算能力并因此故意导致传感器故障的恶意攻击[15]。

借助 ML 工具进行异常检测,企业可以使用各种算法和方法来识别异常[14]。Agrawal 和 Agrawal[2]将异常检测过程分为三个主要阶段,如图 20.1 所示。在这里,参数化描述将数据预处理为先前定义的可接受格式的过程,反过来又服务于进一步的训练阶段。在这个阶段,基于系统的正常或异常行为创建了模型。根据考虑的异常检测类型,可以选择不同的方法,可以是手动的或自动的。最后一个阶段是检测阶段,最终模型与参数化数据集进行比较,如果超出了预定义的阈值,触发警报以引起对异常的关注。

Toshniwal 等[21]进一步阐述了 ML 算法的基本思想,ML 算法需要训练的输入数据,并反过来为测试实例生成输出标签,其中每个特征代表一个维度,输入数据代表数据实例的批量或实时数据,每个数据

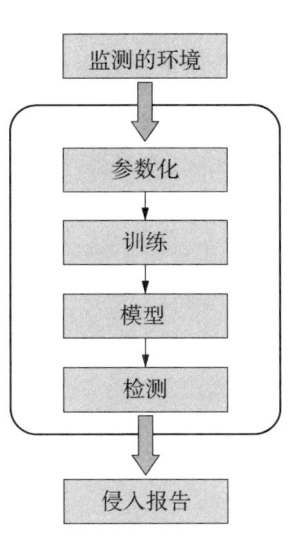

图 20.1 异常检测方法

实例可以被视为一个数据点。根据数据类型,输入数据被标记或未标记,算法的输出反过来具有与实例相关联的类别。

聚类被用作异常检测的一种方法,数据被划分为相似对象的组,其中每个

组(聚类)由彼此相似的对象组成,并且可以与其他组中的对象区分开来[4]。可以使用各种聚类方法[1]进行异常检测,包括像 k 均值或如 EM 这样的概率方法。

此外,异常检测算法发现数据中不遵循特定行为的模式。有多种异常检测方案,如基于距离的方法[4],基于最近邻算法,并使用基于距离的度量来识别异常[19]。

另一种识别异常的可能性是基于分类,描述了基于在包含已知类别成员资格的观察的训练数据集上学习得到的分类模型,识别新实例类别的问题。类别代表类标签,不同的观察可能属于多个类标签。在机器学习中,分类被认为是监督学习的一个实例,采用分类方法的算法称为分类器,可以预测类标签,并在异常检测的情况下区分正常和异常数据[2]。著名的分类方法包括分类树、模糊逻辑、朴素贝叶斯网络、遗传算法和支持向量机。

由于类似于流程图的结构,分类树也称为决策树。在这里,内部节点形成测试属性,每个分支代表测试结果,叶子代表对象所属的类别[22]。模糊逻辑源自模糊集理论,处理近似推理。在这种方法中,数据使用各种统计度量进行分类,并根据模糊逻辑规则被分类为正常或异常数据[12]。

朴素贝叶斯网络基于概率图模型,每个节点代表一个系统变量,每条边代表一个节点对另一个节点的影响[2]。遗传算法属于进化算法类别,基于自然进化技术如选择和突变生成优化问题的解决方案。遗传算法特别对噪声鲁棒,并且以高异常检测率而著名[12]。

支持向量机(SVM)是一种用于分类和回归的监督学习方法,尤其在模式识别领域被广泛使用,单类 SVM 基于属于特定类别的例子,不包括负例[20]。

20.3 特征选择和工程

与所有 ML 方法一样,特征选择在异常检测中扮演着重要角色。在制造业背景下的一个重要类别的特征是来自监控系统的传感数据。例如,机器人臂在电机操作期间可能会产生可测量的振动[16],这些振动数据用于检测异常行为,可能会触发对臂部进行维护。

特征选择的重要性来自无关特征可能会导致模型性能下降,随着特征数量的增加,计算复杂性和数据存储成本也会增加。在开发特征检测模型时,通常会将很大一部分开发时间分配给特征的选择和转换。

并非所有数据都可以被模型直接使用。以机器人臂为例,数据中可能存在来自其他振动或不准确测量的噪声。在这些情况下,可能需要预处理或设计特征,可能涉及对振动数据运行噪声滤波器以产生更清晰的信号。然而,也可能存在由于其架构缺乏复杂性而无法向模型提供隐藏信息的情况。在机器人臂示例中,进行频率分析会产生更有信息量的特征,这些特征对于给定模型可能更有用。

20.4 自编码器案例研究

本案例将展示 Knowledge 项目中的一个行业合作伙伴的实际制造过程。Knowledge 是一个由 Horizon2020 倡议资助的欧盟项目,旨在推进人工智能驱动的制造过程和服务[3]。这里描述的场景代表了汽车内燃机燃料箱的生产,定义了在燃料箱制造过程中的吹塑程序,该程序受到高精度传感器控制和观察的多个步骤的影响,这些传感器用于测量温度、位置和能耗等不同指标。

图 20.2 所示为吹塑成型工艺过程,以一个水瓶为例。本质上,涉及熔化塑料并将其塑造成一个预成型,类似于带有螺纹颈部的试管。然后将这个预成型放入模具腔中,并向其中吹入空气,迫使塑料膨胀并采取模具的形状。一旦塑料冷却并固化,模具就会打开,成品瓶被弹出。这个过程可以非常高效,可以大规模生产具有一致形状和属性的物体。

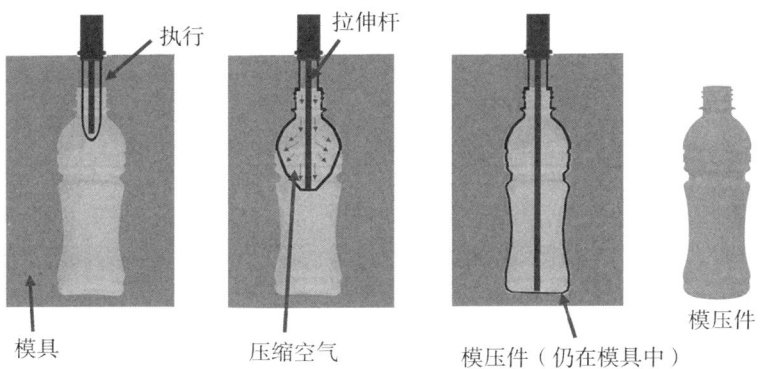

图 20.2 吹塑成型工艺示意图,塑料被熔化并成型为管状预成型件,然后将预成型件放入模具中,充气以形成模具的形状,然后冷却,一旦凝固,成品瓶就会从模具中弹出

不幸的是,由于复杂形状的吹塑是一个非常敏感的过程,并不是每个生产周期都成功,生产过程可能会显示出超出公差的质量措施所指示的缺陷。为了在早期阶段减少这些错误,减少额外产生的成本,介绍在项目期间实施的异常检测解决方案。尽管在此背景下考虑了包括监督方法在内的不同检测方法,用于已经识别的异常行为,但以下将专注于自编码器[9]作为无监督异常检测的代表性方法,适用于大量潜在案例。

20.4.1 自编码器

自编码器是一种神经网络架构,对数据进行编码和解码,以学习紧凑高效的表示。简单地说,想象一个具有多个层的神经网络尝试输出放入其中的任何内容(恒等函数)。对于小数据集来说,这当然是一个非挑战性的任务,如果中间层足够大以保持所有信息。但是,如果需要大量个别数据实例的表示呢?由于对于大型数据集来说,学习每个实例都太复杂了,自编码器的思想是找到一个对于大数据来说泛化良好的简化描述,同时仍然保持重现给定输入的基本信息。考虑上述多层神经网络架构(图 20.3),自编码器将信息传播分为编码器和解码器部分。在编码器中,信息通常通过一系列缩小的层流动,最终层等于一个瓶颈,用于编码并因此学习数据的压缩版本。代表解码器的后续层负责从生成的编码中恢复信息,模型的准确性由重构误差给出,重构误差定义为原始数据与通过学习到的编码传播构建的压缩近似之间的差异程度的度量。

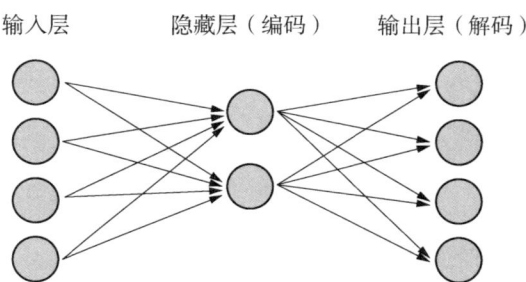

图 20.3 具有 1 个隐藏层的自动编码器的简化示例,中间的神经元比开始和结束时要少,迫使模型学习数据的压缩表示

20.4.2 吹塑的异常检测

燃料箱制造任务包括许多步骤,包括连续和循环的子过程,如挤出或吹塑。

我们聚焦于循环吹塑工艺,分析了 100 多个相关数据属性。属性主要对应于机器位置、温度、能耗和压力的预定义和观察值。由于这些信息是随时间记录的,问题变成了时间序列数据的多变量异常检测任务。为了更好地捕捉时间序列数据的固有结构,使用一种特定的自编码器变体,称为长短期记忆自编码器(或 LSTM-自编码器)[11]。在第一步中,将所有相关的过程信息分配给它相关的机器周期,由两个二进制机器事件的组合指示以产生模型训练和评估的输入数据。然后使用结果数据集来学习各个机器周期的压缩表示。由于自编码器用于找到提供的信息的合适表示,模型试图找到一个反映基本周期信息的编码。由于异常被定义为很少发生的事件,通过利用偏离常见行为不被视为特征信息的事实。如前一节所解释的,这种偏差导致不遵循通常模式的周期具有更高的重构误差。无监督模型的一个问题是缺乏真实情况,虽然理论上可以尝试使模型越来越复杂,以捕捉系统的不同行为,但目标不是将异常视为罕见的,而是有效的数据条目。然而,问题仍然是:如何划一条线来区分哪些重构误差指示异常,哪些不指示? 潜在的解决方案也是在所提出的方法中使用的,是利用概率分布——通常是正态分布来估计每个数据属性的重构误差分布。结果,重构误差可以与从整体分散得出的预定义阈值进行比较。例如,高于标准差 3 倍的错误,这种简单的方法也规范了准确性,因为拟合度差的模型会自动导致整体重构误差及其相关扩散的增加。图 20.4 显示了吹塑过程中的各个机器周期,包括建模近似和基于超过阈值的重构误差识别的异常。

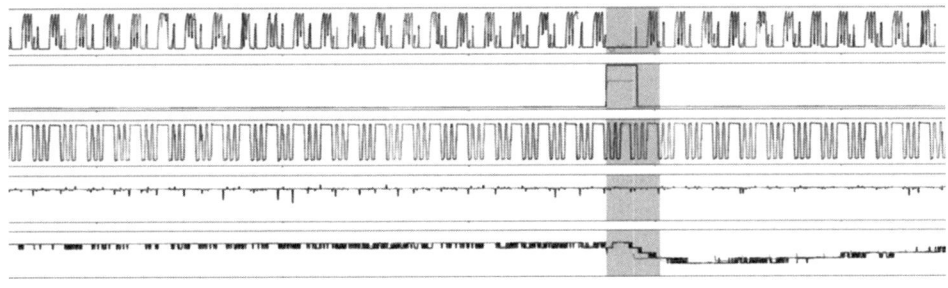

图 20.4 原始过程数据的片段*

图中显示 5 个属性,包括已识别的异常。随着时间的推移,每行呈现不同的属性,原始信号显示为黑色。不同颜色的线表示自动编码器生成的不同周期近似值(再现信号)。由红色阴影矩形突出显示,两个周期被视为异常,因为对于一维或多维,重建误差太高

20.4.3 增强型人机交互

缺乏真实情况，就像无监督异常检测的情况一样，为进一步提高系统的准确性留下了空间。针对这个问题，一种解决方案是整合专家反馈，也称为人机交互。特定领域的验证生成的结果使我们能够标记以前的预测，并随后将这些信息作为输入用于监督方法。此外，人类反馈可以帮助微调预定义的重构误差阈值。如果领域专家注意到该方法检测到太多误报（即根据专家的说法，识别出的异常数量，这些异常并不是异常），可以减少相关属性的阈值。如果系统无法识别出异常，而手动检查会揭示存在的异常，也可以增加系统的灵敏度。有关人类反馈如何增强无监督异常检测方法的更多信息，可以在文献[5-7,17]中找到。

20.5 本章结论

在第五次工业革命中，以人为本的人工智能（HCAI）正成为制造过程的关键。异常检测可以用来提高质量控制并提升操作人员的水平，有几种机器学习方法可以检测异常，讨论的一些方法包括聚类，将类似的数据对象分组及分类，基于已知类别对新实例进行分类。在欧盟项目 Knowledge 的范围内，使用了自编码器来检测燃料箱生产中的制造缺陷，详细介绍了自编码器的工作原理以及如何有效地解决大型数据集的异常检测问题。人类的专业知识的参与，或称为人机交互，对于提高模型性能和管理误报检测至关重要。

参考文献

[1] Aggarwal C C, Reddy C K. Data clustering [J]. Algorithms and applications. Chapman & Hall/CRC Data mining and Knowledge Discovery series, Londra, 2014.

[2] Agrawal S, Agrawal J. Survey on anomaly detection using data mining techniques [J]. Procedia Computer Science, 2015, 60: 708-713.

[3] Alvarez-Napagao S, Ashmore B, Barroso M, et al. Knowledge project-concept, methodology and innovations for artificial intelligence in industry 4.0 [C]//2021 IEEE 19th International Conference on Industrial Informatics (INDIN). IEEE, 2021: 1-7.

[4] Berkhin P. A survey of clustering data mining techniques [M]//Grouping multidimensional data: Recent advances in clustering. Berlin, Heidelberg: Springer Berlin Heidelberg, 2006: 25-71.

[5] Chai C, Cao L, Li G, et al. Human-in-the-loop outlier detection [C]//Proceedings of the 2020 ACM SIGMOD international conference on management of data. 2020: 19-33.

[6] Chawla A, Jacob P, Farrell P, et al. Towards interpretable anomaly detection: Unsupervised deep neural network approach using feedback loop [C]//NOMS 2022-2022 IEEE/IFIP Network

Operations and Management Symposium. IEEE, 2022:1-9.

[7] Das S, Wong W K, Dietterich T, et al. Incorporating expert feedback into active anomaly discovery [C]//2016 IEEE 16th International Conference on Data Mining (ICDM). IEEE, 2016: 853-858.

[8] DeMedeiros K, Hendawi A, Alvarez M. A survey of AI-based anomaly detection in IoT and sensor networks [J]. Sensors, 2023, 23(3):1352.

[9] Goodfellow I. Deep learning [J]. 2016.

[10] Hasan M, Islam M M, Zarif M I I, et al. Attack and anomaly detection in IoT sensors in IoT sites using machine learning approaches [J]. Internet of Things, 2019, 7:100059.

[11] Hochreiter S. Long short-term memory [J]. Neural Computation MIT-Press, 1997.

[12] Kaur H, Gill N. Host based anomaly detection using fuzzy genetic approach (FGA) [J]. Int. J. Comput. Appl, 2013, 74(20):5-9.

[13] Lu J, Wang J, Wei X, et al. Deep anomaly detection based on variational deviation network [J]. Future Internet, 2022, 14(3):80.

[14] Ma X, Wu J, Xue S, et al. A comprehensive survey on graph anomaly detection with deep learning [J]. IEEE Transactions on Knowledge and Data Engineering, 2021, 35(12):12012-12038.

[15] Ngo Q D, Nguyen H T, Tran H A, et al. Toward an approach using graph-theoretic for IoT botnet detection [C]//Proceedings of the 2021 2nd International Conference on Computing, Networks and Internet of Things. 2021:1-6.

[16] Sharp M E. Observations on developing anomaly detection programs with case study: robotic arm manipulators [J]. 2019.

[17] Smits G, Lesot M J, Yepmo Tchaghe V, et al. PANDA: Human-in-the-loop anomaly detection and explanation [C]//International Conference on Information Processing and Management of Uncertainty in Knowledge-Based Systems. Cham: Springer International Publishing, 2022:720-732.

[18] Su Y, Zhao Y, Niu C, et al. Robust anomaly detection for multivariate time series through stochastic recurrent neural network [C]//Proceedings of the 25th ACM SIGKDD international conference on knowledge discovery & data mining. 2019:2828-2837.

[19] Syarif I, Prugel-Bennett A, Wills G. Unsupervised clustering approach for network anomaly detection [C]//Networked Digital Technologies: 4th International Conference, NDT 2012, Dubai, UAE, April 24-26, 2012. Proceedings, Part I 4. Springer Berlin Heidelberg, 2012:135-145.

[20] Tang H, Cao Z. Machine learning-based intrusion detection algorithms [J]. J. Comput. Inf. Syst, 2009, 5(6):1825-1831.

[21] Toshniwal A, Mahesh K, Jayashree R. Overview of anomaly detection techniques in machine learning [C]//2020 Fourth International Conference on I-SMAC (IoT in Social, Mobile, Analytics and Cloud)(I-SMAC). IEEE, 2020:808-815.

[22] Wu S Y, Yen E. Data mining-based intrusion detectors [J]. Expert Systems with Applications, 2009, 36(3):5605-5612.

[23] Wu Y, Dai H N, Tang H. Graph neural networks for anomaly detection in industrial Internet of Things [J]. IEEE Internet of Things Journal, 2021, 9(12):9214-9231.

[24] Zheng Y, Jin M, Liu Y, et al. Generative and contrastive self-supervised learning for graph anomaly detection [J]. IEEE Transactions on Knowledge and Data Engineering, 2021, 35(12): 12220-12233.

第 21 章 · 融入可信和以人为本的方法迈向工业 5.0

Eduardo Vyhmeister，Gabriel Gonzalez Castane

21.1 引言

工业领域已经从机械化和蒸汽动力发展到大规模生产和自动化，即所谓的工业 4.0，这场数字革命整合了如增材制造、IoT、边缘和云计算、仿真、网络安全、水平和垂直集及大数据分析等技术，以实现任务高效执行[1]。

为了优先考虑韧性、社会福祉和经济增长，欧洲委员会（EC）引入工业 5.0 概念，旨在将传统工厂转变为繁荣的有韧性的制造者[2]。AI 技术在这一转变中扮演着至关重要的角色，可以促进大规模生产和定制的自动化。

建立用户对 AI 产品的信心至关重要，可以通过风险缓解和促进 AI 技术应用来实现。可信 AI（TAI）和以人为本的 AI 整合是需要解决的关键问题[3]，以人为本的 AI 专注于在优先考虑人类需求的同时优化性能，改善工作条件，并促进可持续和社会负责的工业生态系统。

本章包括从工业 4.0 向工业 5.0 过渡的概述，突出使用 AI 和先进技术创建可持续、以人为本和有韧性的工业，探讨采用 TAI 的挑战和机遇，提供缓解风险和促进有效采用的策略。

在 TAI 资产中提出的缓解风险策略与行业中建立的方法一致，特别是基于 ISO 31000 标准的流程风险管理（PRM）。为了满足当前和未来 AI 法规的要求，提出 TAI-PRM 框架。该框架旨在实现包括以下特定目标：

（1）支持管理单元和开发人员在 AI 生命周期过程中整合可信要求。

（2）独立于法律和技术变化安全地使用 AI 工具，不同国家对 AI 使用的立法可能有所不同，故灵活性是关键。

（3）简化处理道德驱动风险的框架与其他常用于 PRM 的方法的结合，需要被设计为这些行业使用的补充资产，而不是替代品，以促进其应用。

（4）促进迭代过程，以在框架内处理 AI 工具上的风险。许多软件过程中并不遵循顺序开发，而是螺旋/迭代开发过程。因此，框架必须灵活适应开发人员为其整合所应用的任何开发周期。

（5）确保可以通过明确定义的指标跟踪关键绩效指标（KPI），以记录在处理已识别风险方面的进展。跟踪 KPI 对于其日常运营和业务单元至关重要。此外，管理层可以使用这些指标来理解整合道德方面的影响。

（6）构建一个解决个人责任和沟通渠道的框构。为此，框架必须促进技术和非技术利益相关者之间的沟通。

（7）促进在其他研究领域和市场细分中重用结果，以避免重复努力，被转化为未来开发的收入和研究时间的节省。此外，结构良好的风险识别可以避免在具有相似目标的 AI 组件上重复失败条件。

（8）为过渡到工业 5.0 提供无缝路径。通过将道德考量和风险联系起来，公司可以将 TAI 要求作为 PRM 处理。

（9）为用户提供一个工具，用于执行 TAI-PRM 并评估 TAI 已经开发的策略。

21.1.1 理解向工业 5.0 的过渡

工业 4.0 将网络物理系统和数字平台整合到工厂中，以改进生产流程和决策[4]。不同的技术帮助塑造了这场工业革命，其影响不仅限于工业，还包括家庭产品、商业模式、清洁能源和可持续性，超过了之前工业革命的影响。工业被认为是可持续转型的驱动力，需要考虑社会和环境方面[5]。

以前，技术专注于经济优化，忽视了可持续发展。为了解决这个问题，越来越多的需求转向循环经济，优先考虑福祉、社会治理、环境效率和清洁能源。2020 年，欧洲委员会组织了一个研讨会，产生了工业 5.0 的概念，这一愿景被纳入行业的未来路线图，将 AI 和社会维度作为推动者[6]。

工业 5.0 涉及整合技术以优化工作场所、流程和工人绩效，强调人与机器之间的协作而不是相互替代，这种以人为本的方法促进了增强人类能力的技术发展。为了促进工业 5.0 的采用，欧洲委员会建立了诸如技能议程和数字教育行动计划等倡议，旨在提高欧洲工人的数字技能[7,8]。欧洲委员会还寻求通过加速研究和创新投资提高如工业战略中概述的工业竞争力[9]。

环境可持续性是欧洲委员会的一个关键考虑因素，提倡有效使用资源并通过支持诸如绿色协议等倡议来过渡到循环经济[10]。此外,为了促进以人为本的方法,发布了一系列包括人工智能法案、人工智能白皮书和可信要求在内的倡议和法规[11-13]。

工业 5.0 引入了新的挑战和技术推动者,包括实时决策、以人为本的解决方案、边缘计算和透明度,管理方法和 AI 技术可以支持和推动这些进步。同时,工业 4.0 的挑战,如安全、融资、人才、数据分析、集成和采购限制,仍然相关[14,15]。

在技术推动者方面已经提出不同的方法,包括个性化的人-机器交互、仿生技术和智能材料、数字孪生和仿真、数据传输、存储和分析技术、AI 及能源效率、可再生、存储和可信自主技术[16,17]。

21.1.2　AI、TAI 及其与工业 5.0 的联系

工业 5.0 建立在工业 4.0 的基础上,整合了 AI 资产的道德考虑,同时优先考虑人类,旨在通过智能工作实践中人与机器的协作促进社会福祉。AI 中的道德问题因领域和应用类型而异,有独特的考虑。

信任发展成为一个共同的挑战,对于在用户中树立信心至关重要。欧洲委员会强调 TAI 作为一个基础雄心,承认信任在推进 AI 和建立强大框架中的重要性[18]。因为 AI 代理和人类之间的可靠互动至关重要[19],因此必须确保 AI 技术的可信性。AI 技术提供商必须解决与性能和用户影响相关的风险,强调 AI 驱动系统和人之间的协作,考虑透明度、可靠性、安全性和人类需求,以促进用户接受[20]。

制造业中人与 AI 的交互可以分为三种类型(人在循环中 HITL、人在循环上 HOTL 和人在指挥 HIC),这取决于人的参与程度。重要的是,这些系统所做的决策可以受到人类和数据的影响,因此受到社会、法律和物理考虑的影响。

根据欧洲委员会设立的高级专家组[21],TAI 有三个主要支柱,应在系统整个生命周期中满足:它应该是合法的、道德的和稳健的。为了确保 AI 是可信的,必须根据 AI 资产的内在风险解决不同的要求,这些与人类代理和监督、技术稳健性和安全性、隐私和数据治理、透明度、多样性、非歧视和公平性(DnDF)以及环境和社会福祉及问责制有关。可信要求[13]旨在最小化与 AI 相关的风险及其在整个 AI 生命周期中可能产生的不利结果,与 84 个道德指南派生的五个关键原则一致:透明度、正义和公平、不造成伤害、责任和隐私,确保

AI 系统尊重基本权利，安全可靠，保护隐私和数据，透明和可解释，避免偏见，促进利益相关者参与，并受到问责机制的约束。

21.1.3　PRM 和 AI 实施考虑

在 2020 年的一项研究中，Hagendorff[22] 为解决关键 AI 问题提供了指导方针和策略，重点关注最受关注领域。然而，该研究缺乏处理 AI 资产整个生命周期的具体定义[23]。此外，在不同领域和环境中实施这些方法可能会遇到需要理解的具体挑战[20]。

不同的组织已经基于多种道德原则开发了不同的方法，以促进从业者开发 AI 组件，这些组织包括学术界、工会、企业、政府和非政府组织。

为确保可信组件，任何代理对人类的行为必须是可靠的[19]。这个定义描绘了信任和风险管理之间的联系，与欧洲委员会 AI 法案[11]中的定义一致。通过定义一个适当的方法来跟踪和管理来自可信要求的风险组成部分，最小化产生不利结果的可能性。

开发一个确保 AI 的道德使用的同时最小化潜在伤害并最大化利益的框架需要全面的方法，如何在考虑现有方法的情况下在制造业领域实施这样一个框架？

PRM 涉及识别、评估和控制可能影响系统和组织的风险，将道德考虑整合到 PRM 过程中需要定义道德风险（E-risks）的概念。我们提出以下定义："E-risks 是可能由于缺乏考虑 TAI 要求，包括价值观、社会、法律、环境和其他约束条件而破坏 AI 资产预期行为的条件和过程。"

PRM 涉及干预、沟通和管理公司的各个领域。风险管理框架由三个关键组成部分：风险架构（RA）、策略（S）和协议（P），形成 RASP 策略。RA 为沟通和报告提供了正式结构，S 定义了实施策略，P 包括管理风险的指导方针和程序[24]。

风险管理政策声明在框架中起着至关重要的作用，概述了组织对 PRM 的战略和方法，与其目标一致，并针对特定环境量身定制。然而，在制定 AI 管理的企业政策时，可能存在最少的考虑，由于法规要求，如人工智能法案[11]，可能会影响政策的内容。

ISO 31000 广泛用作工业中 PRM 的标准，提供了评估、处理、监控、审查、记录和报告风险的程序。ISO 31000 通常与其他特定标准结合使用，如 ISO

9001 用于供应链和产品质量改进[25]和 ISO/AWI23247 用于数字孪生制造框架[26]。然而,这些标准需要审查和更新,以符合智能制造和工业 5.0 的要求[27]。

尽管 ISO 31000 没有明确解决应用安全风险或提供实施 RASP 控制的指导,采用 RASP 框架的组织可以从考虑 ISO 31000 的原则和指导方针中受益,促进了 PRM 的系统化和主动方法,这与 RASP 框架的目标相辅相成。

TAI-PRM 遵守 ISO 31000 并采用 RASP 方法[28,29],为沟通和报告故障、实施策略和管理风险的指导方针提供了支持结构。本章中,我们基于 ISO 31000,并结合一些其他因素,开发和测试 PRM 的协议。沟通和咨询活动是 RASP 架构的一部分,而不是 PRM 本身,道德 PRM 包括在风险评估和风险处理之后作为主要组成部分的监控和审查过程。文献[28,29]为理解 PRM 和评估提供了范围情境化,以及 AI 开发和管理的基础工作,建立要求和风险组成部分之间的联系。

21.2 故障模式和影响分析

故障模式和影响分析(FMEA)方法通常用于包括技术领域在内的各个行业的风险评估。当涉及评估源于 TAI 考虑的风险时,FMEA 方法可以成为有效工具的几个原因:

(1) 整体方法:该方法可以应用于整个系统,而不仅仅是关注单个组件,与强调全面方法处理道德和技术考虑的 TAI 原则一致。

(2) 识别潜在危险:TAI 要求识别潜在危险,评估它们的可能性和影响,并采取措施减轻它们。FMEA 方法为此提供了一个结构化的框架,也有助于发现隐藏的危险。

(3) 系统化方法:该方法涉及系统化的风险评估方法,有助于确保以一致和全面的方式解决风险,这对于 TAI 至关重要。

(4) 持续改进:FMEA 方法旨在成为一个迭代过程,这与 TAI 的原则一致,强调需要持续监控和持续改进,以确保 AI 系统保持道德、透明和可问责。

FMEA 的关键步骤如下。这些步骤应按顺序执行,但"识别故障""检测方法"和"现有风险控制""分析影响"和"确定纠正措施"除外。

1) 定义分析

开发 TAI 系统涉及定义约束、故障和目标,同时考虑系统上下文,包括在

AI法案[11]中有所概述的可解释性在内的可信要求,将这些要求适应工业背景和AI资产目标至关重要。实现TAI的方法取决于功能、数据使用、用户理解和目标[11]。

2) 开发系统功能块图

各种支持文件,包括块图,分析故障模式及其影响。其详细程度应与AI资产的风险水平相对应,工作表和矩阵是有价值的工具。系统和AI边界描述、设计规范、安全措施、防护措施和控制系统细节等额外信息对于风险分析是必要的。

3) 识别故障模式

识别故障模式对于理解系统故障至关重要,某些故障模式与TAI-PRM的需求一致,已经确定。例如,文献[30]定义了IT安全的故障模式。FMEA已成功应用于TAI,主要关注公平性[31]。为了扩大故障模式的范围,建议纳入从系统规范和TAI要求派生的11个基于道德的故障家族,包括与鲁棒性、安全性、透明度、问责制、社会福祉、环境福祉、人类代理和监督、隐私、数据治理、偏见(DnDF)和用户价值相关的故障,这种方法便于检测和度量定义。

识别故障模式涉及使用支持协议测量可观察条件。建议根据驱动因素(如物理、社会、数据、用户/系统界面和算法)对条件进行分组。物理驱动因素包括电源、通信/数据链路电缆、机器人部件、可穿戴设备、透镜和传感器。内部社会驱动因素涉及利益相关者的价值观和偏见,包括社会责任和设计中的道德。数据驱动因素包括影响AI可信度的数据源,如偏见、质量、数量和安全性。用户和系统界面驱动因素与使用不当、缺乏信息显示、教程、指南和用户的恶意使用有关。算法驱动因素包括AI代码执行期间解决问题的过程和预期功能。

4) 识别故障、检测方法和现有风险控制

使用度量和方法检测和管理故障模式,以降低风险条件。需要适当的干预程序来处理高风险AI组件,将进一步的行动(如控制装置和断路器)联系起来对于增强系统理解和降低风险至关重要。缺乏检测方法可能影响系统的鲁棒性、安全性和透明度,这些行动的重要性应与所涉及AI资产的固有风险水平相关联。

5) 分析影响

这一步分析故障模式的后果包括最终效果及其对社会驱动组件和每个

HSE(健康、安全和环境)元素的影响。

6) 确定纠正措施

涉及识别可以预防或降低故障可能性的行动,符合法律要求,确保系统的安全运行,从故障中恢复,并基于用户价值和 AI 可信性要求纳入规范。

7) 排序

为每种故障模式的可能性、严重性和可检测性分配值,这些值可以用作估计 TAI 状态的 KPIs。风险优先级数(RPN)指数针对具体故障模式,可以用于规范 AI 工件的风险。RPN 的数学表达式是 $RPN_{item} = S \cdot O \cdot D$。这里 S 是严重性(1~10 的量表,10 是最严重的),O 是发生或可能性(1~10 的量表,10 是最有可能的),D 对应于检测排名(1~10 的量表,10 是最无能力的)。RPN 指示故障模式的风险水平,较高的 RPN 间接表示 AI 组件的较高风险。

为了评估 AI 组件在不同故障模式上的总体风险,可以通过将每个项目 i 的 RPN 与其相应的故障模式比率相加来计算全局风险优先级数指数 $(GRPN_{item})$,$GRPN_{item} = \sum_{i=1}^{n} RPN_i \alpha_i$。该方程中,$i$ 代表与同一来源相关的不同故障模式;n 为特定组件的故障模式数量;α_i 为故障模式比率,代表如果故障具体化,归因于具体故障模式的部分,意味着 AI 资产以特定故障模式失败的百分比。

故障模式比率可以估计为 $\alpha_i = e_i / e_{tot}$,这里 e_i 为特定故障模式的失败条件数量,e_{tot} 为系统中所有失败条件的总数。故障模式比率可用于通过适当的加权将具有相同可信要求的风险进行分组,从而确定 AI 资产最重要的 TAI 风险考虑因素。

8) 制表和报告

报告包括文档和存储库,供用户了解故障模式、风险、控制措施、防护措施和建议。

21.3　TAI‐PRM 协议

图 21.1 所示为 TAI‐RPM 的概览,详细内容见文献[29],显示了与 AI 工件和 TAI 考虑相关的 PRM 活动的抽象。

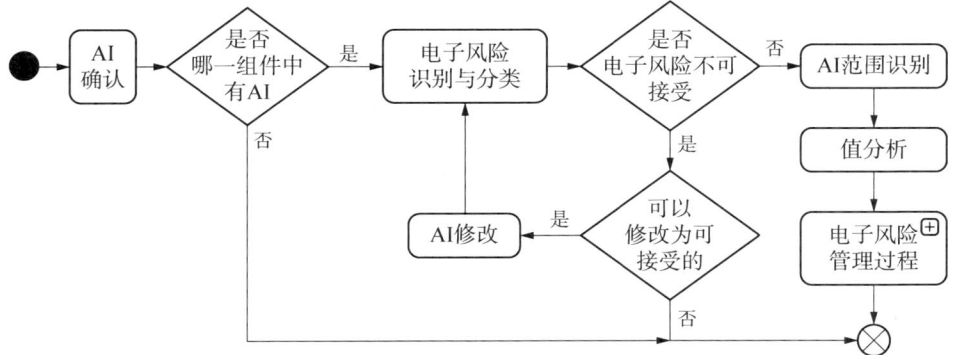

图 21.1　电子风险管理基准流程

图表显示了起点（黑色圆圈）、流程（框）、决策点（菱形）和终点（交叉圆圈），一些流程包含子流程图，用[＋]符号表示，遵循这里解释的相同方法。

如图 21.1 所示，第一个流程是 AI 确认，涉及通过定义和分类来识别 AI 元素。接下来，e-Risk 识别和分类活动聚焦于在监管条件下识别 AI 元素的固有风险水平（鉴于欧盟当前的监管方法，专注于 AI 法案[11]定义的风险水平）。此流程已在文献[28,29]中详细讨论，因此这里不再涉及。

如果 AI 分类在上述阶段被认为是不可接受的，用户将进入图 21.1 中 AI 范围定义或〈可以修改为可接受？〉节点。这个节点评估 AI 的方法、数据特征和功能是否可以修改，以满足高风险资产的 TAI 考虑。如果可以修改，执行 AI 修改以重新定义 AI，然后进行另一轮〈e-Risk 识别和分类〉。如果无法确保 AI 资产的可接受风险水平，则应停止或淘汰设计、部署或使用过程。

在分析价值（可在文献[28,29]了解更多信息）中，评估可能影响 DnDF 要求的偏见和使用个人信息的潜力，还考虑了留给 AI 资产的自动化程度及这如何影响人在决策过程中的代理，允许将用户的价值观整合到系统中。如果有冲突，可以使用有充分记录的决策方法（如 ANP 或 AHP）来解决。最后，e-Risk 管理过程包括风险评估、处理、监控和审查——将在 21.3.1 节中描述。

e-Risk 管理过程

图 21.2 所示为道德驱动的 PRM 的高级图，图中的每个活动将在下面讨论。

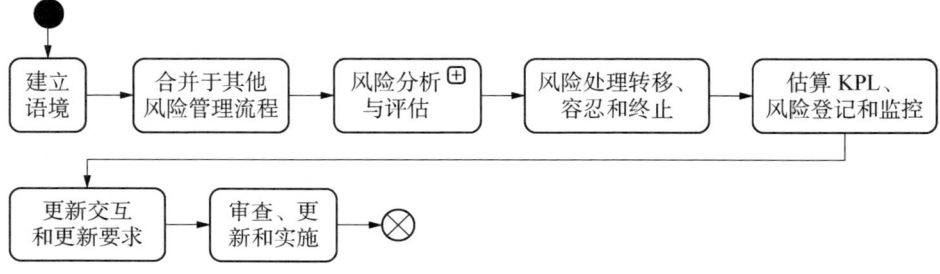

图 21.2　电子风险管理流程的高级概述

1）建立上下文

在此流程中执行信息收集和运行,通过:①定义 AI 资产如何与其他组件和子系统(即软件架构文档)交互;②定义组件的层次扩展,用户必须跟踪风险分析中的级联效应,如使用根本原因分析;③分析 AI 元素动作、UI 和人类之间的交互,在活动 AI 范围(21.3 节图 21.1)中定义;④分析作为控制功能、输入行为、系统结果和组件值的要求设置的约束。如果相关,这些约束是与物理上下文一起建立的,增强了系统安全性,特别是在 AI-用户交互中;⑤分析包括与其他组件和子系统的连接性、依赖性和人- AI 和人- UI 交互的图表;⑥分析从要求和价值收集的信息。

2）与其他风险管理过程合并

当识别出多个 PRM 实例并使用类似方法(即 FMEA)时,可以合并分析(如与 DFMEA 和 PFMEA 过程合并;DFMEA 涉及系统的全面分析,而 PFMEA 识别并评估过程中的故障)。

3）风险分析和评估

FMEA[或如果存在信息,则进行关键性分析(CA)]被用作风险分析的核心组件。鉴于内容的深度,此过程在 21.4 中有详细描述,包含详细的子流程——管理 e-Risk 的核心。

4）风险处理、转移、终止或容忍

根据风险承受度和风险水平,评估是否应处理 AI 资产:

处理:可以修改、升级或保护故障条件。

转移:如果实现,外部防护措施将分配故障事件的责任——条件可以限制转移 e 风险的选项。

容忍:无须 AI 资产修改。必须根据风险管理政策中确定的频率继续进行状态的定期更新。

终止：不应使用或开发 AI 资产。

这些活动被称为风险管理的 4T，此过程及其活动在 21.5 节中进一步扩展。

5）估计 KPIs、风险等级和监控

KPIs 应与为 AI 定义的每个可信要求或值相关联，并测量其风险水平。监控部分涉及分析和评估利益相关者的结果，以追踪应急行动，并实施 PRM。风险等级涉及 FMEA 的制表和报告过程。

6）更新交互和更新要求

前面流程的结果涉及与 AI 资产及其与其他组件的交互、由其他 AI 资产管理的数据结构以及可能影响系统可信性的额外 AI 资产或新功能的修改。因此，有必要分析这些新交互以识别潜在风险，必须跟踪运行 PRM 的迭代过程，以进行问责。

7）审查、更新和实施

一旦没有未解决的更新，用户必须实施风险处理策略，这取决于 PRM 中描述的不同角色之间的交互。此外，必须修订故障模式的状态，以及实施 4T 的机制和流程——为实施 AI 资产提供安全协议、策略和控制机制，可以使用内部或外部审计流程来评估系统状态和 PRM。最后，必须更新风险登记册以进行问责。

21.4 风险分析和评估活动

本节将扩展上一节中描述的组件，定义用于风险评估的 FMEA、FMECA 和 RCA（根本原因分析）方法之间的工具。

第一个决策节点〈协议定义?〉分析用户是否为风险评估定义了 FMEA 或替代方案（即 RCA——RCA 是一种超出本章范围的有充分文件记录的方法，因此不再进一步解释）。如果没有，一组决策节点将用户引导至最方便的方法。一组问题是：

（1）〈所有故障都已识别?〉：是否旨在识别所有可能的故障条件，意味着用户对检测可能触发风险结果的每种情况感兴趣。

（2）〈顶级事件限制?〉：这个问题集中在故障事件数量庞大或可能出乎意

料的情况下。

（3）〈需要 AI 更新？〉：当 AI 资产需要人为干预或软件更新时，FMEA 具有广泛的适用性和效率。

（4）〈AI 系统早期阶段？〉：当系统处于设计或定义阶段时，FMEA 方法可以更好地帮助检测可能导致系统故障的条件。

（5）〈系统修改？〉：当系统将在未来的阶段进行大量修改时。

（6）〈鲁棒性检查？〉：如果 AI 资产用于关键系统，或者 AI 故障可能对用户和环境产生严重影响时，这个决策节点将允许用户决定是否需要进行鲁棒性检查。

〈数量风险评估？〉：由于 FMEA 允许根据它们的发生、严重性和检测对故障模式进行分类和分组，这个决策节点有助于定义。

（7）〈人为错误故障？〉：这个决策节点涉及需要相当大的人为干预的系统。

（8）〈依赖性配置文件？〉：如果故障在具体化时可能触发级联事件，FMEA 可以促进正确识别系统相互依赖性。

（9）〈关注事件？〉：如果需要解释可能导致严重后果和影响的故障之间的关系。

如果用户被引导至使用 FMEA 活动——在 21.4.1 节中详细说明——必须收集有关定性和定量评估的信息。两个决策节点用于定义这些：〈故障概率？〉和〈专家判断？〉，这些导致图 21.3 中的两个活动：定性关键性分析和定量关键性分析。为了执行 CA，需要额外的信息，如：①故障模式比率(α)；②条件概率(β)，表示故障效应将以识别的严重性分类的结果的概率；③λ，表示由于不同原因在操作时间内导致的整个系统故障率，以时间单位或每个时间周期来表示。然后，关键性编号(C_M)提供了一个度量，将 AI 资产的特定故障模式分类如下 $C_m = \beta\alpha\lambda$。整体关键性编号(C_r)估计 AI 资产相对于整个系统的严重性，$C_r = \sum_{i=1}^{n}(C_m)_i$。

此外，必须构建热图和风险矩阵，以跟踪定量信息，并根据收集到的关于故障模式的概率信息进行数值分析（如 21.4.2 节所述）。

21.4.1　使用 FMEA 活动

图 21.3 所示为 FMEA 流程，从决策节点〈设计风险分析定义？〉开始，用户

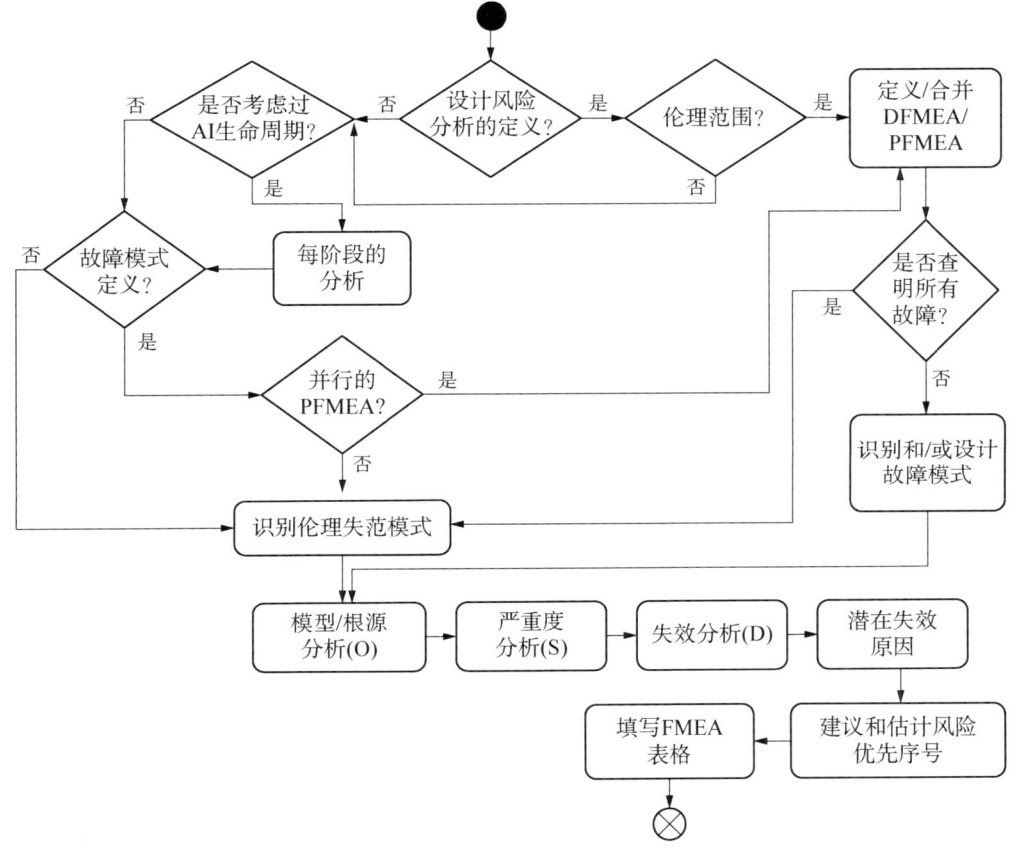

图 21.3 FMEA 流程

可以检查是否并行运行 PFMEA 或 DFMEA 协议与 TAI-PRM。当这种情况发生时，下一个决策节点〈范围启用道德？〉检查框架的范围和正在进行的方法是否可以合并或扩展，意味着定义组件、项目、依赖性，并建立政策之间的相似性。如果该过程正在运行，一个名为"定义并合并 DFMEA/PFMEA"的活动定义了扩展功能块的策略。

决策节点〈AI 生命周期考虑？〉检查用户是否考虑分析完整的 AI 资产生命周期。如果是这样，必须考虑每个 AI 生命周期阶段的 FMEA 方法，并分析设计、开发、使用和退役每个阶段涉及的风险。

接下来的决策节点〈所有故障都已识别？〉是一个内部检查，评估是否已经考虑了 AI 资产的所有相关故障条件及其驱动因素。之后，需要检查 AI 资产是否用于维护或操作过程。如果是这样,必须为结合这两个过程设置 PFMEA 过程。这必须由用户在〈PFMEA 并行?〉中执行。

独立于用户采取的 FMEA 流程路径,TAI-PRM 提供了两个关键活动,以识别故障:第一个活动名为识别道德故障模式,定义了用户要考虑的道德、可信和价值观分析的范围。第二个活动是识别和/或设计故障模式,基于 AI 资产的设计,用户必须分析可能的系统的一般故障模式,并基于分析作为整体系统包括 DFMEA 和 PFMEA 考虑(不仅仅是基于道德)。

已经确定了超过 130 个与可信考虑相关的故障模式,用户可以在提到的存储库中访问此列表,或者通过文档末尾描述的工具。重要的是,可能的故障模式不仅限于所呈现的,因此用户可以根据基于 e-Risk 的策略扩展故障模式的知识库,这个列表基于文献和来自案例研究的工业反馈。此外,为执行 TAI-PRM 构建的工具(在 21.6 节中描述)进一步促进了故障模式的识别,并增加了在工具用户之间整合和共享故障模式的能力。

识别故障模式后,必须执行这些故障模式的排名活动。如图 21.3 所示,对于每个组件上的每个故障条件(模型/根),需要考虑到可能性/发生等级(O)、严重性(S)和必须考虑检测(D),如果检测(D)是由系统外部的实体执行的,如在整个 IoT 设备中,则应该实施通信通道的约束,可能促使风险偏好设定在更严格的条件下。

FMEA 流程的最后三步专注于文档化,以改进未来故障模式的检测和问责制。首先,潜在故障原因,重点是保持对未来纠正措施的故障模式原因的控制。

在建议和估计风险优先级数——RPN 活动中,应记录故障补偿预备措施、功能扩展或限制,或者 AI 资产修改,以防止/减少可能性和严重性,或者改善故障模式的检测。最后,在填写 FMEA 表格中,用户必须填写风险登记册。

21.4.2 热图构建

热图,也称为风险矩阵,是一种用于识别和比较多个 AI 工件和与之相关的故障模式风险的机制。文献[32]中详细说明了如何构建风险矩阵,可以根据 AI 资产的内在风险水平,如 AI 法案中定义的那样进行扩展。

风险矩阵的基础是风险定义,即当风险具体化时其严重性和可能性的组合。为了描述风险,可以使用严重性和可能性的分类,遵循定性描述和量表。

因此，失效模式可以通过直接转换为风险容忍度，将其分配到可能性、严重性和风险评分构建的矩阵上。

21.4.3 执行分析

为了将热图与 AI 法案联系起来，应考虑不同的风险承受度，这取决于 AI 资产的内在风险，即 AI 资产的风险越高，风险承受度必须越严格。表 21.1 规定了与 4T 相关的风险的应急行动，详细描述在 21.3.1 节中。

表 21.1　根据内在风险水平的 RPN 范围

风险水平	容忍风险得分范围	处理风险得分范围	终止风险得分范围
不可接受风险	—	—	1～1 000
高风险	1～200	201～800	801～1 000
有限风险	1～400	401～1 000	—
最小风险	1～800	801～1 000	—

随着从实施 PRM 在 AI 资产和我们的案例中获得的更多知识，需要进一步的改进。重要的是，用户可以根据自己企业建立的风险政策修改建议的范围，始终考虑 AI 法案的约束。

21.5　风险处理、转移、终止或容忍活动

与风险管理的 4T 相关的过程是图 21.2 所示的更大过程的一部分，该过程应考虑是否重复 PRM 过程或新的。如果是重复的，用户应确定是否为 AI 资产识别了新的故障模式。如果识别了新的故障模式，则需要使用 4T 分析对故障模式进行新的评估。如果没有新的故障模式，应确认风险承受度的可能修改。

该过程应根据 AI 资产的特定需求（要求和内在风险条件）运行，从而指定对它们的可解释性、透明度、问责制、人类代理和监督、隐私和鲁棒性等条件的处理、转移、终止或容忍的行动，分析中的每一个都导致特定的活动，为应对相应风险提供建议和选项。

存储库提供一个流程图，包括一个用于其他要求的决策节点和一个名为

"框架构建"的活动,以处理新的方法和要求。最后,"风险处理"活动总结前面的分析,并指导用户根据风险承受度和建议确定是否终止、容忍或处理 AI 资产。

总体而言,该流程图为评估和管理与 AI 资产相关的风险提供了结构化方法,考虑了各种因素,如故障模式、风险承受度、可解释性、透明度、问责制、隐私和鲁棒性。

21.6 验证和实际案例场景

TAI‑PRM 验证过程是由参与 ASSISTANT 项目[28,29,33]的不同制造公司和研究机构合作,在多个人工智能资产上执行的。该项目涉及 5 个学术合作伙伴和 7 个工业合作伙伴。真实案例场景被用于开发和完善框架,并在多次迭代过程中吸收了意见。鉴于其实施过程中定义的迭代过程,目前正在使用该框架进行改进。此外,我们还开发了一个工具来促进框架的实施,并评估 ALTAI 工具及其在制造业中的适用性。本章其余部分将介绍作为案例研究的 ASSISTANT 情景,案例研究描述从 TAI‑PRM 21.3 节开始。

21.7 TAI‑PRM 工具

基于 TAI‑PRM 的工具已经为 ASSISTANT 应用案例开发完成,该工具可通过 https://assistant.insight-centre.org/ 页面访问,并提供有关 PRM 的全面信息。它包括两个主要部分,用户可以提供反馈。用户可以访问有关如何使用 ALTAI 工具或 TAI‑PRM 过程的信息。该工具不是 ALTAI 工具的替代品,而是有助于记录可信要求、组件评估和 AI 实施功能的链接和有用性。记录将与基于他们领域的趋势进行比较,只对 TAI‑PRM 过程感兴趣的用户无需完成 ALTAI 组件。

要使用该工具,请选择 My TAI‑PRM 选项卡并创建尽可能多的 PRM。在生成可下载报告之前完成流程。该工具还允许用户创建和共享故障模式,以扩展基于所呈现策略的知识。用户可以在每个 TAI‑PRM 的末尾提供反馈,以改进工具。

执行 TAI‑PRM 需要总共 8 个步骤,包括:①启动 PRM,②识别和分类 e-

Risk，③定义 AI 范围和分析价值，④建立上下文、与其他 PRM 合并并定义关键性分析或 FMEA，⑤FMEA 或 CA，⑥排名，⑦风险登记册，以及⑧处理、终止、容忍和转移。

该工具遵循与 ALTAI 工具类似的分发，以使用户熟悉这两个元素，促进已经进行 ALTAI 评估的用户接受。

最后，ALTAI 工具的模拟信息可以链接到特定的 TAI‐PRM，以便从中生成的信息也用于 TAI‐PRM 的最终报告。

21.8 本章结论

本章探讨了工业 4.0 向工业 5.0 发展的当前范式，其中 AI 和其他先进技术被用来从可持续、以人为本和有韧性的角度构建服务；此外，提出了一个用于在制造业中开发和设计负责任 AI 工件的框架，TAI‐PRM 方法结合了 PRM 和 TAI，使用了故障模式和影响分析（FMEA）方法，包括根据 AI 法案在工业部门定义风险承受度和策略，还包含了风险管理的 4T。

TAI‐PRM 可用于实施符合当前法规的可信考虑和管理风险，可以作为 AI 风险管理标准开发的指南。来自不同领域的反馈强调了在风险管理过程中考虑人为因素的重要性。然而，目前依然缺乏管理 AI 的法规条件、认证和标准，对采用和实施透明和负责任的 AI 系统构成了障碍。要解决这一问题需要大量的培训和努力，这需要转变业务和开发团队的运营方式。

参考文献

[1] Samoili S, Cobo M L, Delipetrev B, et al. AI watch. Defining Artificial Intelligence 2.0. towards an operational definition and taxonomy of AI for the AI landscape, JRC Research Reports (JRC126426)[R]. 2021.

[2] Brunetti D, Gena C, Vernero F. Smart interactive technologies in the human-centric factory 5.0: a survey[J]. Applied Sciences, 2022,12(16):7965.

[3] Devitt S K, Horne R, Assaad Z, et al. Trust and safety[J]. arXiv preprint arXiv: 2104.06512,2021.

[4] Zheng T, Ardolino M, Bacchetti A, et al. The applications of Industry 4.0 technologies in manufacturing context: a systematic literature review[J]. International Journal of Production Research, 2021,59(6):1922-1954.

[5] Renda A, Schwaag Serger S, Tataj D, et al. Industry 5.0[J]. A transformative vision for Europe: governing systemic transformations towards a sustainable industry, 2022.

[6] D.-G. for Research, Innovation, Industry 5.0, a transformative vision for Europe, European

Commission, 2022.

[7] European Commission. European skills agenda for sustainable competitiveness, social fairness and resilience [J]. Communication from the Commission to the European Parliament, the Council, the European Economic and Social Committee and the Committee of the Regions, 2020.

[8] Yanli X, Danni L. Prospect of Vocational Education under the Background of Digital Age: Analysis of European Union's "Digital Education Action Plan (2021 – 2027)" [C]//2021 International Conference on Internet, Education and Information Technology (IEIT). IEEE, 2021:164 – 167.

[9] Cappellin R, Ciciotti E, Marelli E, et al. A new European industrial strategy and the European recovery program after the Covid – 19 crisis [J]. Rivista internazionale di scienze sociali: 3, 2020, 2020:265 – 284.

[10] Fetting C. The European green deal [J]. ESDN Report, December, 2020,2(9).

[11] Commision E. Regulation of the European parliament and of the council laying down harmonised rules on artificial intelligence (artificial intelligence act) and amending certain union legislative acts. 2021 [EB/OL].

[12] European Parliament. Directorate general for internal policies of the union [J]. Islam in the European Union: What's at Stake in the Future, 2007.

[13] H.-L. E. G. on artificial intelligence, ethics guidelines for trustworthy AI, European Commission.

[14] Accenture, Big success with big data-executive summary, 2012.

[15] Finance A. Industry 4. 0 Challenges and solutions for the digital transformation and use of exponential technologies [J]. Finance, audit tax consulting corporate: Zurich, Swiss, 2015:1 – 12.

[16] Xu X, Lu Y, Vogel-Heuser B, et al. Industry 4.0 and Industry 5.0 — Inception, conception and perception [J]. Journal of manufacturing systems, 2021,61:530 – 535.

[17] P. O. o. t. E. Union: Enabling technologies for Industry 5.0: results of a workshop with Europe's technology leaders.

[18] Bedué P, Fritzsche A. Can we trust AI? An empirical investigation of trust reQuirements and guide to successful AI adoption [J]. Journal of Enterprise Information Management, 2022,35(2):530 – 549.

[19] Bartneck C, Lütge C, Wagner A, et al. An introduction to ethics in robotics and AI [M]. Springer Nature, 2021.

[20] Dignum V. Responsible artificial intelligence: how to develop and use AI in a responsible way [M]. Cham: Springer, 2019.

[21] European Commission. Directorate general for communications networks, content and technology [J]. Ethics guidelines for trustworthy AI, 2019.

[22] Hagendorff T. The ethics of AI ethics: An evaluation of guidelines [J]. Minds and machines, 2020,30(1):99 – 120.

[23] Eitel-Porter R. Beyond the promise: implementing ethical AI [J]. AI and Ethics, 2021,1(1):73 – 80.

[24] Hopkin P. Fundamentals of risk management: understanding, evaluating and implementing effective risk management [M]. Kogan Page Publishers, 2018.

[25] Palacios Guillem, M.: New methodology developed for the integration of lean manufacturing; kaizen and ISO 31000:2009 based on ISO 9001:2015(2019).

[26] ISO, ISO 23247 – 1:2021.

[27] Lu Y, Huang H, Liu C, et al. Standards for smart manufacturing: A review [C]//2019 IEEE 15th International Conference on Automation Science and Engineering (CASE). IEEE, 2019: 73 – 78.

[28] Vyhmeister E, Castane G, Östberg P O, et al. A responsible AI framework: pipeline

contextualisation [J]. AI and Ethics, 2023,3(1):175-197.
[29] Vyhmeister E, Castane G, Östberg P O, et al. A responsible AI framework: pipeline contextualisation [J]. AI and Ethics, 2023,3(1):175-197.
[30] Kumar R S S, Brien D O, Albert K, et al. Failure modes in machine learning systems [J]. arXiv preprint arXiv:1911.11034, 2019.
[31] Li J, Chignell M. FMEA-AI: AI fairness impact assessment using failure mode and effects analysis [J]. AI and Ethics, 2022,2(4):837-850.
[32] Ni H, Chen A, Chen N. Some extensions on risk matrix approach [J]. Safety science, 2010, 48(10):1269-1278.
[33] Beldiceanu N, Dolgui A, Gonnermann C, et al. Assistant: Learning and robust decision support system for agile manufacturing environments [J]. IFAC-PapersOnLine, 2021,54(1):641-646.

第22章 · 通过 XAI 和主动学习实现人在循环中的视觉检测

Jože M. Rožanec, Elias Montini, Vincenzo Cutrona, Dimitrios Papamartzivanos, Timotej Klemenič, Blaž Fortuna, Dunja Mladenić, Entso Veliou, Thanassis Giannetsos, Christos Emmanouilidis

22.1 引言

工业革命历史上通过引入生产过程自动化革新了制造业,随着自动化程度的提高,工人的职责和角色也随之改变。过去的制造业革命是从优化的角度出发,而工业 5.0 概念则基于工业 4.0 的技术基础,将制造业引向以人为本[32,67]的新阶段,在其主要目标中增加韧性和可持续性[29],这一变化是工业社会角色整体进步的一部分。欧洲委员会期望工业界在超越工作和公司增长的社会目标上进行合作。

工业 5.0 中以人为本的制造旨在确保将人类的福祉、需求和价值置于制造过程的中心,寻求实现人和机器之间的协作智能,以实现产品和服务的共同创新、共同设计和共同创造[62],最大化个人和联合成果及其联合增加的价值[34]。在工业 5.0 中实现的协同作用将仍然允许高速和大规模个性化制造,但将重复性和单调任务更多地分配给机器,以充分利用人对批判性思维的倾向,使其负责更多认知要求的任务[71]。

人类角色的新兴转变不仅仅是允许他们从重复性任务中解脱出来,从事其他体力活动。随着非人类行动者,包括 AI 驱动的行动者,可以承担自动化的任务,人类并不一定被排除在外,而可能发挥更高的附加价值和指导作用,将他们的认知能力带入 AI 循环[33],包括 AI 驱动的非人类实体与人类之间的积极协同作用,从而产生新的工作配置[41]。这种配置赋予人类行动者新的角色,而不是削弱他们[8]。因此,人们越来越认识到,将人类纳入 AI 循环而不是取代,这不仅提升人在工作环境中的角色，还显著增强机器学习过程。因此，AI驱动行动者的新兴能力[77]，这种协同作用涉及人类和非人类实体共同贡献于塑造一个新兴的超人类学习系统，反过来比单独行动的人类和非人类实体更有能力和强大[70]。

这种人机协作的可能实现来自AI的两个子领域：主动学习和可解释人工智能(XAI)。主动学习关注于找到能够让ML算法朝着特定目标更好地学习的数据片段，通常需要人为干预，如标记选定的数据片段以实现这种学习。另一方面，XAI旨在使ML模型对人类用户可理解，以便人类可以理解ML模型预测背后的原理。虽然主动学习需要人类专家训练机器更好地学习，但XAI旨在帮助人类更好地了解机器如何学习和思考。这样，两种范式都发挥了人类和机器的优势，实现它们之间的协同关系。

本章内容包括：①对人机协作最新研究的简要介绍，工业5.0背景下可信性和可解释性的关键方面，以及与自动化视觉检查相关的研究；②开发一个关于如何实现以人为本的人工智能优先视觉检查解决方案的愿景；③描述在欧盟H2020 STAR项目中自动化视觉检查领域获得的实验和结果。

本章其余内容安排如下：22.2节介绍相关研究，包括人机协作、工业5.0范式和以人为本的制造、自动化质量检查的最新研究，以及如何在视觉检查领域实现人机协作的愿景；22.3节概述欧盟H2020 STAR项目的相关研究贡献，介绍人和AI协同工作的具体案例；22.4节为本章结论和对未来的研究工作。

22.2 研究背景

22.2.1 人机协作概述

越来越智能的机器的出现使得一种新的关系成为可能，即人与机器之间的关系，这早在1960年就有人构想了人与机器之间的合作关系[39,65]，广义地定义了机器，考虑了能够自主和独立做出决策的智能系统(如自动化的、自主的或AI代理、机器人、车辆和仪器)[39,83,114]。不同的理论对人与机器之间的关系进行了描述，如社会技术系统理论(认为人类和技术在组织内追求共同目标时相互塑造)、行动者网络理论(认为在分析社会系统时，机器应该被人类同等考虑，将后者视为异质元素的联合)、网络物理社会系统理论(扩展社会技术系统理论，强调使用计算算法监控设备的社交维度)、社会机器理论(考虑结合社交参与和基于机器的计算的系统)，以及人机网络理论(认为人类和机器形成以协同互动为特征的相互依赖的网络)。前三者将人类和机器概念化为一个单元,而后两者则考虑了人类-机器网络中的社会结构。特别是,社会技术系统理论认为人类和技术在组织内追求共同目标时相互塑造。网络物理社会系统理论扩展了这一愿景,强调了使用计算算法监控和控制设备的社交维度。此外,行动者网络理论将社会系统概念化为异质元素的联合,并主张在分析社会系统时,机器应该被人类同等考虑。社会机器理论对社会参与与基于机器的计算相结合的系统感兴趣。相比之下,人机网络理论认为人类和机器形成以协同互动为特征的相互依赖的网络,可以在文献[105]中找到上述概念的详细分析。

无论特定理论如何,目标都是相同的:促进和理解人类与机器之间的互利和协同关系,其中双方的优势都针对共同目标进行了优化,以实现之前各自无法实现的目标。为此,必须明确定义个体角色,或者允许在角色可以由不同类型参与者共享时明确角色的转换。这将确保任务的动态分配、资源的最优使用和处理时间的减少。机器旨在支持、改进和扩展人类能力,人机协作的联合成果可能导致能够进行创造性和直觉行动的系统,超越单纯的自动化。通信是每个社会系统的一个关键方面,因此,必须强调这些参与者之间的交互界面,合作代理之间的共享上下文或情境意识的概念变得至关重要,可以将其视为一种相互理解的形式[33]。这种共享上下文是通过不同模态的交互通信实现的,包括直接的口头(言语、文本)和非口头(手势、行动和意图识别、情绪识别)。另一方面,必须设计手段,使人类能够理解机器的目标及为实现这些目标而采取行动的理由,以类似人类的形式。在这方面,支持多模态交互的人机界面在支持多模态交互方面发挥着关键作用。Jwo 等[53]也识别了这些方面,描述了实现人机闭环智能制造必须考虑的3I(智力、交互和界面)。

除了共享上下文之外,人机协作还需要适当的通信和共享或滑动控制[101]。为了实现有效的双向信息交换,理论和方法必须解决如何直观地向人类呈现数据和机器推理的问题。抽象人类认知能力的框架和模型[60]是实现这一点的关键。将交互界面和支持工具的设计与人机交互的概念相结合,对于制作有效的人机界面至关重要。在这些界面上实现的反馈功能的交互性、多敏感性和自主性的增强,允许更深入地将人类与机器整合在一起。共享控制可以在操作、战术和战略层面上进行表述,影响信息收集、信息分析、决策制定和行动实施。

人机交互可以从多个角度进行观察,需要全面考虑影响这种合作的几个因素。这些因素包括情感和社会反应、任务设计和分配、信任、接受度、决策制定和问责制[23]。值得注意的是,研究表明,在合作环境中的机器会影响人类行为,导致对它们的反应减少。因此,这种减少的情感反应可以促进更理性的互动。此外,研究揭示了当机器承认并承认其错误时,人类对团队的看法更加有利,来自人类的社会压力的缺失可能会对整体人类生产力产生负面影响。关于决策制定的问责制,人类倾向于将责任转移到机器上。

信任是一个关键问题,已经得到了广泛研究。研究表明,对机器的信任与感知能力密切相关[23]。机器错误的情况往往会削弱信任,特别是当机器自主行动时。然而,如果机器以顾问身份运作,信任可以随着时间的推移得到修复。此外,研究揭示了尽管人类重视机器的建议,但他们犹豫是否完全放弃决策权。然而,过度依赖机器可能会导致次优结果,因为人类可能无法识别需要他们注意和判断的特定场景。有关上述实验和额外见解的更多详细信息,感兴趣的读者可以查阅 Chugunova 等[23]的作品。

22.2.2 工业 5.0 和以人为本的制造

22.2.2.1 重塑人力的新技术机遇

生产环境中的数字化转型要求新的数字技能,并彻底重塑了工厂和机器操作人员的角色[22,104]。虽然工业 4.0 强调使用技术来连接价值链的不同阶段,并使用数据分析来提高生产力,但工业 5.0 强调了人类在制造环境中的作用[16,54]。此外,它旨在开发使人类能够与先进技术一起工作以增强与行业相关的过程的手段[68]。Leng 等[62]对此范式及其组成部分进行了广泛的回顾。然而,有两个组成部分与本工作相关:协作智能和多目标交织。协作智能是人类和 AI 的融合[110]。在工业 5.0 的背景下,这两种智能的融合意味着人类和机器中的 AI 在认知协调,使他们能够协作创新、设计和创造定制产品和服务。人类与 AI 之间的互补性(表 22.1)导致这些任务的执行比仅由人类或机器单独执行时更有效[18,51,75,86]。

在分析互补性时,人类拥有开发和训练机器的知识和技能,通过构建要解决的问题并提供有关其行动或输出的反馈[50,62,82,112]。此外,人类可以通过解释结果和建议来决定如何采取行动来丰富机器的结果[113]。机器放大了工人的认知能力:可以跟踪许多数据源并决定哪些信息对人类潜在相关。此外,机器擅长重复性任务,使人类摆脱了这种负担。这种互补性被考虑在工业 5.0 的多目标交织性质中,能够优化超出过程性能的多个目标,包括社会和环境可持续性[13]。

表 22.1 人类与 AI 互补性概述（改编自文献[50、62、82]，并补充了我们的观察结果）

	能力维度	人类	机器
优势和能力	领导力	x	
	团队合作	x	
	创造力	x	
	问题解决	x	x
	风险评估	x	o
	直觉	x	
	解释能力	x	
	同理心	x	
	适应行为	x	o
	从经验中学习	x	o
	速度		x
	可扩展性		x
	耐久性		x
	定量准确性		x
	处理大量数据		x
	并行处理不同种类的数据		x
	执行持续操作		x
	一致的决策制定		x
	身体和认知能力	x	o
弱点	易受偏见和错误影响	x	
	受情绪影响	x	
	易受分心影响	x	
	易受欺诈和敌意攻击	o	x
	受疲劳影响	x	
	局限于特定范围和目标		x
	缺乏情感智能		x
	缺乏社交技能		x

注：x 表示能力完全实现，o 表示能力部分实现。

此外,研究表明,领先的公司开始认识到使用机器和自动化系统来补充而不是完全取代人力的好处[5,28]。虽然 AI 已经能够以超人的能力处理某些任务[24],但它在创造力(如通过生成模型如 DALL·E 2[84])或问题解决[20]等方面最近也取得了进展,为人-机器合作开辟了新的领域[9,64]。

除了上述人类直接参与之外,数字孪生[74]是将人类智慧纳入 AI 过程的另一种方式。通过创建人类行为和心理过程的虚拟模型,可以更深入地了解人类如何与世界互动,并利用这些信息来改进 AI 系统。数字孪生还可以支持 AI 系统的可解释性和透明度,使解释它们如何做出决策变得更容易[12]。此外,数字表示可以用来考虑用户在 AI 系统行为中的偏好,如支持类型[48,106]。

22.2.2.2.2 AI 驱动工业系统的可信性和影响

根据国际标准化组织(ISO),系统及其相关服务和特征的可信性定义为"以可验证的方式满足利益相关者的期望"[3]。因此,可信性可以指产品、服务、技术、数据,最终指向组织。可信性的概念直接适用于 AI 驱动的系统,特别是以人为本的 AI 解决方案。然而,应该理解的是,可信性是一个多面的概念,包含诸如问责制、准确性、真实性、可用性、可控性、完整性、隐私、质量、可靠性、弹性、鲁棒性、安全性、透明度和可用性等不同特征[3]。

其中,一些特征应被视为 AI 系统出现的特征,这些特征不仅仅由 AI 对整体解决方案的贡献决定。具体关注这类解决方案的 AI 组件时,欧洲委员会发布的伦理指南确定了必须解决的可信性特征的七个关键要求[35],包括①人类代理和监督;②技术鲁棒性和安全性;③隐私和数据治理;④透明度;⑤多样性、非歧视和公平;⑥社会和环境福祉;⑦问责制。关于其中一些特征,更广泛的可信性与 ISO 和欧洲委员会指南中记录的可信性有直接对应关系。技术鲁棒性、安全性、隐私、透明度和问责制在两个来源中都有强调。人类代理和监督与可控性直接相关,治理也是如此,这也是 ISO 建议的主要问题[2]。鉴于 AI 诱导结果可能对社会产生的影响,欧洲委员会还强调了多样性、非歧视、公平及社会和环境福祉作为可信 AI 解决方案的关键特征。然而,这些方面也部分地作为更广泛的"无风险自由"概念的一部分得到了解决,该概念可以定义为系统避免或减轻对经济地位、人类生命、健康、福祉和(或)环境的风险的程度[1]。

AI 系统的可信性可能受到多种因素的影响。其中一些与网络安全有关。特别是,ML 算法容易受到中毒和逃避攻击的攻击。在中毒攻击期间,对手旨在篡改用于创建 ML 模型的训练数据,并扭曲其基础 AI 模型[42,96]。逃避攻击是在推理期间执行的,攻击者制作对人类看似正常但使模型错误分类的对抗性输入[49,72],这样的对抗性现象带来了重大挑战,需要人机协作来构建可以产生更鲁棒和可信 AI 解决方案的防御措施。虽然人类智能可以用于人机闭环对抗性生成,其中人类被引导破坏模型[108],但 AI 解决方案可以被训练以检测对抗性输入并发现试图逃避 AI 模型的潜在恶意实例[10]。此外,可以促进人机协作,以及时发现此类攻击。

问责制是指被问责涉及分配责任的状态[3]。在系统层面,问责制是一种属性,确保实体的行为可以唯一地追溯到实体[4]。然而,在考虑治理时,问责制是个人或组织为其活动负责、接受责任并透明地披露结果的义务[2]。因此,问责制与 AI 驱动系统的透明度密切相关,通过 XAI 和可解释 AI 提供服务。XAI 确保 AI 系统在分析影响成本和投资或其输出为指导人类决策提供信息时是可信的。准确性通常指结果和估计与真实值的接近程度,但在 AI 的背景下,进一步获得了特定机器学习任务的适当含义。任何声称自己是什么的实体都被认为具有真实性,这对 AI 驱动系统所声称提供的内容有相关的含义。这样的系统可能进一步被增强的可用性特征所特征化,因为它们可以在需求时使用。其他特征,如完整性、隐私和安全性,在 AI 驱动系统中获得了额外的含义和重要性,并在下一节中进一步讨论。它们可以对整体质量、可靠性、弹性、鲁棒性和安全性做出贡献,无论感兴趣的单位是组件、产品、生产资产还是服务,对从个别工人到整个组织都有影响。在考虑 AI 系统的法律问责制时,欧盟 AI 法案[36]在其当前形势下认为开发人员和制造商对 AI 故障或意外结果负责。然而,问责制的概念将根据实践中发现的问题和相应的司法判例发展,这些判例将塑造学习如何在工业环境中考虑不同风险、背景和结果[46]。

22.2.3　自动化质量检查

22.2.3.1　机器人的作用

在不同行业中日益普及的人机协作展示了通过机器人和人的共生互动来提高工作场所的生产力、效率和安全性的努力[44]。在制造业中,机器人被用于重复性和体力要求高的任务,使人类工人能够将他们的技能分配给更复杂和创造性的事业,这种合作伙伴关系允许人类和机器人的能力融合,最大化整合成果。

人机互动的成功实施归功于协作机器人[56]。这些先进的机器人配备了精密的传感器和编程，便于安全直观的人机互动，提高了生产力，并创建了一个人类和机器人可以和谐共存的工作环境，将机器人的精确性和准确性与人类工人的适应性和灵巧性有机融合在一起。

机器人在产品质量控制中的集成已在不同行业和生产部门中广泛采用。机器人在质量检查过程中提供了显著的优势，包括精确的可重复性和准确的动作[17]。具有分析各种产品方面的能力，如尺寸、表面缺陷、颜色、纹理和对齐，确保遵守预定义的标准。机器人的高准确性和效率使它们成为质量控制应用的理想选择。

为了便于质量测试，机器人配备了各种传感器，实现了精确测量、检测和排序等操作。配备摄像头的机器人利用先进的机器视觉技术来分析图像和视频流，并识别裂纹、划痕和其他缺陷[107]，然后，将不合格品从合格品中分离出来，提高整体生产质量。行业正在越来越多地采用3D视觉系统，特别是在需要抓取物体和精确了解物体位置和方向的应用中。

特别设计的机器人，如坐标测量机，用于尺寸和精度测量。这些机器人配备了高精度的轴编码器和准确的触觉探头，能够检测零件尺寸并一致性地评估对质量标准的遵守情况[61]。

主动学习范式可以应用于使机器人在资源受限的工业环境中进行高效和灵活的学习，这些环境中数据稀缺和有限的人类知识普遍存在，通过无监督发现获取重要数据变得至关重要[26]。主动学习在机器人技术中展示了广泛的适用性，包括优先决策、检查、对象识别和分类。在质量控制中，主动学习算法优化了ML模型的缺陷检测和质量评估训练过程，通过积极选择信息丰富的样本进行标记，减少了标记工作，提高了模型训练效率，并最终提高了质量控制系统的准确性和性能。

另一个有趣的研究领域涉及推进直观和自然的界面，以促进人类和机器人之间无缝的通信和互动，涉及探索创新的交互方式，包括语音、手势和面部表情，或者甚至使用AR技术来定制机器人的外观并促进与人类的更好互动[59]。其他关键研究领域涉及开发适应性和灵活性的机器人系统，根据当前环境和人类协作者的偏好动态调整其行为和动作，实现低处理时间[78]。这些对于实现实时人类意图识别、情境感知和决策至关重要，旨在增强机器人在协作任务中的适应性和响应性。

22.2.3.2 人工智能驱动的视觉检查

视觉检查经常用于评估制造产品是否符合质量标准,并允许检测功能性和外观缺陷[21],历来涉及人类检查员确定制造件是否有缺陷。然而,人类视觉系统擅长于多样性和变化的世界,而视觉检查过程需要重复观察相同类型的产品。此外,人类视觉检查受到可扩展性差和主观性的影响,造成检查员之间的固有不一致性。视觉检查的质量可能受到许多因素的影响,文献[94]将其归类为任务、个体、环境、组织及社会方面五个类别。

为了解决上述问题,围绕自动化视觉检查中进行了大量努力,创建了能够检查制造产品并确定它们是否有缺陷的软件,使用摄像头提供视觉输入,开发不同的方法来确定是否存在缺陷。

自动化光学质量控制可针对简单的视觉特征,如颜色,但更复杂的特征涉及裂纹检测、螺纹方向、螺栓[52]和金属螺帽[14]的缺陷。通过自动化光学检查可以检测不同尺寸产品表面的缺陷[19,103,117]。此外,还可以针对实际制造过程,如焊接[102]、注塑成型[66]或制造组件的组装[37]。此外,自动化视觉检查适用于在其使用寿命结束时产品的再制造。

最先进的(SOTA)自动化视觉检查技术由 DL 方法主导,实现了较高的性能水平[6],具体包括无监督、弱监督和监督方法。无监督方法旨在无需标记数据的情况下区分有缺陷的制造件,该方法假设数据具有固有的聚类结构(同一类别的实例彼此接近)并且数据位于流形上(附近的数据实例具有相似的预测),利用少量标记数据和未标记数据进行学习和预测。而监督学习方法需要标记数据,通常在三种方法中表现最佳,但是标记数据的范围和数量很少,无法实现完全监督学习,可以通过数据增强[55]产生额外的示例图像。此外,提出了多种策略来减少训练和增强给定分类器所需的标记数据,包括主动学习、生成式 AI 和小样本学习。在视觉检查的背景下,主动学习研究如何选择数据实例以呈现给人类注释者,以最大化模型的学习,生成式 AI 旨在学习如何创建类似于特定类别的数据实例,而小样本学习旨在开发方法,使学习者能够通过只有少量标示例来获得解决特定任务的经验。为了补偿标记数据的不足,要么用其他数据集中的样本扩充数据集,要么使用未标记数据,以获取另一数据集上的知识或者算法(如根据先前学到的知识调整超参数)[109]。

尽管在自动化视觉检查方面取得了进展,但仍然存在许多挑战。首先,已有的解决方案和方法针对特定产品类型,没有自动化视觉检查的通用解决方案,开发能够适应广泛产品和要求的系统仍然是一个复杂挑战[21,25,80];其次,无监督 ML 模型不需要标记数据,可能在将数据聚类与类别相关联时提供一定程度的缺陷检测(如缺陷类型或无缺陷)。鉴于不需要事先注释预期的缺陷,它们适用于存在各种缺陷的情况。但是检测率低于监督 ML 模型,因此需要逐个案例检查无监督 ML 模型是否合适;再次,数据收集和注释是昂贵的,直接影响监督 ML 方法,虽然提出了生成式模型、主动学习和小样本学习等策略,但实现大量数据的收集和标注仍然是一个开放性的挑战;最后,必须开发更好的可解释性技术和直观的方式来向人类传达信息,以了解模型是否正确学习和预测。

22.2.4　在视觉检查中实现人机协作

虽然在自动化视觉检查方面取得了很大进展,但作者认识到大多数解决方案是为特定产品类型定制开发的。在以人为本的制造中,关键是重新思考和重新设计人类在视觉检查过程中的角色。人类在自动化视觉检查中的角色正在从重复性和手动任务转变为更多认知参与的角色,这些角色仍然无法被机器和 AI 复制。在最简单的情况下,这涉及人类标记获取的图像样本以指导机器学习过程[98]。然而,人类的角色超出了数据标记,可能涉及人类与 AI 之间的交互循环,作为机器学习过程的一部分[79]。

在这方面,两种机器学习范式特别重要:主动学习和 XAI。一方面,主动学习是一种 AI 范式,寻求预言者(通常是人类)的干预,以帮助 ML 模型更好地学习目标;另一方面,XAI 旨在解释 ML 模型行为或预测背后的理由,使得人机之间通过提供机器的原因和决策过程的见解进行富有成效的对话成为可能。

主动学习用于分类基于这样的前提:数据标记是昂贵的,未标记数据(无论是收集的还是生成的)是丰富的,并且通过仔细选择新输入实例,可以最小化模型的泛化误差[95,99]。主动学习用于分类传统上关注数据(选择或生成数据,而不考虑手头的模型)和模型的学习(如考虑预测分数的不确定性)。然而,已经开发了考虑这两个维度并提供全面解决方案的方法。其中之一是鲁棒零和博弈(RZSG)框架[119],试图同时优化这两个目标,将数据选择框架作为鲁棒优化问题,以找到未标记数据的最佳权重,来最小化实际风险,减少平均损失(以实现对异常值的更大鲁棒性)并最小化最大损失(增加对不平衡数据分布的鲁棒性)。另一种方法由 Zajec 等[118]和 Križnar 等[57]提出,旨在根据 XAI 方法提供的建议选择数据,从模型的学习动态中受益。无论采用哪种方法,Wu 等[111]提出，在寻找最有价值的样本时，必须考虑三个方面：信息性（包含有益于目标函数的丰富信息）、代表性（有多少其他样本与它相似）和多样性（样本不集中在特定区域，而是分散在整个空间中）。策略将取决于特定要求（如数据实例是来自样本池还是来自制造线的传入图像的数据流）。对于主动学习的详细回顾，读者可能对本领域的一些高质量调查感兴趣。特别是，Settles[95]和 Rožanec 等[87]的研究可以作为这个方面的补充。此外，Fu 等[38]和 Kumar 等[58]的工作提供了批量设置中查询策略的概述；Lughofer[69]提供了在线设置中主动学习的概述，而 Ren 等[85]的研究描述了与 DL 模型相关的主动学习方法。

虽然 AI 模型有潜力自动化许多任务并达到超人的性能水平，但在大多数情况下，这些模型对人类是不透明的：预测结果大多是准确的，但没有向人类传达推理的过程。它们提供了方法来评估预测是否基于准确的事实和直觉，但是理解模型预测背后的理由至关重要。此外，鉴于这些技术对现实世界的影响，无论是在完全自动化的设置中还是在将决策委托给人类时，开发理解模型推理过程的手段十分关键，因此负责任的决策和问责制成为可能。AI 研究的子领域开发技术和机制以阐明模型的理由以及如何向人类呈现这些理由，被称为 XAI。该领域可以追溯到 20 世纪 70 年代[93]，随着现代 DL 的出现，近期获得了蓬勃发展[115]。在处理 XAI 时，理解什么构成了一个好的解释很重要。一个好的解释至少必须考虑三个要素[11]：①给定模型输出的原因（如特征及其值，特征对预测的影响程度，模型关注的特征是否与预测相关，训练数据如何影响模型的学习）；②上下文（如 ML 模型训练的数据，执行推理的上下文）；③上述信息如何传达给用户（如目标受众，该受众使用的专业术语，可以向其披露的信息）。XAI 可以在增强人类理解方面以新的（基于机器的）视角提供价值，有助于理解模型是否正在优化一个或少数所有必需的目标，确定问题手头不同目标之间的适当折中[30]。为了评估解释的好坏，必须考虑用户满意度、解释的说服力、提高人类判断的改进、提高人机系统性能的改进、自动化能力及解释的新颖性等方面[92]。对于 XAI 的详细回顾可以参考 Arrieta 等[11]、Doshi-Velez 等[30]和 Schwalbe 等[92]的研究。Bodria 等[15]的工作为 XAI 黑盒方法提供了全面的介绍，而 Doshi-Velez 等[30]、Hoffman 等[45]和 Das 等[27]的研究则关注如何衡量解释质量。

主动学习和 XAI 可以相互补充，理解模型预测背后的原理，为人类提供宝贵的建议，也可以在主动学习环境中加以利用，特别是在缺陷检查的特定情况下，通过 XAI 技术获得的建议通常在异常图中呈现。这种异常图突出了 ML 模型认为发出预测的图像区域，ML 模型学习得越完美，这些异常图可以更好地注释给定图像，指示有缺陷的区域。因此，从这些异常图中获得的建议至少可以以两种方式使用。首先，异常图可以交给人类检查员，他们借助异常图和产品图像，更好地了解制造错误的位置；然后，异常图可以用来开发新的模型和主动学习策略，允许在选择数据时考虑模型学到的内容及模型如何看待未标记的数据，描述了如何使用初始数据集来训练用于缺陷分类或数据生成的 ML 模型。在模型训练过程中，XAI 可以用来调试并迭代模型，直到获得满意的结果。分类模型然后被部署到生产线上执行传入产品图像的推理。如果某些类别的分类分数足够高，则可以将产品分类为好或有缺陷。当预测分数周围的不确定性不够低时，可以将案例发送给手动修订。通过 XAI 和无监督分类模型获得的建议可以向人类检查员提示可能存在缺陷的位置。手动修订或数据标记过程的替代数据源可以是生成模型（如生成对抗网络），它们可以用来生成标记的合成数据并验证人类检查员的注意力水平。在收集数据时，可以使用主动学习技术从生成模型或制造线传入的图像中选择最有希望的数据实例，减少标记工作。最后，可以开发一个单独的模型来监控人类检查员，以预测疲劳和性能。这些模型可以成为确保工作场所福祉和提高工作质量的有价值工具。22.3.1 节将介绍 STAR 项目中获得的一些结果。

近年来，研究人员在理解和量化疲劳及认识其对人类绩效和整体福祉的影响方面取得了显著进展。通过 AI 技术，新的方法可以用来准确估计不同任务和不同背景下个体的疲劳水平[7,47]。值得注意的研究领域是工作场所的疲劳评估，鉴于现代工作环境的要求和压力不断增加，理解和管理工作场所疲劳变得至关重要。AI 模型可以考虑各种因素和特征来准确评估员工的疲劳水平，这些模型可以为寻求实施策略和干预措施以优化生产力并确保员工福祉的组织提供宝贵的建议。尽管已经在该领域进行了实验室实验[63]，但与驾驶[97]等领域相比，工业应用仍然相对有限。

22.3 工业应用

本节简要描述在欧盟 H2020 STAR 项目中实现的一些想法，考虑了三个领域：人工智能视觉检查、数字孪生和网络安全。

22.3.1 机器学习和视觉检查

在视觉检查领域考虑了多个案例。数据集由两个工业合作伙伴提供：飞利浦消费生活方式 BV（荷兰德拉赫滕）和 Iber-Oleff-Componentes Tecnicos Em Plástico, S. A.（葡萄牙）。飞利浦消费生活事业部（Philips Consumer Lifestyle BV）制造厂被认为是欧洲最重要的飞利浦开发中心之一，专注于生产家用电器，他们向我们提供了三个数据集，分别对应不同的产品。第一个是关于剃须刀上的商标印刷，视觉检查任务需要理解商标是否正确印刷或存在某些印刷缺陷（如双重印刷或中断印刷）。第二个是关于覆盖剃须刀头中心的装饰性帽子，需要识别帽子是否正确制造或存在一些流线或标记。第三个数据集是关于牙刷轴，负责从手柄传递运动到刷毛，需要识别手柄是否无缺陷制造，或者是否可以欣赏到大凹痕、小凹痕或一些条纹。Ibe-Oleff-Componentes Tecnicos Em Plástico, S. A. 为我们提供了另一个关于他们制造的汽车空调出风口的数据集。空调出风口有三个感兴趣的组件：外壳、百叶（用于指导空气）和塑料链接（将百叶连接在一起）。视觉检查任务要求确定①叉子是否靠在支撑上并且正确定位；②塑料链接是否存在；③百叶 1 是否存在，链接是否正确组装；④百叶 3 是否存在，链接是否正确组装。

通过研究，研究人员旨在开发一种全面的 AI 优先和以人为本的自动化视觉检查方法。特别是，①开发了用于检测缺陷的 ML 模型；②使用主动学习来增强模型的学习过程，同时减轻标记数据的需要；③使用 XAI 来增强标记过程；④分析了数据增强技术在嵌入层和图像水平上，以及异常图如何增强 ML 模型的区分能力；⑤如何在人类中检测和预测疲劳；⑥如何校准和测量模型的校准质量，以提供概率预测分数。

欧盟 H2020 STAR 项目中的研究证实，主动学习可以减轻数据标记的需要，并帮助 ML 模型基于更少的数据实例更好地学习[90]。然而，节省的努力取决于未标记图像池、案例和主动学习策略。在图像或嵌入层的数据增强技术提高了模型的区分性能[89]。此外，将图像与异常图作为输入补充到监督分类模型，显著提高了分辨能力[88]。数据标记实验显示，随着时间的推移，由于人类疲劳，标记准确性会逐渐降低[86]。虽然可以预测未来的标记质量，但这需要真实数据，可以通过显示合成生成的图像来获得。然而，需要更多的研究来设计新的模型，这些模型将考虑其他线索，并在不需要标记数据的情况下预测数据标记中的人类疲劳。最后,预测分数本身为决策者提供的信息很少,不同模型的预测分数分布不同。因此,执行概率校准至关重要,以确保概率分数在模型之间具有相同的语义。研究比较了一些现有的校准技术,并开发了无论真实数据可用性如何都可以测量和评估校准质量的指标[90]。

22.3.2 质量控制中的人类数字孪生

在 STAR 的背景下,在开发人类数字孪生(HDT)方面取得了显著进展。特别是,该项目开发了一个基础设施(Clawdite 平台[74]),允许通过实例化他们的数字对应物,轻松创建工人的副本,这些 HDT 具有多种功能,包括静态特征、动态数据及行为和功能模型[73]。

为确保全面代表人类工人,STAR 的 HDT 融合了两种关键数据类型。首先,吸收了可穿戴设备收集的生理数据,利用封装了人类的特征属性的准静态数据,提供了对他们特征的全面视角。STAR 的 HDT 的核心是旨在检测心理应激和身体疲劳的 AI 模型,通过利用生理和准静态数据,该 AI 模型有效地测量了人类工人所经历的压力和疲劳水平。这一在自动化质量控制中的突破具有显著的意义,体现在两个不同的方面:

(1) 在用户手动检查期间,HDT 持续监控质量控制过程,积极识别工人可能处于显著心理或身体压力的实例。在这种情况下,系统及时建议工人休息,确保他们的福祉并防止体能下降。

(2) 在自动质量评估模型的训练期间,当工人在数据集创建期间评估和标记图片时,系统定期为用户提供的每个标签分配置信度分数,这是基于通过 HDT 的 AI 模型估计的工人的心理和身体压力水平计算的。通过将这些压力水平作为质量评估过程的一个组成部分,HDT 为工人的心理状态和身体状况提供了宝贵的建议,允许在训练用于质量评估和控制的 AI 模型时考虑这些特征。

在 STAR 的运营中整合由 Clawdite 平台支持的 HDT,标志着人机协作的重要一步。这种创新方法优先考虑了工人的福祉,增强了自动化质量控制系统,确保各种工业环境中的最佳生产力和效率。

22.3.3 使 AI 视觉检查抵御对抗性攻击

在 STAR 项目的背景下,创建一个 AI 架构,用于评估旨在保护、保障和使制造 AI 系统环境更可靠的对抗策略和防御算法。更具体地说，它专注于基于 AI 的视觉检查，并解决了两个工业合作伙伴提供的案例：飞利浦消费生活方式 BV（荷兰德拉赫滕）和 Iber-Oleff-Componentes Tecnicos Em Plástico, S. A.（葡萄牙）。当前的生产线通常以最有效的方式针对一种产品或产品系列的大规模生产量身定制。鉴于其众多优势，AI 技术正越来越多地被应用于质量检查，通常在考虑某些 CNN 的基础上进行训练，然后通过接收检查摄像头捕获的图像进行推理，以对产品是否有缺陷进行分类。然而，这些模型可能通过对抗性数据受到攻击，导致 AI 模型错误分类产品（如未检测到缺陷）。例如，对手可能利用视觉检查摄像头中的漏洞，并通过操纵该业务资源的操作行为来破坏捕获数据的完整性。

在 STAR 项目背景下构建的各种实验测试平台中，使用飞利浦消费生活方式 BV 提供的安抚奶嘴提供的测试平台最具挑战性。安抚奶嘴的上部，即婴儿含在口中的部分，必须保证其高品质，避免对婴儿造成任何伤害。因此，鉴于攻击可能直接影响儿童健康，检测任何对抗性攻击至关重要。测试平台的目标是量化对抗性攻击对执行视觉检查的分类模型的影响，并评估这些攻击的防御措施的有效性。为了构建测试平台，使用对抗性鲁棒性工具箱[81]。在实验中，使用了以下对抗性方法：快速梯度符号攻击（FGSM）[40]、DeepFool[76]、NewtonFool[49]和投影梯度下降（PGD）[72]，目的是利用这些有充分记录的对抗性方法来派生可用于攻击基线分类模型的精心制作的实例，进行了带有防御策略的实验，即特征挤压[116]、JPEG 压缩[31]、空间平滑[116]、TotalVarMin[43]和对抗性训练[100]。

为了深入了解对抗策略和防御措施，它们被成对评估，使我们能够识别对抗性训练作为增强 CNN 模型鲁棒性的最佳防御策略。对抗性训练的基本思想是创建将在后续训练过程中使用的示例，创建一个意识到对抗性向量对质量控制系统的攻击的模型。图 22.1 所示为攻击和防御的成对评估结果。结果根据攻击策略分为四组。每个实验最初训练了一个基线分类器（见"训练"标签），以获得质量检查算法可以实现的准确度水平的感知。基线模型的准确度在 93%～98%。"攻击"条表示分类器在面对对抗性攻击时的准确度。DeepFool、FGSM 和 PGD 攻击严重影响了分类器，导致模型的准确度下降到 30% 以下。NewtonFool 攻击的情况并非如此，分类器的准确度下降到 84%。在考虑防御策略时，特征挤压、JPEG 压缩和空间平滑可以防御 DeepFool 攻击：对于给定的数据集，准确度为 98%。然而，TotalVarMin 未能防御模型，所有防御措施都未能抵御 FGSM 和 PGD 攻击。根据成对评估的结果，很明显，攻击类型和防御措施之间没有明确的映射。因此，对于防御者来说，规划成功应对任何攻击的策略可能是具有挑战性的。这一结果强调了防御对抗性 AI 攻击的重要性和挑战性。虽然现成的和最先进的防御措施在不同对抗性方法下不能稳定地表现，但对抗性训练方法似乎是鲁棒的。结果与文献一致，主张对抗性训练可以是一个鲁棒的解决方案，尽管其简单但可以应对对手。更详细的描述可以在文献[10]中找到。

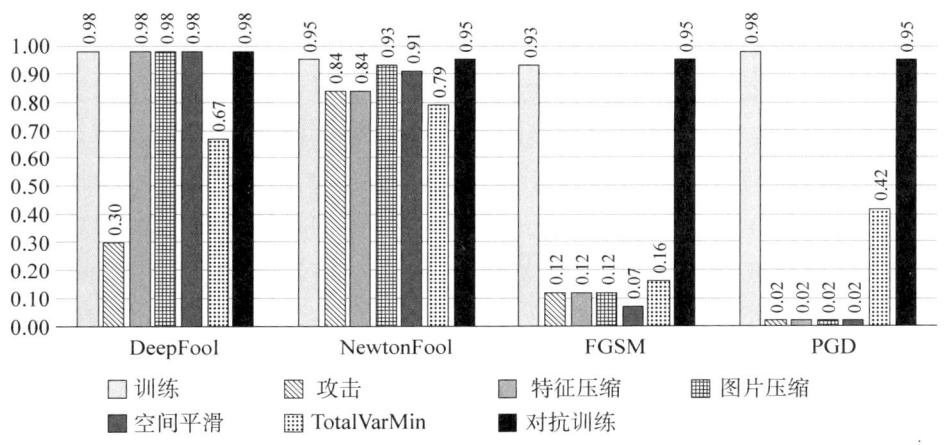

图 22.1　对抗性攻击和防御两两比较的评估结果

22.4　本章结论

本章简要介绍了人机协作的最新研究、以人为本的制造业视角及工业 5.0 背景下可信性和可解释性的关键方面；描述了自动化质量检查的研究，考虑了机器人、AI 方法和视觉检查解决方案的作用，以及如何在视觉检查领域开发富有成效的人机协作；最后，介绍了在欧盟 H2020 STAR 项目中通过研究获得的经验和结果。

分析的主要观点是，人机协作需要通过有效的双向信息交换实现适当的通信和控制，以了解人在人机互动中的情感和社会反应，理解任务设计，以及在机器存在的情况下人类的信任、接受度、决策制定和问责制是如何发展或受到影响的。目前,在视觉检查领域已经有了大量研究,通过开发 ML 模型来自动化视觉检查任务,以检测产品缺陷。此外,许多研究工作针对与机器视觉相关的 XAI 技术的开发。通过 XAI 获得的视觉辅助和提示通过热图传达给人类。同样,从无监督 ML 模型中获得的建议作为异常图传达给人类。虽然这些方法解决了特定问题,但很少有研究描述如何在制造环境中为视觉检查开发人机闭环方法。本章内容旨在通过实施现有和研究新的主动学习技术来选择数据,以增强 ML 算法的学习,并通过使用少样本学习和主动学习技术来减少标记要求,从而填补这一空白。此外,通过研究 XAI 和无监督分类方法如何用于生成热图和异常图,以促进手动修订或数据注释任务中的数据标记。开发预测模型,以预测如何随着时间的推移调整热图和异常图,以弥合 ML 算法传达的信息与可解释性技术和人类感知之间的差距,通过实验获得与视觉检查背景下人类疲劳监测相关的建议。本章介绍了为实例化 HDT 而开发的完整和模块化基础设施,并且训练了不同的 AI 模型,以感知疲劳和心理压力,为以人为本的生产系统派生相关特征。最后,本章介绍了一些关于对抗性攻击和防御的研究,以增强对制造环境中保护视觉检查设置的理解。

虽然上述研究推进了在制造业视觉检查中开发人机闭环方法的理解,但仍有许多未解决的问题需要进一步研究,以了解人类如何适应性地感知提示,以及上述描述的诸多解决方案如何有助于建立人类与机器之间的信任。此外,必须投入研究力量量化这些解决方案在实施时为制造工厂带来的益处。未来的研究包括这些解决方案的整合,旨在实现全面和协同的实施,开发新的主动学习和 XAI 方法的交错方法。此外,需要考虑新的小样本学习解决方案,以允许更大的视觉检查灵活性,同时将数据标记要求降至最低。最后,AI 视觉检查模型和 HDT 整合将显著增强用户手动评估和 AI 模型训练期间的质量检查流程的有效性。

参考文献

[1] 25022:2015 I: System and software quality requirements and evaluation (SQuaRE)-measurement of Quality in use, 2015.
[2] De Normalisation O M. Information technology — Governance of IT for the organization [J]. Genève: ISO/IEC, 2015, 38500:2015.
[3] 5723 IT: Trustworthiness-vocabulary, 2022.
[4] 7498 - 2:1989 I: Information processing systems-security architecture, 1989.
[5] Accenture: Reworking the revolution, 2018.

[6] Aggour K S, Gupta V K, Ruscitto D, et al. Artificial intelligence/machine learning in manufacturing and inspection: A GE perspective [J]. MRS Bulletin, 2019, 44(7): 545 – 558.

[7] Aguirre A, Pinto M J, Cifuentes C A, et al. Machine learning approach for fatigue estimation in sit-to-stand exercise [J]. Sensors, 2021, 21(15): 5006.

[8] Amershi S, Cakmak M, Knox W B, et al. Power to the people: The role of humans in interactive machine learning [J]. AI magazine, 2014, 35(4): 105 – 120.

[9] Anantrasirichai N, Bull D. Artificial intelligence in the creative industries: a review [J]. Artificial intelligence review, 2022, 55(1): 589 – 656.

[10] Anastasiou T, Karagiorgou S, Petrou P, et al. Towards robustifying image classifiers against the perils of adversarial attacks on artificial intelligence systems [J]. Sensors, 2022, 22(18): 6905.

[11] Arrieta A B, Díaz-Rodríguez N, Del Ser J, et al. Explainable artificial intelligence (XAI): Concepts, taxonomies, opportunities and challenges toward responsible AI [J]. Information fusion, 2020, 58: 82 – 115.

[12] Bansal G, Nushi B, Kamar E, et al. Beyond accuracy: The role of mental models in human-AI team performance [C]//Proceedings of the AAAI conference on human computation and crowdsourcing. 2019, 7: 2 – 11.

[13] Bettoni A, Montini E, Righi M, et al. Mutualistic and adaptive human-machine collaboration based on machine learning in an injection moulding manufacturing line [J]. Procedia CIRP, 2020, 93: 395 – 400.

[14] Bharti S, McGibney A, O'Gorman T. Edge-enabled federated learning for vision based product Quality inspection [C]//2022 33rd Irish Signals and Systems Conference (ISSC). IEEE, 2022: 1 – 6.

[15] Bodria F, Giannotti F, Guidotti R, et al. Benchmarking and survey of explanation methods for black box models [J]. Data Mining and Knowledge Discovery, 2023, 37(5): 1719 – 1778.

[16] BreQue M, De Nul L, Petridis A. Industry 5.0: towards a sustainable, human-centric and resilient European industry [J]. Luxembourg, LU: European Commission, Directorate-General for Research and Innovation, 2021, 46.

[17] Brito T, Queiroz J, Piardi L, et al. A machine learning approach for collaborative robot smart manufacturing inspection for Quality control systems [J]. Procedia Manufacturing, 2020, 51: 11 – 18.

[18] Cai C J, Reif E, Hegde N, et al. Human-centered tools for coping with imperfect algorithms during medical decision-making [C]//Proceedings of the 2019 chi conference on human factors in computing systems. 2019: 1 – 14.

[19] Cao G, Ruan S, Peng Y, et al. Large-complex-surface defect detection by hybrid gradient threshold segmentation and image registration [J]. IEEE Access, 2018, 6: 36235 – 36246.

[20] Cao L. A new age of AI: Features and futures [J]. IEEE Intelligent Systems, 2022, 37(1): 25 – 37.

[21] Chin R T, Harlow C A. Automated visual inspection: A survey [J]. IEEE transactions on pattern analysis and machine intelligence, 1982 (6): 557 – 573.

[22] Chuang S. Indispensable skills for human employees in the age of robots and AI [J]. European Journal of Training and Development, 2024, 48(1/2): 179 – 195.

[23] Chugunova M, Sele D. We and it: An interdisciplinary review of the experimental evidence on human-machine interaction [J]. Center for law & economics working paper series, 2020, 12.

[24] Ciregan D, Meier U, Schmidhuber J. Multi-column deep neural networks for image classification [C]//2012 IEEE conference on computer vision and pattern recognition. IEEE, 2012: 3642 – 3649.

[25] Czimmermann T, Ciuti G, Milazzo M, et al. Visual-based defect detection and classification approaches for industrial applications — a survey [J]. Sensors, 2020, 20(5): 1459.

[26] Daniel C, Viering M, Metz J, et al. Active reward learning [C]//Robotics: Science and systems. 2014, 98.

[27] Das A, Rad P. Opportunities and challenges in explainable artificial intelligence (xai): A survey [J]. arXiv preprint arXiv:2006.11371, 2020.

[28] Argarwal D, Bersin J, Lahiri G. The rise of the social enterprise [J]. Human Capital Trend Report, Deloitte Development LLC, 2018, 60.

[29] BreQue M, De Nul L, Petridis A. Directorate-general for research and innovation (European Commission) [J]. Industry 5.0: Towards a Sustainable, Human Centric and Resilient European Industry, 2021.

[30] Doshi-Velez F, Kim B. Towards a rigorous science of interpretable machine learning [J]. arXiv preprint arXiv:1702.08608, 2017.

[31] Dziugaite G K, Ghahramani Z, Roy D M. A study of the effect of jpg compression on adversarial images [J]. arXiv preprint arXiv:1608.00853, 2016.

[32] EESC: Industry 5.0 (2018). https://www.eesc.europa.eu/en/agenda/our-events/events/industry-50, Accessed: 24 May 2023.

[33] Emmanouilidis C, Pistofidis P, Bertoncelj L, et al. Enabling the human in the loop: Linked data and knowledge in industrial cyber-physical systems [J]. Annual reviews in control, 2019, 47:249–265.

[34] Emmanouilidis C, Waschull S, Bokhorst J A C, et al. Human in the AI loop in production environments [C]//Advances in Production Management Systems. Artificial Intelligence for Sustainable and Resilient Production Systems: IFIP WG 5.7 International Conference, APMS 2021, Nantes, France, September 5–9, 2021, Proceedings, Part IV. Springer International Publishing, 2021:331–342.

[35] European Commission: Ethics guidelines for trustworthy AI, 2019.

[36] COM E U. Laying down harmonised rules on artificial intelligence (artificial intelligence act) and amending certain union legislative acts [J]. Proposal for a regulation of the European parliament and of the council, 2021.

[37] Frustaci F, Spagnolo F, Perri S, et al. Robust and high-performance machine vision system for automatic Quality inspection in assembly processes [J]. Sensors, 2022, 22(8):2839.

[38] Fu Y, Zhu X, Li B. A survey on instance selection for active learning [J]. Knowledge and information systems, 2013, 35:249–283.

[39] Gerber A, Derckx P, Döppner D A, et al. Conceptualization of the human-machine symbiosis — A literature review [J]. 2020.

[40] Goodfellow I J, Shlens J, Szegedy C. Explaining and harnessing adversarial examples [J]. arXiv preprint arXiv:1412.6572, 2014.

[41] Grønsund T, Aanestad M. Augmenting the algorithm: Emerging human-in-the-loop work configurations [J]. The Journal of Strategic Information Systems, 2020, 29(2):101614.

[42] Gu T, Dolan-Gavitt B, BadNets S. Identifying vulnerabilities in the machine learning model supply chain [C]//Proceedings of the Neural Information Processing Symposium Workshop Mach. Learning Security (MLSec). 2017:1–5.

[43] Guo C, Rana M, Cisse M, et al. Countering adversarial images using input transformations [J]. arXiv preprint arXiv:1711.00117, 2017.

[44] Heyer C. Human-robot interaction and future industrial robotics applications [C]//2010 ieee/rsj international conference on intelligent robots and systems. IEEE, 2010:4749–4754.

[45] Hoffman R R, Mueller S T, Klein G, et al. Metrics for explainable AI: Challenges and prospects

[J]. arXiv preprint arXiv:1812.04608,2018.
[46] Hohma E, Boch A, Trauth R, et al. Investigating accountability for artificial intelligence through risk governance: A workshop-based exploratory study [J]. Frontiers in Psychology, 2023, 14:1073686.
[47] Hooda R, Joshi V, Shah M. A comprehensive review of approaches to detect fatigue using machine learning techniques [J]. Chronic Diseases and Translational Medicine, 2022,8(1):26-35.
[48] Hu Z, Lou S, Xing Y, et al. Review and perspectives on driver digital twin and its enabling technologies for intelligent vehicles [J]. IEEE Transactions on Intelligent Vehicles, 2022,7(3): 417-440.
[49] Jang U, Wu X, Jha S. Objective metrics and gradient descent algorithms for adversarial examples in machine learning [C]//Proceedings of the 33rd Annual Computer Security Applications Conference. 2017:262-277.
[50] Jarrahi M H. Artificial intelligence and the future of work: Human-AI symbiosis in organizational decision making [J]. Business horizons, 2018,61(4):577-586.
[51] Jarrahi M H, Davoudi V, Haeri M. The key to an effective AI-powered digital pathology: Establishing a symbiotic workflow between pathologists and machine [J]. Journal of Pathology Informatics, 2022,13:100156.
[52] Rajan A J, Jayakrishna K, Vignesh T, et al. Development of computer vision for inspection of bolt using convolutional neural network [J]. Materials Today: Proceedings, 2021,45:6931-6935.
[53] Jwo J S, Lin C S, Lee C H. Smart technology-driven aspects for human-in-the-loop smart manufacturing [J]. The International Journal of Advanced Manufacturing Technology, 2021,114: 1741-1752.
[54] Kaasinen E, Anttila A H, Heikkilä P, et al. Smooth and resilient human-machine teamwork as an industry 5.0 design challenge [J]. Sustainability, 2022,14(5):2773.
[55] Kim T H, Kim H R, Cho Y J. Product inspection methodology via deep learning: An overview [J]. Sensors, 2021,21(15):5039.
[56] Kosuge K, Hirata Y. Human-robot interaction [C]//2004 IEEE International Conference on Robotics and Biomimetics. IEEE, 2004:8-11.
[57] Križnar K, Fortuna B, Rožanec J M, et al. Explainable artificial intelligence meets active learning: A novel gradcam-based active learning strategy [C]//Central European Conference on Information and Intelligent Systems. Faculty of Organization and Informatics Varazdin, 2023:399-406.
[58] Kumar P, Gupta A. Active learning query strategies for classification, regression, and clustering: A survey [J]. Journal of Computer Science and Technology, 2020,35:913-945.
[59] Lambert A, Norouzi N, Bruder G, et al. A systematic review of ten years of research on human interaction with social robots [J]. International Journal of Human-Computer Interaction, 2020,36 (19):1804-1817.
[60] Langley P. Interactive cognitive systems and social intelligence [J]. IEEE Intelligent Systems, 2017,32(4):22-30.
[61] Leach R K, Bourell D, Carmignato S, et al. Geometrical metrology for metal additive manufacturing [J]. CIRP annals, 2019,68(2):677-700.
[62] Leng J, Sha W, Wang B, et al. Industry 5.0: Prospect and retrospect [J]. Journal of Manufacturing Systems, 2022,65:279-295.
[63] Leone A, Rescio G, Siciliano P, et al. Multi sensors platform for stress monitoring of workers in smart manufacturing context [C]//2020 IEEE International Instrumentation and Measurement Technology Conference (I2MTC). IEEE, 2020:1-5.

[64] Liapis A, Yannakakis G N, Alexopoulos C, et al. Can computers foster human users' creativity [J]. Theory and praxis of mixed-initiative co-creativity. Digital Culture & Education, 2016, 8(2): 136 – 153.

[65] Licklider J C R. Man-computer symbiosis [J]. IRE transactions on human factors in electronics, 1960 (1): 4 – 11.

[66] Liu J, Guo F, Gao H, et al. Defect detection of injection molding products on small datasets using transfer learning [J]. Journal of manufacturing processes, 2021, 70: 400 – 413.

[67] Longo F, Padovano A, Umbrello S. Value-oriented and ethical technology engineering in industry 5.0: A human-centric perspective for the design of the factory of the future [J]. Applied Sciences, 2020, 10(12): 4182.

[68] Lu Y. The current status and developing trends of industry 4.0: A review [J]. Information Systems Frontiers, 2021: 1 – 20.

[69] Lughofer E. On-line active learning: A new paradigm to improve practical useability of data stream modeling methods [J]. Information Sciences, 2017, 415: 356 – 376.

[70] Lyytinen K, Nickerson J V, King J L. Metahuman systems = humans + machines that learn [J]. Journal of Information Technology, 2021, 36(4): 427 – 445.

[71] Maddikunta P K R, Pham Q V, Prabadevi B, et al. Industry 5.0: A survey on enabling technologies and potential applications [J]. Journal of industrial information integration, 2022, 26: 100257.

[72] Mądry A, Makelov A, Schmidt L, et al. Towards deep learning models resistant to adversarial attacks [J]. stat, 2017, 1050(9).

[73] Montini E, Bettoni A, Ciavotta M, et al. A meta-model for modular composition of tailored human digital twins in production [J]. Procedia CIRP, 2021, 104: 689 – 695.

[74] Montini E, Cutrona V, Bonomi N, et al. An IIoT platform for human-aware factory digital twins [J]. Procedia CIRP, 2022, 107: 661 – 667.

[75] Montini E, Cutrona V, Dell'Oca S, et al. A framework for human-aware collaborative robotics systems development [J]. Procedia CIRP, 2023, 120: 1083 – 1088.

[76] Moosavi-Dezfooli S M, Fawzi A, Frossard P. Deepfool: a simple and accurate method to fool deep neural networks [C]//Proceedings of the IEEE conference on computer vision and pattern recognition. 2016: 2574 – 2582.

[77] MosQueira-Rey E, Hernández-Pereira E, Alonso-Ríos D, et al. Human-in-the-loop machine learning: a state of the art [J]. Artificial Intelligence Review, 2023, 56(4): 3005 – 3054.

[78] Mukherjee D, Gupta K, Chang L H, et al. A survey of robot learning strategies for human-robot collaboration in industrial settings [J]. Robotics and Computer-Integrated Manufacturing, 2022, 73: 102231.

[79] Müller D, März M, Scheele S, et al. An interactive explanatory AI system for industrial Quality control [C]//Proceedings of the AAAI Conference on Artificial Intelligence. 2022, 36(11): 12580 – 12586.

[80] Newman T S, Jain A K. A survey of automated visual inspection [J]. Computer vision and image understanding, 1995, 61(2): 231 – 262.

[81] Nicolae M I, Sinn M, Tran M N, et al. Adversarial Robustness Toolbox v1.0.0 [J]. arXiv preprint arXiv:1807.01069, 2018.

[82] Paul S, Yuan L, Jain H K, et al. Intelligence augmentation: Human factors in ai and future of work [J]. AIS Transactions on Human-Computer Interaction, 2022, 14(3): 426 – 445.

[83] Rahwan I, Cebrian M, Obradovich N, et al. Machine behaviour (originally published 2019 by Springer Nature) [J]. Machine Learning and the City: Applications in Architecture and Urban Design, 2022: 143 – 166.

[84] Ramesh A, Dhariwal P, Nichol A, et al. Hierarchical text-conditional image generation with clip latents [J]. arXiv preprint arXiv:2204.06125,2022,1(2):3.

[85] Ren P, Xiao Y, Chang X, et al. A survey of deep active learning [J]. ACM computing surveys (CSUR), 2021,54(9):1-40.

[86] Rožanec J M, Križnar K, Montini E, et al. Predicting operators' fatigue in a human in the artificial intelligence loop for defect detection in manufacturing [J]. IFAC-PapersOnLine, 2023,56(2):7609-7614.

[87] Rožanec, J. M., Fortuna, B., Mladenić, D.: The future of data mining. chapter 6: Active learning, 2022.

[88] Rožanec J M, Zajec P, Theodoropoulos S, et al. Robust anomaly map assisted multiple defect detection with supervised classification techniques [J]. IFAC-PapersOnLine, 2023,56(2):7846-7851.

[89] Rožanec J M, Zajec P, Theodoropoulos S, et al. Synthetic data augmentation using GAN for improved automated visual inspection [J]. Ifac-Papersonline, 2023,56(2):11094-11099.

[90] Rožanec J M, Bizjak L, Trajkova E, et al. Active learning and novel model calibration measurements for automated visual inspection in manufacturing [J]. Journal of Intelligent Manufacturing, 2024,35(5):1963-1984.

[91] Saiz F A, Alfaro G, Barandiaran I. An inspection and classification system for automotive component remanufacturing industry based on ensemble learning [J]. Information, 2021, 12(12):489.

[92] Schwalbe G, Finzel B. A comprehensive taxonomy for explainable artificial intelligence: a systematic survey of surveys on methods and concepts [J]. Data Mining and Knowledge Discovery, 2024,38(5):3043-3101.

[93] Scott A C, Clancey W J, Davis R, et al. Explanation capabilities of production-based consultation systems [J]. American Journal of Computational Linguistics, 1977:1-50.

[94] See J E. Visual inspection: a review of the literature [J]. 2012.

[95] Settles B. Active learning literature survey [J]. 2009.

[96] Shokri R. Bypassing backdoor detection algorithms in deep learning [C]//2020 IEEE European Symposium on Security and Privacy (EuroS&P). IEEE, 2020:175-183.

[97] Sikander G, Anwar S. Driver fatigue detection systems: A review [J]. IEEE Transactions on Intelligent Transportation Systems, 2018,20(6):2339-2352.

[98] Silva B, MarQues R, Faustino D, et al. Enhance the injection molding Quality prediction with artificial intelligence to reach zero-defect manufacturing [J]. Processes, 2022,11(1):62.

[99] Sugiyama M, Kawanabe M. Active Learning [J]. 2012.

[100] Szegedy C. Intriguing properties of neural networks [J]. arXiv preprint arXiv:1312.6199,2013.

[101] Tang F, Mohammed M, Longazo J. Experiments of human-robot teaming under sliding autonomy [C]//2016 IEEE International Conference on Advanced Intelligent Mechatronics (AIM). IEEE, 2016:113-118.

[102] Tripicchio P, Camacho-Gonzalez G, D'Avella S. Welding defect detection: coping with artifacts in the production line [J]. The International Journal of Advanced Manufacturing Technology, 2020, 111(5):1659-1669.

[103] Tsai D M, Jen P H. Autoencoder-based anomaly detection for surface defect inspection [J]. Advanced Engineering Informatics, 2021,48:101272.

[104] Tschang F T, Almirall E. Artificial intelligence as augmenting automation: Implications for employment [J]. Academy of Management Perspectives, 2021,35(4):642-659.

[105] Tsvetkova M, Yasseri T, Meyer E T, et al. Understanding human-machine networks: a cross-disciplinary survey [J]. ACM Computing Surveys (CSUR), 2017, 50(1):1-35.

[106] Van Berkel N, Skov M B, Kjeldskov J. Human-AI interaction: intermittent, continuous, and proactive [J]. Interactions, 2021, 28(6):67-71.

[107] Villalba-Diez J, Schmidt D, Gevers R, et al. Deep learning for industrial computer vision Quality control in the printing industry 4.0 [J]. Sensors, 2019, 19(18):3987.

[108] Wallace E, Rodriguez P, Feng S, et al. Trick me if you can: Human-in-the-loop generation of adversarial examples for Question answering [J]. Transactions of the Association for Computational Linguistics, 2019, 7:387-401.

[109] Wang Y, Yao Q, Kwok J T, et al. Generalizing from a few examples: A survey on few-shot learning [J]. ACM computing surveys (csur), 2020, 53(3):1-34.

[110] Wilson H J, Daugherty P R. Collaborative intelligence: Humans and AI are joining forces [J]. Harvard Business Review, 2018, 96(4):114-123.

[111] Wu D. Pool-based sequential active learning for regression [J]. IEEE transactions on neural networks and learning systems, 2018, 30(5):1348-1359.

[112] Wu J, Huang Z, Hu Z, et al. Toward human-in-the-loop AI: Enhancing deep reinforcement learning via real-time human guidance for autonomous driving [J]. Engineering, 2023, 21:75-91.

[113] Wu X, Xiao L, Sun Y, et al. A survey of human-in-the-loop for machine learning [J]. Future Generation Computer Systems, 2022, 135:364-381.

[114] Xiong W, Fan H, Ma L, et al. Challenges of human — machine collaboration in risky decision-making [J]. Frontiers of Engineering Management, 2022, 9(1):89-103.

[115] Xu F, Uszkoreit H, Du Y, et al. Explainable AI: A brief survey on history, research areas, approaches and challenges [C]//Natural language processing and Chinese computing: 8th cCF international conference, NLPCC 2019, dunhuang, China, October 9-14, 2019, proceedings, part II 8. Springer International Publishing, 2019:563-574.

[116] Xu W. Feature squeezing: Detecting adversarial examples in deep neural networks [J]. arXiv preprint arXiv:1704.01155, 2017.

[117] Yun J P, Shin W C, Koo G, et al. Automated defect inspection system for metal surfaces based on deep learning and data augmentation [J]. Journal of Manufacturing Systems, 2020, 55:317-324.

[118] Zajec P, Rožanec J M, Theodoropoulos S, et al. Few-shot learning for defect detection in manufacturing [J]. International Journal of Production Research, 2024:1-20.

[119] Zhu D, Li Z, Wang X, et al. A robust zero-sum game framework for pool-based active learning [C]//The 22nd international conference on artificial intelligence and statistics. PMLR, 2019:517-526.

down
第 23 章 · 工业 5.0 中人机协作的多方利益相关视角

Thomas Hoch, Jorge Martinez-Gil, Mario Pichler, Agastya Silvina, Bernhard Heinzl, Bernhard Moser, Dimitris Eleftheriou, Hector Diego Estrada-Lugo, Maria Chiara Leva

23.1 引言

AI 技术在智能制造中的潜在应用众多，从提高机械维护的效率到检测机器或产品中的缺陷，再到预防工人受伤。基于人工智能的系统可以通过实时分析来自传感器和其他来源的大量数据，识别瓶颈、优化生产计划，并调整设置以最大化效率。

同时，基于 AI 的软件系统为机器操作人员提供特定于上下文的支持，通过实时监控机器性能、检测潜在问题，向操作人员提供解决问题的建议行动，甚至在必要时自动解决问题。这种支持可以减少操作人员错误，提高机器的正常运行时间，并增加生产力。

通常，智能制造中的协作过程以反应性和主动性元素的交替阶段为特点，每个参与者轮流支持对方[1]。AI 支持的智能制造系统可以是自感知、自适应、自组织和自决策的[2,3]，使它们能够以多种方式响应生产环境中的物理变化。制造过程中 AI 引导的交互包括停止机器、调整生产任务或建议更改生产参数。然而，要在机器操作人员和人工智能制造系统之间实现有效的团队合作，需要主要基于每个参与者的自我感知和自适应的相互信任[4]。

改进的人机协作增强态势感知，使操作人员能够就优化机器设置和调整生产计划做出明智的决策，这种合作可以提高产品质量、减少浪费并提高效率[5]。随着 AI 技术的不断发展，预计未来几年智能制造将取得更重大的进步。

在国际研究项目 Teaming.AI 的框架内开发一个软件平台，以促进智能制造中的人与 AI 团队合作，如图 23.1 所示。文献[6]中提出了参考架构，该项工作详细阐述了不同利益相关者对人工智能软件平台质量特征的要求,与预期平台的 14 个不同利益相关者进行了结构化访谈。他们对 11 种不同的质量特征进行了评分,并提供了在平台的开发和运营过程中评估这些质量特征满足情况的关键成功因素。

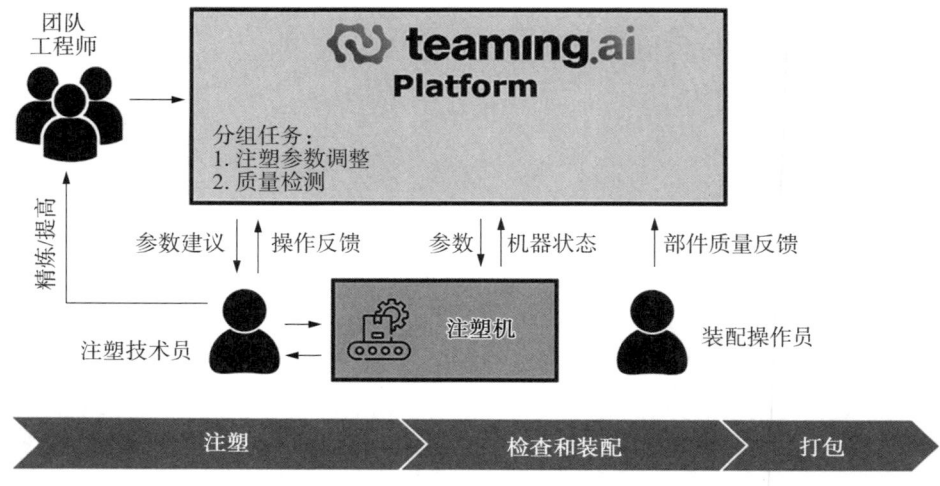

图 23.1　Teaming.AI 项目概览

研究结果为不同利益相关者的期望提供了宝贵的建议,并强调了在平台设计和开发中解决他们特定需求的重要性。考虑这些质量特征和关键成功因素,可以确保操作人员和 AI 系统之间的有效协作。

本章其余内容安排如下:23.2 节介绍人工智能相关项目中利益相关者互动的相关研究;23.3 节介绍我们在 Teaming.AI 项目中遇到的三个使用案例;23.4 节详细介绍利益相关者在此类项目中的不同角色;23.5 节讨论在实施此类解决方案时发现的问题;23.6 节讨论对技术实现的期望;23.7 节讨论高层次团队合作概念的特点;23.8 节指出在这项工作中学到的经验教训及未来发展方向。

23.2　相关研究

近年来,得益于将 AI 技术整合到工业 5.0 的协作工作设置中的重视,人-AI 协作领域获得了显著的关注[7-12]。这种日益增长的兴趣围绕着探索 AI 系统如何补充人类能力而非取代它们。许多研究已经深入探讨了人-AI协作的不同方面,包括智能系统的设计[13]、新交互范式的开发[14]及在现实世界场景中评估这些方法的实用性[15]。

人-AI协作的一个研究领域致力于设计能够与人类对应方有效工作的AI系统。研究人员回顾了各种设计智能系统与人类用户沟通和协作的策略,包括NLP、ML和认知建模[14]。此外,一些研究专注于设计新的交互范式,以实现人类与AI系统之间的无缝协作。例如,研究人员已经研究了使用AR/VR创建沉浸式环境,以改善人与人工智能的交互。

另一个焦点是评估它们在现实世界场景中的使用情况。一些研究分析了AI系统对人类工作人员性能的影响,以及他们对这些系统的接受和采用情况,这些研究探讨了影响人-AI协作成功的不同元素,如信任、透明度和正在执行的任务的性质[16]。此外,一些研究人员还研究了人-AI协作的伦理含义,如决策过程中潜在的偏见。

在此背景下,KGs也成为使生产线在制造和生产中更高效和灵活的强大工具[17],提供了一种组织和处理有关设备、机器模型、位置、使用情况等大量数据的手段[18]。KGs通过提供对复杂和竞争激烈的格局的建议,使制造业更智能[19],使制造商能够识别以前隐藏的模式、趋势和相关性,从而做出更明智的决策并提高运营效率。知识图谱在制造业和生产中的潜在好处使它们成为未来工业运营的重要技术,并强调了在这一领域继续进行研究和开发的重要性[20]。

在这方面特别有趣和相关的是最近AI技术的发展,如OpenAI的ChatGPT2和Aleph Alpha的Luminous3,为人类用户提供了自然语言界面,使他们能够通过最自然的交流方式表达他们的问题、信息需求等。这在工人可能不得不应对的日常压力或其他形式的压力情况下似乎特别有益。Teaming.AI的姊妹项目COALA4对人声激活的数字智能助手进行了研究,通过Luminous-Explore,Aleph Alpha强调语义表示的重要性,这样人类不再被迫以机器表示的形式表达他们的思想和意图,而是能够以更自然的方式进行表达。通过这些发展,Aleph Alpha还专注于其技术的工业案例。

23.3 制造背景

以下案例(UC)描述了AI支持的智能制造解决方案可以在制造环境中支

持人-AI协作的具体应用。UC1 和 UC2 来自汽车供应商,涵盖了塑料注射成型的过程。在 UC3 中,研究了大型零件制造过程中的人体工效风险评估,优化的重点是 AI 控制的机器任务与手工人力劳动之间的相互作用。

23.3.1　UC1:质量检查

UC1 的主要目标是在注射成型生产的塑料部件的视觉质量检查过程中支持机器操作人员。软件平台应将产品分类为 OK 或非 OK(包括缺陷类型),机器操作人员对后者进行双重检查。软件系统在质量检查期间与机器操作人员交互,并为故障分析和调整参数以减轻产品缺陷提供特定于上下文的信息,主要关注点是整合人类反馈,机器操作人员应有机会推翻并纠正 AI 系统的建议,如果错误地分类为缺陷区域,可以手动标记。

这种机器操作人员与软件平台之间的协作互动加强了人与 AI 伙伴关系的概念,每个参与者都贡献其独特的优势以实现最佳结果,赋予了机器操作人员验证和纠正 AI 决策的权力,同时通过整合操作人员的反馈确保 AI 系统的持续学习和改进[21]。

23.3.2　UC2:参数优化

UC2 也涉及注射成型,但是生产的塑料部件更大、周期时间更长。因此,软件平台应提供更主动的方式来有效减少和预防非完好部件(零浪费生产)。软件平台应预测可能的流程偏差,并在它们在有缺陷的部件中显现之前识别可能的根本故障原因,解释其发现(如可能性),并提出建议(如关于参数变化),使机器操作人员能够向软件平台提供反馈。

为了实现这种主动方法,软件平台利用其分析能力预测可能的流程偏差,分析来自各种传感器的实时数据,并监控生产参数,以识别可能表明即将发生问题的模式或异常。软件平台可以通过持续监控和分析生产过程,为机器操作人员提供早期警告和主动建议。

23.3.3　UC3:人体工效风险评估

UC3 专注于大型部件(如风力涡轮机的齿轮箱)的高精度制造,这种制造过程通常是耗时的、体力劳动密集的,并涉及自动和手工劳动的结合。

目标是分析人体工效风险,特别是工作件设置(涉及手动零件定位、夹紧、卸载等)期间的静态负载和重复性劳损。使用基于相机的跟踪系统,软件平台可以确定机器操作人员在车间地板上的位置,分析他们的姿势是否符合人体工效,并给操作人员提供反馈,如通过警报。此外,软件平台还应该识别与铣削操作相关的手动任务(如测量)并收集在这些任务中使用的工装信息。通过这种方式,软件平台通过结合上下文信息(如机器数据)在铣床和操作人员之间进行调节。总体而言,软件系统应该:

(1) 改善操作人员与机器之间的沟通。
(2) 执行持续的人体工效风险评估。
(3) 允许重新安排类似的装配任务以减少重复性劳损。

通过整合这些功能,软件平台赋予了机器操作人员和铣床以和谐工作的能力,优先考虑操作人员的福祉和安全。这是一个智能助手,提供实时建议、指导和风险评估,以优化人体工效,并预防与工作相关的损伤,促进了更健康、更高效的工作环境,确保大型部件的高效制造,同时优先考虑工人的福利。

23.4 利益相关者角色

下面描述了不同利益相关者角色及其在需求工程中识别的示例活动:

(1) 数据保护官(DPO),通过控制数据处理并适当审计系统来执行保护公司和个人数据(如 GDPR)的法律。
(2) 软件科学家(SS),查询软件平台软件组件的运行时数据,如日志信息,以评估和优化系统的基础代码和行为。
(3) 数据科学家(DS),对软件平台处理的数据应用统计方法。
(4) 机器操作人员(MO),执行生产部件的视觉检查,夹紧,调整工件,并在机器上执行手动任务,如获取测量和进行参数调整。
(5) 生产线经理(PLM),监控和优化生产和组装产品或其部件的流程。

这些利益相关者的参与,每个都有其独特的角色和活动,突显了软件平台的多维性质及其对制造流程各个方面的影响。通过整合这些利益相关者的专业知识和责任,软件平台的开发和运营可以从全面的角度受益,确保合规性、优化、数据分析、生产效率和质量保证。

23.5 识别痛点

文献[22]指出,痛点是"与客户工作相关的不良结果、风险和障碍。"在像Teaming.AI这样的协作项目中,最终用户的参与使技术方面能够解决真实的市场需求。为此,向所有案例合作伙伴分发了两份问卷,以识别与他们流程相关的现有问题和痛点,并了解他们期望从开发的技术中获得的潜在好处。每份问卷针对两类员工:①经理,他们可以提出组织的更多管理挑战;②操作人员,他们可以更有效地描述他们的日常问题,并且是将要改造的机器的活跃用户。

具体来说,问卷在参与研究的18个个体中进行了分发,并通过EUSurvey平台为每个案例平均分配。分析的人物包括:

(1) 注塑技术员。
(2) 生产班次协调员。
(3) 操作人员。
(4) 工程总监。
(5) 流程经理。
(6) 研发经理。
(7) 创新经理。
(8) 生产经理。
(9) 汽车数字化转型负责人。
(10) 数据科学家。

问卷的第一部分旨在分析每个最终用户的概况。总体而言,所有最终用户都是以结果为导向的组织,当被问及选择第三方合作进行工业4.0计划的前两个优先事项时,78%的人更喜欢有经过验证的试点案例的合作伙伴。下一个被选中的优先事项涉及确保解决方案更容易集成的能力,有45%的受访者选择了这一点。第三个和第四个被选中的优先事项是结果导向的,即承诺短期价值的能力和市场参与者的品牌认可度,分别为34%和23%。不太突出的选项还有技术提供商的接近性和可持续性改进。

23.5.1 UC1:质量检查

这个特定的案例涉及以下角色的参与:

(1) 数据科学家。
(2) 移动和数字化转型负责人。
(3) 研发经理。
(4) 操作人员。

总体而言,结果表明最终用户在生产部门面临痛点,影响了协调活动。具体来说:

(1) 设定参数化:根据受访者的说法,这是特定生产系统中最重要的瓶颈。正如制造背景部分所示,调整参数是减轻产品缺陷所必需的。

(2) 废品产生:废品产生的原因可能来自质量不佳的原材料、设置错误、机器问题等。尽管废品产生在财务上是可持续的,但影响了计划和融资。

(3) 意外停机/设备故障:机械和电气故障及非最佳维护是导致故障的主要原因。

(4) 时间损失:与时间损失相关的问题指的是生产延迟、废品产生、原材料缺乏、非生产过程等。

(5) 非最佳生产质量:犯错误的能力受到现有生产系统控制水平的影响。

(6) 库存增加:供应链中断和意外故障导致材料不可用,这导致计划人员过度订购,以确保生产不会停滞。

(7) 任务和产品设计缺乏灵活性:灵活性不仅限于操作人员在活动之间移动的自由度,包括在不同订单之间切换的能力及生产不同类型产品的适应性。

23.5.2 UC2:参数优化

项目的第二个案例涉及以下六个角色的参与:
(1) 工程总监。
(2) 注塑技术员。
(3) 操作人员。
(4) 流程经理。
(5) 生产班次技术员。
(6) 研发经理。

如上所述,前两个案例在语境中相似,因此类似的痛点也相似。具体来说:

(1) 设定参数化:操作人员的专业水平影响缺陷发生的可能性。

(2) 意外停机/设备故障:意外停机主要后果导致生产暂停和员工重新分

配到其他地方。

（3）人机交互不足：与第一个痛点类似，专业水平对生产和处理即将出现的问题有重要影响。

（4）时间损失：主要关注点来自管理层面。从组织的角度来看，识别的时间损失在于销售、调度、意外故障和废品产生。

（5）废品产生：与 UC1 相似。然而，成本管理和物流领域将是减少生产废品后首先改进的领域。

（6）库存增加：尽管废品产生被认为是可持续的，但它直接影响采购和仓储部门，它们需要增加风险管理和计划活动。

（7）成本增加：尽管所有 UC 都因其他痛点而成本增加，但 UC2 的受访者强调了他们在成本管理活动中面临的挑战。

23.5.3　UC3：人体工效风险评估

第三个也是最后一个案例侧重于以下角色：

（1）注塑技术员。

（2）创新经理。

（3）机器操作人员。

（4）操作人员。

（5）生产经理。

（6）研发经理。

根据问卷结果，人体工效风险评估案例的特点如下：

（1）设定参数：在 UC3 中，操作人员表示设定困难使他们感到时间不足。

（2）意外停机/设备故障：与其他案例类似，这导致高返工成本。

（3）废品产生：被归类为低于平均水平，当前流程形式中生产材料废品过多。

（4）系统无法满足调度需求：官僚主义导致无法控制增加设备生产率。

（5）交货延迟：无法按时满足调度需求导致交货延迟和利润减少。

（6）库存增加：像上述所有案例一样，过度订购导致库存增加和利润减少。

（7）计划不佳：当前生产系统阻碍了利益相关者进行最佳计划活动。

（8）时间损失：上述提到的及与其他相关因素导致生产系统的时间和生产力减少。

23.5.4 总结:痛点

总体来看,尽管项目涉及三个不同的案例,可能意味着不同利益相关者的不同需求,但存在一些共同的问题,特别是:
(1) 设定参数。
(2) 意外停机/设备故障。
(3) 时间损失。
(4) 废品/废品产生。
(5) 库存增加。

这五个痛点是构建引人注目的价值主张的主要市场需求,也是构建商业模式的基础之一。

23.6 对技术实现的期望

文献[23]中提到,我们与来自三个行业合作伙伴和三个专门从事 AI 系统软件开发的中小企业的 14 个利益相关者进行了访谈。

提到定义了候选场景[24],这些场景描述了利益相关者在与预期软件平台交互时的背景和预期功能。在基于访谈的案例研究中,根据利益相关者的视角,评估了 11 个质量特征对整体平台的重要性,引出了与软件平台相关的成功关键标准。质量特征包括 ISO 25010:2011 标准中的 11 个软件质量特征(SQuaRE)[25]和 3 个特定于人工智能的质量特征,如可信度和可解释性。

在访谈开始时,向受访者解释了研究背景(即智能制造中的人-AI 团队合作)。每位受访者都充分理解了研究背景,因为他们已经参与项目超过 1 年。对于相关性评估,采用了质量属性研讨会格式[26],并要求受访者根据他们对智能制造中人-AI 团队合作的主观相关性,将总共 100 分分配给不同的质量特征。

受访者将可信度、功能适用性、可靠性和安全性评为最重要的质量特征。相比之下,可移植性、兼容性和可维护性被评为最不重要的。此外,结果表明,具有相同角色的受访者对质量特征的相关性有共识。然而,也认识到质量特征的相关性根据预期软件平台的具体案例而变化。此外,我们要求受访者讨论与预期软件平台相关的成功关键因素。根据受访者的说法,智能制造中人-AI 团队合作的成功关键标准是提高生产周期效率、减少有缺陷的部件和废品,以及缩短检测偏差(产品或过程质量)的时间。这一回应并不令人意外,因为类似的痛点已经在前面提到(见 23.5 节)。

23.7 团队效能

如文献[27]所述,设计良好的协调机制可以提高团队效能,确保相关信息在整个团队中传播。这些协调机制首先由 Salas、Sims 和 Burke[4] 作为他们团队效能的五大框架的一部分进行了描述,包括:

(1) 共享心智模型:共享心智模型通过创建促进关于状态变化和团队成员需求的信息交换的知识结构,促进对环境的共同理解,这些知识结构需要设计得既适合人类也适合人工智能。

(2) 相互信任:Webber[28] 将团队环境中的信任定义为"团队成员将执行对其他成员重要的特定行动的共同感知……并将认识到并保护所有参与他们共同努力的团队成员的权益"。在团队环境中,相互信任的文化对于支持团队合作的核心组成部分至关重要,尤其是文献[29]研究表明,信任对于团队成员如何解释他人的行为至关重要。

(3) 闭环通信:人类与人工智能之间的通信可能会遇到与人类之间通信类似的问题。由于对消息的误解,由于他们的观点和偏见,或者因为团队成员专注于他们的任务而不是这些任务如何影响其他团队成员的任务,通信可能会受到阻碍。

尽管最初的五大框架专注于纯粹的人与人之间的团队合作,但它为人-AI团队合作的数字化奠定了坚实的基础。通过将团队效能作为目标而不是仅仅作为性能输出,重点仍然放在人类团队成员身上,承认团队成员之间的互动同样重要。

有效的沟通因此对于团队的正确运作至关重要。在人-AI团队的背景下,沟通可以帮助确保 AI 系统正确解释人类输入,并且人类正确解释 AI 系统的输出。这在高风险环境中尤其重要,因为错误可能会有严重后果。

23.8 本章结论

从这项研究中可以看到,开发促进操作人员和 AI 服务之间协作的基于 AI

的软件平台需要将不同利益相关者的视角整合到一个共同框架中。在这方面，识别每个利益相关者对不同质量特征的个体相关性，并提出与人-AI团队合作相关的成功关键因素以衡量满足度，这是至关重要的，可以帮助确保软件平台对用户友好且实用，满足所有参与协作的利益相关者的期望和需求。此外，可以减少项目中因不同利益相关者视角差异而产生的冲突。

我们的研究深入分析了将AI技术整合到协作工作环境中的关键问题、挑战和机会。为了实现这一点，采取了多利益相关者的视角，考虑了参与人-AI协作过程的不同参与者的视角，旨在为设计有效的人-AI协作系统提供意见和建议，这些系统可以提高生产力、创新和社会福利。

已经观察到，工业5.0中的人-AI协作需要仔细考虑各种因素，如智能系统的设计、新交互范式的开发、评估这些系统在现实世界场景中的有效性，以及人-AI协作的伦理含义[24,30]。此外，强调了采取以人为本的AI系统设计方法的重要性，优先考虑人类用户的需求、偏好和能力。其他元素（如在人-AI协作系统中建立信任和透明度，并确保决策过程中的公平性、问责制和透明度）在这个制造背景中也是必不可少的。

总之，将AI技术整合到协作工作环境中为提高生产力、创新和社会福利提供了巨大潜力。然而，也带来许多挑战，需要仔细考虑和积极措施。通过采取多利益相关者的视角，优先考虑以人为本的设计，促进跨学科合作，并实施负责任的治理，在最大化好处的同时最小化与这种变革性技术相关的风险，为实用和道德的人-AI协作系统铺平道路。

有必要指出，未来的研究随着AI技术的不断发展，处理AI偏见问题变得越来越重要。AI系统中的偏见可能会延续现有的社会不平衡，支持歧视性做法，并限制特定群体的机会。因此，开发检测和减轻AI算法和数据集中偏见的机制至关重要。此外，将AI技术整合到协作工作环境中需要持续的培训和技能提升计划，旨在向个人介绍AI的能力，促进数字素养，并为他们提供与智能系统有效协作所需的必要技能。

参考文献

[1] Johnson M, Vera A. No AI is an island: the case for teaming intelligence [J]. AI magazine, 2019, 40(1):16-28.
[2] Qu Y J, Ming X G, Liu Z W, et al. Smart manufacturing systems: state of the art and future trends [J]. The International Journal of Advanced Manufacturing Technology, 2019, 103:3751-3768.

[3] Phuyal S, Bista D, Bista R. Challenges, opportunities and future directions of smart manufacturing: a state of art review [J]. Sustainable Futures, 2020, 2:100023.

[4] Salas E, Sims D E, Burke C S. Is there a "big five" in teamwork? [J]. Small group research, 2005, 36(5):555-599.

[5] Daugherty P, Wilson M. Human+ machine: Reimagining work in the age of AI Harvard Business Review Press [J]. 2016.

[6] Haindl P, Buchgeher G, Khan M, et al. Towards a reference software architecture for human-ai teaming in smart manufacturing [C]//Proceedings of the ACM/IEEE 44th International Conference on Software Engineering: New Ideas and Emerging Results. 2022:96-100.

[7] Bauer A, Wollherr D, Buss M. Human-robot collaboration: a survey [J]. International Journal of Humanoid Robotics, 2008, 5(01):47-66.

[8] Mingyue Ma L, Fong T, Micire M J, et al. Human-robot teaming: Concepts and components for design [C]//Field and Service Robotics: Results of the 11th International Conference. Springer International Publishing, 2018:649-663.

[9] Chella A, Lanza F, Pipitone A, et al. Human-Robot Teaming: Perspective on Analysis and Implementation Issues [C]//AIRO@ AI*IA. 2018:12-17.

[10] Krämer N C, von der Pütten A, Eimler S. Human-agent and human-robot interaction theory: similarities to and differences from human-human interaction [J]. Human-computer interaction: The agency perspective, 2012:215-240.

[11] Nikolaidis S, Shah J. Human-robot cross-training: Computational formulation, modeling and evaluation of a human team training strategy [C]//2013 8th ACM/IEEE international conference on human-robot interaction (HRI). IEEE, 2013:33-40.

[12] Chen J Y C, Barnes M J. Human-agent teaming for multirobot control: A review of human factors issues [J]. IEEE Transactions on Human-Machine Systems, 2014, 44(1):13-29.

[13] Freudenthaler B, Martinez-Gil J, Fensel A, et al. Ki-net: Ai-based optimization in industrial manufacturing — A project overview [C]//International Conference on Computer Aided Systems Theory. Cham: Springer Nature Switzerland, 2022:554-561.

[14] Şahinel D, Akpolat C, Görür O C, et al. Human modeling and interaction in cyber-physical systems: a reference framework [J]. Journal of Manufacturing Systems, 2021, 59:367-385.

[15] Johnson M, Vignatti M, Duran D. Understanding human-machine teaming through interdependence analysis [M]//Contemporary Research. CRC Press, 2020:209-233.

[16] Chen M, Nikolaidis S, Soh H, et al. Planning with trust for human-robot collaboration [C]//Proceedings of the 2018 ACM/IEEE international conference on human-robot interaction. 2018: 307-315.

[17] Buchgeher G, Gabauer D, Martinez-Gil J, et al. Knowledge graphs in manufacturing and production: a systematic literature review [J]. IEEE Access, 2021, 9:55537-55554.

[18] Martinez-Gil J, Buchgeher G, Gabauer D, et al. Root cause analysis in the industrial domain using knowledge graphs: a case study on power transformers [J]. Procedia Computer Science, 2022, 200:944-953.

[19] Noy N, Gao Y, Jain A, et al. Industry-scale Knowledge Graphs: Lessons and Challenges: Five diverse technology companies show how it's done [J]. Queue, 2019, 17(2):48-75.

[20] Hogan A, BlomQvist E, Cochez M, et al. Knowledge graphs [J]. Synthesis Lectures on Data Semantics and Knowledge [J]. 2021.

[21] Hoi S C H, Sahoo D, Lu J, et al. Online learning: A comprehensive survey [J]. Neurocomputing, 2021, 459:249-289.

[22] Osterwalder A, Pigneur Y, Bernarda G, et al. Value proposition design: How to create products and services customers want [M]. John Wiley & Sons, 2015.

[23] Haindl P, Hoch T, Dominguez J, et al. Quality characteristics of a software platform for human-ai teaming in smart manufacturing [C]//International Conference on the Quality of Information and Communications Technology. Cham: Springer International Publishing, 2022:3-17.

[24] Sutcliffe A. Scenario-based requirements engineering [C]//Proceedings. 11th IEEE International Requirements Engineering Conference, 2003. IEEE, 2003:320-329.

[25] International Organization for Standardization. Systems and Software Engineering: Systems and Software Quality Requirements and Evaluation (SQuaRE): System and Software Quality Models [M]. ISO, 2011.

[26] Barbacci M R, Ellison R, Lattanze A J, et al. Quality attribute workshops (QAWS) [EB/OL]. (2003-8)

[27] Hoch T, Heinzl B, Czech G, et al. Teaming. AI: enabling human-AI teaming intelligence in manufacturing [J]. Proceedings http://ceur-ws.org ISSN, 2022, 1613:0073.

[28] Simsarian Webber S. Leadership and trust facilitating cross-functional team success [J]. Journal of management development, 2002, 21(3):201-214.

[29] Simons T L, Peterson R S. Task conflict and relationship conflict in top management teams: the pivotal role of intragroup trust [J]. Journal of applied psychology, 2000, 85(1):102.

[30] Weyns D. Software engineering of self-adaptive systems [J]. Handbook of software engineering, 2019:399-443.

第 24 章 · 整体生产概览：使用 XAI 优化生产

Sergi Perez-Castanos, Ausias Prieto-Roig, David Monzo, Javier Colomer-Barbera XAI for Product Demand P

24.1 案例背景

可解释的制造人工智能（XMANAI）福特案例聚焦于管理大型生产线制造的复杂性，这些生产线由多个工作站组成且大部分顺序工作，彼此之间存在直接依赖性。此外，每个站点也由不同的机器和资产组成，相互连接的流程从完全自动化到手工劳动不等，所有这些在制造线上会产生许多挑战，这使得很难有效预测和解决潜在的生产问题。例如，生产线起始端设备上存在的一个小问题，如果没有被检测到，可能会传播并严重影响后续站点，最终造成生产线末端的瓶颈，阻碍实现生产目标，这些困难强调了开发智能系统的关键需求，以确保生产的质量和数量达到行业目标，同时保持生产时间在有利可图的范围内；这些系统不但能预测生产过程中不希望的情况，而且为了帮助生产线操作人员做出适当的决策来管理，了解可能导致生产偏差的根本原因也非常重要。

福特案例旨在通过应用基于 AI 的优化系统，辅以可解释性层，来应对这些固有的复杂性。该系统应用于实际的发动机生产线，以监控达到预期生产所需的总体标准，从而最小化预期生产的偏差，解决的一个主要难点是发动机类型及其相应组件的高可变性。在发动机制造厂，生产不同的发动机衍生产品以满足各种车型的要求。每种发动机类型可能需要特定组件，如发动机曲轴箱、燃油泵、机油泵、离合器等。管理多样化的组件范围并确保它们在装配线上的可用性和正确安装是一项艰巨的任务。发动机类型和组件的数量增加了错误、延误和生产瓶颈的可能性。

另一个复杂性在于生产批次的计划和调度。目前，由 MP&L（物料计划与物流）团队和生产人员专业驱动的手动流程用于管理每周生产批次。然而，准确确定最佳的批次大小、顺序和资源分配十分复杂。计划工程师依靠客户需求和自己的经验来做出决策,这可能导致采用次优的生产计划和资源分配,降低效率、增加停机时间,并损害生产能力。

此外,制造过程中的不可预见问题和中断会显著影响生产效率。班次领班必须及时做出决策,以最小化计划停机并解决装配线上的意外故障。如果没有对这些问题的根本原因和潜在解决方案进行全面了解,决策将变得具有挑战性,很难保持一致的生产线可用性和性能。

通过开发专门设计用于优化发动机生产线的 AI 模型,可以有效应对这些挑战。AI 系统可以同时分析实时和批量数据,这些数据来自各种系统,以识别模式、检测异常,并为生产线优化提供建议。借助先进的机器学习技术,AI 模型可以模拟不同的场景,预测变化的影响,并建议最佳行动方案以最大化生产线性能,这些 AI 模型可以协助操作人员和工程师做出数据驱动的决策,减少错误,改善资源分配,并最小化停机时间。

总体而言,发动机制造固有的复杂性和不确定性强调了 AI 模型优化生产的关键需求。通过利用 AI 技术,制造商可以增强预测和应对潜在问题的能力,从而提高效率,降低成本,并改善装配线的整体性能。

福特发动机工厂的现状不允许利用准实时数据进行决策,尽管拥有生产线不同操作的状态、生产的发动机数量及其部件、质量报告和生产计划的记录,但所有信息都分散在不同的企业数据库中,没有中央数据库。缺乏集中信息是优化生产线上发生的不同过程需要解决的首要问题,即由于无法利用所有可用数据,无法将 AI 应用于不同的决策过程,提出的应用旨在通过以下各节将解释的一系列功能来减少这些问题。

这个案例包括与班次内生产线当前状态相关的一系列行动。通过提供不同分散数据源的信息,可以联合分析这些信息,以建立趋势,并预测班次结束时生产线上的异常情况或生产的总发动机数量。因此,这个案例专注于估计班次结束时的生产量、检测突发场景,并模拟新的假设情况,同时提供可能导致预期生产目标偏差的资产的建议。

福特内部数据库包含有关操作状态(操作是否在循环新组件、等待新部件、阻塞或处于其他可能状态)、操作故障、循环时间(实际和设计时间)、班次内生产的部件数量和与生产的部件质量相关的数据。在这个案例中,将联合与生产数据相关的不同数据源,以代表生产线的历史状态,并预测班次结束时根据当前趋势生产的发动机数量。两者都将帮助业务专家理解预测（计划）生产量与班次结束时实际生产的发动机之间可能发生的重大偏差。

24.2 XAI 方法

应用可解释性技术不仅仅是一个技术过程，也是将智能系统与使用它们的用户连接起来的桥梁。因此，重要的是让 XAI 解决方案的最终用户参与到可解释系统的设计过程，寻找一个遵循的人类参与其中的循环方法。因此，为了为与福特案例相关的 AI 系统提供一个坚实的可解释性层，开发 XAI 模型之前需要进行两个关键活动。

初始活动涉及识别最终用户的特定 XAI 需求，即发动机生产线的操作人员，这一步在理解与 AI 系统交互的利益相关者的要求和偏好方面至关重要。通过与最终用户的紧密合作，有效地捕获了对 AI 模型可解释性的期望和担忧，这个过程确保了随后选择 ML 模型和可解释性工具与最终用户识别的需求保持一致。

因此，第二个活动集中在选择满足识别出的 XAI 需求的适当方法上。从一系列可用技术中进行选择，选择过程考虑了制造问题的具体要求和限制，所选方法基于它们提供 AI 模型决策过程的可解释建议的能力进行了评估。通过这一细致的选择过程，所选方法有效地解决了初始活动中识别的 XAI 需求。

通过进行这两项活动，系统可以确保演示器的 AI 和可解释性方面根据工厂最终用户的要求量身定制，促进了一种协作和以用户为中心的方法，保证了所选方法提供了有意义和可操作的解释。最终，识别可解释性需求和随后选择适当方法使得开发 XAI 模型，赋予工厂人员理解和信任 AI 模型所做的决策，促进有效决策并推动制造过程的优化。

24.2.1 识别 XAI 需求

在开发 XAI 模型之前，需要解决几个任务以有效解决预期问题，工作流程一般遵循以下步骤：

（1）识别相关数据源，并确定数据收集、存储和处理所需的技术要求。这涉及理解制造环境中的数据生态系统，包括企业系统、维护记录、工具系统和实时数据采集等来源，所使用的数据与生产线的状态和质量数据有关。

（2）评估特定于手头制造问题的 AI 需求至关重要，包括识别关键问题和目标,如优化生产、最小化停机时间和改善资源分配。了解期望的结果有助于定义将要开发的 AI 模型的范围和目的,目标是发现预期产量的偏差并预防生产线瓶颈。

(3) 认识到所涉及利益相关者的可解释性需求,要考虑透明度、可解释性和信任决策过程。不同的利益相关者可能对 AI 系统有不同程度的专业知识和理解,因此要确定适当的解释水平,以确保有效的协作和决策,理解生产线的哪些元素及它们在多大程度上影响了预测偏差,并分析最适合的行动以适应。

通过应用 XAI 模型,可以在制造环境中实现几个益处。首先是参与生产线的最终用户将能够根据现有数据分析的结果做出更好的决策,从知道对它们影响最大的特定资产的角度来看,并理解这些结果的原因。

XAI 模型的结合及其优势为这个案例带来了重大的商业机会,XAI 模型的应用对生产线产生积极影响:首先,通过快速修复可能影响整个生产的问题,防止生产线瓶颈,从而提高生产线的可用性;其次,通过减少不必要的维护停机,提高生产效率。

总体而言,开发 XAI 模型之前的工作任务包括识别数据源、技术要求、AI 需求、可解释性需求,认识到使用 XAI 模型的优势,并揭示由此产生的商业机会。图 24.1 所示为整个识别过程的图表。

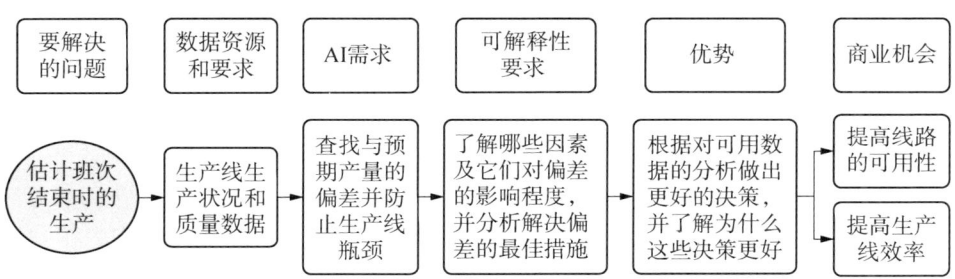

图 24.1 案例的 AI 和可解释性需求识别

通过解决这些方面,可以确定哪些 ML 模型和可解释性工具满足演示器的 XAI 需求,这将在下一节解释。

24.2.2 混合模型

在 XMANAI 项目的背景下,混合模型指的是两个组件的结合[2]:一个 ML 模型和一个用于解释 ML 模型产生的结果的可解释性工具。

ML模型组件负责基于输入数据学习模式并进行预测,利用算法和技术来提取信息,从训练示例中泛化,并为新数据实例生成预测。ML模型可能包括各种方法,如决策树[3]或随机森林[4]。

另一方面,可解释性工具组件被用来提供ML模型决策过程的建议,有助于揭示影响模型预测的基本因素、特征或模式。可解释性工具通过提供解释、可视化或指标来增强透明度和可解释性,从而揭示ML模型如何得出结果。

通过结合这两个组件,混合模型旨在解决一些ML算法的"黑箱"特性,提供额外的透明度。可解释性工具提供了对特定预测中最相关特征的建议、这些特征的相对贡献以及它们对最终模型决策的影响。

由于这种方法的目标是开发和训练一个用于估计班次结束时生产的模型,因此确定回归模型是一个很好的选择来解决问题,并因此被选中用于该目的。由于该估计是回归任务,这个模型可以被用来达到这个目的,系统的输出预测将是班次结束时生产的发动机数量。根据预测与预期生产的比较,工厂经理和操作人员将能够做出决策以纠正潜在偏差。

为了解决这个案例,构建了一个基于图24.2所示架构的实验,以配置案例资产并训练AI模型。从左到右,案例数据资产将通过直接从发动机装配线的不同生产站点检索操作数据来生成。这些资产将为ML过程提供数据,执行回归预测,预测班次结束时将生产的发动机数量。评估不同的ML预测模型以分析哪一个提供更准确的结果。最后,随机森林被选为最适合这个目标的AI基础模型。

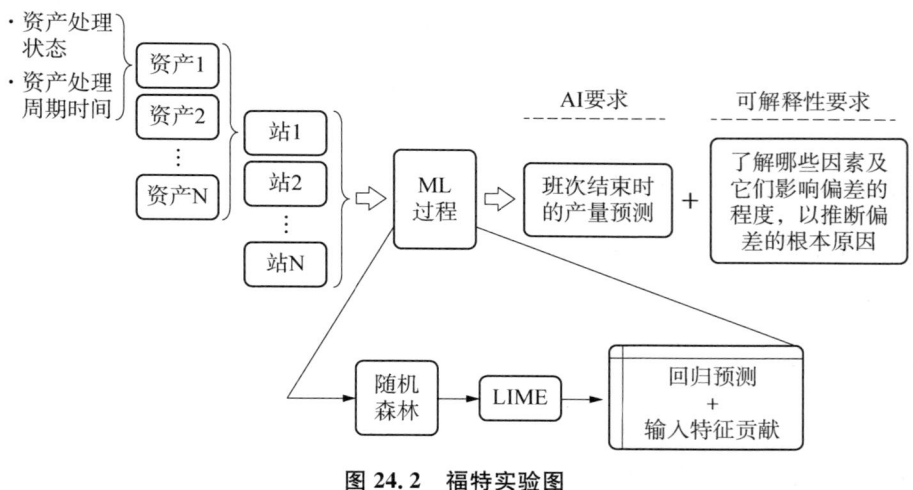

图 24.2　福特实验图

因此，该问题的可解释性需求是理解哪些元素及在多大程度上影响偏差，以便推断上述偏差的根本原因。考虑到可解释性需求和特征贡献解释，局部可解释模型无关解释（LIME）[8]被选为最优的 XAI 工具，这在该场景中对模型解释非常有价值。LIME 是一个可解释性工具，为 ML 模型做出的单个预测提供解释，通过创建局部替代模型来近似原始模型的行为，生成特征重要性权重，指示每个输入特征的相对影响。LIME 是模型无关的，意味着它适用于各种模型，而不需要访问内部工作，这种解释增强了透明度和理解力，促进了对复杂机器学习系统的信任。

考虑到选定的 ML 模型和可解释性工具，ML 流程的预期输出是表明班次结束时生产的预期结果，最终与实际生产目标进行比较，以防止潜在偏差。因此，提供的解释应该有助于理解关键元素是什么及对生产偏差有多大影响，并支持最终用户推断可以解决以最小化影响的根本原因。

XAI 输出解释

使用随机森林作为模型和 LIME 作为可解释性工具，图 24.3 所示为分析整个班次生产的示例，通过输入数据的回归来估计当前班次的生产。

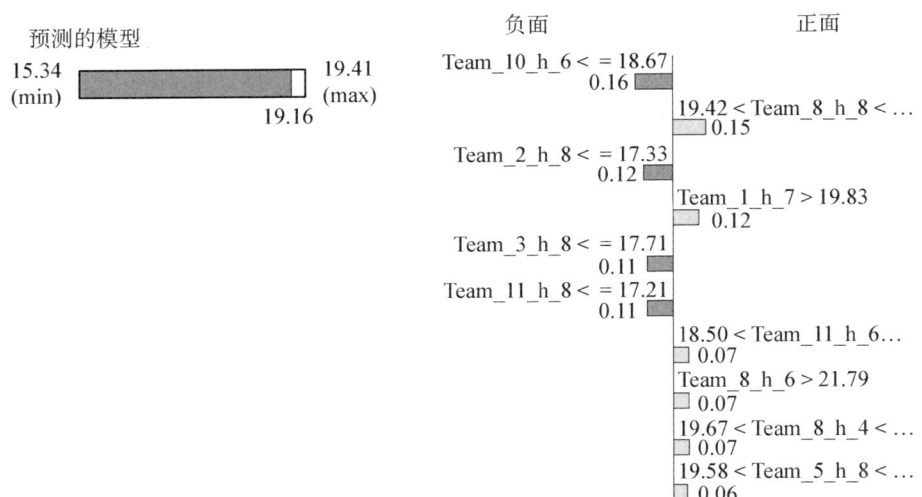

图 24.3　LIME 可解释性结果示例，左侧显示 ML 预测信息，
右侧看到不同输入特征的贡献（正面和负面）

在图的左侧，可以看到模型预测的值为 19.16，这个值应被解释为生产线每 10 min 内平均生产的发动机数量。对于这个案例，15～20 之间的值被认为

是合适的值,代表生产线的既定行为;当值低于 15 时,就要考虑与预期值的偏差。

图的右侧为 LIME 可解释性工具提供的信息。由于该技术包括特征相关性表示,图表中的不同行代表输入特征,这些特征来自用于这个具体预测的输入数据,对具体输出贡献最大以及在多大程度上做出贡献。负侧或正侧表示它们对训练模型所用训练数据的平均输出值产生更高或更低值的影响程度。

24.2.3 图机器学习模型

图机器学习(GML)[7]模型是一类旨在处理表示为图的结构化数据的 ML 算法,不同于传统机器学习方法使用表格数据或序列数据,GML 模型利用图结构中存在的固有关系信息进行预测或获得建议。

GML 模型特别适合涉及数据点之间复杂关系和依赖性的任务,在包括社交网络分析、推荐系统、生物信息学、欺诈检测、知识图谱补全等多个领域都有应用[10]。

这种模型拓扑可以与制造行业生产厂中存在的复杂相互连接过程的结构相关联。因此,XMANAI 内的一个研究线索一直致力于确定这种方法的适用性,以提供适应制造特定性的基于 IA 的预测模型,同时增加一个可解释性层。具体来说,在我们的数据实验中选择了专注于可解释性的异构 GML 模型。在研究了不同的最新选项之后,我们倾向于在这种情况下使用 Tensorflow GNN (TFGNN)[5],这个库能够处理异构图,以适应动态数量的节点和边,其具有不同的节点类别和边类别,以及它们自己的数据集,它也利用了 Tensorflow[1]的图执行,加快训练和推理过程,可以更快的迭代和具有更少的等待时间。

24.2.3.1 图模型

图模型在预测制造线输出的背景下,与常规模型相比具有不同的优势。通过利用数据中固有的关系结构,可以结合上下文信息并捕获不同组件之间的相互依赖性。制造线通常表现出复杂的关系,如图模型在表示和利用方面表现出色的级联效应或反馈循环。此外,图模型可以有效地利用与每个组件相关的图拓扑和节点级特征,使它们能够学习编码固有属性和交互的嵌入。

图模型的可转移能力允许它们在具有共享特征的不同制造线状态之间泛化知识。此外,图模型通过分析学习到的嵌入和组件对输出的影响,提供可解释性和可解释性。

GNN 近年来因其能够捕获图的局部和全局结构信息而受到显著关注,利用节点级特征、图拓扑和消息传递机制的组合,在网络层中更新节点的表示。GNN 可以学习表达性节点嵌入,编码节点的固有特征及其与邻接节点的关系。

在 GML 模型的训练阶段,通常使用基于梯度的方法进行优化,其中梯度通过反向传播计算。GML 模型可以以监督方式进行训练,其中提供标记数据,或者以无监督或半监督方式进行训练,其中只有数据的一个子集被标记或没有标签可用。

GML 模型可以提供捕获图数据不同方面的各种类型的输出。例如,在节点分类任务中,模型可能会为图中的每个节点分配一个标签或类别,指示相应实体的预测类别或行为。GML 模型还可以生成与链接预测相关的输出,其中它们估计图中节点之间连接的可能性或存在。此外,GML 模型可能会产生节点嵌入或表示,捕获每个节点学习到的特征和关系,使下游任务或进一步分析成为可能。

在分析的场景中,GML 模型通过处理制造线的时序切片,将预测制造线最后一个切片的输出,作为节点的属性编码在图训练中,这已被证明是可能的。例如,谷歌在研究[6]中表明,通过使用 RMSLE 可以将损失减少 6%,达到最先进的水平。

24.2.3.2 可解释性技术

对于可解释性,使用图注意力(GAT)[9]层来收集模型给予每个输入的权重。GML 模型不仅允许我们根据操作人员的添加或移除,适应制造过程布局的推理和可解释性,还允许模型具有更多关于操作人员如何连接或存在哪些类型数据的上下文信息,最终提高模型和解释的准确性。

在训练和解释完成后,GML 模型可以生成一个描述制造线及其组件之间所有关系的图(图 24.4),包括它们各自的重要性。

图 24.4 展示了项目中操作人员(绿点)和团队(红点)之间关系的可视化。每个节点的相关性由其颜色的深浅表示,颜色越深表示相关性越小,颜色越亮表示相关性越大。连接节点的边其大小也代表了连接的强度,越大的边表示相关性越强。

具体来说,绿色点代表操作人员,两个绿色点之间的连接意味着这些操作人员在生产线上是连接的,下一个操作人员接收前一个操作人员的输出。同样,红色点代表团队,红色点之间的连接表明一个团队接收前一个团队工作的

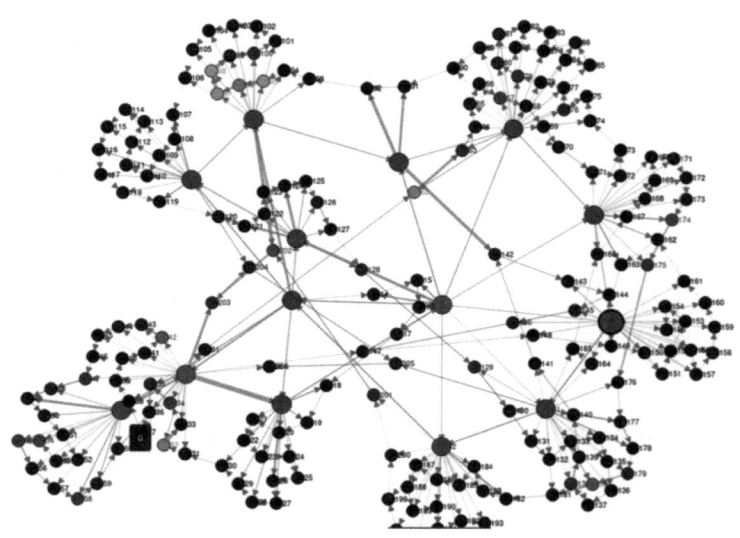

图 24.4　GML GAT 贡献权重完整图，更明亮的颜色和更宽的边缘意味着更大的贡献[*]

输出。此外，红点和绿点之间也有连接，表明哪些操作人员属于哪个团队。

图 24.5 为图 24.4 的修改版本，删除了一些相关性较低的连接，只保留了具有高度影响力的操作人员组，由剩余的连接表示。向用户展示这些信息的用

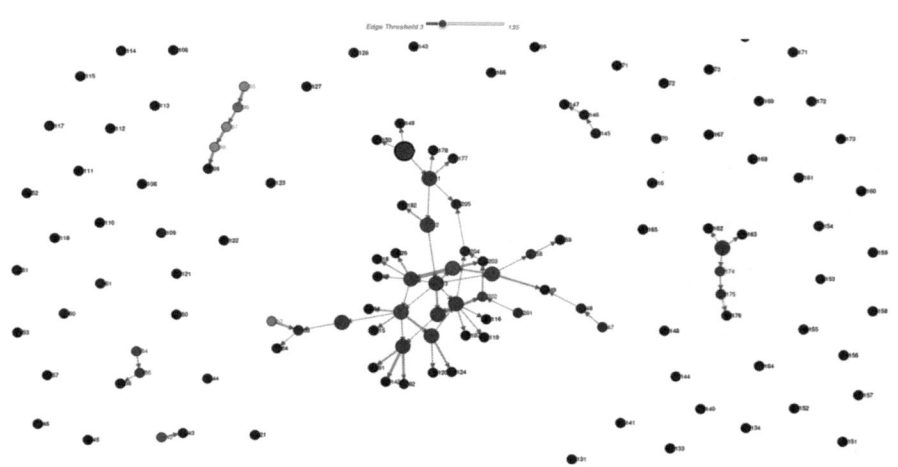

图 24.5　GML GAT 贡献权重修剪图仅显示最高贡献者[*]
（更亮的颜色和更宽的边缘意味着更大的贡献）

途在于,它可以让我们对项目中操作人员和团队之间关系和依赖性有清晰的理解。通过可视化图表,用户可以根据其亮度和连接的大小识别出最相关的操作人员和团队,这有助于理解工作流程、识别关键贡献者,并通过专注于调整最有影响力的因素来优化项目。

通过在图 24.5 中删除相关性较低的连接,用户可以快速掌握核心组件和关键依赖性,简化可视化并突出最关键元素,这种集中视图更简单、更直接。

最后,如果这对用户来说太难理解,这有可能被添加到生产线的地图中,以更好地表示每个团队和操作人员的位置。

24.3　XMANAI 平台使用

所有混合模型的训练和现有数据的探索都在 XMANAI 平台下进行。为此,福特将他们的数据集上传到平台,然后通过合同协议共享数据,同时保留所有权,确保数据的安全性和隐私。

平台提供了可视化数据的工具,允许我们获得建议并了解其特征。在可视化数据之后,可以进一步探讨问题,并利用平台上提供的笔记本,利用其计算能力和预构建的库来开发解决方案。

为了创建混合模型和 XAI 工具,可以将他们的模型和相关工件上传到平台,配置模型及其超参数与一个可行的可解释性工具,并对其进行微调以实现最佳性能。输出是一个将用于训练的会话,确保模型始终可以与选定的可解释性工具一起使用。

创建会话后,可以使用平台的流程功能来建立一个用于训练模型和解释器组件的简化流程。一旦设置了流程,福特可以随时运行它,根据训练好的模型进行推断或预测,流程确保能够一致和自动执行,这样可以节省时间和精力。最后,通过平台的可视化功能来可视化 XAI 工具提供的解释,使他们能够获得模型如何得出其预测的可解释性和建议,帮助决策和模型验证。

24.4　本章结论

本节深入探讨了在数据真实性、数据获取自动化、数据处理和分析、混合模型开发、可解释性方法、制造应用创建和基础设施增强方面的成果。

在数据真实性方面，需要分配程序员团队，彻底审查并确保所有机器都遵守标准化的制造数据报告。这是所有工作的起点，因为准确数据的可用性至关重要，没有可靠的数据，将无法构建准确代表我们制造过程现实的模型。

我们还在自动化数据获取过程方面取得了显著进展。以前手动完成的数据获取现在已转为自动化，可以定期创建数据转储并产生可用于重新训练现有模型的新数据批次。

我们对数据处理和数据分析的关注包括从不同数据集中提取特征，并确定最佳的输入数据获取方法以获得相关结果。

此外，我们一直在积极开发结合 ML 算法和可解释性工具的混合模型。具体来说，利用局部可解释模型无关解释来创建有助于识别影响特定预测的生产线部分的解释，同时研究图模型，以类似于我们混合模型的方式提供解释。利用 XMANAI 平台开发制造应用，如 24.3 节所述，该应用被设计为可供案例中的演示者使用。

为了适应平台的本地部分并有效地托管最终应用的整个后端基础设施，我们最近获得了专用物理服务器，确保平台的高效和可靠托管。

总之，在数据真实性方面的成果通过确保准确和可靠的数据为制造过程提供了坚实的基础，这使得能够构建准确代表运营现实的模型。数据获取的自动化不仅节省了宝贵的时间和资源，还提供了新一批数据，以持续改进模型。对数据处理和分析的关注使我们能够提取有意义的建议并取得相关结果。混合和图模型的开发，结合可解释性工具，增强了对预测的理解，并识别了影响它们的特定因素。实施可解释性方法提高了对模型输出的透明度和信任，使操作人员能够做出明智的决策。此外，制造应用的创建促进了流程的简化和各案例中演示者之间的改善协作。最后，在获得专用物理服务器基础设施等方面的投入，确保了最终应用的强大和高效托管环境。

未来研究的关键目标之一是弥合科学解释与最终用户可访问性之间的差距，虽然目前对开发解释的关注源于科学严谨性，但我们应用认识到需要使这些解释对非技术受众更易于理解和用户友好。下一步改进和调整是从我们的模型中获得解释，将它们转化为对最终用户易于理解和有意义的格式。通过将复杂的技术概念转化为易于理解的语言和可视化，旨在使最终用户做出明智的决策，并从制造过程中获得最大价值。这种以用户为中心的方法不仅能提供科学建议，还可以作为提高生产力、效率和整体业务盈利能力的实用工具。

参考文献

[1] Abadi M, Agarwal A, Barham P, et al. TensorFlow: Large-scale machine learning on heterogeneous systems [EB/OL]. (2015-11-29).

[2] Amini M, Bagheri A, Delen D. Discovering injury severity risk factors in automobile crashes: a hybrid explainable AI framework for decision support [J]. Reliability Engineering & System Safety, 2022, 226:108720.

[3] Loh W Y. Classification and regression trees [J]. Wiley interdisciplinary reviews: data mining and knowledge discovery, 2011, 1(1):14-23.

[4] Breiman L. Random forests [J]. Machine learning, 2001, 45:5-32.

[5] Ferludin O, Eigenwillig A, Blais M, et al. Tf-gnn: Graph neural networks in tensorflow [J]. arXiv preprint arXiv:2207.03522, 2022.

[6] Kapoor A, Ben X, Liu L, et al. Examining covid-19 forecasting using spatio-temporal graph neural networks [J]. arXiv preprint arXiv:2007.03113, 2020.

[7] Liu Z, Chen C, Yang X, et al. Heterogeneous graph neural networks for malicious account detection [C]//Proceedings of the 27th ACM international conference on information and knowledge management. 2018:2077-2085.

[8] Ribeiro M T, Singh S, Guestrin C. Model-agnostic interpretability of machine learning [J]. arXiv preprint arXiv:1606.05386, 2016.

[9] Wang X, Ji H, Shi C, et al. Heterogeneous graph attention network [C]//The world wide web conference. 2019:2022-2032.

[10] Xia F, Sun K, Yu S, et al. Graph learning: A survey [J]. IEEE Transactions on Artificial Intelligence, 2021, 2(2):109-127.

第 25 章 产品需求规划中的 XAI：模型、经验与教训

Fenareti Lampathaki, Enrica Bosani, Evmorfia Biliri, Erifili Ichtiaroglou, Andreas Louca, Dimitris Syrrafos, Mattia Calabresi, Michele Sesana, Veronica Antonello, Andrea Capaccioli

25.1 引言

H2020 XMANAI 项目是惠而浦公司在工业 4.0 研究工作中表现卓越的一次独特尝试，因为它遇到了应用 AI 技术最常见的困难。在 AI 循环中，人类参与度通常通过结构化变革管理来应对，这种管理通过沟通和培训来实现真实用户的应用。XMANAI 项目开发了专门工具，以满足用户理解和信任 AI 系统的定制化需求。

此外，该项目的优势不仅在于实施的解决方案，还在于实现过程，后者揭示了用户可解释性要求的复杂性。将期望的信息转换为业务专家真正可以使用的格式，是一条漫长的道路，需要采用结构化的映射技术和方法，以及解决方案开发的敏捷方法，才能确保平稳、逐步的取得进展。

技术专家和业务专家之间持续和严格的协作也是实现制造最终目标的关键因素，不仅是 AI 采用的成功因素，也是工业 4.0 提供的大多数创新技术成功部署的因素。

本章讨论并记录惠而浦公司在 XMANAI 项目[1]中积累的经验，其中 AI 技术的可解释性应用于销售需求预测场景。在这一场景中，AI 工具的应用水平高度依赖于可以在用户中产生的信任。在惠而浦公司的案例中，向用户解释 AI 结果的可能性已被确定为获得用户信任并充分将人类利益相关者纳入 AI 循环的关键使能因素之一。XAI 是通往对特定结果生成原因完全理解的大门，实现对 AI 模拟过程的更深入理解，提高对 XAI 的认识和信任，是实现更好决策和日常业务管理结果的关键。

本章 25.2 节首先详细介绍惠而浦公司的 H2020 XMANAI 项目案例,介绍推动项目的动机和案例的商业背景。25.3 节描述项目当前状态和推动 XMANAI 解决方案设计的已确定业务需求,并概述未来场景和要实现的关键目标。25.4 节介绍技术实施过程和可解释性价值展示。25.5 节概述与用户详细制定可解释性要求的过程,并说明部署到系统中的解释模式的合理性。25.6 节描述 XMANAI 平台,展示用户在 XAI 平台和惠而浦公司案例的 XAI 制造应用细节。25.7 节介绍与用户举行演示会议的评估结果;25.8 节为本章内容的总结。

25.2 惠而浦公司 XMANAI 项目案例

惠而浦公司是全球白色家电业务的最大参与者,也是欧洲最重要的参与者之一,在欧洲拥有 9 个工厂,分布在 5 个国家,拥有 50 多个原始设备制造商,在 35 个欧洲市场和世界其他 100 多个目的地生产和交付。

总的来说,白色家电业务的特点是欧洲市场竞争激烈。一些非常积极的全球竞争对手在传统的 B2B(商业对商业)市场中扮演着重要角色,关键的成功因素是价格和品牌声誉。在这种情况下,所有参与者几年前开始用服务来丰富他们的产品供应给最终客户,这些服务部分由产品 IoT 功能驱动,部分利用售后服务组织。然而,这些提供几乎没有对商业模式和市场份额产生真正和颠覆性的影响。

今天,惠而浦公司的产品主要被认为是商品。由于市场的成熟,直到 2020 年,整体商业模式一直保持相当稳定。然而,面对新冠肺炎病毒流行事件,惠而浦公司早期解决传染避免安全限制并迅速在封锁后重新启动生产流的公司具有竞争优势,显著改变了这种市场模式。此外,大流行封锁为白色家电生产商提供了一个独特的机会,可以利用网络直接销售给最终客户(D2C),绕过 B2B 销售限制,这为获取市场份额创造了新的机会,这个新商业渠道的特点对购买速度、产品供应和品牌声誉的网络竞争有特定要求,关键成功因素包括可用产品范围、订单到交付速度、定价政策、个性化促销活动及可以提供的额外服务(如免费安装、延长保修期、送货上门、旧产品报废和废物处理)。

在这种情况下,即使对于专家来说,整体流程的复杂性和决策制定的速度也几乎无法通过传统分析方法来解决。因此,AI 成为显著改进决策过程的关键使能因素,确保可靠的预测服务可以支持人们的购买行动。

需要指出的是，惠而浦公司在制造环境中应用 AI 技术的经验始于 10 多年前，其主要应用于质量控制（如视觉系统或产品测试）和预测性维护。在每个项目成功实施后，公司都面临着在中长期维持已实施解决方案的挑战，以及在工厂其他领域利用成功经验的试点。

之所以有以上现象是因为以下原因：首先，用户完全理解 AI 技术的困难。对 AI 潜力和局限性的认识防止了期望和结果之间的危险错位，这种薄弱的意识主要是由于对输入 AI 的数据控制和理解不足，意味着 AI 结果与预期脱轨，通常以关闭系统告终。在这些情况下，用户对 AI 系统最初的信任逐渐被消耗，有时甚至导致拒绝或抵制。此外，在预测分析应用的情况下，用户对 AI 结果的理解不足，当与通常的经验或专业知识相悖时，用户的可信度受到负面影响，用户会尝试拒绝建议，即绕过 AI 系统。在这两种情况下，创造和维持对 AI 技术的信任已被证明是真正应用该技术的关键因素。

在这种情况下，XAI 成为实现所有 AI 解决方案目标的关键，这可能使用户能够深入理解 AI 结果（即它们是如何及为什么生成的），从而使它们在长期内可操作和可持续。因此，惠而浦公司引入 XMANAI 项目经验，虽然案例与传统制造领域相去甚远，但可以用来证明这种技术在商业影响方面的潜力。

25.3 白色家电案例

惠而浦公司与其他竞争对手一样，近年来在最大的欧洲市场推出了 D2C 渠道，确保其几个重要欧洲品牌（如惠而浦公司、KitchenAid、Hotpoint、Ariston、Ignis、Indesit）在广泛的产品供应中，承诺的订单到交付时间为 3 个工作日。

由于高度复杂的制造过程，这些工厂生产单一产品并分发到所有目标市场，供应网络中增加了运输时间，因此订单到交付时间无法满足 D2C 业务的要求。传统基于库存的策略需要确保一定水平的安全库存，以便能够为任何客户、任何地点、任何产品、任何时候提供服务。由于需要尽可能扩大产品范围供应给客户，过时风险和高额阻塞的营运资本必须与客户的需求平衡。

可靠的需求预测可以最小化库存率，最大化客户找到他们正在寻找产品的可能性。因此，可靠的预测功能成为向 XMANAI 提出的首个业务需求，但这不足以确保充分和有意识地采用 AI 解决方案。这里的可解释性功能必须通过回答用户关于如何及为什么生成结果的问题,使 AI 结果"可操作"。

XMANAI 项目需要解决的第二个(也许更重要的)业务需求是对业务流程的深入理解,开发一种工具能够通过清晰且用户友好的可视化支持用户了解预测结果是如何生成的及为什么,使他们能够了解做什么来改变(在可能的情况下)预测结果,以实现业务目标。

总之,惠而浦公司在 H2020 XMANAI 项目中的案例目的是创建一个可靠、可解释和可操作的需求预测工具,能够提供以下内容:

(1) 需求预测的可靠性包括:
① 获取可靠的需求预测。
② 最小化 D2C 的库存。
③ 按需最大化产品可用性。
④ 最大化客户满意度。

(2) 业务动态理解包括:
① 理解需求演变。
② 理解客户行为。
③ 理解购买模式。
④ 支持促销活动。
⑤ 支持模拟(即执行"如果"情景)。

目前,D2C 市场的需求预测嵌入完整的 ODP 流程(运营需求计划)中,该流程将所有市场的预期销售需求汇总到一个统一的主生产计划中,涵盖所有工厂和原始设备制造商来源。这个过程由一个中央需求计划团队协调,通过工厂产能规划、供应基地限制、库存和运输策略指导方针来调整由历史数据统计分析生成的无约束预测,从每个单一市场需求概况开始工作,生成总需求,然后将其分割以供应每个单一市场。目前,每个市场的营销和销售团队分析预测,以决定定价策略、促销活动和产品范围供应,将结果作为制造生产计划的输入。

在未来情况下,XMANAI 平台将被用来支持这两组用户做出决策,使用 AI 功能的可靠性和 XAI 的业务动态理解,以实现更好的结果。

需要指出的是,AI 和 XAI 流程的可持续使用产生了需要承担具有特定责任的 IT 角色,以管理 XMANAI 平台的日常运作。数据科学家和数据工程师成为关键组织角色,以确保 XMANAI 平台按照高标准水平运行,保证最佳的预测准确性,并在整个系统生命周期中确保模型和流程的维护。这一元素在传统工业公司的组织结构中是新的,大多数情况下,内部没有有效支持业务用户的能力。

惠而浦公司案例中的用户场景识别为可解释性要求的规范生成了基础,并为演示器验证奠定了基础。最重要的是,考虑到 XMANAI 平台最终可能成为一个战略性商业工具,可以使惠而浦公司区别于其竞争对手,必须保证安全和保护使用的严格机密和敏感数据。因此,从一开始就必须将安全设计方法和完全符合 GDPR(通用数据保护条例)的方法嵌入解决方案开发中。

25.4　可解释 AI 方法

在准备和执行惠而浦公司演示器过程中进行的技术活动和达到的成果跨越了不同的工作领域,包括数据探索、预测模型开发和性能改进、可解释性方法的开发、适应业务用户需求的结果,以及开发和验证相应 XMANAI 制造应用(即需求预测制造应用)的初始版本。

这些主要成就如下:①25.4.1 节中介绍的案例详细分析和制定;②25.4.2 节中解释的数据获取和探索;③25.4.3 节中概述的混合 XAI 模型的开发和验证;④25.4.4 节中阐述的 XMANAI 制造应用(即需求预测制造应用)的设计和开发。

25.4.1　深入分析

为了确保业务问题、现状和业务需求得到深入解释,并且所有合作伙伴获得共同的理解以适当应对挑战,技术合作伙伴和业务用户之间需要进行密切合作和讨论。根据业务需求制定了各种用户故事,包括为指定时间范围和步骤为每个单一产品生成准确的需求预测,并以不同目标受众可以理解的方式进行解释。AI 需求和数据需求被识别和讨论,以及需要对齐的不同技术和业务方面。主要识别的 AI 和可解释性需求如下:

(1) AI 需求,包括提取 D2C 配置文件和提高预测可靠性。

(2) 一般可解释性需求包括提取有关需求趋势的建议以优化供应流,识别影响需求和需要处理以避免库存断裂的关键情况的影响因素。

25.4.2　数据获取和分析

用于预测任务的数据主要通过 Google Analytics 数据集获取,这些数据集跟踪惠而浦公司网站包括有关产品销售和客户相关数据的信息,并通过经常更新的数据库表访问,这些表被提取为 CSV(逗号分隔值)文件。Google Analytics 生成与各种字段相关的数据,这些字段不一定对当前任务有用。因此,需要识别和隔离所有有价值的子集信息,协助销售预测任务并为业务用户提供有用的建议。基于 Google Analytics 文档,对提供的字段和各种统计数据进行初步数据调查,选择约 30 个最相关的字段子集。因此,考虑包含惠而浦公司内部产品信息的其他数据库表中的数据,并根据需要将其添加到之前提取的子集中。

数据操作的下一阶段包括数据清洗、识别异常和探索性数据分析,以检测不同数据字段之间的属性和相关性,提取的结果在 XMANAI 合作伙伴之间进行讨论,以便从业务用户那里获得有关技术用户所做的一些发现、假设和建议的反馈。基于这一程序的发现,业务合作伙伴同意提供额外的数据,如产品层次结构/类别、产品价格和活动。

接下来,基于选定子集的字段提取更多特征,包括销售、访问量、价格、日历信息。销售滞后特征、独特访问量的平均数、未来产品价格、一周中的哪一天、月份都是创建的一些特征,对提取的特征进行探索性数据分析,以确定哪些特征可能对预测模型最有希望。

最后,将用于分析下一步的匿名数据集上传(作为 CSV 文件)到 XMANAI 平台。请注意,为了确保上传的数据伴随着适当的语义(即在数据级别上的解释),需要对数据模型进行扩展。

25.4.3　开发和验证混合 XAI 模型

一旦数据分析结束且惠而浦公司数据在 XMANAI 平台上可用,便开始针对销售预测案例的适当预测模型及合适可解释性模型的实施活动。

在最初实验中,重点是为最畅销的单一产品和产品类别开发各种预测模型。惠而浦公司的 D2C 渠道是新的,在第一次实验中,Google Analytics 只包含了足够信息的公司产品子集,允许使用高性能预测模型。检查的时间范围是 1 周、1 个月和 3 个月,由于 3 个月的每日预测并不可行,因此实施每周和每日预测模型。使用适当的指标评估模型,最有希望的结果是由提升模型 XGBoost 获得。

随着实施的进行,将重点转向提高预测模型的性能。选定的时间范围固定为 1 周和 1 个月,通过 Google Analytics 获得更多数据,检查用于训练 XGBoost 模型的向前推进方法,并发现它改善了结果。此外,根据业务用户的输入,考虑不同产品层次结构和类别,并采用层次化方法,为产品层次结构的各个级别提供更一致的预测。

在任务的可解释性方面采用了描述性可视化,描绘了特征之间的相关性及其对目标值的影响,以提供初始的可解释性建议。在开发预测模型后使用一系列的可解释性工具[2,3],包括 SHAP、排列重要性、反事实和假设情景,以生成额外的解释结果,允许向业务用户提供清晰和有意义的建议,同时为他们提供根据需要探索假设情景的灵活性。所进行的工作包括"离线"实验及在 XMANAI 平台内 XAI 流程中进行的实验和配置。

25.4.4 提供 XMANAI 需求预测制造应用

通过在 XMANAI 项目的技术合作伙伴和业务用户之间的专门头脑风暴会议,定义制造应用 UI 草图的详细设计。通过 QFD(质量功能部署)方法支持识别正确的可视化工具,并确定了要显示的图表类型和确切信息。

随后通过前端和后端开发,制造应用开发满足了特定的可视化要求。此外,它们涉及与 XMANAI 平台的集成工作,以检索预配置的 XAI 流程的必要数据、结果和解释(见 25.4.3 节所述),并在图 25.1 中显示的专用仪表板中显示。最后,确保只有经过授权的合作伙伴才能通过 XMANAI 平台的单点登录功能使用该应用。

25.5 XAI 的影响和附加值

对于惠而浦公司的案例,可解释性活动的目的是要满足业务用户的需求,希望理解产品销售是如何受到多个参数的影响。有关业务用户是中央需求规划师、D2C 营销和销售专家以及数据科学家/工程师,为每个用户识别不同的可解释性需求。例如,中央需求规划师对了解预测过程中关键情况的原因和影响预测准确性最大原因感兴趣,可视化预测图表并根据过去的趋势和方向了解客户行为及营销策略(活动、促销)的影响,最后能够检查不同公司决策的输出将如何变化。D2C 营销和销售专家对理解需求演变、客户购买模式和营销策略的影响感兴趣。

图 25.1 XMANAI 需求预测制造应用程序

图 25.2 为上述活动中开发的用户场景,是指导 XAI 部署可视化工具最终确定的关键驱动因素。设计方法论基于用户问卷、角色识别和用户场景定义,这些都集成到用户使用描述中,该描述嵌入用户在 XMANAI 平台和制造应用中。为业务用户识别的主要可解释性功能如下:

(1) 需求预测可见性。

(2) 需求根本原因分析。

(3) 特征关系可视化。

(4) 特征影响可视化。

(5) 目标情景模拟。

(6) 需求趋势识别。

(7) 需求趋势根本原因分析。

(8) 需求异常可视化。

(9) 需求异常根本原因分析。

(10) 预测准确性可视化。

(11) 购买模式识别。

(12) 购买模式根本原因分析。

中央需求计划员 	中央需求计划员 	中央需求计划员 
需求预测	需求根因	特征关系
作为中央需求规划员，希望查看特定时间段内产品层次结构（产品、平台、系列、类别、组）任何级别的预测需求概况，以便可以根据控制功能采取行动或其他外生控制变量，以匹配预期的市场需求并实现业务目标	作为中央需求计划员，希望了解在产品层次结构的任何级别（产品、平台、系列、类别、组）产生需求的各种功能的影响，以便能够了解影响特定结果的主要功能和确定行动，尽可能对控制变量/特征采取行动，以实现业务目标	作为中央需求计划员，希望看到在产品层次结构的任何级别（产品、平台、系列、类别、组）生成需求的各种功能之间的相关性，以便能够了解如何对控制变量（功能）采取行动）在可能的情况下，实现业务目标
验收标准	验收标准	验收标准
·界面允许选择产品层次结构级别和参考期 ·界面显示需求概况 前提条件：有可靠的需求预测	·该界面允许选择产品层次结构级别，并提供为所选产品级别生成需求概况（根本原因）的功能证据（作为功能集和相应值的场景） ·该界面将最关键的功能排名为根本原因选定的产品级别	·该界面允许选择产品层次结构 ·该界面提供了创建需求概况的功能之间的关系的证据 ·该界面对功能之间最关键的关系/相关性进行了排名

图 25.2　用户场景示例

(13) 客户行为可视化。

(14) 客户行为根本原因。

为了满足上述业务需求，可解释性方法的实施被分为两类：

(1) 数据级别的解释。

(2) 实例和模型级别的解释。

其重点放在生成适当的解释上，其次是选择和开发更适合用户友好和易于业务用户解释的适当可视化。

25.5.1　数据级别的解释

在数据级别的解释情况下，目标是以全面方式为业务需求提供建议的描述性可视化。在该阶段，折线图和直方图被用来解释需求演变、历史和预测模式、趋势线和季节性。饼图用来解释基于单个特征的包含/排除对预测准确性的波动。部分依赖图也可以说明特征对输出的影响。最后,热图用来描述特征、销售和客户购买模式之间的关系,以及销售与不同日历信息的关系。在与业务用户讨论后,技术合作伙伴只选择了最适合他们需求的可视化。

25.5.2 实例和模型级别的解释

在实例和模型级别的解释情况下,目标是使用 SHAP 和排列重要性可解释性技术对已经训练的模型进行事后处理。此外,还提供了一个用于创建假设情景的工具,以检查特征对假设测试案例的影响。实例级解释为业务用户提供了对模型输出的个体极端情况和最有影响力因素的建议,这些级别的解释对业务用户来说很重要,因为它们能够理解个体极端情况和最有影响力的因素。模型级解释提供特征如何影响输出的更全面视图,显示它们的相关性。实例级解释通常由 SHAP 力图提供,通过显示特定实例的特征贡献和影响方向,模型预测值在图表中得到解释。SHAP 值(特征值在所有可能联盟中的平均边际贡献)是局部计算的,并在 SHAP 库提供的图表中显示(图 25.3)。

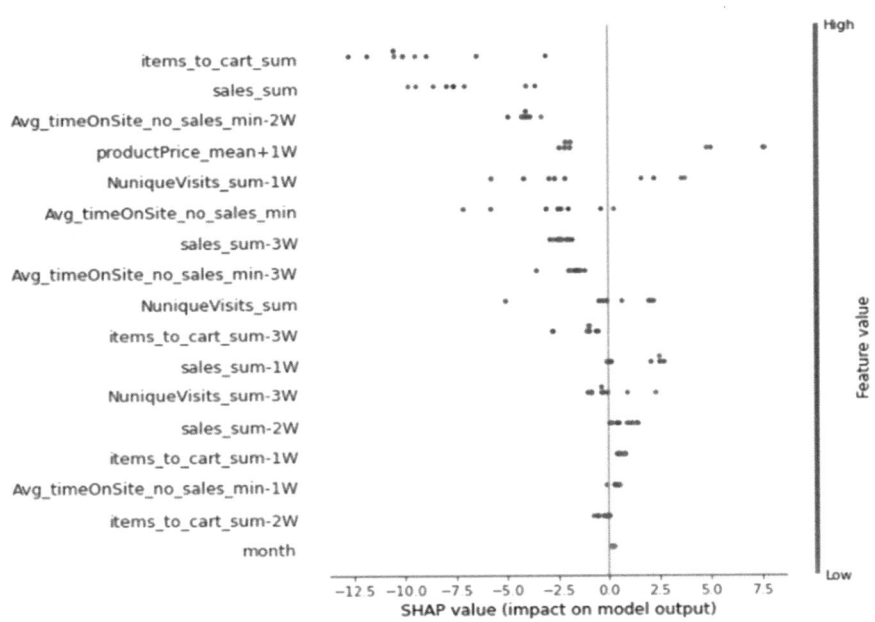

图 25.3 通过 SHAP 力图进行实例级解释,面向数据科学家

在与业务用户讨论后,要求并设计了一个比默认 SHAP 力图更具自解释

性的图表,采用了较少面向数据科学家的方法。业务用户还可以生成和探索假设情景的可能性,他们可以检查在修改输入特征(以及如何修改)时销售预测的变化,这些情景(图25.4)允许业务用户了解输入特征与模型输出的相关性有多强,甚至建议可以增加公司销售的变更。

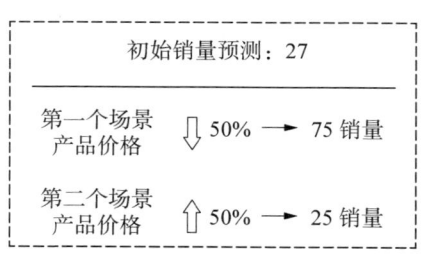

图 25.4　假设场景示例(产品价格对产品销量的影响)

模型级解释由 SHAP 和排列重要性提供,SHAP 库通过创建蜂群图并聚合所有局部特征贡献来提供和可视化全局解释,因为它随机洗牌每个输入特征,排列重要性通过计算预测误差的变化来生成全局特征贡献。结果在表格中呈现,显示了最有影响力的特征及其权重。在制造应用的第一阶段,决定通过与业务用户的讨论,通过条形图来描述全部解释结果(图25.5)。

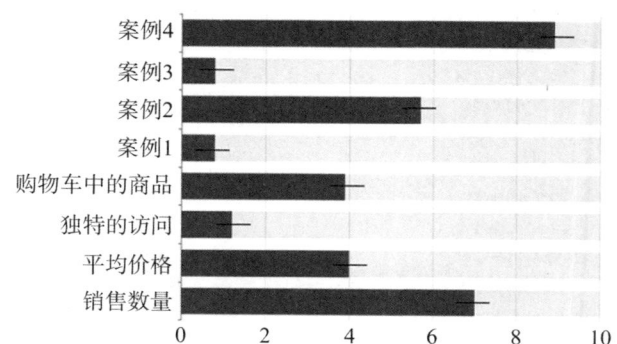

图 25.5　条形图显示模型级别输出的特征贡献

25.6　应用 XMANAI 平台和制造应用

为了向目标最终用户提供 XAI 结果,惠而浦公司利用①XMANAI 平台,提供从数据、模型和结果角度解决可解释性的广泛功能[4](见 25.6.1 节所述);

②专门的制造应用,该应用提供了具有针对需求分析、假设情景模拟和客户行为可视化特定选择的适当可视化 UI(见 25.6.2 节所述)。

25.6.1 XMANAI 平台

简而言之,XMANAI XAI 平台的主要目标是实现有效的 XAI 过程生命周期管理,并确保用户能够维持最佳性能,主要致力于为 IT 角色(数据科学家和数据工程师)和业务角色(演示者业务/技术用户)提供服务,并遵循在先前设计阶段确定的特定用户流程[5]。

特别是对于惠而浦公司演示器,从惠而浦公司数据库和系统(见 25.4.2 节所述)提取的相关 CSV 文件已上传到 XAI 平台,然后映射到 XMANAI 数据模型中的相应字段。数据集一旦获取,元数据就由惠而浦公司数据科学家提供。最后一步,由惠而浦公司用户为上传的数据集定义适当的访问策略,以确保数据的充分保护,创建专用的共享合同签名管理功能,以确保允许的合作伙伴可以安全访问。一旦可用的数据集和访问权限得到授权,数据分析阶段就可以开始了,如图 25.6 所示。

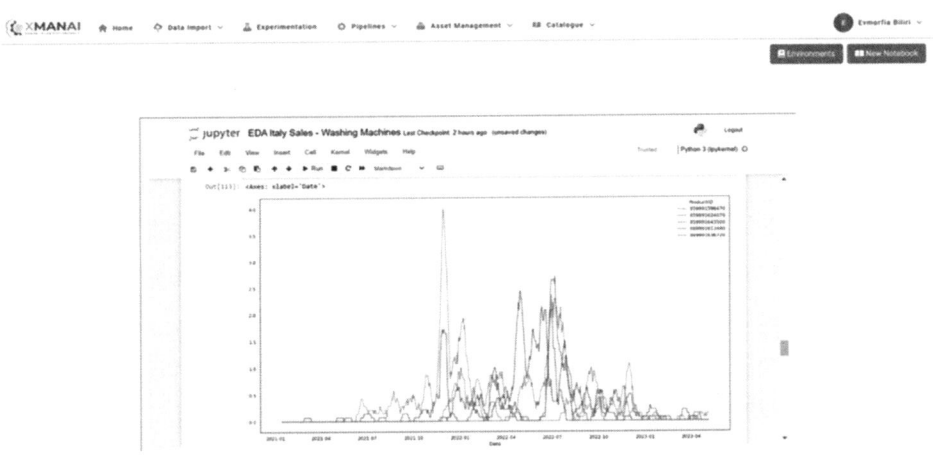

图 25.6 XMANAI 平台对所选 Whirlpool 数据集的数据分析

基于数据分析结果,在 XMANAI 平台上训练不同的模型,并配置不同的 XAI 流程,利用数据准备功能和 ML/XAI 功能。一旦配置了流程,技术合作伙伴的数据科学家就可以利用不同的执行日志来检查所取得的进展(图 25.7)。

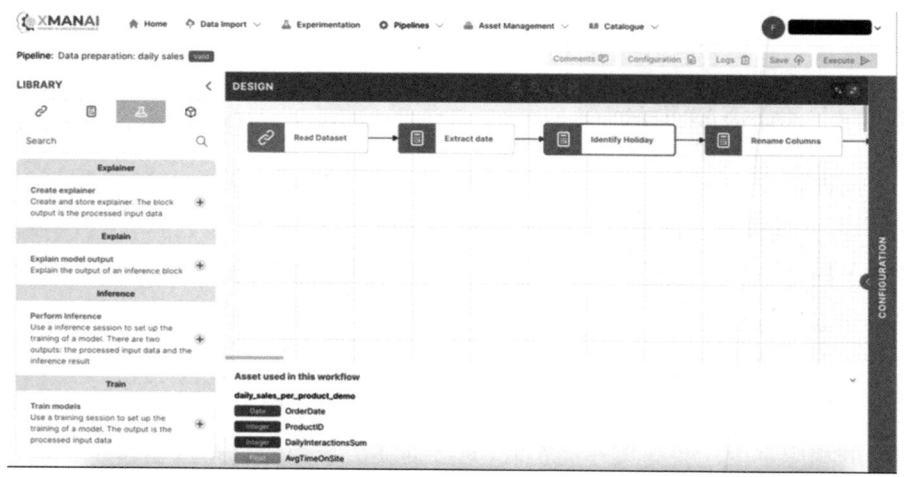

图 25.7 利用 Whirlpool 数据的 XAI Pipeline XMANAI 平台

25.6.2 XMANAI 制造应用

惠而浦公司的 XMANAI 制造应用的主要目标是为业务用户提供访问可解释性仪表板的可能性，该仪表板专门针对"需求预测"问题，由 3 个不同的网页组成，提供需求概况、假设情景和客户行为功能，这些功能对应于相应的菜单项。

"需求概况"页面专门用于为中央计划用户和市场用户提供需求预测分析结果可视化，包括有关销售预测和特征对预测的影响的信息。信息可以以每周为单位在未来(1 周、1 个月)和过去的不同相关时间范围内呈现。在这里，用户不仅可以获得特定产品或产品系列的预测销售价值的重要信息，还可以看到哪些特征对预测值和预测准确性有更高的影响。这很重要，因为允许他们了解要使用哪些杠杆来获得价值。此外，还可以看到特征之间的相关性，并了解潜在行动的最终结果。

"假设情景"页面提供了对销售预测如何根据输入特征的值变化的建议，以及为了达到预定的销售预测需要改变(和如何改变)哪些特征。用户还可以使用向导创建新情景，编辑现有情景的配置，查看他们感兴趣的现有情景(图 25.8)，或者删除不再有用的那些情景。所有创建的情景都提供了查看"需求概况"图表的可能性,专门针对中央计划用户和市场用户,允许他们看到通过修改一个或多个特征对输出的影响,还提供了实现所需预测所需的可修改特征的具体值的信息。

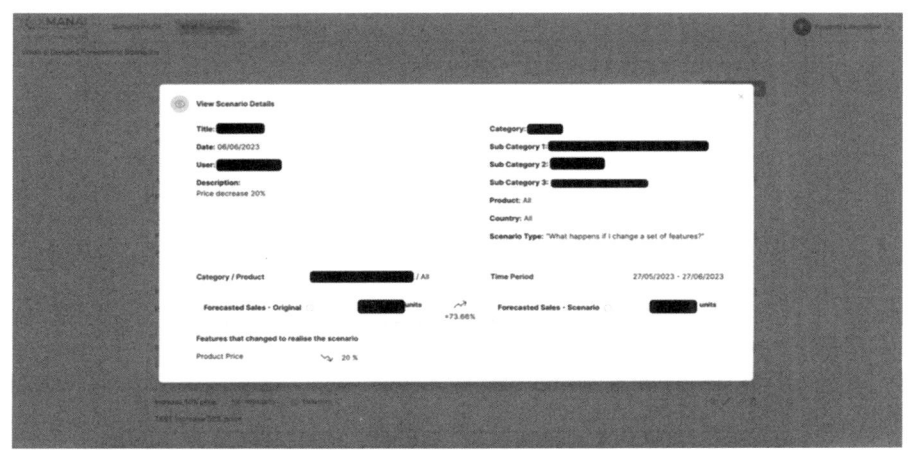

图 25.8　配置的假设场景视图

25.7　XMANAI 解决方案评估

在用户完成 XMANAI 解决方案的演示阶段后,通过问卷调查获取 XMANAI 解决方案的有效性和项目目标的实现状态,该问卷从用户的角度识别了不同维度(数值在 1～5,其中 1 表示一点也不,5 表示完全)的关键结果。

由于 XMANAI 平台的主要战略目标是通过与 AI 相关的可解释性获得用户的信任,即使是在 XMANAI 结果的首次发布中,用户的反馈尤其有意义。如图 25.9 所示,问卷结果突出显示了 XAI 解决方案在业务影响方面带来的显著改进,尽管被评估的 alpha 版本仍需要显著改进以实现预期的目标。尽管目前期望尚未完全满足,但是花费在可解释性上的努力和改进路径(从适合数据科学家的可视化图表开始,到适合业务用户的仪表板)得到了赞赏,问卷集中在仍然缺少的内容及如何完全实现目标上。在项目前期阶段确定的业务目标主要与预测的可靠性和结果的可解释性有关,如下所述:

(1) 优化订单到交付流程,最大化客户满意度(收入、利润),同时最小化所需资源(库存最小化、及时供应管理)。

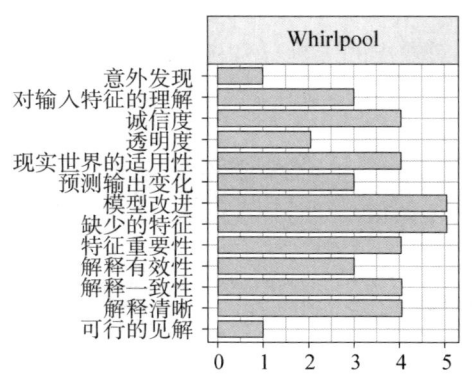

图 25.9　用户针对 Whirlpool 用例的 XAI Manufacturing App 评估问卷

（2）为人员赋能获取业务动态知识，以推动流程。

因此，设置了相应的业务 KPI 集合，以捕获使用 XMANAI 的业务影响。在初始演示阶段，详细和有效的 KPI 集合测量尚未可行，尽管整体波动效应，但与 XMANAI 平台生成的每周需求预测误差相关的数据收集与实际管理过程中生成的需求显示了显著改进，而用户反馈非常积极，表明对预测可靠性、可视化工具的完整性和有效性的进一步改进充满信心。最后，基于 6P 方法论[6]的评估工具已应用于与最终用户会话之后的演示器会话。收集到的结果与项目开始时提交的相同问卷进行了比较，以捕获"现状"。评估侧重于 AI 和 XAI 采用的各个方面，以衡量项目生命周期内开发过程中的进展。惠而浦公司案例的特殊性排除了测量特定于制造环境的某些维度的可能性。然而，最终结果为人们为 AI 和可解释性技术准备的主要差距提供了明确证据。解决这一差距的策略是 XMANAI 项目经验预期的非常有趣的间接结果之一。

25.8　本章结论

我们在向 XMANAI 解决方案的最终用户完成第一阶段演示后，积累了一些重要的经验教训，可以将其用于更有效地继续下一阶段的项目和任何 XAI 技术：

（1）与任何 AI 技术一样，数据的可用性是至关重要的。惠而浦公司案例进一步强调了在初步结果之后需要丰富基础数据库的需求，以提高需求预测的准确性和可解释性。

（2）最终用户在表达和描述他们的可解释性需求方面存在显著困难，建议在变更管理方面对目标用户进行初步准备，以实现 XAI 的早期意识，然后具备充分利用它的能力。

（3）在多个产品层次级别进行预测并非易事，需要使用适当的技术进行协调，以确保结果的一致，需要在 XAI 流程上进行额外的工作，以确保所有产品层次级别（如类别、项目、产品功能）的预测都是一致的，同时始终与业务专家协商，以了解业务动态。

（4）产品需求预测问题具有显著的复杂性，因为每个产品都有自己的特点，一刀切的 XAI 模型并不起作用。因此，建议选择带来最大影响的单一产品层次，开发针对性的 XAI 模型以提高准确性（而不是试图一次性解决全部产品需求预测问题）。

总体而言，从业务角度来看，支持结构化变革管理，包括沟通和专业培训，似乎是将 XMANAI 平台引入业务组织的关键因素。此外，从技术角度来看，数据科学家和业务专家之间的沟通成为需要解决的一些真正挑战，XMANAI 已尝试为此做出努力。

参考文献

[1] Lampathaki F, Agostinho C, Glikman Y, et al. Moving from 'black box' to 'glass box' artificial intelligence in manufacturing with XMANAI [C]//2021 IEEE international conference on engineering, technology and innovation (ICE/ITMC). IEEE, 2021:1-6.

[2] Lundberg S. A unified approach to interpreting model predictions [J]. arXiv preprint arXiv:1705.07874, 2017.

[3] Arrieta A B, Díaz-Rodríguez N, Del Ser J, et al. Explainable Artificial Intelligence (XAI): Concepts, taxonomies, opportunities and challenges toward responsible AI [J]. Information fusion, 2020, 58:82-115.

[4] Miltiadou D, Perakis K, Sesana M, et al. A novel explainable artificial intelligence and secure artificial intelligence asset sharing platform for the manufacturing industry [C]//2023 IEEE International Conference on Engineering, Technology and Innovation (ICE/ITMC). IEEE, 2023:1-8.

[5] Branco R, Agostinho C, Gusmeroli S, et al. Explainable AI in manufacturing: an analysis of transparency and interpretability methods for the XMANAI platform [C]//2023 IEEE International Conference on Engineering, Technology and Innovation (ICE/ITMC). IEEE, 2023:1-8.

[6] Spaltini M, Acerbi F, Pinzone M, et al. Defining the roadmap towards industry 4.0: the 6Ps maturity model for manufacturing SMEs [J]. Procedia CIRP, 2022, 105:631-636.

第 26 章 · 过程和产品质量优化与 XAI

Michele Sesana,Sara Cavallaro,Mattia Calabresi,Andrea Capaccioli,
Linda Napoletano,Veronica Antonello,Fabio Grandi

26.1 引言

XAI 在现代工厂中对操作人员产生了巨大的影响,彻底改变了他们与 AI 系统的互动方式,并提高了决策能力。通过为 AI 模型的输出提供可理解且透明的解释,XAI 使操作人员能够更深入地了解 AI 驱动建议或预测背后的底层过程和逻辑,使得操作人员能够做出正确的判断,验证 AI 生成的建议,并识别系统中潜在的错误或偏见。有了 XAI,操作人员可以将 AI 系统视为可靠的助手,利用其专业知识,同时保持人员的控制和责任。理解和解释 AI 的推理能力促进操作人员和 AI 系统之间的合作,可以更有效的解决问题、优化流程和提高整体工厂性能。XAI 是弥合操作人员和智能机器之间差距的有效工具,推动在现代工厂环境中实现最大化效率和生产力的共生关系。

XAI 在产品优化中的潜在应用如下[1]:

(1) 特征重要性分析:XAI 技术可以识别影响产品性能的最有影响力的特征或因素,使企业能够优先考虑并优化这些方面,以提高产品质量。

(2) 故障分析和预测性维护:XAI 技术有助于识别潜在的故障模式,理解故障原因,并预测维护需求。这使操作人员能够主动解决维护问题,减少停机时间并优化产品性能。

(3) 持续改进和迭代优化:XAI 使操作人员能够持续监控和评估产品性能,识别改进领域和迭代优化。通过理解导致产品成功或失败的因素,操作人员可以推动持续的增强和创新。

XAI 在流程优化中的潜在应用如下[2]:

(1) 异常检测和根因分析:XAI 技术可以识别流程数据中的异常,为其发生提供解释，有助于操作人员理解流程偏差的根本原因，并采取纠正措施以优化流程性能。

（2）流程监测和控制：XAI 使操作人员能够通过提供系统输出和建议的透明解释来监测和控制复杂流程，增强了操作人员对流程动态的理解，促进实时决策和调整，以优化流程效率。

（3）流程瓶颈识别：XAI 通过提供对限制吞吐量或效率的因素的可解释建议，帮助识别复杂流程工作流中的瓶颈，操作人员可以集中优化这些瓶颈，以提高整体流程性能和生产力。

（4）质量控制和缺陷预防：XAI 技术可以解释流程参数和产品质量之间的关系。通过理解影响质量的关键因素，操作人员可以调整流程设置，减少缺陷的可能性，确保一致和高质量的输出。

这些应用突显了 XAI 在流程和产品质量优化中的宝贵角色，使操作人员能够获得建议，做出正确的决策，并在复杂的制造流程中推动持续改进。通过增强透明度、信任和操作人员与 AI 系统之间的合作，XAI 为更高效、成本效益高和高质量的流程运营奠定了基础。

本章首先介绍 CNH Industrial，这是 H2020 XMANAI 欧洲研究项目的合作伙伴[3]，CNH 探讨了在实际制造环境中使用 XAI 的情况。本章提供了案例及其在当今竞争激烈的商业环境中应用的全面概述；深入探讨了在当前制造场景中开发 XAI 时面临的挑战，考虑了 XAI 实施过程中维护操作人员的需求；随后，重点介绍 XAI 平台，简要介绍每个组件的范围，这些组件有助于避免传统的"黑箱"AI 方法，因为它们缺乏透明度，引入了将 AI 技术导向"玻璃箱"的新解释水平的 XAI 技术。此外，本章还讨论可解释性的价值和设计 XAI Web-App 的方法，考虑到用户需求，介绍成功采用 XAI 进行质量优化流程的真实案例。本案例突出了从使用 XAI 中获得的有形成果，如改进的异常检测和增强的流程效率。

最后，本章通过讨论在实际制造环境中对 XAI 应用的质量优化和所选关键绩效指标的评估来结束，以衡量可解释性的全局优势。通过阅读本章，读者可以了解 XAI 在流程和产品质量优化中的作用。

26.2　CNH Industrial XMANAI 演示器

CNH Industrial 是农业和建筑机械及服务的设计和制造的世界领导者，在全球 43 家制造工厂和 40 个研发中心拥有超过 40 000 名员工。CNH Industrial 的 XMANAI 欧洲项目案例专注于位于意大利摩德纳的圣马特奥工厂,是欧洲最重要的拖拉机研究机构之一,其使用最先进的技术进行设计和制造。除了圣马特奥研究站点外,摩德纳还是意大利一家制造工厂的所在地,它生产中型拖拉机传动系统,用于装配全球 CNH Industrial 工厂的拖拉机,正是在这个工厂中,欧洲资助的 XMANAI 项目得以实施。

案例聚焦于摩德纳工厂,目前该工厂生产 60 000 个 APL(全用途低)和 APH(全用途高)拖拉机传动系统,用于装配全球 CNH Industrial 工厂的拖拉机。这个案例研究源于摩德纳生产工厂目前经常遇到的实际问题。当今的生产线主要受到生产机器意外故障的影响,导致生产线停止运行。

在 CNH Industrial 的生产工厂内,每天面临停机问题的运营商的需求在于快速恢复机器,以至于不会造成重大的生产损失。停机通常是由于更换有缺陷的部件或进行维护。XAI 可以作为机器和操作人员之间的桥梁,使他们能够更快了解机器的状态,通过快速响应干预提高生产力。

CNH Industrial 旨在通过 XMANAI 项目解决的主要目标是获取、管理和分析 CNH Industrial 系统获取的实时和批量数据,以及与维护和工具系统相关的故障历史数据,以提供简化的建议。目标是实施 XAI 模型,为操作人员提供建议,优化生产线,避免浪费公司的时间和成本。

接下来介绍案例及操作人员在机器使用过程中面临的问题,以及如何通过使用 XAI 优化他们的工作。

26.2.1 案例描述

当前在摩德纳 CNH Industrial 生产工厂内,当一台机器停止时,维护操作人员必须逐步排除机器的不同部分,以找到故障组件并了解故障发生在哪里及哪种异常导致了停机。结果,操作人员在排除故障组件和更换组件方面浪费了大量时间。此外,如果操作人员无法恢复机器,还需要呼叫外部维护操作人员,这进一步延缓了进程。

通过在生产过程中实施 XAI 平台,维护操作人员在诊断机器错误方面得到协助,支持涉及利用安装在机器上的传感器值派生的 XAI 建议。因此,该方法可以实现双赢:

(1)检测故障发生的位置,以便维护操作人员知道哪个组件负责及为什么,允许立即更换故障部件(以更快地恢复)。

(2)识别导致故障的具体异常有助于操作人员追踪发生的情况,最小化故障诊断持续时间,并使他们能够集中精力确定根本原因,从而减少恢复时间。

为了在CNH Industrial工厂内实施XAI,开发的平台从当前系统获取数据,这些数据携带有关选定用于案例的Heller 400 CNC机器的状态信息(图26.1)。将创建数据流程来获取数据并训练XAI模型,并向操作人员以可解释的形式提供建议。通过这种方式,用户将测试如何创建更有组织的数据管理和共享,以及如何生成具有清晰关系的数据和定义的行动之间的知识图。最后,训练有素的算法为生产经理提供调度建议,以改善工厂管理系统(PMS)中的调度,并使用可视化工具来帮助操作人员通过显示和阐明AI结果。

图26.1 为用例选择的CNC机床

对于CNH Industrial案例研究,可解释性对于为工人提供必要的解释和清晰度至关重要,可以了解装有适当传感器的机器的哪个部分可能导致了堵塞。因此,必须使工人能够决定并理解AI算法是否正确处理并考虑机器错误的各种可能性,根据从传感器提取各种数据之间的相关性,以及它为什么提出建议。考虑设置部分传感器并由AI监控来实时显示设备状态,但也可能发生一些机器故障无法与当前安装的传感器相关联。因此,重要的是,算法通过可解释性进行机器学习以了解设备之间的逻辑连接,这样才能使操作人员了解机器的运行和故障状态。

26.2.2 XAI技术实施

配置一台设备从选定工厂机器的传感器中收集数据,该设备名为Heller

400 CNC 加工中心机器，与专门为制造业开发的高级 XAI 平台接口，称为 XMANAI 平台。CNC 加工中心由 CNH 的机器指挥人员和车间人员管理。机器配备了不同的传感器，收集机器运行状态的相关数据，它们连接到网络，并设置专用管理系统来收集传感器数据（SmartObserver）。

这个案例专注于传感器数据的异常检测和机器故障的解释。下面介绍开发案例研究所进行的活动，分为以下步骤：

（1）数据处理和数据分析：从 Heller 400 CNC 加工中心机器收集完整的传感器测量历史记录。数据经过清洗、排序，并补足缺失信息，以获得可用于输入选定 ML 模型的数据集。最后，所选特征被确定为完整的 76 个传感器数据集和多年来记录的异常集合。

（2）开发智能分析模型：根据可用数据的类型和数量及要执行的检测任务，选择一组合适的 ML 模型（Isolation Forest）。有关选定模型的更详细解释，请参见接下来的内容。

（3）训练选定的 ML 模型：选定的 Isolation Forest 模型在可用数据集的一部分上进行训练，目标是正确地将一组传感器配置分类为异常或常规数据。然后，将一组模型在数据集的剩余部分上进行测试，以生成有关模型准确性和预测质量结果。

（4）定义可解释性要求和可视化工具：作为此任务的一部分，收集并分析了可解释性要求，以找到模型解释可以显示的最佳输出格式，需要考虑目标受众在可解释性图表方面的知识和可解释性需求。

（5）生成视觉解释：利用训练有素的 ML 模型生成所需的解释，结合自定义工具和标准图表，从 SHAP[4] 库中获取，模型产生针对个别传感器配置（被分类为异常的）的可解释性图表（本地解释）、传感器组（用于多变量解释）及涉及异常和对这些有更高贡献影响的传感器的整体相关性的全局解释。

下面内容是选择 Isolation Forest 方法作为模型基础的原因的模型介绍，以及在单变量和多变量情况下实施这种技术的一般思路。为此，该案例仔细考虑了一个关键问题，即选择用于 XMANAI 平台支持下完成描述任务的模型。该模型需要能够很好地处理各种不规则时间序列的不同长度，还考虑到将来可能添加新传感器的可能性，而不会降低准确性或迫使每次统一数据。鉴于以上这些原因，Isolation Forest 方法被认为最适用的。其算法是选择一个特征参数，然后随机选择所选参数的最小值和最大值进行拆分。核心思想是，隔离一个正常点需要许多拆分,而隔离一个异常只需要少量拆分。单个数据点的拆分序列称为路径。根据路径长度计算异常得分,并按如下方式解释:

(1) 接近 0.5 得分的表示一个正常点。

(2) 接近 -0.5 得分的表示一个异常。

基于这个基本概念,本章讨论了两种方法:

第一个方法是为每个可访问的传感器拟合一个 Isolation Forest,然后评估故障发生当天模型的结果,最后构建图表以可视化和解释结果。这种方法允许每个单独的模型针对特定传感器进行拟合,提高分类准确性,并使每个预测独立于其他传感器可用样本数量。然而,这种方法阻碍了用户捕捉传感器之间的相关性(因为每个模型只涉及一个单独的传感器)。在识别机器可能故障点方面,这一方面至关重要,因为多个传感器可能共同导致同一个异常,故提出了第二种方法。

第二种方法是为每组传感器拟合一个 Isolation Forest,并在故障发生当天检查模型结果。传感器组合是通过专家确定的,考虑了每个机器组件相对于其他组件的位置及其相互影响。最后,利用 SHAP 库的可视化功能构建摘要图表来解释结果。这种方法的重点是选择组应该足够大,以允许模型尽可能多地将传感器相关联,同时避免将时间序列形状差异太大的传感器组合在一起,以便只需要丢弃或扩展少量样本即可统一所有传感器。

以上两种方法的结合可以使整个过程足够精确,可以根据每个传感器量身定制自己的模型,这样才能提供良好的相关性信息。接下来介绍每种方法呈现的可视化结果。

26.2.3 可解释性价值

问卷、用户场景、用户工作流程和角色等方法在利用 XAI 进行产品和流程优化中发挥着关键作用,这些方法有助于更深入地了解用户需求、偏好和体验,对于设计和实施有效的 XAI 系统至关重要,这些方法的重要性在下面更详细地表达。

问卷:从用户那里收集定量和定性数据的有价值工具,有助于捕捉用户对产品或流程优化的观点、期望和反馈,收集有价值的意见,为 XAI 模型的开发提供信息。

角色:基于真实用户研究的虚构目标用户原型,提供以人为本的视角,帮助企业同情和理解不同用户群体的需求和动机。角色有助于创建满足各种用户需求的 XAI 系统,确保在 CNH Industrial 的情况下,优化 XAI Web App 界面以满足不同的维护配置文件。

用户场景:以叙事形式描述用户与产品或流程的互动,捕捉用户的目标、动机和痛点,突出需要考虑以进行优化的关键方面。用户场景还有助于识别需要可解释性以增强用户信任和决策的具体领域。用户场景描述通常遵循一个简单的模板作为卡片:作为<角色>,我想要<目标>,以便<Benefit>。最后,用户故事的关键输出是一系列<Acceptance Criteria>,为 XAI Web App 的界面设计做准备。

用户工作流程:映射以可视化用户在与产品或流程互动过程中的端到端体验,这些地图说明了接触点、痛点和优化机会。了解用户工作流程有助于设计在适当时刻提供相关解释的 XAI 系统,确保无缝和可信任的用户体验。通过使用这些方法结合用户视角,增强 XAI 的用户中心设计,确保 AI 系统提供的解释与用户期望一致,促进明智的决策制定,并建立信任。最终,有助于成功采用 XAI 优化产品和流程,以满足用户需求和提高整体性能。

26.2.4　XMANAI 制造应用体验

本节将介绍 XMANAI 平台的关键特性和功能,并讨论它们在 CNH 试点中的使用。随后,本章介绍为连接通用平台功能到特定最终用户而开发的制造 Web App,以解决如故障排除等实际制造问题。

26.2.4.1　XMANAI 平台和组件使用

XMANAI 平台是为了使 XAI 在制造业中得到具体采用而开发的,弥合了 AI 算法的复杂性与在制造运营决策过程中对透明度、可解释性和信任的需求之间的差距。

从 XAI 观点服务和数据操作服务开始,这些在早期阶段用于对模型和训练数据进行测试,以了解与案例实现相关的问题。XAI 安全共享服务允许在 CNH 演示器和技术支持合作伙伴之间安全地共享输入数据,授予 CNH 对其数据在平台中的完全所有权,并根据公司内部政策设置共享策略。XAI 执行服务一旦模型已最终确定,允许在生产就绪环境中执行先前实验的 XAI 算法。接下来是 XAI 流程周期管理服务,在整个过程的各个方面应用,以安全地创建、安排和监控 XAI 流程的执行(图 26.2~图 26.4)。

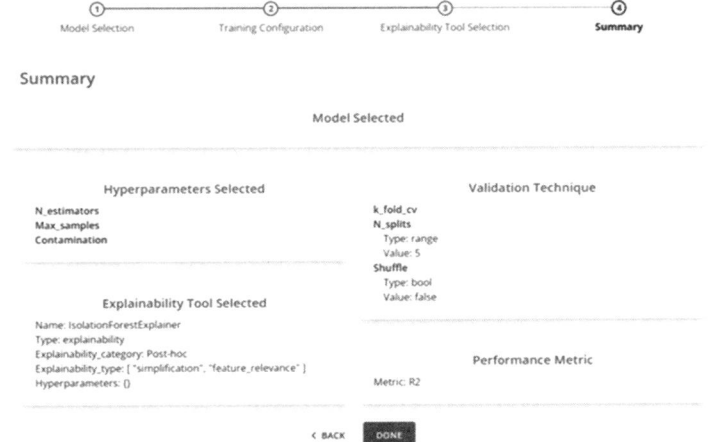

图 26.2　通过 XAI 模型工程引擎配置模型

图 26.3　通过 XAI Pipeline Designer 设计 Isolation Forest 单变量流程

图 26.4　通过 XMANAI 执行和监控 Isolation Forest 单变量流程平台

可扩展的存储服务既用作要处理的输入数据来源,也用作对获取过程的数据精炼,进一步用于存储训练有素的模型和相关预测。

数据收集和治理服务,特别是数据处理类别,文件数据采集器组件在以适当格式获取原始数据方面特别有用,遵循 CNH 数据模型并确保类型一致性(图 26.5)。

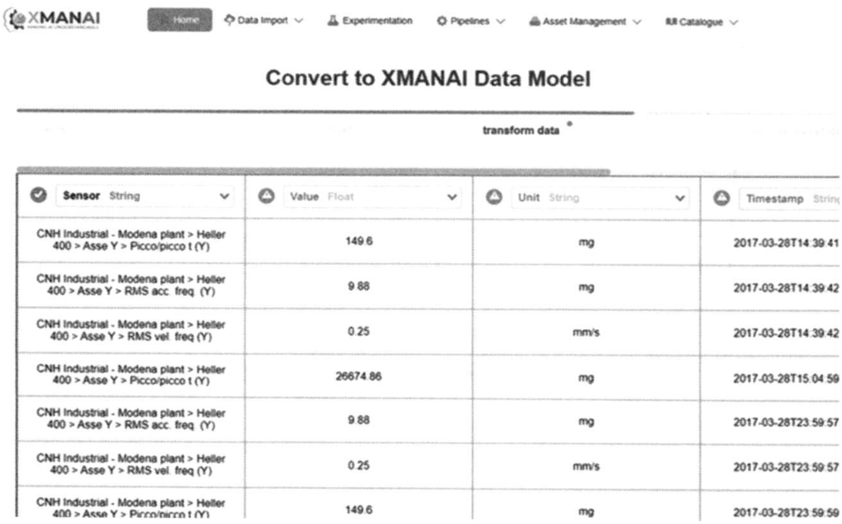

图 26.5　数据集通过 File Data Harvester 导入平台

最后,平台管理服务用于确保平台用户的安全性和授权,只允许 CNH 和选定的支持合作伙伴访问数据和流程。需要强调的是,尽管有些组件没有被标记为已使用,但它们通过 XMANAI 平台的其他组件间接被利用。上述介绍仅指直接用于实现案例的组件。

26.2.4.2　由 XAI 驱动的制造 Web App

整体可解释性设计过程的结果是开发了一个用于制造 Web App 的界面,包含在用户故事中定义的可解释性要求和接受标准。作为可解释性工具的制造 Web App,是指专门设计用于为 AI 系统的输出和决策过程提供透明和可解释的基于 Web 的应用程序,作为一个用户界面,使用户能够与 AI 模型互动,并深入了解 AI 生成的结果背后的推理,来自 XMANAI 平台。Web App 的目的是弥合 AI 算法的复杂性与人类理解和信任的需求之间的差距,为用户提供了一个用户友好的界面,以访问和解释 AI 模型生成的解释。

用户通过 Web App 原型可以监控有关监控机器的运行状况的信息，仔细查看设计的各个界面，在主屏幕上有关于活动传感器数量、检测到的警报和异常数量的信息，以及故障历史数据和比较各种传感器趋势的特定功能。Sensor Values 页面显示了最重要的传感器的层次结构，使用红色色阶表示其基于算法置信度值的临界性水平。在特定的传感器页面上，可以查看其随时间的趋势，并比较与该特定传感器相关的不同建议和排名的异常。最后，还有一个选项卡，用户可以提供有关平台建议是否有助于解决故障的反馈。

由于与数据可用性相关的技术问题，开发的制造 Web App 原型设计在开发阶段发生了变化。最终开发的制造 Web App 有一个简化的主屏幕，只有两个小部件传感器值和异常值（图 26.6）。传感器值菜单允许用户检查与故障相关的所有传感器在不同天的值，而异常菜单包括机器的整个故障历史。通过点击传感器值页面（图 26.6），应用程序将显示在选定时间范围内的所有传感器，根据算法对特定故障的置信度值进行排名，通过越来越亮的红色显示故障的日益严重性。

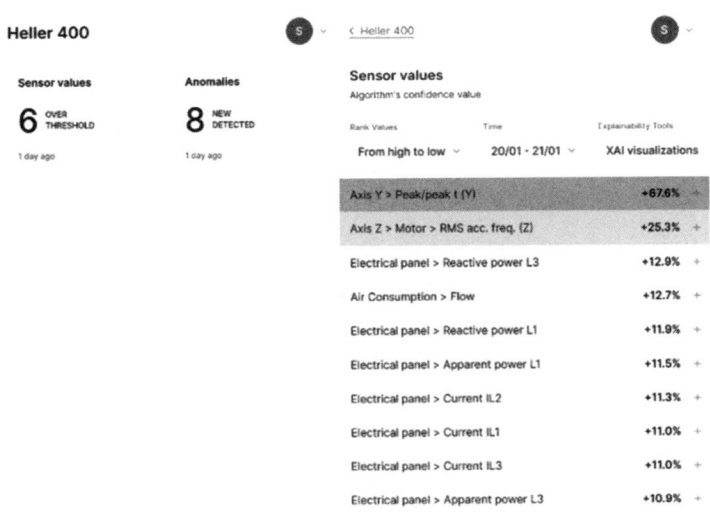

图 26.6　Web 应用程序页面的传感器值屏幕*

通过点击特定传感器（图 26.7），Web App 将打开一个显示传感器的趋势页面，用户可以检查每天的值和与该特定传感器相关的潜在异常（即按算法排名的前十个潜在异常）。在图表上方显示的是传感器阈值（如果适用）和最近测量的值。图 26.6 显示了根据值与该特定传感器相关联的推荐异常，可以根据算法按最可能的顺序排名。

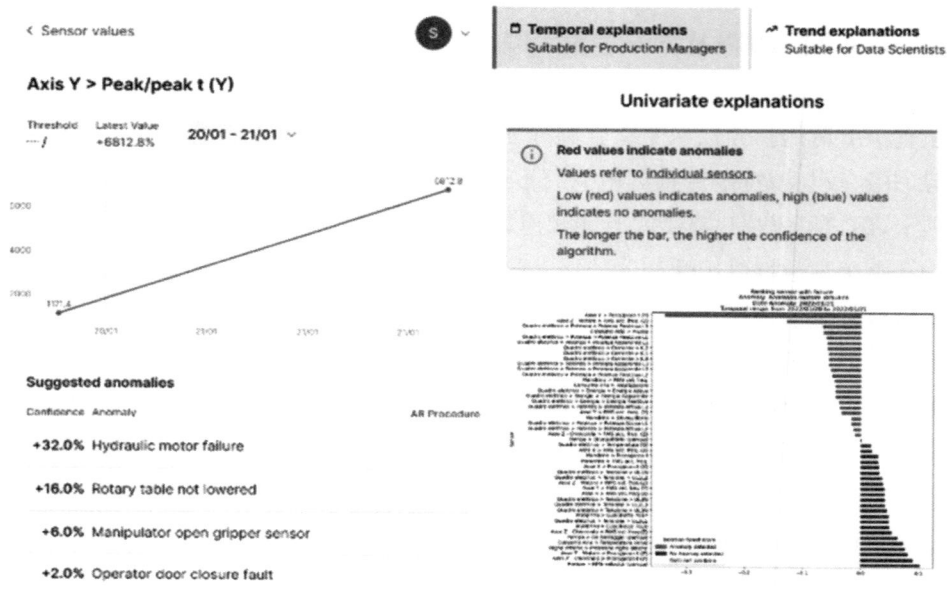

图 26.7　特定传感器的 Web App 页面的传感器趋势及 XAI 可视化按钮*

相反,通过点击 XAI 可视化按钮(图 26.7),Web App 将打开一个页面,显示所有 XAI 标准 SHAP 图表,主要为高级用户设计。此外,用户可以根据用户专业知识和角色选择解释的类型。

除了 Web App,我们还将提供一个 AR 应用程序,以帮助工人执行维护程序,通过建议的向导界面为机器恢复提供分步指导。AR 应用程序将协助操作人员解决维护问题,并帮助可解释性与 XAI 算法一起实施。

26.2.4.3　AR App 设计

结合 AR 和 XAI 方法在支持制造环境中的维护操作人员方面具有巨大潜力。通过在真实世界环境中叠加数字信息,为操作人员提供了上下文化的和视觉的指导,使他们能够更有效地执行复杂的维护任务。当与 XAI 结合时,AR 变得更加强大,为 AI 生成的建议或意见提供了透明的解释,使得操作人员理解和信任 AI。在案例中,AR 和 XAI 的整合从不同的角度使维护操作人员受益:

(1) 实时可视化和指导:AR 将数字信息(如分步说明、图表或注释)叠加在被维护的物理设备或机械上。这种视觉指导帮助操作人员定位组件、识别潜在问题并遵循正确的程序。通过结合 XAI，操作人员可以理解 AI 生成的指令背后的推理，增强信心并确保准确执行维护任务。

（2）预测性维护和异常检测：XAI 技术可以分析来自设备的实时传感器数据，以检测异常或潜在故障。AR 然后可以可视化这些信息，突出显示需要关注的关键区域。通过为 AI 的预测或警报提供透明的解释，操作人员可以理解导致潜在设备故障的因素，使他们能够采取预防措施或有效地计划维护活动。

（3）历史数据分析和流程优化：XAI 技术可以分析历史维护数据，识别模式和相关性，这些模式和相关性不是人类单独容易注意到的。AR 可以直观地呈现这种分析，使操作人员能够理解过去的维护行动如何影响设备的性能和可靠性。通过理解 XAI 提供的建议，操作人员可以做出数据驱动的决策，优化维护流程，并提高整体设备有效性。

AR 和 XAI 在维护操作中的集成不仅提高了效率、准确性和安全性，而且还为操作人员提供了可解释的 AI 支持。通过可视化信息并提供透明的解释，增强了操作人员与 AI 系统的理解、信任和协作，最终优化维护流程并提高设备可靠性。

从实际角度来看，操作人员从 Web App 中突出显示的异常列表启动 AR App。AR App 在智能手机或平板电脑等手持设备上运行，因此操作人员能够在机器上进行干预，以恢复生产。一旦程序完成，操作人员对建议的工作流程提供反馈，以了解是否有助于恢复机器。

26.2.4.4　XAI 平台评估

当然，XAI 平台的附加价值是与人工智能相关的可解释性。通过问卷对平台进行评估，显示出在工业环境中实施 XAI 的积极影响。事实上，问卷验证 XAI Web App 期间记录的评分显示，可解释性发挥了关键作用（图 26.8）。每个参数都由专家使用从 1 到 5 的范围进行评分（其中 1 表示一点也不，5 表示完全），获得平均值 3.83（标准差＝0.83）。例如，当考虑特征重要性时，高值表示用户可以通过置信度得分理解每个特征在最终算法建议中的重要性，置信度得分在输出中以百分比表示。另一个示例是解释清晰度，通过添加标准可解释性图表获得。

用于评估将 XAI 集成到生产线中的优势的 KPI 主要围绕准确性、可靠性和人机协作，这些在表 26.1 中详细概述。尽管目前 KPI 显示值处于中高水平，但仍需要额外的优化。这一要求源于仅由数据科学家进行的故障分组过

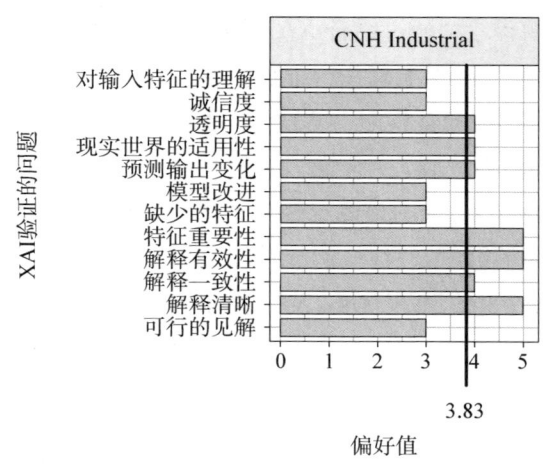

图 26.8　XAI 评估问卷

程,没有维护专家的输入或支持,优化需要维护人员的额外支持,以确保更高的准确性并实现预期值。

表 26.1　为衡量实施 XAI 的效益而选定的 KPI

XAI 展示 KPI	测量值	期望值	验证手段
生产经理对 XAI 预测的信任度	中等(60%)	高(至少 70%)	根据 XAI 建议做出的决策数量与解决停机时间的建议数量之比
XAI 协助提供预测的准确性较低,使生产经理从"人的价值"较低的繁重任务中解脱出来,同时保持对任务的情景感知和控制	中等(45%)	中等偏高(65%)	执行的预防性维护数量/非计划停机次数
XAI 与蓝领工人在协作故障排除中分享相关信息的相关性	高(75%)	高(85%)	启发式评估/用户观察

此外,目前可用的传感器数据样本仅基于新传感器(最近安装)的几个月数据,需要扩大样本以优化算法的预测并实现预期的 KPI 水平。

26.3　本章结论

在 XMANAI 范围内开发和集成用于制造任务的 XAI 模块解决了许多问

题,具体见表 26.2。

表 26.2 经验教训表

类别	问题/成功	影响	建议
技术	从内部服务器提取数据困难	最终的 Web App 中没有实时更新的数据	将数据存储在一个易于与 XAI Web App 通信的内部环境中
协调	协调维护技术人员长期可用和投入创新项目困难	涉及维护人员的项目某些部分开发时间更长	在考虑生产厂内维护工人的可用性时更加灵活,因为他们通常在工厂内非常忙碌
实施计划	考虑在生产中实施 Web App 的时间短	涉及维护人员的项目某些部分开发时间更长	规划时注意生产设施内操作人员的可用性,考虑到频繁的非计划停机

在技术层面上,以确保 XAI Web App 的实时更新,最初在检索存储在内部服务器中的传感器数据时遇到了挑战。如果有一个专用内部服务器的本地解决方案,XAI Web App 可以轻松与其通信以实时更新数据。

在试点协调层面上,与工厂维护人员合作时遇到了困难,因为他们经常忙于解决生产线上的紧急情况。在评估维护人员的可用性时,特别是在规划阶段,应该更加灵活。考虑到维护工人的时间表和可用性,必须仔细规划流程。

使用 XMANAI 平台是人机协作的开始,在这种协作中,XAI 将积极协助维护技术人员进行故障诊断,这种协作通过一定程度的准确性和可信度来实现,这显著增加了操作人员对 XAI 建议的信任。

参考文献

[1] Chen T C T. Explainable artificial intelligence (XAI) in manufacturing [M]//Explainable Artificial Intelligence (XAI) in Manufacturing: Methodology, Tools, and Applications. Cham: Springer International Publishing, 2023:1-11.
[2] Alamin K S S, Chen Y, Gaiardelli S, et al. SMART-IC: smart monitoring and production optimization for zero-waste semiconductor manufacturing [C]//2022 IEEE 23rd Latin American Test Symposium (LATS). IEEE, 2022:1-6.
[3] XMANAI. https://cordis.europa.eu/project/id/957362, https://ai4manufacturing.eu/
[4] Lundberg S. A unified approach to interpreting model predictions [J]. arXiv preprint arXiv:1705.07874,2017.

第 27 章 · 面向可解释的计量 4.0：利用 XAI 预测工业制造中激光扫描设备的逐点精度

Eleni Lavasa, Christos Chadoulos, Athanasios Siouras, Ainhoa Etxabarri Llana, Silvia Rodríguez Del Rey, Theodore Dalamagas, Serafeim Moustakidis

27.1 引言

汽车、航空和能源行业制造部件的质量控制由认证的计量实验室执行，通常使用 3D 激光扫描仪，测量的部件被捕获为构成点云的一组点，是实际物体的虚拟表示。点云被过滤以减少噪声，然后进行处理以实现研究的最终目标，即尺寸和（或）位置测量与公差。计量学家最初基于物体特征的几何形状构建一个测量计划。然而，这项初步计算可能需要经验较少的操作人员重复进行，因为他们不太可能从一开始就定义一个适当的测量计划，这种偏差可能导致既耗时且不同操作人员之间的结果不同。

本章的目标是模拟激光扫描设备对不同几何形状和不同扫描配置响应中的差分精度，捕获由多个来源导致的误差，如入射角、测量距离和表面纹理。测量误差由仪器本身导致，其设计上具有各向异性响应：在轴向（旋转头的运动轴）上精度最大，并在横向减小。另一个重要的误差来源可能是物体的表面方向，这些方向与激光源方向和 CMOS 传感器的视角有关。本质上，激光光束在表面上的入射角非常小（即当表面和激光源方向几乎平行）时，会导致光严重散射回 CMOS 相机，因此产生大的捕获误差。另一方面，非常大的入射角（接近 90°）也会导致大的误差，但原因不同，大部分激光被散射远离 CMOS 传感器，而不是被收集以准确表示表面。

为了解决这些问题，我们提出一种新方法，即利用 AI 技术，特别是 XAI 技术。XAI 是 AI 的一个新兴领域，旨在使 AI 模型的决策过程透明和可理解。

不同于传统 AI 的黑箱决策过程,XAI 允许用户理解、信任和管理 AI 结果。通过将复杂的 AI 决策分解为易于消化、人类可解释的组成部分,XAI 工具有助于增强信任并改善 AI 系统的应用。在这种情况下,我们提出一种新方法来协助计量学家定义测量的最佳扫描设置,这种方法侧重于物体的几何属性,并使制造商能够节省时间和成本,同时提供一致的结果。我们开发一个基于 AI 的决策支持系统,以预测激光扫描仪在被分析部件表面上的点精度,进一步应用可解释性工具,以提供影响模型预测的最重要参数的全面视图。这些以用户为中心的解释是建立信任的关键因素,其允许经验较少的操作人员更好地了解扫描设备的不同响应并做出正确的决策。

本章的其他内容安排如下:27.2 节介绍光学工业计量及 XAI 在工业 4.0 中应用背景;27.3 节概述问题的公式和可用数据源;27.4 节详细解释提出的方法和实验设置;27.5 节展示实验结果和相关解释;27.6 节为本章内容结论。

27.2 背景和相关研究

27.2.1 光学测量

光学测量在数字制造中已经得到了广泛的研究,越来越强调将计量学整合到生产流程中,以优化流程并实现完全自动化的制造单元[1]。尽管在机测量仍面临高加工温度和随机过程变化的挑战,激光仪器已成为工业应用中最常见的技术,该领域的主要趋势包括通过在线测量和过程监控来促进向零缺陷制造战略的转变。然而,要实现有效和高效的集成计量学必须解决几个挑战,包括测量和数据处理速度的限制、部件复杂性(大小、形状和表面纹理)、用户依赖的约束及在具有挑战性的环境中进行测量[2]。

测量速度至关重要,因为不牺牲准确性和精度的更快测量可以提高吞吐量并降低生产成本[3],解决部件复杂性需要适应性强、多功能的测量解决方案,以适应各种制造场景[4]。具有挑战性的环境带来了额外的困难,需要替代设计策略和能够在恶劣环境中可靠运行的坚固传感器[5]。此外,多传感器集成和数据融合对于提高整体测量质量和提供有关部件和过程的全面信息至关重要[6],要求对传感器兼容性、数据同步和数据融合技术有强大和高效的方法,解决这些挑战对于推进集成计量学和提高其在现代制造中的有效性至关重要。

光学检测方法,特别是激光三角测量,近年来得到了显著发展,提供了快速数据采集、非接触式测量和高采样率。然而,这些测量的准确性和可靠性仍然存在挑战。随机测量误差是一个重要的考虑因素,量化了实际测量值与其预期值的变化[7]。影响扫描仪测量误差的因素包括倾斜角[8]、传感器与表面的距离、颜色[9]、纹理和表面反射率[10]。各种研究已经研究了不同因素对测量性能的影响,并提出了改进该过程质量的方法,包括使用最小二乘法[11]、颜色误差补偿方法[12]和用于统计建模不确定性的数学框架[13]。

一些 ML 方法也应用于确定扫描设备的测量能力,并改进与非接触式 3D 扫描相关的过程[14-16],包括简化从点云中获得的几何信息,并识别物体的独特几何特征。随着光学检测方法的持续进步,研究人员研究各种技术,以提高各种环境中测量的准确性和可靠性[17]。尽管 ML 方法提供了许多优势和改进,但当前文献中仍然存在一个显著的空白。一个主要关注点是,大多数 ML 模型被认为是"黑箱",其内部工作和决策过程不容易解释或透明。在包括计量学在内的各个行业中,透明度至关重要,以确保利益相关者可以信任这些模型生成的结果。在实施 ML 技术时,清楚地了解模型如何得出其结论至关重要,尤其是在做出直接影响产品质量、安全或符合行业法规的关键决策时。当前 ML 模型的缺乏透明度引发了关于它们在计量学领域广泛采用的可靠性和适用性的质疑。

为了解决这一空白,当前研究专注于开发更透明、更易解释的 ML 模型,这些模型可以被计量行业的从业者和利益相关者轻松理解。通过为 ML 模型提供透明度,研究人员可以对它们进行更广泛的应用,从而实现更准确、更可靠的测量,最终提高光学检测方法整体质量。

27.2.2　XAI

随着 AI 系统在与日常生活相关的许多领域的广泛应用及解释这些复杂系统的预测的日益需求,XAI 的研究和应用领域非常活跃,像决策树和线性模型这样的可解释设计模型被更复杂的方法如神经网络、支持向量机(SVM)或集成模型超越。XAI 这个术语主要指的是事后解释性,应用于解释训练有素的 ML/DL 模型,这些模型具有复杂的内部机制。为了达到这个目的,相关学者提出了许多不同的方法(文献[18]进行了全面的讨论),尽管文献中的分类并不完全相同,但 XAI 方法的主要区别主要在于:

(1) 方法的适用性:模型不可知方法适用于任何类型的模型,而模型特定方法旨在考虑特定属性和内部设计,解释某种类型的模型。

(2)解释的规模:全局方法解释模型的整体行为(在全局层面),而局部解释涉及个别预测(在实例层面)。

XAI方法按其范围分类,包括特征归因法,旨在量化个别输入特征对模型输出的影响。全局技术通过在缺少输入特征或在值洗牌的情况下整体改变模型性能来估计特征重要性,如排列重要性[19]。另外,局部特征归因解释了个别预测如何随着每个输入特征而变化。Shapley 加性解释或 SHAP[20],将合作博弈论的方法应用于机器学习,就像 Shapley 值衡量游戏中玩家的影响一样,SHAP 值与平均预测相比,衡量每个输入特征对模型预测的影响,然后聚合局部解释以提供全局特征重要性的排名。

SHAP 是一个成熟的方法,具有扎实的理论背景,被广泛用于解释各种应用领域 ML 模型的预测。在机器预测和健康监测领域,文献[21]的作者设计了一个深度堆叠的卷积双向长短期记忆(Bi-LSTM)网络,使用从 21 个传感器测量的时间序列数据预测涡扇发动机的剩余使用寿命(RUL),应用 SHAP 值来识别主要影响预测的传感器,并产生丰富的可视化以仔细研究解释。在类似的工作中,文献[22]在工业轴承的故障诊断中使用了 SVM 和 k-最近邻模型,用 SHAP 描述了影响故障预测的最重要特征。文献[23]提出了一种用于过程质量优化的 XAI 方法,在 Hitachi ABB 的晶体管芯片生产数据上训练了一个基于梯度提升树的集成模型,并使用 SHAP 识别了影响行业产量的最重要的生产参数,对这些参数如何影响生产的详细研究表明,可以优先考虑流程并选择改进措施,该方法在新生产批次上的实验验证显著改善了产量损失,这些指示性研究表明,SHAP 方法解释复杂模型预测的附加值,使"黑箱"模型对利益相关者透明。

尽管各行各业都在积极研究和应用 XAI,但其在计量领域的应用仍相对欠缺。具体来说,在计量领域,关于开发可解释的流程来预测激光扫描设备点精确度的工作,研究中存在明显的空白。本章旨在弥补这一空白,促进"可解释的计量学 4.0"这一新兴领域的发展,设计一个稳健、可解释的模型,该模型不仅能预测激光扫描设备的精度,还能就驱动这些预测的特征提供有价值的建议。通过将 XAI 技术,特别是与模型无关的 SHAP 技术融入计量学,旨在将"黑箱"模型转化为透明工具,使利益相关者能够理解和信任人工智能驱动的测量过程,这种新颖的方法有望为工业计量领域带来重大的积极转变。

27.3 方法论

本节提出方法论,建立从数据准备和特征提取,到模型训练、优化、评估和解释的流程。

27.3.1 设置监督学习任务

本研究旨在模拟扫描仪器的行为,同时考虑扫描配置和表面方向。具体来说,目标是预测沿三个轴(x、y 和 z)的个别点的点测量误差,预测是扫描条件、表面方向、激光方向和 CMOS 传感器的视向的函数。因此,可以将问题表述为:

测量误差 $= f$(扫描条件,表面方向,激光方向,$CMOS$ 视向)

在定义了要解决的问题之后,需要建立一个监督学习环境来解决。监督学习需要访问基准真实值,训练模型来预测这些真实值,这是通过使用校准对象测量来实现的。校准工件的属性是已知非常高精度的(大约 $1\,\text{nm} = 10^{-6}\,\text{m}$)。特征属性包括尺寸、位置和形状。对于这些对象,可以认为实际属性,如尺寸,与名义值(由制造商提供)相同。假设校准对象的中心完美地定位在扫描仪器参考框架的中心,问题可以被表述为一个监督回归任务,其中基准真实值在名义表面上的点位置(x、y、z 轴)中找到。

27.3.2 数据源

数据库包括在不同扫描配置下对三个校准球体(三个直径)的测量。扫描配置是通过以下扫描条件的三个水平(低-中-高)的变化获得的:

横向密度:与旋转头运动轴横向的点密度。

方向密度:旋转头的速度,与沿轴向(运动轴)的点密度成反比。

曝光时间:每个激光脉冲的持续时间。

为此,获得一个初始数据库,包括 108 个原始点云文件(3 个对象×33 个扫描配置)。每个点云中的点数不同(最小:16 k,最大:180 k),取决于对象的大小和扫描条件,点的总数加起来约为 6.5 M。

27.3.3 数据预处理

使用 Open3D 开源库[24]对原始点云进行初步处理,Open3D 提供了丰富的数据结构和几何处理算法，以支持3D数据分析。使用Open3D函数可以执行两个关键处理步骤：

（1）统计异常值移除：平均来说，离邻居更远的点被描述为异常值。可配置参数是最近邻的数量和在计算中考虑的标准差比率。

（2）表面法线估计：基于给定半径内最近邻的数量（这些是可配置参数），为点云中的点估计法线向量。一旦计算出法线向量，就应用第二个函数以确保它们一致对齐，通过视觉检查验证表面法线的对齐。

27.3.4 特征提取

基于代表每个点处表面方向的估计法线向量提取一组描述性特征，以描述表面方向 $\vec{N}$、激光源方向 $\vec{L}$ 和 CMOS 传感器视向 $\vec{V}$ 之间的几何设置。几何特征包括向量之间的余弦相似性和向量差异。此外，我们还计算了每个点与激光源之间的垂直距离，以及激光与表面方向之间的四象限角（图27.1）。

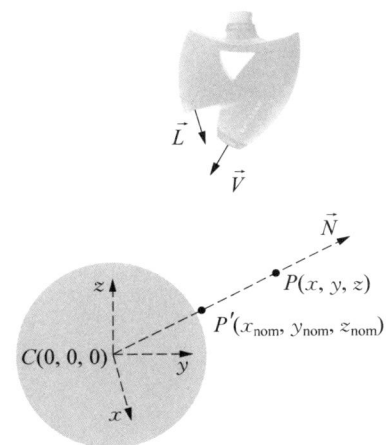

图 27.1　有助于测量几何设置的矢量是表面方向 N、激光方向 L 和 CMOS 观察方向 V，每个测量点 P 沿表面方向投影，以检索标称表面上最近的点 P'

总的来说，输入 ML 算法的特征如下：
扫描条件：横向密度、方向密度和曝光时间，其中
表面法线的分量：

$$\vec{N} = [N_x, N_y, N_z] \tag{1}$$

差异向量 $\vec{ori}$ 的分量：

$$\vec{ori} = \vec{N} - \vec{L} = [ori_X, ori_Y, ori_Z] \tag{2}$$

差异向量 $\vec{oriCMOS}$ 的分量（只使用 y 分量，因为 x、z 分量与上述 $\vec{ori}$ 相同，由设计决定）：

$$\vec{oriCMOS} = \vec{N} - \vec{V} = [oriCMOS_X, oriCMOS_Y, oriCMOS_Z] \tag{3}$$

表面方向与激光方向之间的余弦相似($\vec{N}, \vec{L}$)：

$$\text{Inc} = \cos\left(\frac{\vec{N} \cdot \vec{L}}{\|\vec{N}\| \|\vec{L}\|}\right) \tag{4}$$

表面方向与 CMOS 相机视向 ViewAng 之间的余弦相似性($\vec{N}, \vec{V}$)：

$$\text{ViewAng} = \cos\left(\frac{\vec{N} \cdot \vec{V}}{\|\vec{N}\| \|\vec{V}\|}\right) \tag{5}$$

每个点与激光源之间的垂直距离 R_S，激光源总是在 $Z_{\text{laser}} \approx 90\,\text{mm}$ 处：

$$R_s = 90 - Z \tag{6}$$

激光方向与表面方向之间的四象限角 ang：

$$ang = \arctan 2d(\|\vec{N} \times \vec{L}\|, \vec{N} \cdot \vec{L}) \tag{7}$$

目标变量，即在 x, y, z 轴上的点捕获误差，通过将捕获的点投影到校准对象的名义表面上来定义。对于球体，投影是径向的，而对于圆柱体，投影是轴向的（圆柱体的轴沿着仪器参考框架的 y 轴）。实际上，通过投影每个测量点 $P(x, y, z)$，找到校准对象名义表面上最近的点 $P'(x_{\text{nom}}, y_{\text{nom}}, z_{\text{nom}})$。对于这个"参考"点可以假设：

如果它属于一个球体，实际到球体中心 $C(0, 0, 0)$ 的径向距离等于球体的名义半径 R_{nom}，可以与测量点 P 的径向距离 R 进行比较，其中：

$$R = \sqrt{x^2 + y^2 + z^2} \tag{8}$$

如果属于圆柱体，其轴向距离（到 y 轴的距离）等于圆柱体的名义半径 R_{nom}，可以与测量点 P 的轴向距离 R 进行比较，其中：

$$R = \sqrt{x^2 + z^2} \tag{9}$$

这种分析基于这样一个基本假设：球体的中心完美地定位在扫描仪器参考框架的中心，并且圆柱体的轴完美地对齐到参考框架的 Y 轴。

球体的参考/投影点 P' 的坐标计算如下：

$$x_{\text{nom}} = x \frac{R_{\text{nom}}}{R} \tag{10}$$

$$y_{\text{err}} = y_{\text{nom}} - y \tag{11}$$

$$z_{\text{nom}} = z \frac{R_{\text{nom}}}{R} \tag{12}$$

对于圆柱体，上述公式同样适用于 x_{nom} 和 z_{nom}，而 y_{nom}，因为这种情况下的投影是轴向的。因此，模型的目标变量，即三个轴上的点测量误差，可以计算为投影（名义）和测量点坐标之间的差异：

$$x_{\text{err}} = x_{\text{nom}} - x \tag{13}$$

$$y_{\text{err}} = y_{\text{nom}} - y \tag{14}$$

$$z_{\text{err}} = z_{\text{nom}} - z \tag{15}$$

显然，y_{dev} 适用于球体几何形状，而对于圆柱体 $y_{\text{dev}} = 0$。公式(13)～(15)意味着，在正 x、y、z 坐标范围内，负误差对应于朝向表面的外侧捕获的点，而正误差的点朝向表面内侧捕获。在负坐标范围内的情况正好相反。模型将被训练和优化，以预测每个轴上的捕获误差，使用相同的输入特征，而目标变量将是相应轴上的测量误差。

27.3.5 模型训练、优化和验证

最初提出的 PointNet 架构[25]旨在处理与点云的分割和分类相关的任务，以 n 个点作为输入（每个点由其空间坐标表示），最初将输入点输入空间变换网络（STN），旨在赋予整体模型对仿射变换的不变性，特别是旋转和平移。学习到的特征通过一个最大池化层传递，产生一个全局特征向量。在以分类为导

向的任务中,这个全局特征向量被输入一个标准的多层感知机(MLP)中,它为考虑的每个类别输出分数;在以分割为导向的任务中,会产生额外的步骤,即通过最大池化层产生的全局特征与模型的最后一层的输出连接,产生一个包含局部和全局特征的特征向量。通过第二个 MLP 进行最后的传递,模型为每个点输出一个标签,指示它所属的对象。

为了利用 PointNet 预测每个点的偏差,首先必须进行一些修改:

(1) 由于处理的问题既不是分类也不是分割,而是回归,因此必须相应地修改 PointNet 的输出层以反映目标的差异。因此,模型的最后一层被替换为一个线性层,驱动模型参数更新的评估指标更改为 MAE 函数。模型输出每个点在特定轴上的偏差。因此,必须训练三个不同的模型以获得 3D 空间中的总体偏差。

(2) 当前情况下,因为球体对象默认对旋转是不变的,对象不受潜在平移的影响,使用空间变换网络是多余的。STN 子模块学习额外的参数只会导致整体模型的过拟合。因此,跳过输入通过 STN 子模块的第一步。

图 27.2 所示为改进的 PointNet 架构。网络以 n 个点作为输入,通过两组 MLP 传递数据,并通过最大池化层提取全局特征向量。全局特征向量与第一个 MLP 子模块的输出连接,最终使用 MLP 进行点偏差回归。

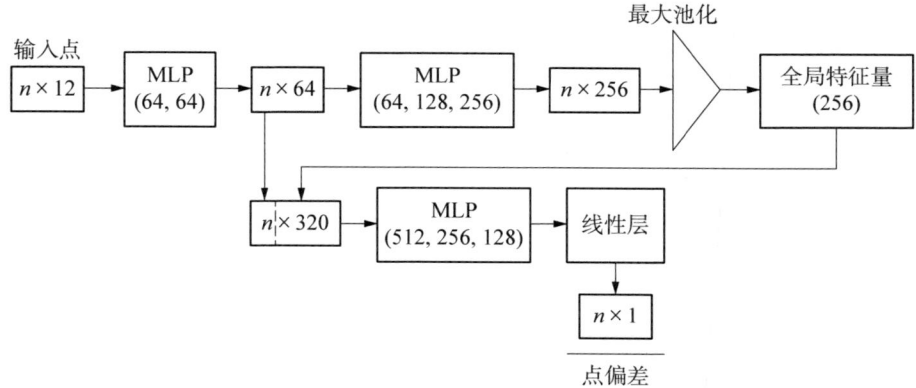

图 27.2　修改后的 PointNet 架构,以 n 个点作为输入,将数据传递给两个系列的 MLP,通过最大池化层提取全局特征向量。全局特征向量与第一个 MLP 子模块的输出连接,最终的 MLP 用于对点偏差执行回归

在训练模型时,对最终的 MLP 子模块进行网格搜索和交叉验证,测试不同数量的层和组成每层的单元,以确定最佳组合。所有 MLP 层都使用 ReLU 激活函数,并将学习率设置为自适应,以避免训练停滞。

27.3.6 比较分析

进行广泛的搜索才能找到竞争解决方案,使用不同的 ML 算法来解决制定的回归任务,这些包括使用 Scikit-Learn Python 库[26]实现的决策树(DT)、支持向量机(SVM)、多层感知器(MLP)回归器及 Catboost Python 库[27]中的 CatBoost 回归器。MLP 是一个前馈神经网络,而 CatBoost 是一个集成模型,结合了多个 DT 基学习器。

接下来,定义用于训练、优化和验证所提出和竞争 ML 算法性能的策略,包括以下步骤:

1) 训练-测试数据分区

训练和测试数据划分是通过从每个可用的点云中随机选择点来构建的。具体来说,随机选择每个点云中的 100 个不重复的点,用作训练数据集。为了全面测试模型的性能,生成了 5 个单独的测试数据集,每个测试数据集包含每个点云中的 50 个随机选择的点,背后的理念是获得对模型性能更无偏见的评估,了解不同测试数据集的性能分数变化。

2) 性能评估

在评估模型对给定回归任务的性能时,使用平均绝对误差(MAE)和 R-SQuared(R^2)作为指标,模型优化过程主要由 MAE 分数驱动。性能分别针对每个轴进行评估,从而允许单独调整和优化每个轴的性能。

3) 模型训练和微调

每种回归算法都配备了广泛的超参数网格,用于模型训练和微调。随后,对训练数据分区进行随机网格搜索和五折交叉验证。这个过程使我们能够基于平均验证分数,来识别每种类型的最优模型,这种随机网格搜索帮助探索了广泛的可能参数及其组合,以找到最有效的参数。

4) 模型部署

然后,所有模型都被部署在测试数据集上。重要的是,这些数据集在训练和优化阶段未被模型看到,以防止过拟合并防止信息泄露。最终的性能分数被计算为从 5 个测试数据分区得出的平均分数加上或减去标准差(平均值±标准差)。这种策略提供了对模型泛化到新未见数据的能力的稳健和可靠的测量。

27.3.7 生成解释

事后解释性技术是指在 ML 模型训练后用来解释它们的预测或决策的方法,旨在为用户提供对模型所做的决策的建议和解释。具体来说,我们使用了 SHAP 方法[20],这是一种专门设计用来衡量输入特征对 ML 模型预测影响的方法。SHAP 方法源于合作博弈论,提供了统一的特征重要性度量,以原则性和理论上合理的方式分配每个特征对每个实例预测的"贡献"。SHAP 值量化了在该特征的条件下,模型预测的预期变化,反映了特征对预测的贡献。它们可以处理特征之间的交互,并提供公平属性,因为它们加起来是实例预测与平均预测之间的差异。对于个别预测或实例(局部可解释性),SHAP 值表明数据集中的每个特征如何正面或负面地贡献于目标变量。本质上,SHAP 方法提供了一个更详细的视图,说明特定值的特征如何通过将其推向或拉低平均预测值以上或以下来影响预测,这种局部见解被聚合以提供对模型的全局理解,即哪些特征在所有实例中最重要。

关于将 XAI 集成到我们的工作中,主要使用 SHAP 方法来解释模型的预测和决策。在模型训练和优化后,我们计算了整个数据集上所有特征的 SHAP 值,并提供了一个整体视图,展示每个特征如何影响模型的决策过程。此外,我们生成了 SHAP 图来直观地展示每个特征对模型预测的影响,从而使特征值与其对模型输出的影响之间的关系变得容易理解。通过这种方式,SHAP 方法提供了一个可解释性工具,帮助我们理解模型复杂的决策过程,促进了对模型结果的透明度和信任。这种 XAI 的利用确保了模型不仅仅是一个产生预测的黑箱,而是一个可理解的系统,其决策和过程都是可理解和可解释的。

27.4 结果

27.4.1 模型性能的定量分析

表 27.1～表 27.3 展示了所提出的基于 PointNet 的方法与其他 ML 模型的性能比较。PointNet 在所有三个轴(x、y、z)上都取得了最低的 MAE,并在 y 轴上获得了最高的 R^2 分数,反映了其增强的预测准确性。第二好的性能由

MLP 模型展示,在 x 和 z 轴上获得了最高的 R^2 分数。然而,与这些模型相比,其余模型的性能较差。这些结果归因于 PointNet 固有的设计,能够管理点云,使其优于不考虑数据点邻接性的其他模型。

表 27.1　x 轴误差的模型性能

模型	MAE(mm)	R^2
决策树	0.0179±0.0002	0.54±0.02
支持向量机	0.0203±0.0002	0.52±0.02
多层感知机	0.0153±0.0004	**0.64±0.02**
CatBoost	0.0181±0.0001	0.56±0.02
PointNet+	**0.0084(0.0003)**	0.61(0.013)

表 27.2　y 轴误差的模型性能

模型	MAE(mm)	R^2
决策树	0.0191±0.0003	0.69±0.01
支持向量机	0.0263±0.0003	0.49±0.02
多层感知机	0.0216±0.0004	0.61±0.03
CatBoost	0.0178±0.0002	0.73±0.02
PointNet+	**0.0018(0.0003)**	**0.76(0.018)**

表 27.3　z 轴误差的模型性能

模型	MAE(mm)	R^2
决策树	0.0256±0.0005	0.37±0.02
支持向量机	0.0288±0.0004	0.26±0.01
多层感知机	0.0268±0.0005	**0.57±0.03**
CatBoost	0.0249±0.0004	0.40±0.01
PointNet+	**0.011(0.0002)**	0.41(0.009)

27.4.2 定性分析—误差图

图 27.3～图 27.5 所示为数据点的预测偏差，为每个轴呈现了独特的 3D 偏差图。对于所有三个轴，每个图中都表示了预测和实际偏差，这些图突出了所提出模型在预测扫描设备的测量精度（偏差）方面的效率，预测偏差与实际偏差非常接近。然而，只有 z 轴能看出预测和实际偏差之间的明显差异，这证实了表 27.1～表 27.3 中的发现。总体而言，预测和实际偏差之间的一致性强调了所提出模型的有效性，展示了其作为估计扫描设备精度的可靠工具的潜力。

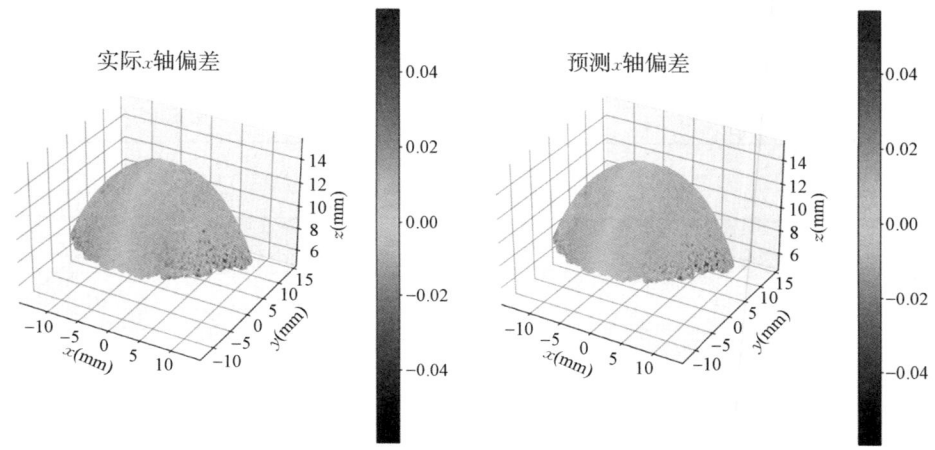

图 27.3　x 轴的预测偏差与实际偏差图

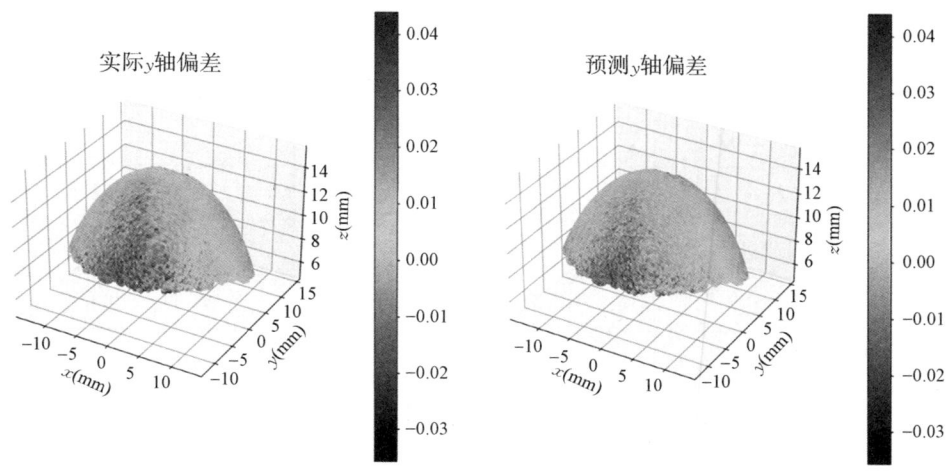

图 27.4　y 轴的预测偏差与实际偏差图

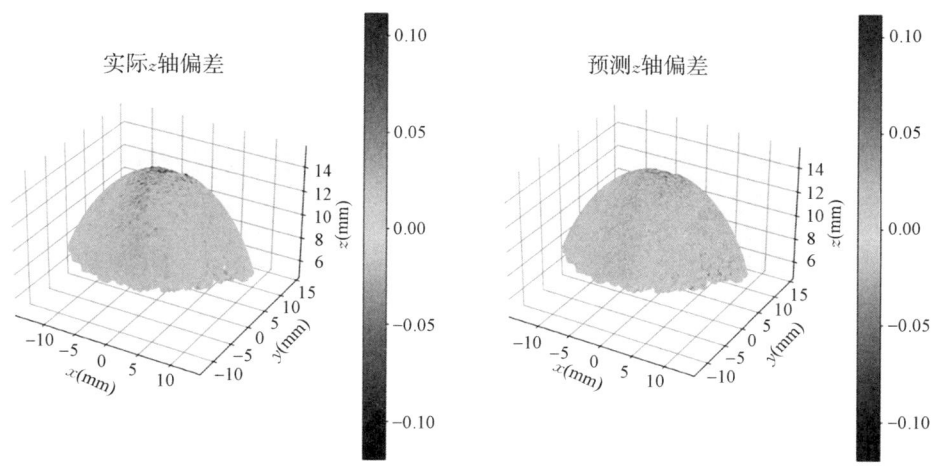

图 27.5　z 轴的预测偏差与实际偏差图

即使在 z 轴的情况下,模型也提供了可以用于在未来迭代中进一步改进和提高预测性的数据。

27.4.3　解释

图 27.6～图 27.8 所示为针对三个轴的训练好的 PointNet 模型的 SHAP 总结图,根据它们在模型输出中的全局重要性排序特征出现在 y 轴上。SHAP

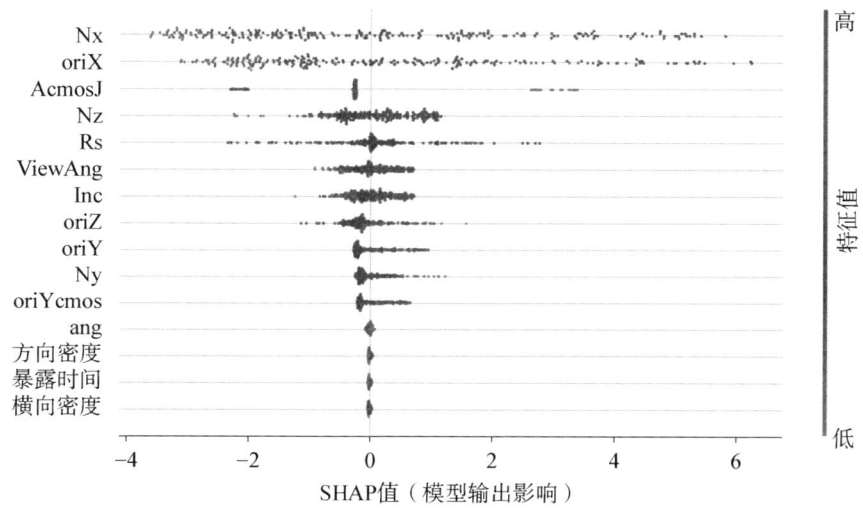

图 27.6　经过训练的 PointNet 模型 x 轴的 SHAP 总结图*

值在 x 轴上测量,以便总结图中的每个点对应于给定样本和特征的 SHAP 值。特征值的大小从蓝色到品红色编码,分别对应于低值和高值,从而可以通过总结图推断出不同特征值对模型输出的影响。更具体地说,总结图表明了特征值(高/低)如何将个别预测推向或拉低至平均预测之上或之下,由 SHAP 值零的垂直线指定。

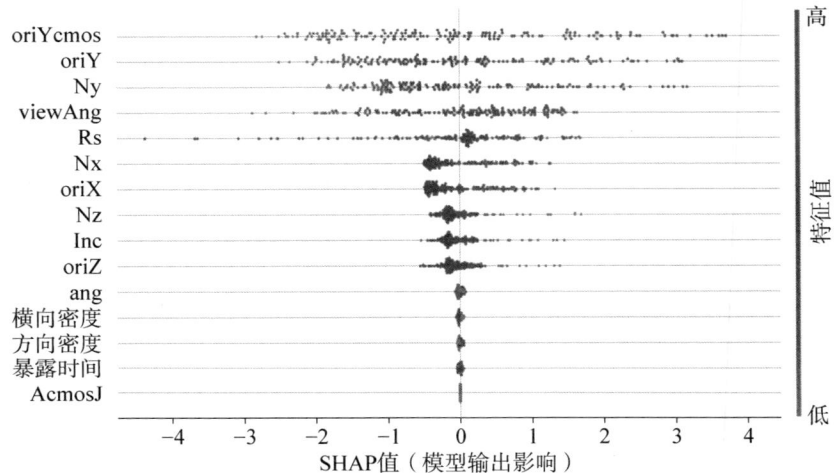

图 27.7　y 轴训练 PointNet 模型的 SHAP 汇总图

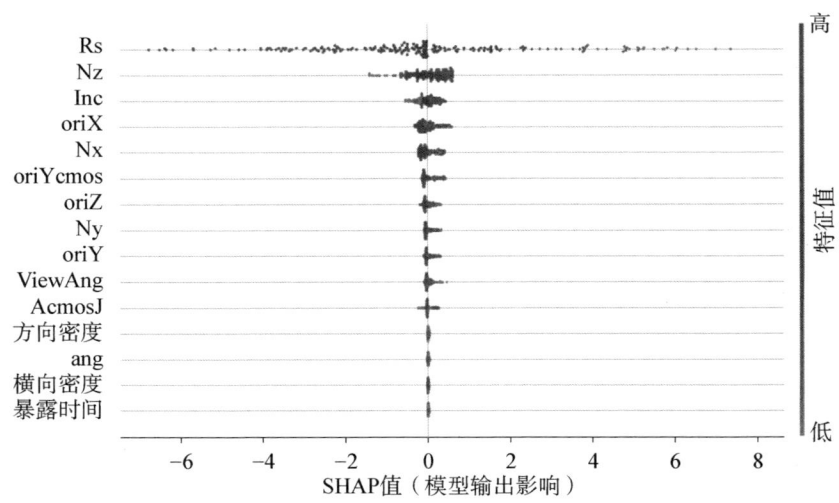

图 27.8　训练后的 z 轴 PointNet 模型的 SHAP 总结图

影响预测点在 x 轴上的测量误差的最重要特征是表面方向的 x 分量和激光与表面方向之间的向量差异的 x 分量。对于这些特征,低值对应于低于平均预测的输出(即朝向负测量误差),而高于平均的输出(即朝向正误差)是由高特征值引起的。N_x 值低的点是朝向 x 轴负侧的点,而大的 N_x 对应于朝向 x 轴正侧的点。考虑到计算公式(式 13),可以得出两侧的点都朝向表面内侧捕获,较大的测量误差对应于物体的部分,将光散射远离 CMOS 传感器,其中表面朝向 x 轴(横向方向)。

关于预测点在 y 轴上的测量误差,主要受表面与 CMOS 方向(oriYcmos)和表面与激光方向(oriY)之间的向量差异的 y 分量的影响,这些特征的大值对应于主要朝向 y 轴正侧的点,而低值表明主要朝向 y 轴负侧的点。考虑到测量误差的计算公式(式 14),这些对应于朝向表面内侧的点,效果在表面朝向(正或负)y 轴(扫描方向)的区域最为明显,由于大的反射角,大部分入射光从 CMOS 传感器散射出去。

预测在 z 轴上的测量误差在很大程度上受到每个点与扫描仪旋转头(激光源和 CMOS 相机所在)之间的测量距离(R_s)的影响。考虑到计算公式(式 15)和研究对象位于正 z 坐标范围内的事实,发现测量距离大的点朝向表面外侧偏移(负误差),而离激光和 CMOS 较近的点(测量距离低)倾向于朝向表面内侧捕获(正误差)。

总体而言,观察到模型在预测每个轴的误差方面的响应受到与光学原理相一致的相关几何设置属性的影响。

27.5 讨论

27.5.1 关于实验结果的讨论

本研究提出了一种创新方法,使用基于 PointNet 的模型处理点云数据,重点关注预测扫描设备的测量精度。与传统的 ML 模型不同,所提出方法的设计天生就配备了管理点云的能力,考虑了数据点的邻接性,使其非常适合这项特定任务。利用基于 PointNet 的模型的独特能力,研究旨在开发一个更精确、更可靠的工具来估计点云扫描设备的精度,这在机器人技术、地球空间科学和建筑学等领域日益重要。

研究结果表明,基于 PointNet 的方法相比传统 ML 模型具有优越的性能,定量分析揭示了基于 PointNet 的模型在所有三个轴（x、y、z）上实现了最低的 MAE，并在 y 轴上获得了最高的 R^2 分数，反映了其增强的预测准确性。定性分析以 3D 偏差图的形式呈现，直观地强调了模型在预测偏差方面的效率，这些图揭示了预测和实际偏差之间的显著一致性，验证了模型的有效性。然而，z 轴上观察到的轻微偏差突出了一个潜在的改进领域。尽管如此，即使在 z 轴上，模型也提供了可以用于在未来迭代中进一步完善和提高预测性的有价值数据。

图 27.6～图 27.8 中的 SHAP 总结图在解释基于 PointNet 的模型如何运作方面发挥了关键作用，突出表明模型的预测在很大程度上受到与光学原理一致的关键几何属性的指导。具体来说，x 轴上的测量误差受到表面方向及其与激光的向量差异的影响，而 y 轴上的误差主要受到表面与 CMOS 和激光方向之间的向量差异的影响。对于 z 轴，模型认识到误差主要取决于点与扫描仪旋转头之间的测量距离，提出的模型在做出预测时能够结合和利用这些几何和光学原理，不仅强调了鲁棒性，而且提供了高度的可解释性，增强了其在计量学领域的实际效用。

27.5.2 分析的局限性

本研究存在一些局限性，主要与所使用的数据有关，选择使用球体几何对象来演示模型的效率，这些对象在激光方向、表面方向和 CMOS 视向之间的角条件方面体现了多样性。然而，为了评估所提出方法的泛化能力，分析应该扩展到包括非球体几何对象，关键是这种实验需要校准对象，使得数据收集过程既昂贵又耗时。展望未来，可以将研究扩展到其他几何形状，包括凸形和凹形结构，以进一步挑战和完善模型的能力。通过考虑多样化的几何形状，旨在增强模型的鲁棒性，并确保其在更广泛的情境中的适用性。这种扩展虽然在资源方面要求很高，但将有助于更全面地理解模型的性能，为未来开发更准确、更多功能的扫描设备做出重要贡献。

27.5.3 实际意义和未来展望

人工智能在计量学中的应用，特别是随着 XAI 的出现，显著提高测量的准确性和效率，这场革命对航空和汽车等行业产生深远的影响。ML 算法的集成可以通过识别模式和纠正大型数据集中的错误来提高精度，从而促进自动化和实时数据分析,实现先进的决策制定,计量学家被赋予数据驱动的建议和相关性,可能会显著减少手动干预。XAI准备为这些复杂的AI系统带来新的透明度和可解释性层次,为用户提供对这些模型决策过程的更清晰理解,鼓励对AI驱动测量的信任和验证。XAI的使用还可以识别AI模型中的偏差或错误,促进对整个测量过程的更深入理解,这种透明度将增强AI在计量学中的可信度、问责制和可靠性,加强其应用的信心。

展望未来,预计人工智能将通过动态调整测量系统以适应环境变化和复杂几何形状,从而促进自适应校准和补偿。特别是XAI预计将通过使专业人员能够深入了解AI模型的内部工作,从而在计量学领域取得重大进展,这种理解将促进数据驱动的决策制定,并允许识别和减轻潜在的误差源,促进计量过程的持续改进。此外,XAI在知识转移中的作用,特别是在协助初级计量学家理解和验证结果方面,将在实现更高准确性、可重复性和可靠性的测量中发挥重要作用,最终实现零缺陷制造。专注于计量产品和服务的公司,如Unimetrik和Trimek,可以从XAI在测量计划定义期间支持决策制定的能力中显著受益,使时间节省和错误减少,特别是对经验较少的专业人员而言。因此,XAI在计量学中的采用不仅有望提高过程效率,还通过为专业人员提供对AI模型和关键配置参数对测量精度影响的建议,增强对计量学过程的理解。

27.6 本章结论

本章展示了基于PointNet的模型在预测3D扫描设备精度方面的优越性,显著优于传统ML模型。独特的3D偏差图极大地促进了模型的可解释性,为其决策过程和产生的误差提供清晰的建议。尽管在Z轴上注意到小的偏差,但这项研究代表了计量学中一个有前景的进展,展示了ML模型在提高依赖3D扫描技术行业的测量准确性、可靠性和可解释性的潜力,从精密制造到保护考古文物,为计量学打开了一个准确性和问责制提高的新时代。

参考文献

[1] Gao W, Haitjema H, Fang F Z, et al. On-machine and in-process surface metrology for precision manufacturing [J]. Cirp Annals, 2019, 68(2): 843 – 866.
[2] Catalucci S, Thompson A, Piano S, et al. Optical metrology for digital manufacturing: a review [J]. The International Journal of Advanced Manufacturing Technology, 2022, 120(7): 4271 –

4290.

[3] Caggiano A. Cloud-based manufacturing process monitoring for smart diagnosis services [J]. International Journal of Computer Integrated Manufacturing, 2018, 31(7):612–623.

[4] Leach R K, Bourell D, Carmignato S, et al. Geometrical metrology for metal additive manufacturing [J]. CIRP annals, 2019, 68(2):677–700.

[5] French P, Krijnen G, Roozeboom F. Precision in harsh environments [J]. Microsystems & nanoengineering, 2016, 2(1):1–12.

[6] Remani A, Williams R, Thompson A, et al. Design of a multi-sensor measurement system for in-situ defect identification in metal additive manufacturing [J]. Proceedings ASPE/Euspen Advancing Precision in Additive. Manufacturing, 2021.

[7] Hibbert D B. Evaluation of Measurement Data: The Role of Measurement Uncertainty in Conformity Assessment [J]. Chemistry International — Newsmagazine for IUPAC, 2013, 35(2):22–23.

[8] Pathak V K, Singh A K. Optimization of morphological process parameters in contactless laser scanning system using modified particle swarm algorithm [J]. Measurement, 2017, 109:27–35.

[9] Vukašinović N, Bračun D, Možina J, et al. The influence of incident angle, object colour and distance on CNC laser scanning [J]. The International Journal of Advanced Manufacturing Technology, 2010, 50:265–274.

[10] Mueller T, Poesch A, Reithmeier E. Measurement uncertainty of microscopic laser triangulation on technical surfaces [J]. Microscopy and microanalysis, 2015, 21(6):1443–1454.

[11] Isa M A, Lazoglu I. Design and analysis of a 3D laser scanner [J]. Measurement, 2017, 111:122–133.

[12] Li S, Jia X, Chen M, et al. Error analysis and correction for color in laser triangulation measurement [J]. Optik, 2018, 168:165–173.

[13] Mohammadikaji M, Bergmann S, Irgenfried S, et al. A framework for uncertainty propagation in 3D shape measurement using laser triangulation [C]//2016 IEEE International Instrumentation and Measurement Technology Conference Proceedings. IEEE, 2016:1–6.

[14] Wissel T, Wagner B, Stüber P, et al. Data-driven learning for calibrating galvanometric laser scanners [J]. IEEE Sensors Journal, 2015, 15(10):5709–5717.

[15] Bos A, Bos M, Van der Linden W E. Artificial neural networks as a multivariate calibration tool: modeling the Fe Cr Ni system in x-ray fluorescence spectroscopy [J]. Analytica chimica acta, 1993, 277(2):289–295.

[16] Urbas U, Vlah D, Vukašinović N. Machine learning method for predicting the influence of scanning parameters on random measurement error [J]. Measurement Science and Technology, 2021, 32(6):065201.

[17] Vallejo M, De La Espriella C, Gómez-Santamaría J, et al. Soft metrology based on machine learning: a review [J]. Measurement Science and Technology, 2019, 31(3):032001.

[18] Arrieta A B, Díaz-Rodríguez N, Del Ser J, et al. Explainable Artificial Intelligence (XAI): Concepts, taxonomies, opportunities and challenges toward responsible AI [J]. Information fusion, 2020, 58:82–115.

[19] Breiman L. Random forests [J]. Machine learning, 2001, 45:5–32.

[20] Lundberg S. A unified approach to interpreting model predictions [J]. arXiv preprint arXiv:1705.07874, 2017.

[21] Hong C W, Lee C, Lee K, et al. Remaining useful life prognosis for turbofan engine using explainable deep neural networks with dimensionality reduction [J]. Sensors, 2020, 20(22):6626.

[22] Brusa E, Cibrario L, Delprete C, et al. Explainable AI for machine fault diagnosis: understanding features' contribution in machine learning models for industrial condition monitoring [J]. Applied Sciences, 2023, 13(4): 2038.

[23] Senoner J, Netland T, Feuerriegel S. Using explainable artificial intelligence to improve process Quality: evidence from semiconductor manufacturing [J]. Management Science, 2022, 68(8): 5704 - 5723.

[24] Zhou Q Y, Park J, Koltun V. Open3D: A modern library for 3D data processing [J]. arXiv preprint arXiv: 1801.09847, 2018.

[25] Qi C R, Su H, Mo K, et al. Pointnet: Deep learning on point sets for 3d classification and segmentation [C]//Proceedings of the IEEE conference on computer vision and pattern recognition. 2017: 652 - 660.

[26] Pedregosa F, VaroQuaux G, Gramfort A, et al. Scikit-learn: Machine learning in Python [J]. the Journal of machine Learning research, 2011, 12: 2825 - 2830.

[27] Prokhorenkova L, Gusev G, Vorobev A, et al. CatBoost: unbiased boosting with categorical features [J]. Advances in neural information processing systems, 2018, 31.